Bild und Recht – Studien zur Regulierung des Visuellen

herausgegeben von

Prof. Dr. Thomas Dreier
PD Dr. Dr. Grischka Petri
Prof. Dr. Wolfgang Ullrich
Prof. Dr. Matthias Weller

Band 6

Ilva Johanna Schiessel

Reichweite und Rechtfertigung des einfachen Lichtbildschutzes gem. § 72 UrhG

Nomos

Erstgutachter:	Prof. Dr. Thomas Dreier, M.C.J.
Zweitgutachter:	Prof. Dr. Maximilian Haedicke, LL.M.
Tag der mündlichen Prüfung:	12.05.2020
Dekan:	Prof. Dr. Jan von Hein

The book processing charge was funded by the Baden-Württemberg Ministry of Science, Research and Arts in the funding programme Open Access Publishing and the University of Freiburg.

Die Deutsche Nationalbibliothek verzeichnet diese Publikation in der Deutschen Nationalbibliografie; detaillierte bibliografische Daten sind im Internet über http://dnb.d-nb.de abrufbar.

Zugl.: Freiburg i. Br., Univ., Diss., 2020

1. Auflage 2020

Publiziert von
Nomos Verlagsgesellschaft mbH & Co. KG
Waldseestraße 3-5 | 76530 Baden-Baden
www.nomos.de

Gesamtherstellung:
Nomos Verlagsgesellschaft mbH & Co. KG
Waldseestraße 3-5 | 76530 Baden-Baden

ISBN (Print): 978-3-8487-6866-0
ISBN (ePDF): 978-3-7489-0962-0

DOI: https://doi.org/10.5771/9783748909620

Onlineversion
Nomos eLibrary

Meiner Familie

Vorwort

Die vorliegende Arbeit ist im Februar 2020 fertiggestellt worden. Literatur und Rechtsprechung wurden bis zu diesem Zeitpunkt berücksichtigt.

Mein Dank gebührt meinem Doktorvater *Prof. Dr. Thomas Dreier, M.C.J.*, für die Annahme als Doktorandin und die Betreuung des Promotionsvorhabens. Während der Erstellung der Arbeit stand er stets als Ansprechpartner zur Verfügung. Ein von ihm initiiertes Doktorandenseminar, das die Diskussion mit anderen Doktoranden ermöglichte, trug zu zahlreichen wertvollen Anregungen bei, die sich in der vorliegenden Arbeit wiederfinden. Ihm und den weiteren Herausgebern *PD Dr. Dr. Grischka Petri, Prof. Dr. Wolfgang Ullrich* sowie *Prof. Dr. Matthias Weller* danke ich außerdem für die Aufnahme in die Schriftenreihe „Bild und Recht – Studien zur Regulierung des Visuellen“. Darüber hinaus bedanke ich mich bei *Prof. Dr. Maximilian Haedicke, LL.M.*, für die schnelle Erstellung des Zweitgutachtens. Großer Dank gilt außerdem *Dr. Marco Ganzhorn* und dem Team des Nomos-Verlages für die Unterstützung auf dem Weg vom Manuskript zur Veröffentlichung. Den Reiss-Engelhorn-Museen danke ich für die Bereitstellung der Reproduktionsfotografie des von Cäsar Willich geschaffenen Portraits Richard Wagners, das auf dem Titelbild dieser Arbeit zur Verwendung kam.

Bedanken möchte ich mich auch bei meiner Familie, meinen Freunden und Kollegen, die mich während der Erstellung dieser Arbeit unterstützt und bestärkt haben. Besonderer Dank gebührt insoweit *Isabell Klingelhöfer*, die sich des Korrekturlesens angenommen hat.

Für die immerwährende Unterstützung bedanke ich mich außerdem ganz besonders bei meinen Eltern *Annette* und *Thomas Schiessel*, die mir meine akademische Ausbildung erst ermöglicht und damit ganz erheblich zur Fertigung dieser Arbeit beigetragen haben. Meine Schwester *Kathrin Schiessel* unterstützt mich stets mit Rat und Tat, ihr gebührt ferner Dank für die Überlassung von Lichtbildern zur Darstellung auf dem Titelbild.

Mein größter Dank gilt meinem Ehemann *Maximilian Schiessel*, ohne dessen Beistand, Motivation und Unterstützung während der vergangenen Jahre die Erstellung dieser Arbeit nicht möglich gewesen wäre.

Freiburg i. Br., Oktober 2020 *Ilva Johanna Schiessel*

Inhaltsverzeichnis

Einleitung

A) Die Fotografie als urheberrechtlicher Schutzgegenstand

Nachdem die ersten Formen der Fotografie entstanden, kam alsbald die Frage auf, ob fotografische Erzeugnisse gleichermaßen gegen Nachdruck und Nachahmung zu schützen seien, wie dies bei Werken der Literatur oder der Kunst bereits durch den Erlass entsprechender Gesetze etabliert worden war. Nicht zuletzt die gängige gesellschaftliche Auffassung, Fotografien bildeten nur tatsächliche Gegebenheiten originalgetreu ab und gäben diese lediglich wieder, führte dazu, dass die Einführung eines solchen Schutzes für fotografische Erzeugnisse zunächst nur geringen Zuspruch fand.

Entsprechend des gesellschaftlichen Verständnisses von der Fotografie, das nicht zuletzt durch die technische Entwicklung und Verbreitung der Technik der Fotografie und der Fotografien selbst geprägt wurde und das sich mit der Entwicklung und Verbreitung fortentwickelte, wurden die rechtlichen Rahmenbedingungen fortlaufend verändert und der Schutz von Fotografien und anderen Lichtbildern entsprechend des jeweils geltenden Verständnisses angepasst.

Heute befinden wir uns an einem Punkt, an dem die technischen Entwicklungen erneut die Frage aufwerfen, ob das geltende Recht mit den tatsächlichen Gegebenheiten im Einklang steht.

B) Problemaufriss

Der derzeit geltenden Fassung des Urheberrechtsgesetzes (UrhG) liegt die Auffassung zugrunde, dass sowohl schöpferische als auch nicht schöpferische Lichtbilder existieren, die allesamt – mit gewissen Unterschieden hinsichtlich des Schutzumfangs[1] – dem UrhG zu unterstellen seien. Insoweit ist zunächst zu klären, in welchem Umfang Lichtbilder unter Zugrundelegung des gesetzgeberischen Hintergrundes des Schutzes nicht schöpferischer Lichtbilder geschützt sind. Mit der Frage, wann ein Schutz der einfachen Lichtbilder unter Berücksichtigung der Wertung des historischen Ge-

1 Hierzu näher in Kapitel 2 und 3.

setzgebers gerechtfertigt ist und ein Lichtbild i.S.d. § 72 UrhG vorliegt, wird sich diese Untersuchung umfassend auseinandersetzen.

Auch ist zu untersuchen, ob eine Monopolisierung von Lichtbildern ursprünglich urheberrechtlich geschützter, in der Zwischenzeit jedoch gemeinfreier Werke tatsächlich gerechtfertigt ist. Eine solche tritt nämlich ein, soweit Dritten Zugang zu einfachen Lichtbildern und/oder Lichtbildwerken nur unter gewissen Voraussetzungen (z.B. des Erwerbs eines Museumskataloges) gewährt wird, obwohl die mittels Lichtbild und/oder Lichtbildwerk abgebildeten Werke nach dem Urheberrechtsgesetz gemeinfrei wären. Auch hier sind in jüngster Vergangenheit Konstellationen und rechtliche Neuerungen aufgetreten, in denen es zu bewerten gilt, ob eine derartige Monopolisierung zu rechtfertigen ist.

Sodann ist zu berücksichtigen, dass seit der letzten umfassenden Reform des UrhG im Jahre 1985 die tatsächlichen Gegebenheiten sich maßgeblich verändert haben. Die Herstellung von Lichtbildern und ähnlichen Erzeugnissen ist erheblich vereinfacht worden; zunächst durch die eingetretene Digitalisierung der Fotografie in Form der Verwendung von Digitalkameras, später durch die Möglichkeit, Lichtbilder mittels eines Smartphones zu erstellen und darüber hinaus durch weitere bestehende und sich derzeit in der Entwicklung befindliche Vorgänge, z.B. die Herstellung von Lichtbildern mit Tablet-PCs oder Brillen mit integrierter Mikro-Kamera. Das Anfertigen von Lichtbildern ist auch nicht mehr zwingend mit erheblichen Kosten verbunden. Natürlich kann nach wie vor in eine teure Fotografie-Ausstattung investiert werden und die Entwicklung von Lichtbildern eigenständig unter weiterem technischen und finanziellen Aufwand vorgenommen werden. Ebenso kann man sich aber auch darauf beschränken, das Smartphone zur Hand zu nehmen und das Digitalisat auf diesem vorzuhalten, über einen Messengerdienst wie WhatsApp mit anderen Personen zu teilen oder das Lichtbild ohne Entstehung weiterer Kosten mit einem Klick im Internet – z.B. in ein soziales Netzwerk – hochzuladen. Dies zeigt, dass neben der Vereinfachung der Aufnahme einer Fotografie auch die Möglichkeiten deren Nutzung und insbesondere deren Verbreitung im Zuge der Digitalisierung vereinfacht worden sind. Hinzu kommt, dass die Verbreitung von Daten ein anderes Ausmaß erreicht hat als dies in der Vergangenheit der Fall gewesen ist. Wurden früher Lichtbilder im privaten Kreis den Familienangehörigen und engsten Freunden, z.B. bei einem Dia-Abend oder einem Treffen, durch Vorlage eines Fotoalbums gezeigt, werden diese heute digital in sozialen Medien abgebildet, in Blogs eingefügt, Fotopräsentationen bei Youtube eingestellt, etc.

Dies hat aber in der Regel auch zur Folge, dass ein deutlich größerer Personenkreis in diese privaten Informationen eingebunden wird, als dies noch 1965 oder 1985 der Fall gewesen ist.[2] Damit geht aber auch einher, dass heute die Gefahr der Rechtsverletzung eines Lichtbildners wie auch die Gefahr der Vornahme einer solchen für einen Dritten andere Dimensionen erreicht hat, als dies in der Vergangenheit gewesen ist. Heute kann ein digital abgebildetes Lichtbild aus einem sozialen Netzwerk, einem Blog oder durch rechtswidrigen Zugriff auf einen Cloud-Speicher kopiert und weiterverbreitet werden. Vergleichbare Handlungen waren bzgl. privater Lichtbilder vor 20 Jahren noch nicht zu erahnen. Theoretisch denkbar ist natürlich, dass ein Familienmitglied oder jemand aus dem Freundeskreis – denn andere Personen hatten auf private Lichtbilder in der Regel keinen Zugriff – ein Lichtbild entwendet hätte, um dies sodann zu verbreiten; Die praktische Relevanz derartiger Gedankenspiele dürfte sich jedoch anders als die heutige Verbreitung im Internet auf Ausnahmefälle bezogen haben. Die hieraus für den Lichtbildner wie auch für die sonstigen Teilnehmer des Rechtsverkehrs resultierenden Gefahren gilt es abzuwägen und, falls erforderlich, in Ausgleich zu bringen.

C) Umfang und Gang der Untersuchung

Die vorliegende Dissertation beleuchtet das Leistungsschutzrecht des § 72 UrhG im heutigen Zeitalter. Es erfolgt eine Auseinandersetzung mit dem bestehenden Schutzrecht, dessen Umfang und Berechtigung, seinen positiven wie negativen Facetten in der heutigen Betrachtung unter Berücksichtigung des historischen Kontextes.

Dreier[3] hat sich zum Heidelberger Kunstrechtstag 2009 mit der Rolle der Fotografie als Kunst und/oder Ware befasst und hierbei mit Blick auf die ständigen Entwicklungen und der Bedeutung für die Zukunft zutreffend ausgeführt:

> „Künstlerischer und juristischer Diskurs sind also eingebettet in einen gemeinsamen Technikdiskurs, der nicht nur neue künstlerische Strategien ermöglicht, sondern der sich zugleich als Triebkraft wie als Heilmittel für kommerzielle Gefährdungen und auch neue Geschäftsmo-

2 Vgl. hierzu auch *Regenstein*, ZUM 2018, 649.

3 *Dreier*, in: Weller, Kunst im Markt – Kunst im Recht, *Fotografie im rechtlichen Diskurs – Kunst oder Ware?*, 2010, S. 31 (55).

> delle erweist. Mittels Digitalisierung und Vernetzung entsteht angesichts der rasant fortschreitenden Demokratisierung von Bildaufnahmegeräten und der interaktiven Web 2.0-Technologien eine neue Bildökologie, in der das Feld von Fotografie als Kunst und/oder Ware sowohl im künstlerischen wie im rechtlichen, vor allem aber im praktischen Diskurs neu zu vermessen sein wird."

Die vorliegende Arbeit wird sich mit den geänderten Rahmenbedingungen und der geänderten praktischen Rolle der Fotografie seit Einführung des einfachen Lichtbildschutzes befassen, rechtliche Schutzmechanismen sowie daraus resultierende Risiken darstellen und sodann abschließend bewerten, ob das Leistungsschutzrecht für einfache Lichtbilder im digitalen Zeitalter noch Bestand haben kann oder ob eine neue Vermessung im rechtlichen Diskurs erforderlich sein wird. Außer Betracht bleibt hingegen eine Betrachtung der Fotografie im künstlerischen Diskurs, da die Zugehörigkeit der Fotografie zu den Medien der Kunst derzeit unbestritten ist.

Zunächst zeigt die Untersuchung die rechtshistorischen Hintergründe auf, welche die Entscheidungen der historischen Gesetzgeber für oder gegen den Schutz von (einfachen) Lichtbildern begründeten und die rechtlichen Wandlungen beeinflussten (Kapitel 1).

Sodann wird untersucht, welchen Umfang der bestehende Lichtbildschutz gem. § 72 UrhG hat. In diesem Zusammenhang wird zunächst der Schutzgegenstand des § 72 UrhG erörtert (Kapitel 2), wobei ein Schwerpunkt insbesondere auf der Fragestellung liegt, welche Mindestanforderungen an einfache Lichtbilder, die der Gesetzgeber ausdrücklich schützen wollte, zu stellen sind und ob bzw. in welchem Umfang die sog. Reproduktionsfotografie ebenfalls vom Schutzbereich des Lichtbildschutzes erfasst wird.

Im Anschluss wird der Schutzumfang hinsichtlich der Rechtsfolgen dargestellt (Kapitel 3). Hierbei werden diejenigen Aspekte beleuchtet, die im Kontext des Lichtbildschutzes in der Praxis gesteigerte Relevanz entfalten.

Abschließend wird sich die Untersuchung unter Einbeziehung der zuvor erlangten Ergebnisse der Frage widmen, ob der Schutz einfacher Lichtbilder dem heutigen Informationszeitalter gerecht wird und ob die Rahmenbedingungen neuer Technologien sowie der aktuelle gesellschaftliche Umgang mit der Fotografie einen (teilweisen) Schutz einfacher Lichtbilder (noch) zulassen bzw. erfordern (Kapitel 4). Der Schwerpunkt dieser Arbeit liegt auf dem einfachen Lichtbildschutz als Immaterialgüterrecht an der Abbildung und dessen Berechtigung in der von der Nutzung digitaler Angebote geprägten Gesellschaft. Neben dem Lichtbildschutz kommen weitere Rechtspositionen des Lichtbildners oder Dritter in Betracht, die eine

Einschränkung der freien Nutzung des Lichtbildes bewirken können, z.B. das Recht am eigenen Bild, das Eigentum u.a..[4] Eine Betrachtung des einfachen Lichtbildschutzes gem. § 72 Abs. 1 UrhG im Gesamtgefüge des Rechts bleibt jedoch einer weiteren Arbeit vorbehalten.

4 Vgl. Kapitel 4, C) II) 2) j) cc) (2).

Kapitel 1: Rechtshistorische Entwicklung

A) *Die Fotografie als Herausforderung für Gesetzgeber und Rechtsanwender – Die Anfänge der rechtlichen Bewertung*

Der Unterschied zwischen Fotografien und den seinerzeit bereits etablierten Schutzgütern des Schutzes vor Nachahmung und Nachbildung lag bei Entstehung der Fotografie und der damit einhergehenden Diskussionen über die Schutzfähigkeit der fotografischen Erzeugnisse auf der Hand:

Während etwa bei Gemälden typisches Merkmal die individuelle Handführung ist, die die urheberrechtlich geschützte Leistung schafft, die bereits früh gegen Nachahmung und Nachbildung geschützt worden ist, führt bei einer Fotografie die Technik zu einer Umsetzung der detailgetreuen Aufnahme. Es wird ein technisches Instrument, der Fotoapparat, zwischengeschaltet. Der Fotograf bestimmt die Rahmenbedingungen, die Umsetzung obliegt hingegen dem Fotoapparat. Das Ergebnis einer Fotografie gibt tatsächliche Gegebenheiten wahrheitsgetreu wieder, lediglich die technischen Merkmale der Fotografie (Schärfe, Farbgenauigkeit, etc.) können aufgrund technischer Grenzen des verwendeten Apparates oder der konkreten Bedienung des Apparates abweichen. Der Inhalt des Lichtbildes in seiner Gestalt ist durch dasjenige, was abgebildet werden soll, vorbestimmt.[5] Die bildenden Künste können demgegenüber die identische Wiedergabe allenfalls als Idealvorstellung und als angestrebtes Ziel verfolgen, das Maß der Erreichung dieser Vorstellung ist abhängig von dem Talent und der Geschicklichkeit des jeweiligen Künstlers.

Diese Unterschiede zwischen den bereits geschützten Werkgattungen und der Fotografie führten zu Uneinigkeiten hinsichtlich der rechtlichen Einordnung von Fotografien im Rahmen des Schutzes gegen Nachahmung und Nachbildung. Die im Laufe der Zeit gefundenen Lösungsansät-

---

5 Hier wird von der bei Einführung der Fotografie üblichen Personen- und Gegenstandsfotografie ausgegangen. Zu dem hier maßgeblichen Betrachtungszeitraum war die originalgetreue Abbildung von Personen und Gegenständen das Hauptziel fotografischer Bestrebungen. Die Herstellung von Lichtbildern z.B. mit Bewegungsabläufen durch bewusst lange Blendenöffnungen war zu diesem Zeitpunkt unüblich.

ze wurden ferner bestimmt durch die gesellschaftliche Bedeutung und Verbreitung der Fotografie.

B) Uneinheitliche Auffassungen und erste Regelungsversuche

Einige Staaten des Deutschen Bundes lehnten im 19. Jahrhundert zunächst einen Schutz von Fotografien unter dem jeweils bestehenden, den Nachdruck betreffenden Recht, das insbesondere auf klassische Kunstgattungen ausgelegt war, gänzlich ab.[6]

Z.B. in Preußen war man zunächst weder bereit, die Fotografie den „Abbildungen" i.S.d. § 18 des *König. Preußischen Gesetzes vom 11. Juni 1837 zum Schutze des Eigenthums an Werken der Wissenschaft und Kunst gegen Nachdruck und Nachbildung* gleichzustellen, welche dem Schutz geschützter Schriften unterworfen waren, da die Fotografie lediglich als Handwerk anzusehen sei und ihr die Beihilfe geistiger Tätigkeit fehle, welche etwa die Autorenschaft bei Schriften voraussetze.[7] Noch sollte die Fotografie als „Kunstwerk" i.S.d. § 21 des *König. Preußischen Gesetzes vom 11. Juni 1837 zum Schutze des Eigenthums an Werken der Wissenschaft und Kunst gegen Nachdruck und Nachbildung* angesehen werden, da ein Originalkunstwerk voraussetze, dass es eine individuelle Kunstidee des Künstlers zur Erscheinung bringe. Dies sei bei der Fotografie, welche nur „vorhandene Gegenstände" abbilde, allerdings nicht der Fall.[8] Ein Schutz der Fotografie auf

6 *Hoenisch, Fotografisches Urheberrecht und Urhebervertragsrecht*, 1934, S. 23; *Ricke, Entwicklung des rechtlichen Schutzes von Fotografien in Deutschland unter besonderer Berücksichtigung der preußischen Gesetzgebung*, 1998, S. 38.

7 So der Literarische Sachverständigenverein in seinem Gutachten vom 28.11.1859, abgedruckt in *Heydemann/Dambach, Die preußische Nachdrucksgesetzgebung, 1863, S. 257* (dort heißt es: „Bei der gegenwärtigen Lage der Gesetzgebung aber würde die wissenschaftliche und künstlerische Urheberschaft, verletzt werden, wenn man durch Auslegung und Umdeutung den Schutz derselben auch der Photographie wollte zu Theil werden lassen."*);* vgl. hierzu auch *Ricke, Entwicklung des rechtlichen Schutzes von Fotografien in Deutschland unter besonderer Berücksichtigung der preußischen Gesetzgebung, 1998, S. 38.*

8 Archiv für preußisches Strafrecht 1864, 153 (188) (= Erläuterung zu einem Urteil des Ober-Tribunals vom 24.02.1864); *Ricke, Entwicklung des rechtlichen Schutzes von Fotografien in Deutschland unter besonderer Berücksichtigung der preußischen Gesetzgebung*, 1998, S. 39.
Zwar erkannte man auch in Preußen 1862 bzw. 1863 an, dass Fotografien künstlerischen Charakter haben könnten (vgl. z.B. Kommissionsbericht an das preußische Abgeordnetenhaus im Jahr 1862, veröffentlicht in *Duncker*, Börsenblatt No. 70 (03.06.1863), 1166 (1166ff.): *„Hier geht dem Acte mechanischer Abbildung ganz*

Grundlage des in Preußen geltenden Gesetzes war mithin nicht gewährleistet.[9]

In Sachsen wurden demgegenüber Fotografien nicht als rein handwerkliche Leistung eingestuft, die Existenz eines künstlerischen Charakters bei Fotografien wurde anerkannt und als Konsequenz entsprechend dem urheberrechtlichen Schutz unterworfen. Fotografien wurden zwar nicht ausdrücklich in die geltenden Gesetze aufgenommen, jedoch wurde ein Schutz von Fotografien dadurch erreicht, dass man die Vorschriften des sächsischen *Gesetzes den Schutz der Rechte an literarischen Erzeugnissen und Werken der Kunst betreffend* vom 22.02.1844, auf Fotografien entsprechend anwendete.[10] § 1 dieses Gesetzes schützte die „literarischen Erzeugnisse und Werke der Kunst" vor Vervielfältigungshandlungen. Eine analoge Anwendung auf Fotografien wurde vorgenommen, soweit es sich um eine Fotografie handelte, die einem Kunstwerk vergleichbar war.[11] Insoweit erachtete die von der Königlichen Kreis-Direktion zu Leipzig berufene Kommission „alle berechtigten photographischen Aufnahmen, mit Ausnahme der Reproduction von nicht farbigen graphischen Darstellungen" als den Werken der Kunst i.S.d. Gesetzes vom 22. Februar 1844 ebenbürtig.[12]

Erstmals ausdrücklich gesetzlich normiert wurde der Schutz von Fotografien im Jahr 1865 in Bayern durch das *Gesetz zum Schutze der Urheber-*

---

unzweifelhaft ein act geitiger, künstlerischer Thätigkeit voran, und indem dieser dann durch die chemische Wirkung fixirt wird, vollendet sich in dem photographischen Bilde ein Kunstwerk[...]")), lehnte jedoch die Anwendung bestehender Gesetze zum Schutz von Fotografien gegen Nachdruck und Nachbildung ab. Dies erfolgte zum einen im Rahmen des Kommissionsberichtes an das preußische Haus der Abgeordneten, veröffentlicht in *Duncker*, Börsenblatt No. 70 (03.06.1863), 1166 (1166 ff.) sowie zum anderen 1863 durch das preußische Kultusministerii, vgl. hierzu *Neumann*, *Beiträge zum deutschen Verlags- und Nachdrucksrechte bei Werken der bildenden Künste, im Anschluss an die Frage vom Rechtsschutze der Photographie gegen Nachdruck*, 1866, S. 141 m.w.N.

9 Hierzu auch *Duncker*, Börsenblatt No. 70 (03.06.1863), 1166 (1166 f.); *Hoenisch*, *Fotografisches Urheberrecht und Urhebervertragsrecht*, 1934, S. 23.

10 *Von der Königlichen Kreis-Direktion zu Leipzig berufene Kommission über die Anwendung des Gesetzes vom 22. Februar 1844 auf Erzeugnisse der Photographie*, Sächsisches Wochenblatt für Verwaltung und Polizei 29.07.1863, S. 238; *Allfeld*, *Kommentar zu dem Gesetze betr. das Urheberrecht an Werken der bildenden Künste und der Photographie vom 9. Jan. 1907*, 1908, S. 6; *Hoenisch*, *Fotografisches Urheberrecht und Urhebervertragsrecht*, 1934, S. 23.

11 *Hoenisch*, *Fotografisches Urheberrecht und Urhebervertragsrecht*, 1934, S. 23.

12 *Von der Königlichen Kreis-Direktion zu Leipzig berufene Kommission über die Anwendung des Gesetzes vom 22. Februar 1844 auf Erzeugnisse der Photographie*, Sächsisches Wochenblatt für Verwaltung und Polizei 29.07.1863, S. 234 und 238.

rechte an literarischen Erzeugnissen und Werken der Kunst. Art. 28 dieses Gesetzes stellte eine Fotografie, wie bereits in Sachsen durch analoge Anwendung bestehender Rechtsnormen eingeführt, dann unter Schutz, wenn diese „als Werk der Kunst zu betrachten" war.[13] Dies gründete in der in Bayern herrschenden Auffassung, Fotografien könnten durchaus künstlerischen Ursprungs sein und stellten in einigen Fällen sogar eine neue Form der Kunst dar.[14] Für diese als Werke der Kunst zu betrachtenden Fotografien wurde gem. Art. 12 des *Gesetzes zum Schutze der Urheberrechte an literarischen Erzeugnissen und Werken der Kunst* ein Schutz vor Vervielfältigungen mit einer Schutzfrist von 30 Jahren post mortem auctoris gewährt (p.m.a.).[15] Einfache Fotografien ohne künstlerischen Charakter wurden hingegen auch in Bayern nicht geschützt.

C) Schutz jeglicher Fotografien

I) Gesetz betreffend den Schutz von Photographien gegen unbefugte Nachbildung (1876)

Kaum hatte die Fotografie Ansehen als Kunstform erlangt, führte die Entwicklung neuer Techniken zur Erzeugung von Fotografien und der damit einhergehende Anstieg der Anzahl von Fotografen und der Möglichkeiten der Herstellung von Fotografien dazu, dass erneut die Auffassung stärker an Zuspruch gewann, die Fotografie lasse keine schöpferische Leistung erkennen, sondern bilde vielmehr lediglich faktische Gegebenheiten ab, wie

---

13 Art. 28 Bayerisches Gesetz zum Schutze der Urheberrechte an literarischen Erzeugnissen und Werken der Kunst vom 28.06.1865; *Mandry*, *Das Urheberrecht an literarischen Erzeugnissen und Werken der Kunst: Ein Kommentar zu dem k. bayerischen Gesetze vom 28. Juni 1865*, 1867, S. 239.

14 *Vogel*, in: Schricker/Loewenheim, 5. Auflage, 2017, *§ 72 UrhG*, Rn. 2; Der Norddeutsche Bund hingegen lehnte noch im Jahr 1870 einen Gesetzentwurf, der unter Gewährung einer kurzen Schutzfrist der Fotografie urheberrechtlichen Schutz gewähren wollte, ab, vgl. *Norddeutscher Bund*, *Stenographische Berichte über die Verhandlungen des Reichstages des Norddeutschen Bundes, I. Legislaturperiode – Session 1870. Zweiter Band*, (1870), S. 899.

15 Art. 12 *Bayerisches Gesetz zum Schutze der Urheberrechte an literarischen Erzeugnissen und Werken der Kunst vom 28.06.1865*; *Mandry*, *Das Urheberrecht an literarischen Erzeugnissen und Werken der Kunst: Ein Kommentar zu dem k. bayerischen Gesetze vom 28. Juni 1865*, 1867, S. 176.

sie die Natur vorgebe.[16] *Hoenisch* bezeichnet das Auf und Ab in der Diskussion um die Einstufung der Fotografie als Kunst (zutreffend) als „Kampf um die Frage, ob die Fotografie eine Kunst und demgemäß zu schützen sei oder nicht“ und als „Kampf[es] der fotografischen Interessenvertretungen“.[17] Die Bereitschaft, der Fotografie einen künstlerischen Charakter zuzugestehen, sank. Der Aufschwung dieser Bewertung schlug sich auch in den folgenden Gesetzgebungsverfahren für das Deutsche Reich nieder.

In der Folge trat am 01.07.1876 das *Gesetz betreffend den Schutz von Photographien gegen unbefugte Nachbildung* vom 10.01.1876 in Kraft, das erstmals sämtlichen Fotografien, unabhängig davon, ob diese einen individuellen, künstlerischen Inhalt aufwiesen oder nicht, einen fünfjährigen Schutz vor mechanischen Nachbildungen für das gesamte Deutsche Reich gewährte. Nachdem z.B. zuvor in Bayern ein Schutz von 30 Jahren p.m.a. gewährt wurde, begann unter dem Gesetz betreffend den Schutz von Photographien gegen unbefugte Nachbildung *Gesetz betreffend den Schutz von Photographien gegen unbefugte Nachbildung* eine nur fünfjährige Schutzfrist, deren Laufen grundsätzlich mit dem erstmaligen Erscheinen der Aufnahme begann.[18]

Dieses Gesetz erkannte der Fotografie allerdings nur einen Leistungsschutz zu, wodurch die rein technische Leistung des Fotografen bzw. des „Verfertigers“[19] zum Schutzgegenstand erhoben wurde. Ein Schutz der Fotografie als künstlerische, persönlich geistige oder gar schöpferische Leistung, ebenso wie die Regelung der Materie innerhalb des *Gesetzes betreffend das Urheberrecht an Werken der bildenden Künste* vom 09.01.1876, wurde hingegen versagt.

II) Kunsturhebergesetz (1907/1940)

Diese gesetzgeberische Entscheidung setzte dem Kampf um die Anerkennung des künstlerischen Charakters von Fotografien und die Notwendigkeit eines echten Urheberrechts für die Fotografien allerdings kein Ende, vielmehr brannte dieser auch nach Einführung des Leistungsschutzrechtes

---

16 *Vogel*, in: Schricker/Loewenheim, 5. Auflage, 2017, § 72 *UrhG*, Rn. 2; *Hoenisch*, *Fotografisches Urheberrecht und Urhebervertragsrecht*, 1934, S. 25.

17 *Hoenisch* a.a.O.

18 § 6 des *Gesetzes betreffend den Schutz von Photographien gegen unbefugte Nachbildung vom 10.01.1876.*

19 § 1 des *Gesetzes betreffend den Schutz von Photographien gegen unbefugte Nachbildung vom 10.01.1876.*

für sämtliche Fotografien fort. Im Ergebnis erkannte der Gesetzgeber des Kunsturhebergesetzes (KUG) an, dass auch Fotografien das Niveau künstlerischer Gestaltung erreichen können.[20] Durch das KUG von 1907 wurde in der Folge ein Schutz für Fotografien dahingehend eingeführt, dass die Fotografien den Werken der bildenden Künste unter Einschränkung der Schutzdauer gleichgestellt wurden.[21]

Aufgrund der zu diesem Zeitpunkt nach wie vor bestehenden Vorhalte, eine Unterschiedslosigkeit zwischen den bildenden Künsten einerseits und der nicht freischaffenden Fotografie andererseits anzuerkennen, wurde jedoch eine vollständige Gleichbehandlung mit den Werken er bildenden Künste abgelehnt. Dies gründete nicht zuletzt darin, dass Fotografien schlicht als „Erzeugnisse der – bis zu einem gewissen Grade gebundenen – photographischen Technik“[22] geschützt wurden, dies erneut unabhängig vom Vorliegen einer schöpferischen Leistung. Alle Fotografien wurden geschützt, sodass auch einfachste Amateuraufnahmen in den Genuss des Schutzes unter dem KUG 1907 kamen.[23]

Der Verzicht auf eine nach unten abgrenzende Schutzvoraussetzung führte auf der anderen Seite zu einer Einschränkung des Schutzes in zeitlicher Hinsicht. Die Schutzdauer für Fotografien jeglicher Art wurde zunächst auf 10 Jahre ab Erscheinen der Fotografie festgelegt[24], während Werken der bildenden Künste grundsätzlich eine Schutzdauer von 30 Jahren p.m.a. gewährt wurde[25]. Die Einschränkung der Schutzdauer sollte damit das Minus in den bei anderen Werkarten erforderlichen Schutzvoraussetzungen kompensieren.

An dieser grundsätzlichen Struktur des Fotografieschutzes wurde durch die Reform des KUG im Jahr 1940 nichts geändert. Durch das KUG 1940 wurde der Schutz von Fotografien allerdings auf 25 Jahre ab Erscheinen der Fotografien erweitert.[26] Die Schutzfristverlängerung erfolgte, um der Stellung, „welche die Photographie sich im modernen Kulturleben erwor-

---

20 Motive zum KUG (1907), zitiert bei: *Osterrieth*, *Bemerkungen zum Entwurf eines Gesetzes betreffend das Urheberrecht an Werken der bildenden Künste und der Photographie*, 1904, S. 8.

21 § 1 KUG (1907).

22 RGZ 169, 109 (114).

23 Referentenentwurf vom 23.03.1962, BTDrucks. IV/270, 37.

24 § 26 Satz 1 KUG (1907).

25 § 25 Satz 1 KUG (1907).

26 *Gesetz zur Verlängerung der Schutzfristen für das Urheberrecht an Lichtbildern vom 12. Mai 1940, RGBl. I, 758*; ausführlich zu der Verlängerung der Schutzfristen durch das Gesetz vom 12.05.1940 vgl. *Hoffmann*, in: Boor/Elster/Heymann/

ben hat“, gerecht zu werden, da die kürzere Frist aufgrund der erworbenen Stellung nicht mehr als angemessen empfunden wurde.[27]

D) Differenzierte Ausgestaltung des Schutzes von Lichtbildern und Lichtbildwerken

I) Umbruch

Die stetig ansteigende technische Entwicklung und die damit einhergehende, zunehmende Möglichkeit, Lichtbilder zu erschaffen, sowie die immer stärkere Bedeutung derselben in der breiten Masse führte dazu, dass sich der undifferenzierte Schutz von Fotografien steigernder Kritik ausgesetzt sah. Zum einen nahm die Fotografie einschließlich der Amateurfotografie in quantitativer Hinsicht zu, zum anderen stieg die Anerkennung des künstlerischen Charakters zahlreicher Fotografien.[28] Die grundsätzliche Gleichstellung von Fotografien mit den Werken der bildenden Künste unter Einschränkung der Schutzdauer sowie die im Rahmen des Gesetzgebungsprozesses teilweise diskutierte[29] und im Ministerialentwurf 1959[30] zunächst vorgesehene bloße Gewährung eines Leistungsschutzes sei nicht gerechtfertigt. Insbesondere werde bei bloßer Gewährung eines Leistungsschutzrechts für sämtliche Fotografien nicht hinreichend gewürdigt, dass etwa Berufslichtbildner ein erhebliches Interesse an einem möglichst umfassenden und lang andauernden Schutz der von ihnen geschaffenen Lichtbilder hätten und die in der Zwischenzeit entstandene Kunstfotogra-

---

Katluhn/Lindenmaier/Plugge, Archiv für Urheber- Film und Theaterrecht (UFITA) 1940, *Die Verlängerung der Schutzfristen für das Urheberrecht an Lichtbildern*, 1940, S. 120.

27 *Boor*, in: Boor/Elster/Heymann/Katluhn/Lindenmaier/Plugge, Archiv für Urheber- Film und Theaterrecht (UFITA) 1940, *Die Entwicklung des Urheberrechts im Jahre 1939*, 1940, S. 185 (185).

28 So bereits, *Boor*, in: Boor/Elster/Heymann/Katluhn/Lindenmaier/Plugge, Archiv für Urheber- Film und Theaterrecht (UFITA) 1940, *Die Entwicklung des Urheberrechts im Jahre 1939*, 1940, S. 185 (185), der feststellt, dass die Verlängerung der Schutzfrist unter dem KUG 1940 gerade den Fotografen recht sei, „unter denen ja echte Künstler“ seien; Zur Entwicklung der Fotografie als Kunst und deren Einzug in die Museen sowie den Kunsthandel vgl. *Dreier*, in: Weller, Kunst im Markt – Kunst im Recht, *Fotografie im rechtlichen Diskurs – Kunst oder Ware?*, 2010, S. 31 (36).

29 Vgl. hierzu *Riedel*, GRUR 1951, 378 (378 f.).

30 Vgl. hierzu Referentenentwurf vom 23.03.1962, BTDrucks. IV/270, 37.

fie in diesem Fall nicht ausreichend geschützt werde.[31] Ferner erwecke die Einführung eines reinen Leistungsschutzrechts für sämtliche Lichtbilder den Eindruck, als existierten keine Fotografien schöpferischer Natur.[32]

Weiter stand einer solchen Regelung der Umstand entgegen, dass die *Revidierte Berner Übereinkunft* (RBÜ) in der Brüsseler Fassung von 1948 bereits vorsah, dass „Werke der Photographie und Werke, die durch ein der Photographie ähnliches Verfahren hergestellt sind" und damit solche Fotografien und ähnliche Erzeugnisse, die eine geistige Schöpfung darstellen, fortan unter urheberrechtlichen Schutz zu stellen seien, Art. 2 Abs. 1 RBÜ (1948).[33] Unter Berücksichtigung der Absehbarkeit eines Beitritts Deutschlands zur RBÜ (1948), was letztlich im Jahr 1966 erfolgte, wurde die Beibehaltung eines reinen Leistungsschutzes für Lichtbilder und ähnliche Erzeugnisse als nicht gangbar eingestuft.[34]

II) Urheberrechtsgesetz (1965)

In der Folge kam es erstmals durch das UrhG von 1965 zu einer tatbestandlichen Differenzierung zwischen Lichtbildwerken, die das Ergebnis einer persönlichen geistigen Schöpfung darstellen, und einfachen Lichtbildern, denen keine solche schöpferische Gestaltung zugesprochen werden kann. Die Lichtbildwerke wurden durch ihre Aufnahme in § 2 Abs. 1 Nr. 5 UrhG a.F. den übrigen Werkkategorien gleichgestellt, sodass diesen ein vollwertiger Urheberrechtsschutz unter Anerkennung der schöpferischen Leistung zugesprochen wurde. Den einfachen Lichtbildern wurde im Rahmen von § 72 UrhG a.F. ein reines Leistungsschutzrecht zugestanden. wobei eine Gleichstellung mit dem Urheberrecht[35] erfolgte, sodass dem Lichtbildschutz auf den ersten Blick eine Zwitterstellung[36] zwischen Urheberrecht und Leistungsschutz zukommt. Wie *Apel*[37] zutreffend ermittelt, hat der historische Gesetzgeber gleichwohl ein reines Leistungsschutzrecht ge-

31 *Riedel*, GRUR 1951, 378 (379).

32 Referentenentwurf vom 23.03.1962, BTDrucks. IV/270, 37.

33 Vgl. zur Historik des Schutzes von Fotografien und ähnlichen Erzeugnissen unter Geltung der RBÜ in der Brüsseler Fassung *Bappert/Wagner*, GRUR 1954, 104 ff.

34 *Bappert/Wagner*, GRUR 1954, 104 (106).

35 Referentenentwurf vom 23.03.1962, BTDrucks. IV/270, 88 f.

36 So z.B. *Apel*, in: Götz von Olenhusen/Gergen, Kreativität und Charakter, *Überlegungen zu einer Reform des Lichtbildschutzrechts (§ 72 UrhG)*, 2017, S. 205 (217).

37 *Apel*, in: Götz von Olenhusen/Gergen, Kreativität und Charakter, *Überlegungen zu einer Reform des Lichtbildschutzrechts (§ 72 UrhG)*, 2017, S. 205 (217 f.).

schaffen, indem er die Leistung des Lichtbildners in der rein technischen Leistung erachtete.[38]

Durch den in § 72 UrhG a.F. enthaltenen Verweis auf die Vorschriften des Ersten Teils fanden die Vorschriften über Lichtbildwerke letztlich ebenfalls Anwendung auf einfache Lichtbilder, sodass der Schutzinhalt (soweit sich keine Besonderheiten ergaben[39]) parallel ausgestaltet wurde. Diese Ausgestaltung des Schutzes von Lichtbildwerken einerseits und einfachen Lichtbildern andererseits wurde damit begründet, dass

> „die Abgrenzung zwischen Lichtbildwerken und Lichtbildern in der Praxis außerordentliche Schwierigkeiten bereiten würde“[40],

gar „unüberwindliche Schwierigkeiten“[41] wurden befürchtet.

Aus diesem Grund wurde die Schutzdauer für Lichtbildwerke durch § 68 UrhG a.F. auf lediglich 25 Jahre ab dem Zeitpunkt des Erscheinens oder des Herstellens[42] festgelegt, während den übrigen nach § 2 UrhG a.F. geschützten Werkarten, denen Lichtbildwerke dem Grunde nach eigentlich gleichgestellt worden waren, gem. § 64 Abs. 1 UrhG a.F. eine reguläre Schutzdauer von 70 Jahren p.m.a. zugebilligt wurde.[43] Vor dem Hintergrund der kurzen Fristen für andere Leistungsschutzrechte wurde es unter Beachtung der Abgrenzungsschwierigkeiten zwischen Lichtbildwerken und Lichtbilder für „richtiger“ erachtet, sämtlichen Lichtbildern, schöpferischer oder nicht schöpferischer Art, nur eine Schutzdauer von 25 Jahren zuzugestehen.[44] Die Normierung einer gegenüber anderen Werkarten abweichenden Schutzdauer stand im Einklang mit der Vorschrift des Art. 7 Abs. 3 RBÜ (1948), die im Hinblick auf Werke der Fotografie die Festle-

38 Referentenentwurf vom 23.03.1962, BTDrucks. IV/270, 88.

39 Hierzu näher in Kapitel 2 und 3.

40 Gesetzesbegründung vom 23.03.1962, BTDrucks IV/270, S. 37.

41 Gesetzesbegründung vom 23.03.1962, BTDrucks IV/270, S. 89.

42 Der Zeitpunkt der Herstellung war gem. § 68 UrhG a.F. (1965) dann relevant, wenn das Lichtbild innerhalb der Frist von 25 Jahren ab Herstellung nicht erschienen war.

43 Die nach der RBÜ (1948) vorgesehene Mindestschutzdauer für geschützte Werke (mit Ausnahme von Werken der Kinematografie, der Fotografie, der durch ein der Kinematografie oder Fotografie ähnliches Verfahren hergestellten Werke sowie der Werke der angewandten Künste, § 7 Abs. 3 RBÜ (1948)) betrug 50 Jahre p.m.a.. Die Normierung einer längeren Schutzdauer wurde den Mitgliedsstaaten in Art. 7 Abs. 2 RBÜ (1948) freigestellt.

44 Gesetzesbegründung vom 23.03.1962, BTDrucks IV/270, S. 80 f.

gung der Schutzdauer den Mitgliedsstaaten überließ, soweit die Schutzdauer diejenige der übrigen Werkgattungen nicht überstieg.[45]

III) Urheberrechtsgesetz (1985)

Im Rahmen des weiteren Reformvorhabens des UrhG, das durch den Gesetzesentwurf vom 22.12.1983 eingeleitet wurde, wurde die Schlechterstellung von Lichtbildwerken gegenüber den übrigen durch § 2 UrhG geschützten Werken zunehmend für unangemessen erachtet. Denn die Einstellung zur Fotografie habe sich seit Erlass des UrhG (1965) erheblich gewandelt und die Fotografie sei nunmehr ein anerkanntes Medium der Kunst.[46] Darüber hinaus seien die vorhandenen Abgrenzungsschwierigkeiten zwischen Lichtbildwerk und einfachem Lichtbild auch anderen Werkarten immanent, bei denen entschieden werden müsse, ob die erforderliche Schöpfungshöhe vorliege.[47]

Aus diesen Gründen wurde im Zuge der Reform die Vorschrift des § 68 UrhG a.F. aufgehoben und damit die Kategorie der Lichtbildwerke gemeinsam mit den übrigen Werken des § 2 UrhG der Schutzfrist des § 64 UrhG a.F. unterstellt, sodass auch den Lichtbildwerken ein 70-jähriger Schutz p.m.a. zukam. Das in § 72 Abs. 1 UrhG a.F. normierte Leistungsschutzrecht für Lichtbilder wurde hingegen durch eine Änderung des § 72 UrhG a.F. einer Regelschutzfrist von 25 Jahren ab Erscheinen des Lichtbildes bzw. bei Nicht-Erscheinen des Lichtbildes ab Herstellung des Lichtbildes unterworfen (§ 72 Abs. 3, 2. Hs. UrhG a.F.).[48]

---

45 Fassung von 1948 z.B. abrufbar in engl. und frz. Sprache bei *WIPO, Berne Convention for the Protection of Literary and Berne Convention for the Protection of Literary and Artistic Works – Brussels Act (1948)*, abrufbar unter *wipolex.wipo.int/en/text/278722*, zuletzt abgerufen am 16.02.2020; deutsche Übersetzung abrufbar bei *Der Bundesrat – Das Portal der Schweizer Regierung, Berner Übereinkunft zum Schutze von Werken der Berner Übereinkunft zum Schutze von Werken der Literatur und der Kunst revidiert in Brüssel am 26. Juni 1948*, abrufbar unter *www.admin.ch/opc/de/classified-compilation/19480180/200605050000/0.231.13.pdf*, zuletzt abgerufen am 16.02.2020.

46 Gesetzesbegründung vom 22.12.1983, BTDrucks 10/837, S. 11.

47 Gesetzesbegründung vom 22.12.1983, BTDrucks 10/837, S. 11 f.

48 Vgl. hierzu auch *Melchiar*, in: Dreier/Hilty, Vom Magnettonband zu Social Media, *Erste Novellierungen*, 2015, S. 79 (88) sowie ausführlich zu den Änderungen des UrhG1985 in Bezug auf Lichtbilder und Lichtbildwerke vgl. *Möller*, *Die Urheberrechtsnovelle '85*, 1986, S. 9 ff.

Eingeführt wurde darüber hinaus eine weitere Kategorie des Leistungsschutzes für Lichtbilder: § 72 Abs. 3, 1. Hs. UrhG a.F. normierte eine 50-jährige Schutzdauer für einfache Lichtbilder, die als Dokumente der Zeitgeschichte einzustufen waren.[49] Begründet wurde die Einführung eines Leistungsschutzrechtes für Lichtbilder als Dokumente der Zeitgeschichte damit, dass der Wert dokumentarischer Lichtbilder oft gerade aus dem besonders großen Zeitabstand zwischen dokumentiertem Ereignis und Nutzung des Fotos erwachse.[50] Insoweit ist beachtlich, dass hier gewissermaßen die Einräumung eines besonderen Leistungsschutzrechtes nach dem Willen des Gesetzgebers letztlich nicht nur ex ante sondern auch ex post erfolgt. Die Beurteilung, ob der Wert des Lichtbildes als Dokument der Zeitgeschichte tatsächlich vorliegt, ist nämlich in zahlreichen Fällen erst viele Jahre nach Herstellung des Lichtbildes möglich. Aus der Bedeutung des Lichtbildes, die nicht selten gegenüber dem Herstellungsakt erst mit erheblicher Zeitverzögerung erkennbar wird, folgte nach dem Willen des Gesetzgebers ein Leistungsschutzrecht, das de facto nachträglich einer verlängerten Schutzdauer unterworfen wurde. Daneben wurden solche Fotografien einem Leistungsschutzrecht unterstellt, die ex ante im Zeitpunkt unmittelbar nach ihrer Anfertigung als Dokument der Zeitgeschichte eingeordnet wurden, auch wenn sie diese Funktion bei einer Betrachtung ex post nicht auf Dauer erhalten konnten.[51]

Gem. § 137a UrhG wirkt sich die Verlängerung des Schutzes für Lichtbildwerke dahingehend aus, dass die Verlängerung für solche Lichtbildwerke eingetreten ist, deren Schutzfrist am 01.07.1985 noch nicht abgelaufen gewesen ist (§ 137a Abs. 1 UrhG). Daneben enthält § 137a Abs. 2 UrhG eine Vermutungsregelung dahingehend, dass sich die vor dem 01.07.1985 erfolgte Einräumung oder Übertragung von Nutzungsrechten an Licht-

---

49 Beispielhaft für die Annahme eines Werkes der Zeitgeschichte: Zur Einordnung von Lichtbildern aus einer Filmaufnahme, die den Abtransport und das Sterben von Peter Fechter betraf, der bei seinem Fluchtversuch aus der damaligen DDR von Soldaten der Nationalen Volksarmee an der Ostberliner Seite der Berliner Mauer nahe des so genannten Checkpoint Charlie angeschossen worden war, als Dokumente der Zeitgeschichte, "da sie eine historisch bedeutsame Situation wiedergeben", vgl. BGH, Urt. v. 06.02.2014 – I ZR 86/12, GRUR 2014, 363 (366), *Peter Fechter*; zur Schwierigkeit der Bestimmung dessen, was unter den Begriff zu fassen ist, insbesondere *Flechsig*, in: Rehbinder, Archiv für Urheber- Film und Theaterrecht (UFITA) 1991, *Das Lichtbild als Dokument der Zeitgeschichte*, 1991, S. 5.

50 Gesetzesbegründung vom 22.12.1983, BTDrucks 10/837, S. 20.

51 Dazu sogleich, außerdem *Entwurf eines Vierten Gesetzes zur Änderung des Urheberrechtsgesetzes*, BTDrucks. 13/781, 15.

bildwerken im Zweifel nicht auf den Zeitraum der Verlängerung erstrecken. Nach einhelliger Auffassung ist die Vorschrift gem. § 72 Abs. 3 UrhG a.F. entsprechend auf einfache Lichtbilder anwendbar, die Dokumente der Zeitgeschichte darstellen, da auch insoweit eine Verlängerung der Schutzfrist erfolgt ist.[52]

IV) Umsetzung der EU-Schutzdauerrichtlinie

1) Wesentliche Inhalte

Durch das *Dritte Gesetz zur Änderung des Urheberrechtsgesetzes* (3. UrhRÄndG) vom 23.06.1995[53] hat der Gesetzgeber die Richtlinie über die Schutzdauer der Urheberrechte und anderer verwandter Schutzrechte vom 29.10.1993[54] (im Folgenden: Schutzdauerrichtlinie) umgesetzt. Mit der Schutzdauerrichtlinie wurde eine Vollharmonisierung der Schutzdauer „fotografischer Werke“ im Sinne der RBÜ angestrebt, der Schutz anderer Fotografien – also einfacher Fotografien ohne Werkcharakter – sollte hingegen den Mitgliedsstaaten überlassen bleiben.[55] Eine Harmonisierung des Schutzes einfacher Lichtbilder erfolgte – wie bereits unter der RBÜ – nicht. Die Schutzdauer für fotografische Werke im Sinne der RBÜ wurde gem. Art. 6 i.V.m. Art. 1 Abs. 1 der Schutzdauerrichtlinie einheitlich auf 70 Jahre p.m.a. festgelegt.

Mit der Umsetzung der Schutzdauerrichtlinie wurde darüber hinaus die unterschiedliche Schutzdauer für Lichtbilder, die Dokumente der Zeitgeschichte sind, und sonstigen einfachen Lichtbildern abgeschafft und die Schutzdauer für einfache Lichtbilder in § 72 Abs. 3 UrhG auf 50 Jahre vereinheitlicht. Hintergrund der Abschaffung der begründeten, gegenüber sonstigen Lichtbildern begründeten Sonderstellung der Lichtbilder, die Dokumente der Zeitgeschichte sind, war die erhebliche Rechtsunsicherheit, die die notwendige Kategorisierung mit sich brachte. Wie zuvor[56]

---

52 *Dreier*, in: Dreier/Schulze/Specht, 6. Auflage, 2018, *§ 137a UrhG*, Rn. 6 m.w.N. und mit zutreffendem Hinweis darauf, dass insoweit der 01.01.1986 maßgebliches Datum sei.

53 Abrufbar unter http://www.urheberrecht.org/law/normen/urhg/1995-06-23/materialien/, zuletzt abgerufen am 16.02.2020.

54 Richtlinie 93/98/EWG; nunmehr identisch Art. 6 der Richtlinie 2006/116/EG vom 12.12.2006.

55 Erwägungsgrund Nr. 17 der Schutzdauerrichtlinie.

56 Vgl. hierzu Kapitel 1, D) II).

ausgeführt, kann sich der dokumentarische Charakter bei einigen Lichtbildern erst Jahre später herausstellen, bei anderen entfällt dieser nach einem gewissen Zeitablauf.[57] Aufgrund dieser Schwierigkeiten, die zunächst noch als tragende Gründe für die Einführung des Sonderstatus der dokumentarischen Lichtbilder herangezogen wurden, schaffte man im Zuge der Umsetzung der Schutzdauerrichtlinie diese Kategorie wieder ab. Die im gleichen Zuge erfolgte Anhebung der Schutzdauer für alle einfachen Lichtbilder auf 50 Jahre (zuvor Regelschutzdauer 25 Jahre) gründete in dem nunmehr anerkannten, enormen wirtschaftlichen Wert von Lichtbildern, dem der Gesetzgeber Rechnung tragen wollte.[58]

Darüber hinaus wurde mit Umsetzung der Richtlinie der Beginn der Schutzfrist an einen weiteren Tatbestand angeknüpft. Neben

- dem Erscheinen[59] und
- der Herstellung[60] ist seither auch
- die erste erlaubte öffentliche Wiedergabe[61]

geeignet, den Lauf der Schutzfrist in Gang zu setzen.[62] Die Schutzdauer für einfache Lichtbilder wird seither einheitlich bestimmt in § 72 Abs. 3 UrhG. Hiernach erlischt das Leistungsschutzrecht für Lichtbilder gem. § 72 Abs. 1 UrhG

- fünfzig Jahre nach dem Erscheinen des Lichtbildes;
- oder, wenn seine erste erlaubte öffentliche Wiedergabe früher erfolgt ist, nach dieser;
- jedoch bereits fünfzig Jahre nach der Herstellung, wenn das Lichtbild innerhalb dieser Frist nicht erschienen oder erlaubterweise öffentlich wiedergegeben worden ist.

---

57 Vgl. *Entwurf eines Vierten Gesetzes zur Änderung des Urheberrechtsgesetzes*, BT-Drucks. 13/781, 15.

58 *Entwurf eines Vierten Gesetzes zur Änderung des Urheberrechtsgesetzes*, BTDrucks. 13/781, 15.

59 Ein Lichtbild ist gem. §§ 72 Abs. 1, 6 Abs. 2 Satz 1 UrhG erschienen, wenn mit Zustimmung des Berechtigten Vervielfältigungsstücke des Lichtbildes nach seiner Herstellung in genügender Anzahl der Öffentlichkeit angeboten oder in Verkehr gebracht worden sind.

60 Bei der Herstellung i.S.d.§ 72 Abs. 3 Satz 1 UrhG handelt es sich bei analogen Lichtbildern um die erste körperliche Festlegung auf dem Negativ, der erste Abzug des Lichtbildes ist nicht maßgeblich, bei digital aufgenommenen Lichtbildern ist der Zeitpunkt der Einspeicherung der Daten im Zielspeicher maßgeblich, *Vogel*, in: Schricker/Loewenheim, 5. Auflage, 2017, § 72 *UrhG*, Rn. 49.

61 Zum Begriff der öffentlichen Wiedergabe vgl. unter Kapitel 3, B) II) 2) a).

62 *Entwurf eines Vierten Gesetzes zur Änderung des Urheberrechtsgesetzes*, BTDrucks. 13/781, 15.

Gem. § 72 Abs. 3 Satz 2 UrhG ist die Frist nach § 69 UrhG zu berechnen. Maßgeblich ist damit das Erscheinen des Werkes, wenn nicht zuvor eine erlaubte öffentliche Wiedergabe stattgefunden hat. Auf die Herstellung des Lichtbildes wird lediglich als Auffangtatbestand zurückgegriffen, wenn weder ein Erscheinen noch eine öffentliche Wiedergabe innerhalb von 50 Jahren ab der Herstellung festgestellt werden kann.

2) Auswirkungen der Schutzdauerrichtlinie auf bereits bestehende Lichtbilder/Lichtbildwerke

§ 137f UrhG normiert Übergangsregelungen zur Umsetzung der Schutzdauerrichtlinie:

Zum einen legt § 137f Abs. 1 UrhG fest, dass durch die Veränderungen der Schutzdauern im Zuge der Umsetzung der Schutzdauerrichtlinie keine Verkürzung laufender Schutzfristen erfolgt. Soweit eine Verkürzung die Folge sei, finden die zuvor geltenden Regelungen weiterhin Anwendung. Dies ist für einfache Lichtbilder insoweit von Bedeutung, als nunmehr der Beginn der Schutzdauer auch an die erste erlaubte öffentliche Wiedergabehandlung gekoppelt sein kann, wenn eine solche erfolgt ist.[63]

Gem. § 137f Abs. 2 und 3 UrhG ist außerdem ein Wiederaufleben eines bereits erloschenen Schutzes möglich. Ein solches Wiederaufleben soll dann eintreten, wenn der Schutz zum 01.07.1995 in einem Mitgliedsstaat der Europäischen Union oder einem Vertragsstaat des Abkommens über den Europäischen Wirtschaftsraum noch bestanden hat, in Deutschland die Schutzdauer jedoch bereits abgelaufen gewesen ist. Dies betrifft solche Lichtbildwerke, die in der Vergangenheit der 25-jährigen Schutzfrist des KUG (1907) bzw. des UrhG (1965) unterfallen waren und deren Schutzdauer bei Einführung der 70-jährigen Schutzdauer durch die Reform des UrhG im Jahr 1985 bereits abgelaufen war, sodass die Übergangsvorschrift des § 137a UrhG nicht zur Anwendung kam.[64] Solche Lichtbildwerke waren in anderen europäischen Mitgliedsstaaten zum 01.07.1995 noch geschützt.[65]

---

63 Vgl. *Entwurf eines Vierten Gesetzes zur Änderung des Urheberrechtsgesetzes*, BT-Drucks. 13/781, 17.

64 Vgl. *Entwurf eines Vierten Gesetzes zur Änderung des Urheberrechtsgesetzes*, BT-Drucks. 13/781, 17.

65 Vgl. hierzu auch LG Köln, Urt. v. 01.06.2017 – 14 O 141/15, ZUM-RD 2018, 24, 27.

Ein Wiederaufleben des Schutzes für Lichtbildwerke aufgrund der Harmonisierung der Schöpfungshöhe gem. Art. 6 S. 1 Schutzdauerrichtlinie ist demgegenüber nicht erfolgt, da die Anforderungen an ein Lichtbildwerk durch die Schutzdauerrichtlinie nicht angehoben wurden: Gem. Art. 6 Schutzdauerrichtlinie sind als fotografische Werke solche zu verstehen, die individuelle Werke in dem Sinne darstellen, dass sie das Ergebnis der eigenen geistigen Schöpfung ihres Urhebers sind. Weitere Kriterien sind gem. Art. 6 der Schutzdauerrichtlinie bei der Frage, ob einer Fotografie Werkqualität zukomme, nicht anzuwenden. Diesen Anforderungen entsprach bereits das zuvor unter dem UrhG geltende Recht[66], das an ein Lichtbildwerk gem. § 2 Abs. 1 Nr. 5 UrhG keine allzu hohen Anforderungen stellte. Damit galt bei Lichtbildwerken auch infolge der Schutzdauerrichtlinie der Schutz der kleinen Münze, sodass es eines besonderen Maßes an schöpferischer Gestaltung bzw. einer überdurchschnittlichen Gestaltungshöhe nicht bedarf. Eine Qualität von außerordentlichem Maße, eine besondere Originalität oder ein Abheben von der üblichen Fotografie ist demnach nicht erforderlich. Ein Mindestmaß an Individualität, das es ermöglicht, das Lichtbildwerk von einer gefälligen Abbildung abzuheben, genügt zur Begründung des echten Urheberrechtschutzes nach § 2 Abs. 1 Nr. 5 UrhG.[67]

Ein Wiederaufleben des Schutzes für einfache Lichtbilder gem. § 72 UrhG kommt auf Grundlage des § 137f Abs. 2 und 3 UrhG ebenfalls nicht in Betracht.[68] Der Schutz einfacher Lichtbilder war nicht Gegen-

66 So auch bereits hervorgehend aus *Entwurf eines Vierten Gesetzes zur Änderung des Urheberrechtsgesetzes*, BTDrucks. 13/781, 10. Ebenso *Heitland*, *Der Schutz der Fotografie im Urheberrecht Deutschlands, Frankreichs und der Vereinigten Staaten von Amerika*, 1995, S. 63; *Vogel*, ZUM 1995, 451 (455). A.A. *Nordemann*, NJW 1995, 2534 (2535), der meint, der Gesetzgeber habe – entgegen der Darlegungen im Gesetzentwurf a.a.O. – von den niedrigen Anforderungen der Richtlinie keine Notiz genommen (angedeutet auch in *Nordemann/Mielke*, ZUM 1996, 214 (216). Offen gelassen durch BGH, Urt. v. 03.11.1999 – I ZR 55/97, GRUR 2000, 317, 318, *Werbefotos*.

67 Hierzu näher unter Kapitel 2, B) II) 2).

68 Im Ergebnis ebenso: *Dreier*, in: Dreier/Schulze/Specht, 6. Auflage, 2018, *§ 137a UrhG*, Rn. 8; OLG Düsseldorf, Urt. v. 13.02.1996 – 20 U 115/95, GRUR 1997, 49 (50), *Beuys-Fotografien*; *Lauber-Rönsberg*, in: BeckOK UrhG, 26. Edition (Stand 15.10.2019), 2019, *§ 137f UrhG*, Rn. 10; *Jani*, in: Wandtke/Bullinger, 5. Auflage, 2019, *§ 137f UrhG*, Rn. 9; A.A. *Schulze/Bettinger*, GRUR 2000, 12 (18).

stand der Harmonisierung[69], zu deren Zweck (Art. 10 Abs. 1 der Schutzdauerrichtlinie) die Vorschrift des § 137f UrhG erlassen wurde. Außerdem war sich der Gesetzgeber der Differenzierung zwischen einfachen Lichtbildern und Lichtbildwerken bewusst, hat jedoch gleichwohl eine Nennung des § 72 UrhG in § 137 f Abs. 2 S. 2 UrhG, der die Regelungen auf andere verwandte Schutzrechte ausdrücklich vorsieht, unterlassen und auch keine Änderung des § 72 Abs. 1 UrhG dahingehend herbeigeführt, auch die Vorschriften des 5. Teils auf einfache Lichtbilder für anwendbar zu erklären. Daraus kann geschlossen werden, dass ein Wiederaufleben des Schutzes für einfache Lichtbilder vom Gesetzgeber nicht gewünscht wurde. Dieses Ergebnis wird auch gestützt durch die Vorschrift des § 137a UrhG, die nach der Reform im Jahr 1985 ebenfalls kein Wiederaufleben des Schutzes für Lichtbildwerke und Lichtbilder vorsah, sondern ausschließlich an diejenigen Werke anknüpfte, deren Schutzdauer am Stichtag der Umsetzung noch nicht abgelaufen gewesen ist. Auch dies zeigt, dass es dem deutschen Gesetzgeber grundsätzlich fernliegt, ein Wiederaufleben eines urheberrechtlichen oder leistungsschutzrechtlichen Schutzes zu normieren, sodass es sich bei § 137f Abs. 2 und 3 UrhG um nicht analogiefähige Ausnahmevorschriften handelt, die in der angestrebten Harmonisierung ihre Berechtigung finden.

3) Regelungen zum einfachen Lichtbildschutz in Europa

Die nicht erfolgte Harmonisierung einfacher Lichtbilder durch die Schutzdauerrichtlinie hat es ermöglicht, dass die verschiedenen Mitgliedsstaaten der EU unterschiedliche Schutzdauern vorhalten oder sogar einfachen Lichtbildern jeglichen Schutz versagen. Im Folgenden wird eine Darstellung erfolgen, welche Länder (noch inkl. UK) einen einfachen Lichtbildschutz gewähren bzw. nicht gewähren. Außerdem wird, soweit ein solcher gewährt wird, die Dauer des Lichtbildschutzes dargestellt werden:

69 Deshalb ist die Auffassung von *Schulze/Bettinger*, GRUR 2000, 12 (18) nicht überzeugend. Diese führen aus, es widerspräche "*den Harmonisierungsbestrebungen der EU, Lichtbilder, die in einem Land noch geschützt sind, in einem anderen Land schutzlos zu belassen, obwohl dort ein zumindest vergleichbarer Lichtbildschutz vorgesehen ist*" und übergehen damit den Umstand, dass einfache Lichtbilder ausdrücklich nicht Gegenstand der Harmonisierung gewesen sind.

Land	Schutz einfacher Lichtbilder[70]
Belgien	-
Bulgarien	-
Dänemark	50 Jahre ab dem Ende des Jahres, in dem die Aufnahme der Fotografie erfolgt ist
Deutschland	50 Jahre • nach dem Erscheinen des Lichtbildes oder, • wenn seine erste erlaubte öffentliche Wiedergabe früher erfolgt ist, nach dieser, • jedoch bereits fünfzig Jahre nach der Herstellung, wenn das Lichtbild innerhalb dieser Frist nicht erschienen oder erlaubterweise öffentlich wiedergegeben worden ist.
Estland	-
Finnland	50 Jahre ab dem Ende des Jahres, in dem die Aufnahme der Fotografie erfolgt ist
Frankreich	-
Griechenland	-
Irland	70 Jahre p.m.a.
Italien	20 Jahre ab Herstellung
Kroatien	-
Lettland	-
Litauen	-
Malta	70 Jahre p.m.a.
Niederlande	-
Österreich	• 50 Jahre nach der Aufnahme, • bzw. bei Veröffentlichung vor dem Ablauf dieser Frist 50 Jahre nach der Veröffentlichung
Polen	-
Portugal	-
Rumänien	-

70 Die jeweiligen Rechtsquellen werden der Übersichtlichkeit halber im Anhang angegeben.

Land	Schutz einfacher Lichtbilder
Slowakei	-
Slowenien	-
Spanien	25 Jahre ab dem 1. Januar des Jahres nach dem Datum der Aufnahme der Fotografie oder der Reproduktion
Schweden	50 Jahre ab Ablauf des Jahres, in dem die Fotografie aufgenommen wurde
Ungarn	-
UK	70 Jahre p.m.a.

Diese Übersicht zeigt, dass der Schutz einfacher Lichtbilder in der Europäischen Union denkbar unterschiedlich ausgestaltet ist. Der Schutz ist in zahlreichen Mitgliedsstaaten vollständig ausgeschlossen und reicht in den übrigen von einer Schutzdauer von 20, 25 oder 50 Jahren (jeweils anknüpfend an unterschiedlichste Zeitpunkte) bis hin zum 70-jährigen Schutz p.m.a., den die Schutzdauerrichtlinie für fotografische Werke festgelegt hat.

E) Zwischenergebnis und Ausblick

Die Fotografie war seit Beginn ihrer Existenz in ihrer rechtlichen Bewertung den tatsächlichen Bedingungen, dem gesellschaftlichem Ansehen sowie später dem internationalen Verständnis der Fotografie und dem durch die RBÜ und durch die EU vorgegebenen Rechtsrahmen unterworfen. Das Recht wurde im Lauf der Zeit wiederholt angepasst, einzelne Stellschrauben hin- und hergedreht, um dem von der jeweils vorhandenen Technik beeinflussten gesellschaftlichem Verständnis der Fotografie gerecht zu werden.

Kapitel 2: Der Schutzgegenstand des Lichtbildes im Rahmen des UrhG

A) *Gesetzliche Systematik*

Der Schutz von Lichtbildwerken und Werken, die ähnlich wie Lichtbildwerke geschaffen werden, ist in § 2 Abs. 1 Nr. 5 UrhG normiert und damit in Teil 1 des UrhG (§§ 1 bis 69g UrhG) verankert, dessen Inhalt die Regelungen zum Urheberrecht im engeren Sinn sind. Demgegenüber werden einfache Lichtbilder und Erzeugnisse, die ähnlich wie Lichtbilder hergestellt werden, durch die Vorschrift des § 72 UrhG geschützt und damit dem 2. Teil des UrhG (§§ 70 bis 87h UrhG), der die sog. verwandten Schutzrechte erfasst, zugeordnet.

Grundlage der Differenzierung zwischen dem Urheberrecht im engeren Sinne und den verwandten Schutzrechten ist, dass das Urheberrecht im engeren Sinne, wie es dem 1. Teil des UrhG zugrunde liegt, ausschließlich solche Leistungen schützen soll, die Ergebnis einer persönlichen geistigen Schöpfung des Urhebers sind, vgl. § 2 Abs. 2 UrhG.

Demgegenüber liegt eine solche persönliche geistige Schöpfung den verwandten Schutzrechten, also den „Leistungen anderer Art, die der schöpferischen Leistung des Urhebers ähnlich sind oder in Zusammenhang mit den Werken der Urheber erbracht werden“[71], nicht zugrunde. Dennoch wurden die sogenannten verwandten Schutzrechte vom Gesetzgeber als dem Grunde nach ebenfalls schützenswert erachtet. Gegenstand des Schutzes ist in diesen Fällen jedoch anders als dies bei den sonstigen Schutzgütern des UrhG der Fall ist, nicht eine schöpferische, sondern vielmehr eine rein persönliche, technische, wirtschaftliche und/oder organisatorische Leistung[72] ohne schöpferischen Charakter. Aufgrund dieser Schutzgegenstände werden die verwandten Schutzrechte auch als Leistungsschutzrechte bezeichnet.

Zur näheren Differenzierung zwischen Lichtbildern und Lichtbildwerken vgl. Kapitel 2, B) II).

---

71 Gesetzesbegründung vom 23.03.1962, BTDrucks IV/270, S. 33f.

72 *Dreier*, in: Dreier/Schulze/Specht, 6. Auflage, 2018, *vor §§ 70ff.*, Rn. 2.

B) Schutzgegenstand des § 72 UrhG

I) Entstehung von Lichtbildern und Erzeugnissen, die wie Lichtbilder hergestellt werden – Technische Anforderungen

Sowohl der Schutz der Lichtbildwerke und ähnlicher Erzeugnisse nach § 2 Abs. 1 Nr. 5 UrhG als auch der Schutz einfacher Lichtbilder und ähnlicher Erzeugnisse nach § 72 UrhG setzen zunächst das Vorliegen eines Lichtbildes oder eines ähnlichen Erzeugnisses voraus. Bevor also untersucht werden kann, welche Lichtbilder und ähnliche Erzeugnisse Schutz unter dem Urheberrechtsgesetz genießen oder nicht, wem die Rechte an Lichtbildern und ähnlichen Erzeugnissen zustehen und welchen Schutzinhalt diese aufweisen, ist zunächst zu klären, wann überhaupt ein Lichtbild oder ein ähnliches Erzeugnis vorliegt, die technischen Voraussetzungen an die Entstehung eines solchen also erfüllt sind.

Lichtbilder zeichnen sich im Allgemeinen dadurch aus, dass tatsächliche, von der Natur vorgegebene Gegebenheiten abgebildet werden.[73] Im Zuge der zunehmenden technischen Entwicklung und der – in der jüngeren Vergangenheit – damit einhergehenden Digitalisierung wurden unterschiedlichste Möglichkeiten entwickelt, dieses Ziel zu erreichen.

Wurden zur Herstellung einer Fotografie zu Beginn z.B. noch mit Asphalt und Lavendelöl überzogene Silberplatten dem Licht ausgesetzt und nach der erforderlichen (langen) Belichtungszeit mit Lösungsmitteln übergossen (sog. Heliographie)[74] oder mit Silberschichten überzogene Kupferplatten, die sodann mittels Jod- und Quecksilberdämpfen behandelt wurden, verwendet (sog. Daguerreotypien)[75], reicht es heute aus, den Touchscreen des Smartphones zu berühren, wodurch eine digitale Fotografie erzeugt wird.

Es stellt sich angesichts der unterschiedlichen Aufnahmetechniken die Frage, in welchen Fällen es sich um ein Lichtbild i.S.d. UrhG handelt, in welchen Fällen lediglich ein ähnliches Erzeugnis vorliegt oder wann kein Schutzobjekt des § 2 Abs. 1 Nr. 5 UrhG bzw. des § 72 UrhG erzeugt wird.

---

73 So bereits *Riezler*, *Deutsches Urheber- und Erfinderrecht*, 1909, S. 407 („Das Kunstwerk gibt eine Vorstellung wieder, die Photographie eine in der Natur gegebene Realität.“).

74 *Brauchitsch*, *Kleine Geschichte der Fotografie*, 3. Auflage, 2018, S. 29.

75 *Brauchitsch*, *Kleine Geschichte der Fotografie*, 3. Auflage, 2018, S. 30.

1) „Ursprung des Lichtbildschutzes – Analoge Fotografie

Der Begriff des Lichtbildes ist zunächst historisch geprägt: Ursprung des Lichtbildschutzes ist die analoge Fotografie, bei der die Fotografie durch Belichtung einer lichtempfindlichen Platte oder eines Films entsteht. Hiervon erfasst werden z.B. Heliographien[76], Daguerreotypien[77], Ferrotypien[78], sowie Fotografien, die im Kollodium-Nassplatten-Verfahren[79] oder deutlich später durch Verwendung der sog. Kodak-Box und des Zelluloid-Rollfilms, der die "Schleusen für die private Bilderflut"[80] öffnete, hergestellt werden. Grundlage dieser Formen der Fotografie war jeweils der Einsatz von Strahlenquellen. Durch diese analogen Techniken und damit unter Einsatz von Strahlenquellen entstandene Fotografien stellen demnach die originäre Form des Lichtbildes dar.

Wurde unter dem KUG (1907) noch ausdrücklich die „Photographie" geschützt, änderte sich die Begrifflichkeit durch das UrhG (1965), sodass seither Schutzgegenstand das „Lichtbild" ist. Der Gesetzgeber nahm im Rahmen der Gesetzesbegründung zum UrhG Bezug auf die ursprüngliche Formulierung, und führte aus, die Erwähnung der Lichtbildwerke in § 2 Abs. 1 Nr. 5 UrhG entspreche dem Wortlaut der „Werke der Photographie" nach geltendem Recht. Der Gesetzgeber verwendete den Begriff des „Lichtbildes" damit synonym für den ursprünglichen Begriff der „Photographie".[81] Die Änderung des Begriffes sollte demnach nicht zu einer Änderung des Schutzgegenstandes führen. Auch infolge der Veränderung der Begrifflichkeiten kann damit von der analogen Fotografie als Vorbild und Ursprung des Lichtbildschutzes ausgegangen werden.

2) Weitere Entstehungsformen des Lichtbildes bzw. ähnlicher Erzeugnisse, die wie Lichtbilder hergestellt werden

Von den analogen Fotografie-Techniken ausgehend und an diese anknüpfend, wurden verschiedene Definitionen für den Begriff des Lichtbildes entwickelt:

---

76 *Brauchitsch, Kleine Geschichte der Fotografie,* 3. Auflage, 2018, S. 29.
77 *Brauchitsch, Kleine Geschichte der Fotografie,* 3. Auflage, 2018, S. 30.
78 *Brauchitsch, Kleine Geschichte der Fotografie,* 3. Auflage, 2018, S. 54.
79 *Brauchitsch, Kleine Geschichte der Fotografie,* 3. Auflage, 2018, S. 41.
80 *Brauchitsch, Kleine Geschichte der Fotografie,* 3. Auflage, 2018, S. 120.
81 Gesetzesbegründung vom 23.03.1962, BTDrucks IV/270, S. 37.

Nach der Definition *Bullingers* entstehe ein Lichtbild durch alle Verfahren der Bildaufzeichnung, die Bilder mittels strahlender Energie erzeugten.[82] *Loewenheim* bejaht die Existenz eines Lichtbildes dann, wenn eine durch Strahlung bewirkte chemische oder physikalische Veränderung strahlungsempfindlicher Schichten zu dem Entstehen einer Abbildung führe.[83] Ferner sei der Lichtbildbegriff um die digitale Festlegung von Bildern zu erweitern.[84]

A. Nordemann geht sogar so weit, dass er alle Bilder als Lichtbilder einordnet, die in einem fotografischen oder der Fotografie in Wirkungsweise und Ergebnis ähnlichen Abbildungsverfahren geschaffen wurden.[85] Sodann verwendet er dieselbe Definition als Ergebnis seiner vorherigen Ausführungen nicht nur für Lichtbilder sondern gleichermaßen auch für die in ähnlichen Verfahren geschaffenen Produkte.[86]

Letztgenannte Auffassung widerspricht zwar der gesetzlichen Systematik, die ganz unmissverständlich zwischen Lichtbildern einerseits und ähnlichen Erzeugnissen, die wie Lichtbilder hergestellt werden, andererseits, differenziert, trägt jedoch zeitgleich dem Umstand Rechnung und verdeutlicht, dass eine eindeutige Grenzziehung zwischen den beiden Varianten nicht möglich ist und es einer solch künstlichen Aufspaltung aufgrund der Gleichstellung im Ergebnis auch nicht bedarf. Der Schutz lichtbildähnlicher Erzeugnisse dient gerade der Erfassung solcher Aufnahmetechniken, die der Herstellung von Lichtbildern ähnlich und vergleichbar und aus diesem Grund zu schützen sind.

Wenn nunmehr – wie von *Loewenheim* postuliert – das Erfordernis einer chemischen oder physikalischen Reaktion an das Vorliegen eines Lichtbildes gestellt wird, lässt sich die Annahme dieses Erfordernisses nicht zuletzt auf den Ursprung der Lichtbilder, die analoge Fotografie, zurückführen. Ob der Ursprung der Fotografie es erfordert, den Lichtbildbegriff auf solche Mechanismen zu begrenzen, ist fraglich. Letztlich ist dies aber auch irrelevant. Denn Einigkeit besteht dahingehend, dass alle mittels strahlender Energie erzeugten Bilder jedenfalls ein dem Lichtbild ähnliches Erzeugnis

---

82 *Bullinger,* in: Wandtke/Bullinger, 5. Auflage, 2019, *§ 2 UrhG,* Rn. 113.

83 *Loewenheim,* in: Schricker/Loewenheim, 5. Auflage, 2017, *§ 2 UrhG,* Rn. 208. m.w.N.

84 *Loewenheim,* in: Schricker/Loewenheim, 5. Auflage, 2017, *§ 2 UrhG,* Rn. 208.

85 *Nordemann, Die künstlerische Fotografie als urheberrechtlich geschütztes Werk*, 1992, S. 66.

86 *Nordemann, Die künstlerische Fotografie als urheberrechtlich geschütztes Werk*, 1992, S. 66.

darstellen.[87] Damit werden auch alle mittels strahlender Energie erzeugten Bilder unabhängig vom Vorliegen einer chemischen oder physikalischen Reaktion vom Schutzbereich des § 2 Abs. 1 Nr. 5 UrhG bzw. des § 72 UrhG erfasst, ohne dass es einer exakten Abgrenzung zwischen Lichtbildern bzw. Lichtbildwerken einerseits und lichtbild(-werk-) ähnlichen Werken und Erzeugnissen andererseits bedürfte.[88]

Neben der klassischen analogen Fotografie fallen unter den technischen Lichtbildbegriff und die lichtbildähnlichen Erzeugnisse nach allgemeiner Auffassung Fotokopien, Makrokopien, Röntgenaufnahmen sowie Lichtbilder, die mit einer Digitalkamera oder einer Smartphone-Kamera aufgenommen werden.[89]

II) Differenzierung zwischen Lichtbildern und Lichtbildwerken

1) Ausgangspunkt

Ein Lichtbildwerk i.S.v. § 2 Abs. 1 Nr. 5 UrhG ist das Ergebnis einer persönlichen geistigen Schöpfung des Urhebers, während eine schöpferische Leistung für die Einordnung eines Erzeugnisses als einfaches Lichtbild gem. § 72 UrhG nicht erforderlich ist. Demnach ist anhand des Merkmals der persönlichen geistigen Schöpfung eine Abgrenzung zwischen Lichtbild und Lichtbildwerk vorzunehmen, dieses Merkmal bestimmt die Schwelle zwischen Leistungsschutz und Urheberrechtsschutz.

In der Praxis abdingbar ist eine derartige Abgrenzung unter dem geltenden Recht dann, wenn für den jeweiligen Rechtsstreit es nicht entscheidungserheblich ist, ob ein einfaches Lichtbild oder ein Lichtbildwerk vorliegt. Genügt zur Entscheidung des Rechtsstreits die Einordnung des Erzeugnisses als Schutzgut nach § 72 UrhG, da die begehrten Rechtsfolgen hierdurch bereits unterschiedslos eintreten, ist die Vornahme einer weiteren Abgrenzung entbehrlich. Denn jedes Lichtbildwerk stellt gleicherma-

87 BGHZ 37, 1, *AKI*; *Ahlberg*, in: BeckOK UrhG, 26. Edition, Stand: 20.04.2018, 2018, *§ 2 UrhG*, Rn. 33; *Dreier*, in: Dreier/Schulze/Specht, 6. Auflage, 2018, *vor §§ 70 ff.*, Rn. 199.

88 So im Ergebnis auch BGH, Urt. v. 20.12.2018 – I ZR 104/17, GRUR 2019, 284 (Rn. 23), *Museumsfotos*.

89 Vgl. etwa *Lauber-Rönsberg*, in: BeckOK UrhG, 26. Edition (Stand 15.10.2019), 2019, *§ 72 UrhG*, Rn. 8 ff.; *Schulze*, in: Dreier/Schulze/Specht, 6. Auflage, 2018, *§ 72 UrhG*, Rn. 3 ff.; *Loewenheim*, in: Schricker/Loewenheim, 5. Auflage, 2017, *§ 2 UrhG*, Rn. 208.

ßen ein einfaches Lichtbild dar, das jedoch zusätzlich die relevante Schöpfungshöhe aufweist, um als Werk i.S.d. § 2 Abs. 1 Nr. 5 UrhG anerkannt zu werden.[90] Das Vorliegen einer persönlichen geistigen Schöpfung begrenzt mithin den Schutzbereich des Lichtbildwerkes gem. § 2 Abs. 1 Nr. 5 UrhG nach unten. Eine Begrenzung des Schutzbereiches einfacher Lichtbilder i. S. d. § 72 UrhG im Sinne einer Obergrenze desselben existiert demgegenüber nicht, der Schutz einfacher Lichtbilder bildet den „Unterbau zum urheberrechtlichen Werkschutz“[91]:

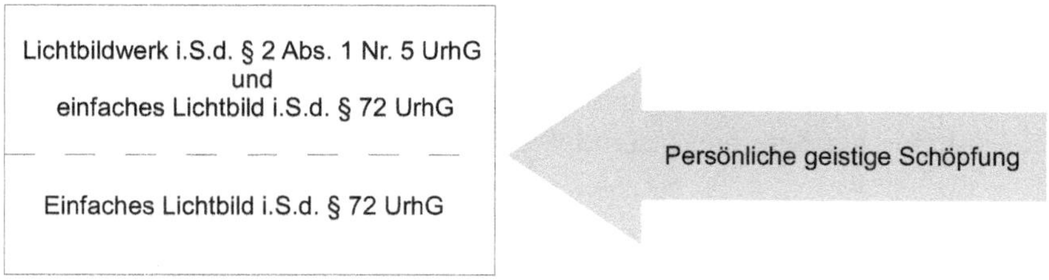

Abbildung 1: Abgrenzung einfaches Lichtbild vs. Lichtbildwerk

Aufgrund dieses Umstandes existiert bei der Geltendmachung von Ansprüchen, die sowohl auf den Schutz einfacher Lichtbilder als auch auf den

---

90 A.A. *Apel*, in: Götz von Olenhusen/Gergen, Kreativität und Charakter, *Überlegungen zu einer Reform des Lichtbildschutzrechts (§ 72 UrhG)*, 2017, S. 205 (208 f.), der eine Negativabgrenzung zwischen einfachem Lichtbild und Lichtbildwerk anhand des Kriteriums der individuellen Prägung fordert und von einer die Annahme zweier nebeneinander bestehender Rechte ausschließenden Konsumtion des Lichtbildschutzrechts durch das Urheberrecht am Lichtbildwerk ausgeht. Dieses Ergebnis ist jedoch nicht überzeugend, insbesondere, da es der gesetzgeberischen Wertung entgegensteht. Der Vermeidung von Abgrenzungsschwierigkeiten kann nur dadurch angemessen Rechnung getragen werden, dass jedes Lichtbildwerk zugleich als einfaches Lichtbild geschützt wird, damit der Lichtbildner nicht darauf angewiesen ist, sicherheitshalber zwei Schutzrechte geltend zu machen (dies bedeutete nämlich auch, dass es sich um zwei Streitgegenstände handelte, hierzu näher sogleich). Die Übergänge zwischen Lichtbild und Lichtbildwerk sind fließend, dem war sich der historische Gesetzgeber bewusst, die Annahme der Konsumtion bedeutete im Umkehrschluss, dass doch in jedem einzelnen Fall entscheiden werden müsste, ob die Schöpfungshöhe erreicht wäre oder nicht, ein Offenlassen dieser Frage wäre dann nicht mehr möglich. Dann aber hätte es der Einführung des § 72 UrhG zur Vermeidung von Abgrenzungsschwierigkeiten nicht bedurft.

91 *Fischer, Digitale Kunst und freie Benutzung*, 1. Auflage, 2018, S. 119.

Schutz von Lichtbildwerken gestützt werden, eine prozessuale Besonderheit:

Üblicherweise wird der prozessuale Streitgegenstand durch den zugrunde liegenden Lebenssachverhalt einerseits und den gestellten Klagantrag andererseits bestimmt (sog. zweigliedriger Streitgegenstandsbegriff[92]). Dies führt bei der Geltendmachung von Schutzrechten grundsätzlich dazu, dass verschiedene Streitgegenstände vorliegen, wenn ein Klagantrag auf Grundlage zweier verschiedener Schutzrechte geltend gemacht wird.[93] Aufgrund der Besonderheit, dass jedes Lichtbildwerk gem. § 2 Abs. 1 Nr. 5 UrhG gleichzeitig auch ein einfaches Lichtbild i.S.v. § 72 Abs. 1 UrhG darstellt, geht der BGH zutreffend davon aus, dass die Einordnung eines Lichtbildes als Lichtbildwerk oder einfaches Lichtbild lediglich rechtliche Aspekte eines einheitlichen Streitgegenstandes darstellt.[94]

2) Abgrenzung

Das Vorliegen einer persönlichen geistigen Schöpfung muss im Einzelfall festgestellt werden.

Wie zuvor[95] dargelegt, ist seit dem 1.7.1995 das Vorliegen einer persönlichen geistigen Schöpfung auch danach zu beurteilen, ob eine hinreichende Individualität nach Art. 6 Schutzdauerrichtlinie[96] vorliegt. Aufgrund der klaren Aussage in Art. 6 Schutzdauerrichtlinie, dass weitere Kriterien nicht angesetzt werden dürfen, steht der Einordnung als Lichtbildwerk insbesondere die Alltäglichkeit oder Einfachheit der abgebildeten Gegenstände nicht entgegen. Damit können hiernach auch Produktbilder und Werbefotografien, sogenannte Zweckfotografien Urheberrechtsschutz genießen, soweit sie das erforderliche Maß an Individualität erreichen. An

92 Hierzu umfassend *Vollkommer*, in: Zöller, 32. neubearbeitete Auflage, 2018, *Einl.*, Rn. 60 ff.

93 BGH, Urt. v. 07.12.2000 – I ZR 146/98, GRUR 2001, 755 (756 f.), *Telefonkarte*; Urt. v. 20.09.2007 – I ZR 94/04, GRUR 2007, 1066 (1070), *Kinderzeit*; BGHZ 189, 56, 58, *TÜV I*; Urt. v. 17.08.2011 – I ZR 108/09, GRUR 2011, 1043, 1044, *TÜV II*; *Schwippert*, in: Teplitzky, Wettbewerbsrechtliche Ansprüche und Verfahren, *46. Kapitel*, 2016, (Rn. 5a).

94 BGH, Urt. v. 20.12.2018 – I ZR 104/17, GRUR 2019, 284 (Rn. 13 ff.), *Museumsfotos*.

95 In Kapitel 1, D) IV) 2).

96 Richtlinie 93/98/EWG; nunmehr identisch Art. 6 der Richtlinie 2006/116/EG vom 12.12.2006.

das Vorliegen einer solchen Individualität werden keine hohen Anforderungen gestellt. Geschützt ist vielmehr – wie bereits unter Heranziehung des zuvor geltenden deutschen Rechts[97] – die kleine Münze, ein Mindestmaß an Gestaltungshöhe genügt.[98]

In Literatur und Rechtsprechung werden unterschiedlichste Aspekte und Kriterien genannt, anhand derer festgestellt werden kann, ob die Anforderungen an ein Lichtbildwerk erfüllt sind. Für die Annahme eines Lichtbildwerkes sollen z.B. folgende Kriterien sprechen:

- individuelle Betrachtungsweise oder künstlerische Aussage des Fotografen in Abgrenzung zur lediglich gefälligen oder bloßen handwerklichen Abbildung[99];
- Vorliegen einer auf Gestaltung beruhenden Aussage[100]
- ungewöhnliche Motivwahl und individueller Bildausschnitt[101];
- sorgfältige Auswahl der Motive ausgerichtet an einem bestimmten Ziel der Darstellung[102]
- Wahl einer ungewöhnlichen Perspektive[103];
- besondere Wirkung der abgebildeten Personen und/oder Gegenstände durch Perspektivwahl[104];

---

97 Vgl. hierzu Kapitel 1, D) IV) 2).

98 *Loewenheim,* in: Schricker/Loewenheim, 5. Auflage, 2017, *§ 2 UrhG,* Rn. 61; BGH, Urt. v. 27.01.1983 – I ZR 177/80, GRUR 1983, 377 (378), *Brombeermuster; Bullinger,* in: Wandtke/Bullinger, 5. Auflage, 2019, *§ 2 UrhG,* Rn. 23 ff.

99 OLG München, Urt. v. 19.09.1996 – 6 U 6247/95, ZUM 1996, 388 (390); OLG Hamburg, Urt. v. 29.06.1995 – 3 U 302/94, ZUM-RD 1997, 217 (219); *Loewenheim,* in: Schricker/Loewenheim, 5. Auflage, 2017, *§ 2 UrhG,* Rn. 213; OLG Hamburg, Urt. v. 05.11.1998 – 3 U 175/98, juris, Rn. 30; *Schulze,* in: Dreier/Schulze/Specht, 6. Auflage, 2018, *§ 2 UrhG,* Rn. 2.

100 *Nordemann,* in: Fromm/Nordemann, 12. Auflage, 2018, *§ 2 UrhG,* Rn. 196.

101 OLG Köln, Urt. v. 05.03.1999, GRUR 2000, 43 (44), *Klammerpose*; OLG Hamburg, Urt. v. 29.06.1995 – 3 U 302/94, ZUM-RD 1997, 217 (219); KG Berlin, Urt. v. 28.03.2012 – 24 U 81/11, juris, Rn. 46.

102 So z.B. Lichtbilder prominenter Partygäste, die darauf abzielen, *„die abgebildeten Personen mit ihrer Persönlichkeit, ihrer Vitalität, Fröhlichkeit, zum Teil auch mit einer gewissen Exaltiertheit hervorzuheben"*: OLG Düsseldorf, Urt. v. 15.04.2008 – I-20 U 143/07, 20 U 143/07, juris, Rn. 12, *Urheberrechtsverletzung durch Bewerbung eines Buchs.*

103 OLG Hamburg, Urt. v. 29.06.1995 – 3 U 302/94, ZUM-RD 1997, 217 (219); OLG München, Urt. v. 19.09.1996 – 6 U 6247/95, ZUM 1996, 388 (390); KG Berlin, Urt. v. 28.03.2012 – 24 U 81/11, juris, Rn. 46.

104 So z.B. bei Wirkung eines Wachmannes und im Raum positionierter Stühle als räumlich-gegenständliche Sperre aufgrund einer vom Boden ausgerichteten Perspektivwahl, vgl. OLG München, Urt. v. 19.09.1996 – 6 U 6247/95, ZUM 1996, 388 (390).

- besondere Verteilung von Licht und Schatten[105];
- besondere Kontrastgebung und Bildschärfe[106];
- Wahl des richtigen Moments bei Bewegungsvorgängen, Portraits oder dergleichen[107]
- Auswahl bestimmter Aufnahmematerialien, die den Bildeindruck prägen, das Bildresultat in einer Weise beeinflusst oder prägt[108]
- besonders gutes Einfangen der Stimmung[109] bzw. Schaffung einer bestimmten Atmosphäre[110]
- Darstellen einer Problematik in eindringlicher Aussagekraft[111]
- Darstellung, die den Betrachter zum Nachdenken anregt[112]
- detailliertes Arrangement und Konzeption[113], bewusste Gestaltung des Bildaufbaus[114]
- Auswahl der Entwicklungstechnik zur Herstellung des Abzugs oder Verwendung einer Bildbearbeitungssoftware[115]

---

105 OLG Hamburg, Urt. v. 29.06.1995 – 3 U 302/94, ZUM-RD 1997, 217 (219); LG Köln, Urt. v. 12.12.2013 – 14 O 613/12, juris, Rn. 81; KG Berlin, Urt. v. 28.03.2012 – 24 U 81/11, juris, Rn. 46.

106 OLG Hamburg, Urt. v. 29.06.1995 – 3 U 302/94, ZUM-RD 1997, 217 (219); LG Köln, Urt. v. 12.12.2013 – 14 O 613/12, juris, Rn. 81; KG Berlin, Urt. v. 28.03.2012 – 24 U 81/11, juris, Rn. 46.

107 So z.B. für einen „*Moment höchster Dramatik*“ bei einem Stierkampf: OLG Düsseldorf, Urt. v. 16.06.2015 – I-20 U 230/14, WRP 2015, 1150 (1152); LG Köln, Urt. v. 12.12.2013 – 14 O 613/12, juris, Rn. 81; OLG Hamburg, Urt. v. 29.06.1995 – 3 U 302/94, ZUM-RD 1997, 217 (219); KG Berlin, Urt. v. 28.03.2012 – 24 U 81/11, juris, Rn. 46.

108 LG Berlin, Urt. v. 25.03.2014 – 16 O 564/12, GRUR-RR 2014, 439, *Weiße Rose*.

109 OLG Hamburg, Urt. v. 29.06.1995 – 3 U 302/94, ZUM-RD 1997, 217 (219); LG Köln, Urt. v. 12.12.2013 – 14 O 613/12, juris, Rn. 81; OLG Hamburg, Urt. v. 05.11.1998 – 3 U 175/98, juris, Rn. 30; LG Berlin, Urt. v. 25.03.2014 – 16 O 564/12, GRUR-RR 2014, 439 (440), *Weiße Rose*; LG Kassel, Urt. v. 04.11.2010 – 1 O 772/10, ZUM-RD 2011, 250 (251).

110 EuGH, Urt. v. 01.12.2011 – C-145/10, GRUR 2012, 166 (168), *Painer/Standard*.

111 OLG Hamburg, Urt. v. 29.06.1995 – 3 U 302/94, ZUM-RD 1997, 217 (219); Urt. v. 05.11.1998 – 3 U 175/98, juris, Rn. 30.

112 OLG Hamburg, Urt. v. 29.06.1995 – 3 U 302/94, ZUM-RD 1997, 217 (219); Urt. v. 05.11.1998 – 3 U 175/98, juris, Rn. 30.

113 LG Köln, Urt. v. 12.12.2013 – 14 O 613/12, juris, Rn. 81.

114 OLG Hamburg, Urt. v. 05.11.1998 – 3 U 175/98, juris, Rn. 30; EuGH, Urt. v. 01.12.2011 – C-145/10, GRUR 2012, 166 (168), *Painer/Standard*.

115 EuGH, Urt. v. 01.12.2011 – C-145/10, GRUR 2012, 166 (168), *Painer/Standard*.

- Auswahl technischer Rahmenbedingungen wie z.B. Auswahl eines Kameratyps und Vornahme von Feineinstellungen (Blende, Zeit)[116]
- Verleihen einer persönlichen Note durch Auswahl der zur Herstellung des Abzugs eingesetzten Entwicklungstechnik oder Verwendung von Software[117]

Die verschiedenen Kriterien können nebeneinander angewendet werden und schließen einander keineswegs aus. Je nach Ausprägung der im Einzelfall vorgebrachten Kriterien kann auch das Vorliegen eines einzelnen Kriteriums genügen, das Vorliegen einer hinreichenden Individualität zu belegen, sodass die Anforderungen an ein Lichtbildwerk erfüllt sind. Dies kann etwa bei der Abbildung einer außergewöhnlichen Pose der Fall sein. Prominentes Beispiel hierfür sind Aufnahmen Gert Weigelts, der in seinen Fotografien besondere Posen als Stilmittel einsetzt, z.B.:

Abbildung 2: Gert Weigelt, „Olaf Schmidt 1991“[118]

Die Ablichtung eines Mannes, auf dessen Kopf eine Frau liegt und deren Extremitäten an dem posierenden Mann links und rechts herunterhängen, ist bereits für sich derart außergewöhnlich, dass es einer besonderen Kontrastgebung, einer durchdachten und detaillierten Konzeption etc. – die bei den Fotografien Weigelts gleichwohl vorliegen – zur Begründung einer für die Annahme eines Lichtbildwerkes hinreichenden Individualität gar

116 BGH, Urt. v. 05.06.2003 – I ZR 192/00, GRUR 2003, 1035 (1037), *Hundertwasser-Haus*; *Nordemann*, in: Fromm/Nordemann, 12. Auflage, 2018, § 2 *UrhG*, Rn. 197.

117 EuGH, Urt. v. 01.12.2011 – C-145/10, GRUR 2012, 166 (168), *Painer/Standard*.

118 Abrufbar unter *Gert Weigelt, "Olaf Schmidt 1991"*, abrufbar unter *gertweigelt.files.wordpress.com/2018/06/olafschmidt_1991.jpg*, zuletzt abgerufen am 20.01.2020.

nicht bedurft hätte. Auch die spontane Abbildung einer solchen Pose ohne weitere Auswahl von Kamera, Beleuchtung, Ort der Aufnahme und Modellen wäre mithin als Lichtbildwerk zu bewerten.

Problematisch gestaltet sich die Annahme eines Lichtbildwerkes auf Basis eines einzelnen Kriteriums hingegen dann, wenn ein einzelnes Kriterium tatsächlicher oder technischer Natur die Individualität begründen soll. Im Einzelfall wird dies nicht genügen, um die notwendige Individualität zu begründen. Dies z.B., wenn zwar für ein bevorstehendes Fotoshooting eine bestimmte Kamera ausgewählt wird, da diese aus Sicht des Lichtbildners bestimmte Anforderungen erfüllt, die für die Gestaltung der bei dem Fotoshooting zu erstellenden Lichtbilder relevant sind, er die Kamera jedoch vor dem Fotoshooting für einen Schnappschuss *zwischendurch* einsetzt und eine Fotografie alltäglicher Art aufnimmt, bei deren Erstellung er keine bewusste Entscheidung für die Heranziehung genau dieser Kamera, der besonderen Ausleuchtung, Anordnung des Motivs etc. trifft. Gleiches gilt für die Wahl des Aufnahmewinkels, soweit dieser aus tatsächlichen Gründen vorgegeben ist. Dies ist etwa dann der Fall, wenn durch ein winziges Loch in einer Wand hindurchfotografiert wird und eine Aufnahme des dahinter Verborgenen anderweitig überhaupt nicht möglich ist. In solchen Fällen ist davon auszugehen, dass zu dem Aufnahmewinkel weitere Kriterien hinzutreten müssen, um eine hinreichende Individualität des Lichtbildes feststellen zu können.

Tatsächliche oder technische Umstände, die lediglich zufällig eintreten oder aber bedingungsgemäß eintreten müssen, führen nicht zum Vorliegen einer hinreichend individuellen bzw. schöpferischen Leistung. Fehlen weitere Anhaltspunkte, handelt es sich in Ermangelung einer hinreichenden Individualität um einfache Lichtbilder i.S.v. § 72 UrhG.

3) Äußere und nachträgliche Umstände im Rahmen der Abgrenzung

a) Grundsatz

Sämtlichen genannten Kriterien zur Abgrenzung ist ferner eines gemein: Das Vorliegen einer hinreichenden Individualität muss bereits *bei Fertigstellung* des zu beurteilenden Lichtbildes oder Lichtbildwerkes vorliegen.

In der Vergangenheit hat sich die Rechtsprechung[119] bereits mit Fällen befasst, in denen in Rede stand, ob eine im Zeitpunkt der Schöpfung eines Werkes vorliegende Individualität *nachträglich entfallen* könne. Einer solchen Auffassung wurde zu Recht entgegengetreten und festgestellt, dass der Zeitpunkt der Werkschöpfung für die Beurteilung der Schutzfähigkeit als Werk i.S.d. UrhG bzw. für das Vorliegen der erforderlichen Schöpfungshöhe gem. § 2 Abs. 2 UrhG maßgeblich sei. Denn andernfalls führe gerade eine besondere Individualität zur Nachahmung und damit in der Folge dazu, dass durch die eingetretene Verwässerung die Eigentümlichkeit zu einem späteren Zeitpunkt nicht mehr als so stark empfunden werde.[120]

Hier stellt sich demgegenüber die Frage, ob dem Herstellungsprozess nachgelagerte Prozesse einen Schutz als Werk *nachträglich begründen* können. Dies ist nicht der Fall. Die Individualität des Lichtbildwerkes muss sich aus dem Lichtbildwerk selbst ergeben, eine schöpferische Leistung kann nicht nachträglich entstehen. Umstände, die außerhalb des zu beurteilenden Lichtbildes oder Lichtbildwerkes bzw. des Herstellungsprozesses, liegen, bleiben dabei außer Betracht. Zutreffend erkannte unter dieser Annahme das OLG Hamburg[121], dass das junge Alter eines Lichtbildners (13 Jahre) der Schutzfähigkeit des von ihm erstellten Lichtbildes als Lichtbildwerk nicht entgegenstehe. Bei der Beurteilung sei auf das Lichtbild abzustellen, es könne nur das maßgebend sein, was sich aus ihm selbst für den Betrachter erschließe. Dem ist vollumfänglich zuzustimmen. Das Vorliegen oder Nicht-Vorliegen einer persönlichen geistigen Schöpfung ist anhand der Tätigkeit des Lichtbildners und anhand des Objektes zu beurteilen, das diese Schöpfung verkörpert. Das Alter des Lichtbildners spielt hier keine Rolle und ist folglich bei der Bewertung grundsätzlich außer Acht zu lassen.

---

119 BGH, Urt. v. 27.02.1961 – I ZR 127/59, GRUR 1961, 635 (638), *Stahlrohrstuhl*; Urt. v. 27.05.1981 – I ZR 102/79, GRUR 1981, 820 (822), *Stahlrohrstuhl II*; OLG Düsseldorf, Urt. v. 19.03.1996 – 20 U 178/94, ZUM 1998, 61 (65), *Stahlrohrstuhl von Mart Stam*; OLG Köln, Urt. v. 13.07.2012 – I-6 U 225/08, 6 U 225/08, GRUR-RR 2013, 5 (10), *bambinoLÜK II*.

120 BGH, Urt. v. 27.02.1961 – I ZR 127/59, GRUR 1961, 635 (638), *Stahlrohrstuhl*.

121 OLG Hamburg, Urt. v. 05.11.1998 – 3 U 175/98, juris, Rn. 32.

b) Virale oder überdurchschnittliche Aufmerksamkeit als Abgrenzungskriterium?

aa) Problemaufwurf

In der jüngeren Vergangenheit haben sich Fälle ereignet, die die Frage aufwerfen, ob eine besondere Aufmerksamkeit, die einem Lichtbild widerfährt, genügen kann, um eine Kategorisierung als Lichtbildwerk zu begründen. Es stellt sich die Frage, ob eine solche Aufmerksamkeit geeignet ist, eine Werkqualität und damit den umfangreicheren Schutz nach § 2 Abs. 1 Nr. 5 UrhG zu rechtfertigen. Eine solche Annahme wäre grundsätzlich denkbar, denn auch eine Darstellung, die den Betrachter zum Nachdenken anregt, kann als Lichtbildwerk zu erachten sein.[122] Die öffentliche Aufmerksamkeit, die einem Lichtbild zuteilwird, könnte dafür sprechen, dass das Lichtbild zum Nachdenken anregt. Dies könnte also einen Rückschluss auf eine Individualität darstellen, sodass die erregte Aufmerksamkeit als Indiz für das Vorliegen der gem. § 2 Abs. 2 UrhG erforderlichen Werkqualität zu bewerten wäre.

Ob und unter welchen Voraussetzungen dies tatsächlich der Fall ist, soll im Folgenden anhand zweier Beispiele untersucht werden. Besondere Bedeutung erlangte diese Frage insbesondere dann, wenn – wie dies teilweise gefordert wird[123] – der Schutz einfacher Lichtbilder abgeschafft oder für soziale Medien eingegrenzt würde. In diesen Fällen zöge der Lichtbildner nämlich mangels eines bestehenden Schutzrechtes keine Früchte mehr aus der viralen Verbreitung und Verwertung.

---

122 So OLG Hamburg, Urt. v. 05.11.1998 – 3 U 175/98, juris, Rn. 30; Urt. v. 29.06.1995 – 3 U 302/94, ZUM-RD 1997, 217 (219).

123 Hierzu näher unter Kapitel 4, A).

bb) Beispiele

(1) Ein Bild geht um die Welt – "#thedress"

Ein erstes Beispiel für die dargestellte Problematik bietet das folgende Lichtbild:

Abbildung 3: Kleid in weiß-gold oder blau-schwarz?[124]

Das Lichtbild zeigt ein zweifarbiges, gestreiftes Kleid. Das Motiv ist nicht besonders arrangiert worden. Es wirkt vielmehr, als sei das Kleid schlicht am Bügel angehoben und sodann mit der anderen Hand fotografiert worden, ohne weitere Überlegungen zur Komposition des Bildes anzustellen.

Das Bild wurde aufgenommen von *Cecelia Bleasdale*. Sie fotografierte das abgebildete Kleid, um es ihrer Tochter zu zeigen, bei deren Hochzeit sie das Kleid tragen wollte. Den hergestellten Schnappschuss schickte sie ihrer Tochter, um ihr einen Eindruck von dem Kleid zu vermitteln und sie

124 Lichtbild von *Cecelia Bleasdale*, gepostet von *Caitlin McNeill* auf Tumblr, ursprünglich abrufbar unter http://swiked.tumblr.com/post/112073818575/guys-please-help-me-is-this-dress-white-and (in der Zwischenzeit nicht mehr abrufbar, vgl. hierzu *Masuma Ahuja*, https://edition.cnn.com/2015/12/11/us/the-dress-that-broke-the-internet-is-gone/index.htmlc, abrufbar unter *edition.cnn.com/2015/12/11/us/the-dress-that-broke-the-internet-is-gone/index.html*, zuletzt abgerufen am 20.01.2020); Bild nach wie vor veröffentlicht bei *FAZ*, *Welche Farben hat dieses Kleid?*, abrufbar unter *www.faz.net/aktuell/gesellschaft/ein-kleid-spaltet-das-internet-welche-farbe-hat-es-13454002/ein-kleid-von-unbestimmter-13454077.html*, zuletzt abgerufen am 20.01.2020.

nach ihrer Meinung zu fragen. Die Tochter und ihr Mann waren uneins über die Farbe des Kleides. Sie veröffentlichten das Bild in den sozialen Medien und letztlich postete *Caitlin McNeill*, die auf der Hochzeit als Sängerin engagiert war, das Bild auf ihrem Tumblr-Account. Daraufhin verbreitete sich das Bild „viral" im Internet. Die Betrachter erkannten auf dem Lichtbild entweder ein weiß-goldenes oder ein blau-schwarzes Kleid.[125]

Es ist davon auszugehen, dass die Lichtbildnerin sich bei der Erstellung des Lichtbildes der optischen Täuschung nicht einmal des Umstandes bewusst war, dass das Kleid auf der Aufnahme unterschiedlich wahrgenommen werden könnte. Sie wollte lediglich ihrer Tochter ein Knipsbild des erworbenen Outfits zeigen. Das Lichtbild von *Bleasdale* ist bei objektiver Betrachtung ohne Bewertung der weiteren Umstände ein typischer alltäglicher Schnappschuss. Bei Zugrundelegung der zuvor aufgezeigten Kriterien zu Abgrenzung zwischen Lichtbild und Lichtbildwerk kommt allenfalls das Kriterium der Anregung zum Nachdenken in Betracht. Kein weiteres der zuvor[126] genannten Kriterien ist – soweit erkennbar[127] – erfüllt.

(2) Richard Prince: Neue Portraits

Ein weiteres Beispiel für die Verbreitung und Aufmerksamkeit für Lichtbilder, die plötzlich besondere Aufmerksamkeit erfahren, stellt die Erstellung von Instagram-Screenshots durch *Richard Prince* dar. *Prince* veränderte die Screenshots fremden Contents dahingehend, dass er die Kommentare anderer Nutzer, die unter dem jeweils veröffentlichten Lichtbild wiedergegeben waren, abänderte. Insbesondere díe wiedergegebenen Lichtbilder bzw. Lichtbildwerke stimmten demgegenüber 1:1 mit der Vorlage überein, vgl. folgendes Beispiel:

---

125 Zum Hintergrund der Verbreitung des Lichtbildes vgl. *Daily Mail, 'It's madness. I feel like I'm living in a dream': The 21-year-old musician who 'broke the internet' with picture of THAT dress*, abrufbar unter *www.dailymail.co.uk/femail/article-2972495/It-s-madness-feel-like-m-living-dream-21-year-old-musician-broke-internet-picture-dress.html*, zuletzt abgerufen am 20.01.2020.

126 Vgl. unter Kap. 2, B) 2).

127 Eine Einordnung käme allenfalls dann in Betracht, wenn die Lichtbildnerin darlegen und beweisen könnte, dass sie besonders auf die Kontrastgebung, die Komposition o.ä. geachtet hätte. Hierfür ist aber ohne Angaben der Lichtbildnerin nichts ersichtlich, sodass davon ausgegangen wird, dass derartige Bemühungen der Aufnahme nicht zugrunde liegen.

Abbildung 4: Richard Prince, Teil der Ausstellung "New Portraits", Blum & Poe, Tokyo (09.04.2015 – 20.06.2015)[128] *(Fotograf des Portraits von Kim Gordon: Eric McNatt)*

Auch hier führt die Übernahme durch den bekannten Künstler *Prince* sowie die Ausstellung der Lichtbilder in großformatigen Drucken im Rahmen von Ausstellungen zu einer anderen, höheren öffentlichen Aufmerksamkeit, als diese dem einzelnen Posting auf Instagram üblicherweise zuteil geworden wäre. Dies zeigt sich auch dadurch, dass *Prince* für die Drucke Verkaufserlöse von bis zu 90.000 Dollar erzielt haben soll.[129]

Bei Bewertung der Arbeiten von *Prince* dürfte zwar unstreitig sein, dass die jeweils gewählte Vorlage selbst, wie hier das in schwarz und weiß gestaltete Portrait von Kim Gordon, aufgenommmen von Eric McNatt, bei

128 Abrufbar unter http://www.richardprince.com/exhibitions/new-portraits_1/#/detail/13/ (zuletzt abgerufen am: 20.01.2020).

129 Vgl. etwa Berichterstattung unter https://www.spiegel.de/kultur/gesellschaft/der-kuenstler-richard-prince-verkauft-fremde-instagram-fotos-a-1035383.html, DER SPIEGEL, zuletzt abgerufen am 16.02.2020.

dem Kontraste und die Arbeit mit schwarz und weiß als künstlerische Stilmittel eingesetzt und eine ausdrucksstarke Pose gewählt wurden, ein Lichtbildwerk darstellen. Angenommen jedoch, bei einem übernommenen Lichtbild handelte es sich lediglich um ein einfaches Lichtbild, stellte sich auch hier die Frage, ob die erfolgte Übernahme und die daraus resultierende Aufmerksamkeit eine andere Bewertung des einfachen Lichtbildes als Lichtbildwerk begründen könnte.

(3) Zusammenstellung einfacher Lichtbilder

Ein weiterer Fall, der sich in das aufgezeigte Problemfeld einreiht, ist die Zusammenstellung einfacher Lichtbilder. Es erscheint möglich, dass alltägliche Knipsbilder, die diese Schöpfungshöhe nach § 2 Abs. 2 UrhG nicht erreichen, dergestalt zusammen getragen werden, dass das neue Endprodukt, z.B. ein Buch, ein Katalog oder eine Collage, erhöhte Aufmerksamkeit erfährt. Dies kann z.B. im Rahmen eines Happenings passieren, bei dem Polaroid-Kameras verteilt und die entstandenen Knipsbilder anschließend eingesammelt werden. Hier stellte sich gleichermaßen die Frage, ob die rechtliche Bewertung der einzelnen Lichtbilder in diesen Fällen beeinflusst würde.

cc) Bewertung

Im Falle des Lichtbildes von *Bleasdale* regte ein Umstand zum Nachdenken und zur Verbreitung des Lichtbildes an, der sich rein zufällig ereignet hatte. Vor allem aber handelt es sich um einen Umstand, der *Bleasdale* selbst weder bei Herstellung des Lichtbildes noch in der juristischen Sekunde nach Herstellung des Lichtbildes bekannt gewesen ist. Erst ex post wurde eine optische Täuschung durch Dritte erkannt, die nicht auf dem Willen der Lichtbildnerin beruht, eine solche optische Täuschung durch Aufnahme eines Lichtbildes zu bewirken. Bereits der Begriff der persönlichen geistigen Schöpfung gem. § 2 Abs. 2 UrhG setzt jedoch ein Bewusstsein des Urhebers über die schöpferischen Umstände im Zeitpunkt der Erstellung des Werkes voraus. Bei dem Lichtbildner, der ein Lichtbildwerk erstellt, muss das Bewusstsein der Erstellung eines individuellen Lichtbildes existieren. Geht auch der Lichtbildner davon aus, lediglich einen Schnappschuss zu erstellen, ohne dass die zuvor genannten Kriterien bei seiner Motivwahl, Auswahl der Anordnung und der technischen Voraussetzungen eine Rolle spielen, ist für die Annahme eines individuellen Lichtbildes kein Raum. Wird demnach rein zufällig eine optische Täuschung bewirkt, ohne dass sich die Lichtbildnerin hierüber bewusst ist, ist für die Annahme einer schöpferischen Leistung kein Raum. Vor diesem Hintergrund kann, soweit die Lichtbildnerin keine weiteren Anhaltspunkte darlegt, die auf eine Werkqualität schließen lassen, bereits aus diesem Grund nicht vom Vorliegen eines Lichtbildwerkes ausgegangen werden.

Nichts anderes gilt vor dem Hintergrund, dass das Lichtbild des Kleides anschließend eine weltweite Verbreitung erfahren hat. Dies gilt gleichermaßen für die Konstellation, in der ein einfaches Lichtbild durch Handlungen wie die Übernahme durch *Prince* oder die Zusammenstellung mehrerer einfacher Lichtbilder in einem Gesamtwerk eine entsprechende Aufmerksamkeit erfährt. Es handelt sich hierbei nämlich um nachträgliche Umstände, die nicht in dem Lichtbild selbst oder im Herstellungsprozess angelegt, diesem immanent sind. Grundsätzlich mag die Auseinandersetzung der Öffentlichkeit, die darauf schließen lässt, dass ein Nachdenken und eine Auseinandersetzung mit dem Lichtbild stattfinden, Indizwirkung für eine persönliche geistige Schöpfung bzw. eine Individualität des Lichtbildes haben. Dies kann jedoch nur dann gelten, wenn ein Bezug zum Herstellungszeitpunkt und dem Lichtbild, wie es sich in diesem Zeitpunkt darstellt, hergestellt werden kann. Eine andere Bewertung widerspräche dem Ziel des Urheber- und Leistungsschutzes, das Werk oder die Leistung zum Schutzgegenstand zu erheben. Denn sowohl ein Werk i.S.v. § 2 Abs. 1 Nr. 5 UrhG als auch eine Leistung nach § 72 Abs. 1 UrhG treten mit Fertigstellung in Erscheinung. Nachfolgende Umstände sind nicht mehr der (ggf. schöpferischen) Leistung des Lichtbildners zuzuordnen. Dies gilt unabhängig davon, ob ein einfaches Lichtbild in der ursprünglichen Erscheinung weiterverbreitet wird und dadurch Aufmerksamkeit erfährt oder ob der Inhalt des Lichtbildes im Wege der Appropriation Art durch einen Dritten übernommen wird und dies, z.B. durch eine gegenüberstellende Veröffentlichung, zu einer hohen Aufmerksamkeit für das Original führt. All diese Begebenheiten stellen Zufälligkeiten dar, die ihren Ursprung nicht in der Schöpfung finden.

Dieses Ergebnis ist auch angesichts der sonst entstehenden Rechtsunsicherheiten konsequent. Bei der ex post erfolgenden Annahme einer Werkqualität i. S. d. § 2 Abs. 2 UrhG wäre nicht klar, ab welchem Verbreitungs- und Wahrnehmungsgrad die Schwelle zum Schutz als Lichtbildwerk erreicht wäre. Hinzu kommt, dass in diesen Fällen regelmäßig, wie im Wege der Appropriation Art, erst eine Vervielfältigung, Verbreitung und/oder öffentliche Wiedergabe durch Dritte eine solch hohe Wahrnehmung begründete. Die Annahme eines nachträglichen Schutzes bedeutete im Umkehrschluss dann, dass die maßgebliche Bedeutung des Lichtbildes durch Handlungen erlangt würde, die – vorbehaltlich ggf. einschlägiger Schrankenbestimmungen – Rechtsverletzungen darstellten. Dies wäre jedenfalls dann der Fall, wenn der Schutz des Lichtbildes als Lichtbildwerk ex tunc Wirkung entfaltete. Bei der aus diesem Grund vorzugswürdigen Annahme einer ex-nunc-Wirkung wäre zu beurteilen, ab welchem Aufmerksamkeitsgrad der Schutz entstanden war, um die vorangegangenen Verwertungs- und Wiedergabehandlungen als rechtsverletzende Handlungen auszuschließen. Die daraus resultierenden Rechtsunsicherheiten sprechen eindeutig gegen die Annahme einer Werkqualität solcher Spontan- und Knipsbilder, die erst durch nachträgliche Aufmerksamkeit Bedeutung gewonnen haben.

Dass die Heranziehung solcher nachträglicher Umstände auch vom Gesetzgeber nicht erwünscht ist, hat der Gesetzgeber letztlich durch Abschaffung des gesonderten Lichtbildschutzes für Lichtbilder, die Dokumente der Zeitgeschichte sind, bestätigt.[130] Die Aufhebung des Schutzes für solche Lichtbilder beruhte gerade auf der Rechtsunsicherheit, die dadurch entstand, dass in der Regel der dokumentarische Charakter erst infolge eines gewissen Zeitablaufes und damit nachträglich zutage trat.[131]

4) Zwischenergebnis

Der Übergang vom einfachen Lichtbild hin zum Lichtbildwerk setzt eine kritische und genaue Auseinandersetzung mit der Entstehung des zu beurteilenden Lichtbildes oder Lichtbildwerkes, den Hintergründen des entstandenen Lichtbildes und den Vorstellungen des Lichtbildners voraus. Bei der Einordnung handelt sich um eine Einzelfallentscheidung, die für jedes infrage stehende Lichtbild bzw. Lichtbildwerk eigenständig beurteilt werden muss. Die Übergänge zwischen einfachem Lichtbild und Lichtbildwerk sind fließend, die Einordnung in der Praxis bislang aufgrund der Existenz des einfachen Lichtbildschutzes und des damit in zahlreichen Fäl-

---

130 Vgl. zur Abschaffung des Lichtbildschutzes für Lichtbilder als Dokumente der Zeitgeschichte unter Kapitel 1, D) IV) 1).

131 *Entwurf eines Vierten Gesetzes zur Änderung des Urheberrechtsgesetzes*, BTDrucks. 13/781, 15.

len fehlenden Erfordernisses einer Abgrenzung nur in seltenen Fällen tatsächlich relevant (vgl. hierzu).[132]

Vor diesem Hintergrund war in der Vergangenheit wesentlich bedeutsamer die sogleich (vgl. Teil 2, B. III.) zu beantwortende Frage, welche Mindestanforderungen an Lichtbilder zu stellen sind, damit diese überhaupt dem Schutz des Urheberrechtsgesetzes unterliegen. Denn in diesen Fällen ist nicht lediglich über die Qualität des Schutzes, sondern über das „Ob" des Schutzes zu entscheiden.

III) Mindestanforderungen an einfache Lichtbilder

1) Allgemeines

Auch wenn der Lichtbildschutz nach dem UrhG so ausgestaltet ist, dass für einfache Lichtbilder gem. § 72 UrhG ein Leistungsschutzrecht gewährt wird und damit an das Vorliegen eines Lichtbildes i.S.v. § 72 UrhG gegenüber dem Vorliegen der durch den 1. Teil des UrhG geschützten Werkarten niedrigere Anforderungen gestellt werden, bedeutet dies im Umkehrschluss nicht, dass alle technischen Vorgänge, die im Ergebnis unter Verwendung einer der verschiedenen, unter Kapitel 2, B) I) geschilderten Methoden ein Bildnis ablichten, auch tatsächlich ein als „Lichtbild" i.S.d. UrhG schutzfähiges Objekt produzierten.

Es existiert vielmehr nach einhelliger Auffassung eine Untergrenze des Schutzes nach § 72 UrhG, die zeitgleich die Untergrenze dessen darstellt, was unter der Kategorie eines Lichtbildes nach dem UrhG damit insgesamt schutzfähig ist. Es stellt sich allerdings die Frage, wo diese Grenze zu ziehen ist, wenn doch bereits im Rahmen des echten Urheberrechtsschutzes des § 2 Abs. 1 Nr. 5 UrhG die sog. „kleine Münze" geschützt wird.

---

132 Deshalb wird in der Rechtsprechung die Frage, ob ein Lichtbildwerk vorliege, häufig offengelassen, da jedenfalls ein einfaches Lichtbild i. S. d. § 72 UrhG vorliege, vgl. beispielhaft LG Stuttgart, Urt. v. 27.09.2016 – 17 O 690/15, ZUM-RD 2017, 161 (164); OLG Stuttgart, Urt. v. 31.05.2017 – 4 U 204/16, GRUR 2017, 905 (907), *Reiss-Engelhorn*; BGH, Urt. v. 20.12.2018 – I ZR 104/17, GRUR 2019, 284 (286, Rn. 20), *Museumsfotos*.

2) Ausgangspunkt: Auslegung

Die Reichweite des einfachen Lichtbildschutzes ist zunächst anhand allgemeiner Auslegungsgrundsätze zu bestimmen.

a) Grammatikalische Auslegung

Der grammatikalischen Auslegung können keine Mindestanforderungen entnommen werden, die den Schutzbereich des § 72 UrhG inhaltlich begrenzten. Vielmehr sind vom Wortlaut sämtliche Lichtbilder erfasst, die ein Lichtbild im technischen Sinne darstellen. Vom Wortlaut ausgehend unterfallen dem Schutzbereich des § 72 UrhG damit jegliche Erzeugnisse, die unter Verwendung strahlender Energie hergestellt wurden.[133] Das Ergebnis eines Scan-Vorgangs, bei dem eine Vorlage 1:1 abgebildet wird, würde ebenso erfasst wie das Ergebnis eines Fotografievorganges mit einer Kamera.

b) Systematische Auslegung

Der Systematik des Gesetzes und der Verortung des einfachen Lichtbildschutzes bei den verwandten Schutzrechten kann ebenfalls keine inhaltliche Einschränkung des Schutzbereiches auf einen Teilbereich der Lichtbilder im technischen Sinne entnommen werden. Mindestanforderungen an das Vorliegen eines Lichtbildes im Sinne einer Schutzgrenze nach unten ergeben sich hieraus nicht. Insbesondere ergibt sich aus der Systematik auch keine Abgrenzung zu den Lichtbildwerken im Sinne einer Obergrenze nach oben hin, jedes Lichtbildwerk stellt zugleich ein einfaches Lichtbild dar.[134]

Der systematischen Auslegung kann wegen der Geltung des § 2 Abs. 2 UrhG für Lichtbildwerke damit lediglich entnommen werden, dass jedes Lichtbildwerk zugleich ein Lichtbild i.S.d. Urheberrechts darstellt, nicht hingegen jedes Lichtbild ein Lichtbildwerk.

---

133 Vgl. Kapitel 2, B) I).

134 Vgl. hierzu auch Kapitel 2, B) II) 1).

c) Schutzzweck der Norm und Gesetzgebungshistorie

Anders als die grammatikalische und die systematische Auslegungsmethode könnte die Heranziehung des Schutzzweckes der Norm und der Gesetzgebungshistorie Anhaltspunkte darüber liefern, ob gewisse Mindestanforderungen an den einfachen Lichtbildschutzes zu stellen sind oder nicht. Die teleologische und historische Auslegung ist an dieser Stelle gemeinsam abzuhandeln, da insoweit eine Überschneidung der Auslegungsmethoden vorliegt, die zu einer Untrennbarkeit führt:

Der BGH hat in seiner Leitentscheidung „*Bibelreproduktion*“[135] zutreffend ausgeführt, dass nach der Gesetzesbegründung[136] Hintergrund der Einführung des verwandten Schutzrechtes gem. § 72 UrhG die „außerordentlichen“ Abgrenzungsschwierigkeiten zwischen dem Vorliegen eines ohne Normierung eines einfachen Lichtbildschutzes schutzfähigen Lichtbildwerkes und einem nicht schutzfähigen einfachen Lichtbild gewesen ist. In der Gesetzesbegründung wurden bei genauer Betrachtung sogar nicht nur „außerordentliche“, sondern „unüberwindliche“ Abgrenzungsschwierigkeiten befürchtet.[137]

Ausgehend von diesem Gesetzeszweck, auch einfache Lichtbilder ohne schöpferischen Charakter zu schützen, um Abgrenzungsschwierigkeiten zwischen Lichtbildern mit und ohne schöpferischer Gestaltung in der Praxis zu vermeiden, ist zu berücksichtigen, dass durch die erfolgte Ausdehnung des Lichtbildschutzes der Gesetzgeber zur Vermeidung von Abgrenzungsschwierigkeiten nicht das zugrunde liegende Verständnis eines Lichtbildes bzw. einer Photographie im bisher angenommenen Verständnis per se infrage stellen wollte.[138] Vielmehr sollte beim Vorliegen eines Lichtbildes im bekannten Sinne nur der Verzicht auf eine Abgrenzung zwischen schöpferischer und nicht schöpferischer Leistung ermöglicht werden.

Solche Abgrenzungsschwierigkeiten, auf welche der Gesetzgeber abstellte, können immer nur zwischen einander ähnlichen Kategorien vorliegen. Erforderlich ist also eine gewisse Vergleichbarkeit zwischen den abzugrenzenden Kategorien in tatsächlicher Hinsicht. Die Abgrenzungsschwierigkeiten, auf welche der Gesetzgeber abstellte, sollten daraus resultieren, dass die Frage nach dem Vorliegen bzw. Nicht-Vorliegen einer schöpferischen

---

135 BGH, Urt. v. 08.11.1989 – I ZR 14/88, GRUR 1990, 669, *Bibelreproduktion*.

136 Gesetzesbegründung vom 23.03.1962, BTDrucks IV/270, S. 37.

137 Gesetzesbegründung vom 23.03.1962, BTDrucks IV/270, S. 89.

138 Zur Änderung des Wortlautes von "Photographie" zu "Lichtbild" vgl. Referentenentwurf vom 23.03.1962, BTDrucks. IV/270, 37.

Gestaltung beantwortet werden müsse. Damit können von § 72 UrhG aber nur solche Lichtbilder geschützt werden, die hinsichtlich der Herstellungsweise im Wesentlichen mit Lichtbildwerken i.S.d. § 2 Abs. 1 Nr. 5 UrhG vergleichbar sind, denen aber der schöpferische Bezug zum Lichtbildner fehlt. Nur dann kann eine Rechtfertigung dafür angenommen werden, die Verwertbarkeit und Nutzung des Lichtbildes dem Lichtbildner zuzugestehen und durch die Gewährung des Schutzes nach § 72 UrhG Dritte hiervon auszuschließen.

In diesem Licht und unter Berücksichtigung dieser Wertung des historischen Gesetzgebers sind der Lichtbildbegriff des § 72 UrhG zu bestimmen und die Anforderungen an das Vorliegen eines schutzfähigen einfachen Lichtbildes zu erörtern. Für die Abgrenzung zwischen Lichtbildern, die solche i.S.d. § 72 UrhG darstellen einerseits und solchen Lichtbildern, die zwar dem Wortlaut des § 72 UrhG unterfallen und unter den technischen Lichtbildbegriff subsumiert werden können, die jedoch gleichwohl nicht vom Schutz der Vorschrift umfasst sein können, andererseits, ist dieser Schutzzweck des § 72 UrhG sowie der Wille des historischen Gesetzgebers heranzuziehen. Die Untergrenze des Schutzbereiches der Norm liegt dort, wo der Schutzzweck des § 72 UrhG, der sich nicht zuletzt aus der gesetzgeberischen Intention bei der Einführung des einfachen Lichtbildschutzes ergibt, sein Ende nimmt. Beide Auslegungsmethoden, die sich in diesem Fall überschneiden, bieten – anders als die hier unergiebigen grammatikalischen und systematischen Auslegungsmethoden – Anhaltspunkte für einen Ausschluss bestimmter Abbildungen aus dem Schutzbereich des § 72 UrhG, die eigentlich unter den technischen Lichtbildbegriff zu subsumieren wären.

In welchen Fällen dieser Gesetzeszweck nicht mehr erfüllt bzw. die Einordnung bestimmter Erzeugnisse als Lichtbilder vor diesem Hintergrund zu weitgehend sein soll, ist durch die Aufstellung verschiedener Kriterien versucht worden, festzulegen. Im Folgenden werden die verschiedenen in Literatur und Rechtsprechung herangezogenen Kriterien jeweils dargestellt und anschließend bewertet.

3) Kriterien zur Abgrenzung des schutzunfähigen Lichtbildes vom schutzfähigen Lichtbild i.S.d. § 72 UrhG

a) Mindestmaß an persönlicher geistiger Leistung

Nach vielfach vertretener Auffassung[139] sei eine hinreichende Vergleichbarkeit dann nicht mehr zu erkennen, wenn nicht ein *„Mindestmaß an persönlicher geistiger Leistung"* vorliege. Trotz der einheitlichen oder jedenfalls vergleichbaren Wortwahl bei Heranziehung dieses Kriteriums differenziert auch hier das Verständnis davon, was letztlich unter einem solchen Mindestmaß an persönlicher geistiger Leistung oder einem Mindestmaß an geistiger Tätigkeit in der Praxis zu verstehen sei:

W. Nordemann[140] befürwortet folgende Vorgehensweise zur Bestimmung dessen, was ein einfaches Lichtbild erfordere: Nach seinem Dafürhalten solle dasjenige, was ein Lichtbildwerk darstelle, als Basis betrachtet werden und um die schöpferische Leistung des Urhebers erleichtert werden. Übrig bleibe sodann

> „eine durch ein Mindestmaß an geistiger Tätigkeit bewirkte persönliche Gestaltung, bei der sich zumindest sagen läßt, daß je nach Geschmack, Neigung und Temperament der eine Mensch dieselbe Aufnahme möglicherweise anders gestalten würde als ein anderer."

W. Nordemann verfolgt mithin einen stark subjektiv geprägten Ansatz. Die individuelle Prägung und Person des Lichtbildners bei der Gestaltung des Lichtbildes soll derart in das Lichtbild einfließen, dass das vom Lichtbildner gestaltete Lichtbild Ausfluss seiner Persönlichkeit sei, Dritte es vermutlich anders gestaltet hätten. Für das Vorliegen eines einfachen Lichtbildes wird nach dieser Auffassung eine unmittelbare Verknüpfung zwischen

---

139 Dieses Kriterium wurde unter anderem vom BGH in seiner Leitentscheidung „Bibelreproduktion" herangezogen, vgl. BGH, Urt. v. 08.11.1989 – I ZR 14/88, GRUR 1990, 669 (673), Bibelreproduktion; Außerdem BGH, Urt. v. 10.10.1991 – I ZR 147/89, GRUR 1993, 34 (37), *Bedienungsanweisung*; Urt. v. 07.12.2000 – I ZR 146/98, GRUR 2001, 755 (757 f.), *Telefonkarte*; Urt. v. 20.12.2018 – I ZR 104/17, GRUR 2019, 284 (286), *Museumsfotos*; KG Berlin, Beschluss v. 08.11.2017 – 24 U 125/16, BeckRS 2017, 142191 (Rn. 13), *Reproduktionsfotografie*; *Schulze*, in: Dreier/Schulze/Specht, 6. Auflage, 2018, § 72 *UrhG*, Rn. 9; *Wiebe*, in: Spindler/Schuster, Recht der elektronischen Medien, § 72 *UrhG*, 2019, (1 f.); *Lauber-Rönsberg*, in: BeckOK UrhG, 26. Edition (Stand 15.10.2019), 2019, § 72 *UrhG*, Rn. 12; *Thum*, in: Wandtke/Bullinger, 5. Auflage, 2019, § 72 *UrhG*, Rn. 27.

140 *Nordemann*, GRUR 1987, 15 (17).

Person und Lichtbild vorausgesetzt. Zu berücksichtigen ist jedoch, dass diese Ausführungen aus dem Jahr 1987 stammen. Ob W. Nordemann auch heute, nachdem für das Vorliegen eines Lichtbildwerkes seit dem 1.7.1995 nach Art. 6 der Schutzdauerrichtlinie vom 29.10.1993[141] nur noch das Vorliegen einer Individualität gefordert wird und weitere Kriterien zur Bestimmung der Schutzfähigkeit nicht anzuwenden sind, eine solch „individuelle Prägung“ weiterhin forderte, kann nicht abschließend beurteilt werden. *W. Nordemann* führt nämlich weiter aus:

> "Selbst wenn zwei Amateurfotografen nebeneinander stehen und vom gleichen Standort aus bei gleichen Licht- und Verkehrsverhältnissen den gleichen Blick auf den Kölner Dom fotografieren, wobei ihnen ihre automatisierte Kamera dann auch noch die Einstellung der richtigen Entfernung und der richtigen Belichtungszeit abnimmt, so können dabei doch noch unterschiedliche Aufnahmen herauskommen, weil der zweite den Bildausschnitt möglicherweise etwas anders wählte als der erste oder jener durch die Wahl abweichenden Filmmaterials, durch eine andere Tiefenschärfe oder durch die Verwendung eines anderen Objektivs ein anderes Ergebnis erzielt als dieser. Die individuelle Gestaltung macht die Leistung des Lichtbildners der schöpferischen Leistung des Lichtbildurhebers ähnlich, wobei die Mindestanforderungen hier entsprechend gering sind wie dort ("kleine Münze")."[142]

Die von *W. Nordemann* geschilderten Umstände einer zur Erreichung des Mindestmaßes an persönlicher geistiger Leistung nach seinen Ausführungen erforderlichen "individuellen Gestaltung" durch die fiktiven Amateurfotografen unter Verwendung verschiedener Einstellungen, basierend auf Geschmack, Neigung und Temperament des Lichtbildners deuten bei Heranziehung der bereits unmittelbar vor und jedenfalls seit der Geltung der Schutzdauerrichtlinie anzuwendenden niedrigen Anforderungen an die Schöpfungshöhe[143] auf das Vorliegen eines Lichtbildwerkes hin. Es handelte sich mithin um ein Lichtbildwerk gem. § 2 Abs. 1 Nr. 5 UrhG. Es ist deshalb äußerst zweifelhaft, ob Nordemann heute noch auf diese Ausführungen zurückgreifen würde.

---

141 Richtlinie 93/98/EWG.

142 *Nordemann*, GRUR 1987, 15 (17).

143 Vgl. *Entwurf eines Vierten Gesetzes zur Änderung des Urheberrechtsgesetzes*, BT-Drucks. 13/781, 10, davon ausgehend, dass die geringen Anforderungen auch vor Umsetzung der Richtlinie bereits Anwendung fanden.

Vogel[144] geht demgegenüber davon aus, dass ein Mindestmaß an persönlicher geistiger Leistung in der Fertigkeit bei der Bedienung des jeweiligen Aufnahmegerätes oder in der Wahl des Blickwinkels (mit Hinweis darauf, dass die Wahl des Blickwinkels häufig durch den abgebildeten Gegenstand bedingt sei), der Entfernung, des Motivs etc. zu erkennen sei, ohne dass hierbei die Individualitätsanforderungen zu erfüllen seien, die von einem Lichtbildwerk erwartet würden. Anders als *W. Nordemann* stellt *Vogel* mithin maßgeblich auf objektive Kriterien bei der Vorbereitung der Aufnahme ab. Worauf letztlich die Wahl der Aufnahmebedingungen basiert, ist nach seiner Auffassung nicht maßgeblich. Die Wahl kann, auch wenn *Vogel* dies nicht ausdrücklich betont, auf subjektiven Gründen basieren, er akzeptiert es jedoch gleichermaßen, dass diese Aufnahmebedingungen teilweise nicht aus freiem Willen des Lichtbildners festgelegt, sondern vom abzubildenden Gegenstand vorgegeben werden. Ob ein Lichtbild demnach in Zusammenhang mit der Persönlichkeit des Lichtbildners steht und diesem auf subjektiver Ebene (Geschmack, Neigung, Temperament etc.) zugeordnet werden kann, ist nach *Vogel* nicht entscheidend, aber ausreichend. Daneben sollen jedoch auch rein technische Fertigkeiten – und damit objektive Kriterien allein – genügen, um das erforderliche Mindestmaß an persönlicher geistiger Leistung zu erbringen. Durch die Heranziehung der Wahl der Aufnahmebedingungen als Kriterium für das Vorliegen eines Lichtbildes i.S.v. § 72 UrhG sowie der rein technischen Fertigkeiten des Lichtbildners werden durch *Vogel* sogar Kriterien herangezogen, die außerhalb des eigentlichen, dem Leistungsschutz des § 72 UrhG unterfallenden Lichtbildes, also außerhalb der Abbildung liegen, um zu beurteilen, ob ein Schutzgut des § 72 UrhG als Endprodukt vorliege. Nach dieser Auffassung entscheidet damit nicht zwingend der Inhalt des Lichtbildes oder eine Verbindung desselben zur Person bzw. Persönlichkeit des Lichtbildners über das Vorliegen eines Schutzgutes i.S.d. § 72 UrhG, vielmehr sollen auch äußere Umstände entscheidungserheblich sein können.

Thum[145] (bei Reproduktionsfotografien zusätzlich abstellend auf das Urbild-Kriterium[146]) führt aus, das Mindestmaß an geistiger Leistung manifestiere sich in der Festlegung der Aufnahmebedingungen <u>und</u> ermögliche die Zuordnung der Aufnahme zu einer bestimmten natürlichen Person. Er vertritt damit eine zwischen *W. Nordemann* und *Vogel* vermittelnde Auffassung, die objektive Elemente zur Beurteilung heranzieht, diese objektiven

---

144 *Vogel*, in: Schricker/Loewenheim, 5. Auflage, 2017, *§ 72 UrhG*, Rn. 32.
145 *Thum*, in: Wandtke/Bullinger, 5. Auflage, 2019, *§ 72 UrhG*, Rn. 27.
146 *Thum*, in: Wandtke/Bullinger, 5. Auflage, 2019, *§ 72 UrhG*, Rn. 31 ff.

Elemente aber stets in Beziehung zur Persönlichkeit des Lichtbildners setzt. Es handelt sich um eine Kombination objektiver und subjektiver Kriterien.

Diese verschiedenen Verständnisses des Kriteriums zeigen, dass die Einführung des Erfordernisses eines Mindestmaßes an persönlicher geistiger Leistung dem Umstand Rechnung getragen werden soll, dass einerseits an ein Lichtbild i.S.d. § 72 UrhG geringere Anforderungen zu stellen sind als an ein Lichtbildwerk i.S.d. § 2 Abs. 1 Nr. 5 UrhG, andererseits eine Vergleichbarkeit mit dem Lichtbildwerk hergestellt werden soll. Diese könne, je nach dem, welcher Auffassung gefolgt wird, auf einer subjektiven Zuordnung des Erzeugnisses, auf technischen Fertigkeiten oder auf einer Kombination aus beidem beruhen. Durch das Erfordernis eines Mindestmaßes an persönlicher geistiger Leistung soll offenbar sichergestellt werden, dass auch für den einfachen Lichtbildschutz eine Verbindung zwischen Lichtbild und Person bzw. Persönlichkeit des Lichtbildners hergestellt und damit eine Zuordnung von Lichtbild und Person ermöglicht wird, die den Ausschluss Dritter von der Nutzung und Verwertung derselben rechtfertigt, ohne dass zugleich eine Schöpfungs- bzw. Gestaltungshöhe gefordert wird, die den urheberrechtlichen Schutz nach Teil 1 des Urheberrechtsgesetzes rechtfertigte.

b) Urbild-Kriterium

Des Weiteren wird zur Abgrenzung des schutzfähigen Lichtbildes vom nicht schutzfähigen Lichtbild das Kriterium des „*Urbildes*" herangezogen.

Die erstmalige Heranziehung des Kriteriums des Urbildes erfolgte bereits im Jahr 1862 durch eine Kommission, die an das preußische Haus der Abgeordneten Bericht zu erstatten hatte, ob fotografische Erzeugnisse gegen unberechtigte Nachbildung und Vervielfältigung zu schützen seien,.[147]

---

147 *Duncker*, Börsenblatt No. 70 (03.06.1863), 1166 (1167).
Häufig wird ausgeführt, das Urbild-Kriterium gehe zurück auf *Hertin*, so z.B.: *Stang, Das urheberrechtliche Werk nach Ablauf der Schutzfrist*, 2011, S. 170; *Nordemann*, in: Fromm/Nordemann, 11. Aufl., 2014, *§ 72 UrhG*, Rn. 9; *Lehment, Das Fotografieren von Kunstgegenständen*, 1. Aufl., 2008, S. 28; *Vogel*, in: Loewenheim, Handbuch des Urheberrechts, *§ 37*, 2010, S. 611 (Rn. 16); *Zech*, GRUR 2019, 291. *Hertin* verwendete den Begriff des „Urbildes" seit der 1986 erschienenen 6. Auflage (*Hertin*, in: Fromm/Nordemann, 6. Auflage, 1986, *§ 72 UrhG*, Rn. 2) und damit erst nach dem Kommissionsbericht und nach Erlass des Urteils des

1985 wurde der Begriff durch das OLG Köln in der Entscheidung *Lichtbildkopien*[148] und seit 1986 sodann durch *Hertin* zur Beurteilung der Frage, ob ein Lichtbild vorliege, herangezogen, wodurch der Urbild-Begriff im Zusammenhang mit den Mindestanforderungen an ein Lichtbild i.S.d. § 72 UrhG erheblich an Bedeutung gewann.[149] In der Folgezeit hat sich im Jahr 1989 auch der BGH[150] auf das Vorliegen eines Urbildes gestützt und ausgeführt, das erforderliche Mindestmaß an persönlicher geistiger Leistung liege dann nicht vor, wenn es sich bei der neuen Darstellung nicht um ein Urbild handele. Der Lichtbildschutz erfordere vielmehr, dass das Lichtbild als solches originär, mithin als Urbild entstehe.[151] Der BGH verknüpfte das Kriterium des Mindestmaßes an persönlicher geistiger Leistung mit dem Kriterium des Urbildes.[152] Hieran hält der BGH auch in seiner jüngsten Entscheidung zum Lichtbildschutz fest.[153]

Aufgrund der verschiedenen Interpretationen des Urbild-Begriffes bedarf es einer genaueren Betrachtung der jeweiligen diesbezüglichen Ausführungen. Insbesondere ist eine Auseinandersetzung mit denjenigen *Hertins* geboten, da dessen Ausführungen in der Literatur häufig fehlinterpretiert werden. Im Folgenden wird aus diesem Grund zur Klärung eine umfassende Auseinandersetzung mit den Ausführungen *Hertins* erfolgen. Hierzu bedarf es der wörtlichen Wiedergabe vorbezeichneter Ausführungen[154]:

> „**Lichtbilder** sind Lichtbildwerke […] ohne Werkscharakter. Von der **technischen** Seite sind darunter Abbildungen zu verstehen, die eine Strahlungsquelle (vor allem Licht, aber z.B. auch Röntgenstrahlen) durch chemische Veränderungen auf strahlungsempfindlichen Schichten hervorruft […]. Zur Ausfüllung des Rechtsbegriffs muß hinzukommen, daß die Abbildung von einer **natürlichen** Person als **Urbild** angefertigt wird. Entsprechend § 85 Abs. 1 Satz 2 entsteht der Lichtbildschutz nicht für Vervielfältigungen von Lichtbildern, auch wenn das Kopierverfahren in technischer Hinsicht fotografischen Charakter

OLG Köln. Vgl. insoweit auch *Nordemann*, in: Fromm/Nordemann, 11. Aufl., 2014, § 72 *UrhG*, Rn. 9, verweisend auf die 6. Auflage.

148 OLG Köln, Urt. v. 19.07.1985 – 6 U 56/85, GRUR 1987, 42 (43), *Lichtbildkopien*;

149 *Hertin*, in: Fromm/Nordemann, 6. Auflage, 1986, § 72 *UrhG*, Rn. 2.

150 BGH, Urt. v. 08.11.1989 – I ZR 14/88, GRUR 1990, 669 (673), *Bibelreproduktion*.

151 BGH, Urt. v. 08.11.1989 – I ZR 14/88, GRUR 1990, 669 (673), *Bibelreproduktion*.

152 Zum Verhältnis zwischen den beiden Kriterien zueinander vgl. *Lehment*, *Das Fotografieren von Kunstgegenständen*, 1. Aufl., 2008, S. 28 ff.

153 BGH, Urt. v. 20.12.2018 – I ZR 104/17, GRUR 2019, 284 (286), *Museumsfotos*.

154 *Hertin*, in: Fromm/Nordemann, 6. Auflage, 1986, § 72 *UrhG*, Rn. 2.

> hat. Anderenfalls könnte die Schutzdauer durch Vervielfältigungshandlungen beliebig verlängert werden. Deshalb entsteht beim Herstellen von Fotografien kein zusätzlicher Lichtbildschutz für das Fotolabor wegen des dort hergestellten Positivs, ebenso wenig für die Druckerei bei der Herstellung von Klischee- oder Filmvorlagen für die drucktechnische Wiedergabe vorbestehender Lichtbilder [...]. Der noch strengeren Auffassung (Ulmer[3] S. 511; Hubmann[6] S. 271), wonach auch bei der Lichtbildanfertigung ein Mindestmaß an persönlicher Leistung erforderlich sei, ist nicht zu folgen. Auch bei automatisierten Herstellungsverfahren ist letztlich eine natürliche Person für die Bedienung des Automaten verantwortlich, der die produzierten Lichtbilder zugerechnet werden können. Es besteht in der Schutzwürdigkeit der Leistung kein wesentlicher Unterschied zwischen dem mithilfe einer modernen vollautomatischen Kamera hergestellten Urlaubsfoto und einer Fotokopie oder Mikrokopie, vorausgesetzt, daß es sich auch bei letzteren um „Urbilder" und nicht um Vervielfältigungen eines vorbestehenden Lichtbildes oder Lichtbildwerkes handelt. Ulmer und Hubmann (jeweils a. a. O.) ist aber im Ergebnis darin zuzustimmen, dass Fotokopien und Mikrokopien von in Buchstaben gesetzten Drucksätzen nicht als Lichtbilder schutzfähig sind; denn insoweit handelt es sich nicht um die Wiedergabe von Bildern."

Damit hat *Hertin* dargelegt, lediglich technische Vervielfältigungen vergleichbar mit Vervielfältigungen von Tonträgern nach § 85 Abs. 1 Satz 2 UrhG vom Schutzbereich des § 72 UrhG ausnehmen zu wollen. Das Urbild-Kriterium wurde von ihm ausschließlich dazu herangezogen, einzelne rein technische Vervielfältigungshandlungen bzw. -schritte, die sich gegebenenfalls wiederum vorhandener Strahlungsquellen bedienen, aus dem Schutzbereich des Leistungsschutzrechtes für einfache Lichtbilder auszugrenzen. Alle von *Hertin* genannten Varianten haben nämlich ausschließlich die technischen Herstellungsschritte des bereits aufgenommenen Lichtbildes (z.B. durch Fotolabore) oder rein technische Vervielfältigungen (z.B. Fotokopien) desselben zum Gegenstand. Wenn *Hertin* ausführt, mit einer vollautomatischen Kamera hergestellte Lichtbilder seien mit Fotokopien oder Mikrokopien vergleichbar, soweit es sich bei Letzteren um Urbilder und nicht um Vervielfältigungen bestehender Lichtbilder handele, bedeutet dies nicht eine Gleichstellung dergestalt, dass Lichtbilder, die mit einer vollautomatischen Kamera hergestellt wurden, nicht schutzwürdig oder schutzfähig seien. Vielmehr ist die Formulierung entgegengesetzt zu verstehen, sodass trotz der nur geringen zu erbringenden Leistung des Lichtbildners solche Lichtbilder, die mit einer vollautomatischen Kamera hergestellt wurden, zu schützen seien. Gleiches gelte für Fotokopien und Mikrokopien dann, wenn es sich bei diesen nicht ausschließlich um Vervielfältigungsstücke handele. Dies bedeutet, dass nach *Hertin* z.B. mittels eines Kopierers aus verschiedenen Vorlagen zusammengestellte Collagen als Lichtbilder schutzfähig sein sollen, da es sich hierbei nicht ausschließlich um Vervielfältigungen vorbestehender Lichtbilder oder Lichtbildwerke handelt. Vielmehr stelle das hergestellte Lichtbild ein neues Urbild dar, das in der konkreten Form zuvor nicht existierte, sodass ein Lichtbild gem. § 72 UrhG anzunehmen sei.

Die *Kommission*, die gegenüber dem preußischen Abgeordnetenhaus Bericht erstattete, verwendete den Urbildbegriff in vergleichbarer Weise. Eine "auf mechanischem Wege" kopierte Fotografie sei immer schlechter als ihr Urbild.[155] Auch diesen Ausführungen liegt damit ein Verständnis des Urbildes dahingehend zugrunde, dass dieses nicht vorliege, wenn eine Vorlage 1:1 mittels einer mechanischen Vervielfältigungsmethode reproduziert werde.

Vogel[156] erörtert den Begriff des Urbildes u.a. im Zusammenhang mit der Frage, ob bei der Herstellung von Lichtbildern ein Motivschutz[157], also ein Schutz des Inhaltes eines Lichtbildes zugunsten des Lichtbildners, bestehe. Hier kommt er zu dem Ergebnis, dass ein Motivschutz nicht begründet werden könne, wenn ein „fotografisches Urbild" hergestellt werde. Die nachschaffende Übernahme, mithin die erneute fotografische Ablichtung des identischen Motives, sei aus Gründen des Lichtbildschutzes nicht zu untersagen. Damit geht Vogel davon aus, dass die identische Neuaufnahme unter § 72 UrhG schutzfähig sei.

Sowohl *Hertin* als auch *Vogel* verstehen gleichermaßen wie die *Kommission* im Jahr 1862 mithin das Urbild-Kriterium dahingehend, dass rein technische Vervielfältigungshandlungen, nicht jedoch fotografische Vervielfältigungshandlungen das Entstehen eines Lichtbildes i.S.v. § 72 UrhG verhindern. Beim Vorliegen rein technischer Vervielfältigungen liege kein Urbild vor.[158] Nach dieser Auffassung ist das Urbild-Kriterium also **handlungsbezogen** zu beurteilen, die konkrete Tätigkeit des Lichtbildners ent-

155 *Duncker*, Börsenblatt No. 70 (03.06.1863), S. 1166 (1167).

156 *Vogel*, in: Loewenheim, Handbuch des Urheberrechts, *§ 37 Schutz von Lichtbildern*, 2010, (Rn. 16).

157 Hierzu näher unter Kapitel 2, C) I).

158 So jeweils technische Reproduktionen bzw. Vervielfältigungen vom Schutzbereich des § 72 UrhG ausschließend auch *Wiebe*, in: Spindler/Schuster, Recht der elektronischen Medien, *§ 72 UrhG*, 2019, (Rn. 2) und *Schulze*, in: Dreier/Schulze/Specht, 6. Auflage, 2018, *§ 72 UrhG*, Rn. 9 f.

scheidet mithin über das Vorliegen oder Nicht-Vorliegen eines Lichtbildes i.S.v. § 72 UrhG. Die Neuaufnahme eines identischen Lichtbildes ist hiernach schutzfähig.

Talke[159] und *Thum*[160] demgegenüber legen ein anderes Verständnis des Urbild-Kriteriums zugrunde: Beide vertreten die Auffassung, dass ein Lichtbild vom Lichtbild bzw. eine Abbildung, die beim Abfotografieren eines bestehenden Lichtbildes entstehe, kein Urbild darstelle, das den Schutz unter § 72 UrhG genieße. Aufgrund der Identität von Vorlage und dem neu entstandenen Lichtbild im technischen Sinne mangele es an einem Urbild. Nach dieser Auffassung ist das Urbild-Kriterium also **inhaltsbezogen** zu beurteilen, die Vorlage für die neu zu schaffende Abbildung entscheide über die Rechtsnatur der neuen Abbildung. Ob die Abbildungsweise auf rein technischem oder auf fotografischem Weg erfolgt, soll demgegenüber nicht von Bedeutung sein.

Schulze[161] führt gleichermaßen wie das OLG Jena[162] aus, es müsse ein „eigenständiges Foto" geschaffen werden. Wann ein eigenständiges Foto vorliegen soll, wird allerdings nicht hinreichend beantwortet.

c) Verhältnis der Kriterien zueinander

Ferner ist bei zahlreichen Abhandlungen unklar, in welchem Verhältnis die teilweise (insbesondere durch den BGH[163]) parallel angewendeten Kriterien des Mindestmaßes an persönlicher geistiger Leistung einerseits und des Urbildes andererseits zueinander stehen.

Der BGH führte in seiner Leitentscheidung *Bibelreproduktion*[164] aus, das Mindestmaß an persönlicher geistiger Leistung liege jedenfalls dann nicht mehr vor, wenn kein Urbild geschaffen werde. Dem Wortlaut nach lassen diese Ausführungen mithin vermuten, dass der BGH das Urbildkriterium als eine Konkretisierung des Mindestmaßes an persönlicher geistiger Leistung wertete, daneben jedoch weitere Fälle existierten, in denen das Vorliegen des Mindestmaßes an persönlicher geistiger Leistung abzulehnen sei. Gleichwohl unterließ es der BGH in dieser Entscheidung, weitere An-

159 *Talke*, ZUM 2010, 846 (850).
160 *Thum*, in: Wandtke/Bullinger, 5. Auflage, 2019, *§ 72 UrhG*, Rn. 31.
161 *Schulze*, in: Dreier/Schulze/Specht, 6. Auflage, 2018, *§ 72 UrhG*, Rn. 9.
162 OLG Jena, Urt. v. 10.02.2010 – 2 U 778/09, GRUR-RS 2010, 26583, *Portraitfotografie*.
163 BGH, Urt. v. 08.11.1989 – I ZR 14/88, GRUR 1990, 669 (673), *Bibelreproduktion*.
164 BGH, Urt. v. 08.11.1989 – I ZR 14/88, GRUR 1990, 669 (673), *Bibelreproduktion*.

wendungsfälle aufzuzeigen, in denen das Mindestmaß an persönlicher geistiger Leistung einem Lichtbild abzusprechen sei. Die Frage, wann dies der Fall sein sollte, bleibt unbeantwortet.

Die wesentlich jüngere Entscheidung des BGH *Museumsfotos*[165] lässt Zweifel daran aufkommen, ob der BGH tatsächlich ein solches Verhältnis der Kriterien zueinander erkennt. Dort führt der BGH nämlich aus:

> „Der technische Reproduktionsvorgang allein begründet aber noch keinen Lichtbildschutz. Vielmehr ist ein Mindestmaß an – zwar nicht schöpferischer, aber doch – persönlicher geistiger Leistung erforderlich, das schon bei einfachen Fotografien regelmäßig erreicht ist, allerdings im Falle von Lichtbildern fehlt, die sich lediglich als bloße Vervielfältigung anderer Lichtbilder darstellen, bei denen also ein Original-Lichtbild so getreu wie möglich lediglich reproduziert (kopiert) wird. Der Lichtbildschutz erfordert, dass das Lichtbild als solches originär, das heißt als Urbild, geschaffen worden ist […].“[166]

Diese Ausführungen lassen vermuten, dass der BGH das Erfordernis des Mindestmaßes an persönlicher geistiger Leistung mit dem Schaffen eines originären Lichtbildes, eines Urbildes, gleichzusetzen vermag, ein Konditionalzusammenhang zwischen den beiden Kriterien wird jedenfalls nicht mehr zugrunde gelegt. In Ermangelung einer ausdrücklichen Stellungnahme zum Verhältnis der Kriterien zueinander kann jedoch nur vermutet werden, dass der BGH hier eine Gleichstellung der Kriterien vorgenommen hat und sein ursprüngliches Verständnis des Urbildes als Unterkategorie des Mindestmaßes an persönlicher geistiger Leistung überholt hat.

Es ist davon auszugehen, dass dies nicht zuletzt dem Umstand geschuldet ist, dass im Schrifttum[167], auf das auch der BGH in seiner jüngsten Entscheidung[168] Bezug nimmt, häufig gar nicht wiedergegeben oder auch nur thematisiert wird, wie das Verhältnis der Kriterien zueinander zu beurteilen ist. Vielmehr wird regelmäßig kumulativ auf beide Kriterien abgestellt. Eine ausdrückliche Auseinandersetzung mit dem Verhältnis der Kriterien zueinander nimmt – soweit ersichtlich – lediglich *Lehment*[169] vor.

---

165 BGH, Urt. v. 20.12.2018 – I ZR 104/17, GRUR 2019, 284 (286), *Museumsfotos*.

166 BGH, Urt. v. 20.12.2018 – I ZR 104/17, GRUR 2019, 284 (286), *Museumsfotos*.

167 Vgl. z.B. *Schulze*, in: Dreier/Schulze/Specht, 6. Auflage, 2018, § 72 *UrhG*, Rn. 9; *Thum*, in: Wandtke/Bullinger, 5. Auflage, 2019, § 72 *UrhG*, Rn. 27 ff.; *Wiebe*, in: Spindler/Schuster, Recht der elektronischen Medien, § 72 *UrhG*, 2019, (Rn. 2).

168 BGH, Urt. v. 20.12.2018 – I ZR 104/17, GRUR 2019, 284 (Rn. 23), *Museumsfotos*.

169 *Lehment*, *Das Fotografieren von Kunstgegenständen*, 1. Aufl., 2008, S. 28 ff.

Lehment, der insoweit die neuere Entscheidung des BGH *Museumsfotos* noch nicht berücksichtigen konnte, weist zutreffend darauf hin, dass das Urbild-Kriterium nach den Ausführungen des BGH in der Entscheidung *Bibelreproduktion* als Unterfall des Mindestmaßes an persönlicher geistiger Leistung anzusehen sei, erörtert darüber hinaus jedoch weitere Betrachtungsweisen, namentlich die ausschließliche Anwendung der Urbild-Theorie und die kumulative Anwendung der Urbild-Theorie sowie des Mindestmaßes an persönlicher geistiger Leistung, bevor er zu dem Ergebnis kommt, dass ein Verzicht auf das Urbild-Kriterium als Mindestanforderung für den Lichtbildschutz nach § 72 UrhG zu befürworten sei.

d) Weitere Abgrenzungskriterien

Einige Autoren versuchen, weitere Kriterien heranzuziehen, die einer besseren Bestimmung dessen dienen sollen, welche Abbildung unter § 72 UrhG schutzfähig und welcher Abbildung der Schutz zu versagen sei. Insoweit werden Alternativen entwickelt, da eine Abgrenzung anhand der vorbezeichneten Kriterien abgelehnt wird.

Insbesondere *Kroitzsch*[170] weist auf die Ungeeignetheit des Kriteriums des „Mindestmaßes an persönlicher geistiger Leistung" hin, indem er betont, dass von den Befürwortern dieses Kriteriums ein Maßstab für das Vorliegen desselben nicht gegeben werde. Damit macht Kroitzsch darauf aufmerksam, dass die Frage, wann ein Mindestmaß an persönlicher geistiger Leistung erbracht sei, nicht eindeutig beantwortet werden könne, justiziable Kriterien zur Bewertung des Vorliegens eines solchen Mindestmaßes fehlten.[171] *Kroitzsch* selbst bevorzugt eine Abgrenzung danach, ob eine individuelle Einrichtung des Bildes durch eine Person vorliege.[172] Insoweit

170 *Kroitzsch*, in: Möhring/Nicolini/Ahlberg, 2. Aufl., 2000, *§ 72 UrhG*, Rn. 4.

171 Gleichwohl setzt sich *Kroitzsch*, wie *Lehment* (*Lehment*, *Das Fotografieren von Kunstgegenständen*, 1. Aufl., 2008, S. 33) zutreffend darlegt, mit seinen eigenen Ausführungen in Widerspruch. Einerseits legt er nämlich dar, ein Mindestmaß an persönlicher Leistung sei zur Abgrenzung von Lichtbildwerk und einfachem Lichtbild nicht zu fordern und kritisiert die Befürworter dieser Auffassung. Hinsichtlich der Frage, wer als Lichtbildner einzustufen sei, hält er demgegenüber fest, die Tätigkeit des Lichtbildners erfordere ein Mindestmaß an eigenpersönlicher Leistung, vgl. *Kroitzsch*, in: Möhring/Nicolini/Ahlberg, 2. Aufl., 2000, *§ 72 UrhG*, Rn. 12.

172 *Kroitzsch*, in: Möhring/Nicolini/Ahlberg, 2. Aufl., 2000, *§ 72 UrhG*, Rn. 4.

bestehen Parallelen zur Auffassung von *Thum*[173], der (allerdings zur Bewertung des Vorliegens bzw. Nicht-Vorliegens eines Mindestmaßes an persönlicher geistiger Leistung) die Festlegung der Aufnahmebedingungen als Abgrenzungskriterium heranzieht (vgl.Kapitel 2, B) III) 3) a)).

Weitere Autoren ziehen zur Abgrenzung die Frage heran, ob aufgrund der erheblichen Aufwendungen oder der angewendeten technischen Fertigkeiten ein neues Wirtschaftsgut entstanden sei[174] oder stützen sich auf das Merkmal des Personenbezugs[175] zwischen Abbildung und Lichtbildner, das dann vorliege, wenn ein Mensch kausal adäquat das Lichtbild hergestellt hat.[176]

e) Bewertung

Die Vielfalt der Interpretationsmöglichkeiten der am häufigsten zur Abgrenzung herangezogenen Kriterien des Mindestmaßes an persönlicher geistiger Leistung und des Urbildes zeigt, dass diese Kriterien keineswegs geeignet sind, die Rechtssicherheit zu schaffen, die zwingend erforderlich ist, um zu bewerten, ob ein von § 72 UrhG geschütztes Lichtbild vorliegt und ob dem infrage stehenden Erzeugnis ein Schutz nach dem UrhG zukommt oder nicht. Insbesondere bei den Abhandlungen betreffend die sog. Reproduktionsfotografie versagen diese Kriterien vollständig, da jedenfalls dann die Frage, ob ein Mindestmaß an persönlicher geistiger Leistung erreicht worden sei oder ein Urbild vorliege, divergierend beantwortet wird.[177] Dieser Zustand ist untragbar.

Dies gilt zum einen, da die Bewertung als geschütztes Lichtbild oder ungeschützte Abbildung wesentlich andere Rechtsfolgen herbeiführt. Insoweit gilt anderes als bei der Frage, ob ein einfaches Lichtbild oder ein Lichtbildwerk vorliegt; aufgrund der weitgehenden Parallelisierung der

---

173 *Thum*, in: Wandtke/Bullinger, 5. Auflage, 2019, § 72 *UrhG*, Rn. 27.

174 *Katzenberger*, GRUR Int. 1989, 116 (117). Das Entstehen eines neuen, selbstständigen Wirtschaftsgutes als Indiz für das Vorliegen eines Mindestmaßes an geistiger Leistung heranziehend *Schulze*, in: Weller/Kemle/Dreier/Michl, Kulturgüterrecht – Reproduktionsfotografie – StreetPhotography, *Museale Reproduktionsfotografie und Bildrecht an der eigenen Sache*, 2018, S. 104 (107).

175 *Platena, Das Lichtbild im Urheberrecht*, 1998, S. 167, 99 ff.

176 Vgl. zu verschiedenen, weiteren Lösungsansätzen *Platena, Das Lichtbild im Urheberrecht*, 1998, S. 149 ff.; *Lehment, Das Fotografieren von Kunstgegenständen*, 1. Aufl., 2008, S. 33 ff.

177 Dazu näher unter Kapitel 2, B) IV) 2) cc) (1).

Rechtsfolgen kann diese Frage unter dem geltenden Recht in zahlreichen Fällen offengelassen werden. Nach der Frage, ob die Schwelle zum einfachen Lichtbildern i.S.v. § 72 UrhG überschritten ist, bestimmt sich hingegen, ob eine Abbildung überhaupt dem Schutz des UrhG unterfällt oder eben nicht. Es geht um die Bestimmung der Untergrenze der Schutzfähigkeit von Abbildungen im Rahmen des Urheberrechtes. Diese Frage kann nicht offengelassen werden, sie ist vielmehr in jedem Rechtsstreit, in dem sich eine Partei eines Schutzrechtes nach § 2 Abs. 1 Nr. 5 UrhG oder § 72 UrhG berühmt, zwingend zu beantworten.

Zum anderen ergibt sich die unbedingte Erforderlichkeit einer rechtssicheren Abgrenzbarkeit aus dem Gesetzeszweck. Werden die Abgrenzungskriterien derart weich formuliert, dass abstrakte und nur uneinheitlich anzuwendende Kriterien angewendet werden, führt dies zu einer reinen Verlagerung der Problematik, zu deren Verhinderung der einfache Lichtbildschutz überhaupt erst eingeführt wurde. Durch die Einführung des einfachen Lichtbildschutzes gem. § 72 UrhG sollten Abgrenzungsschwierigkeiten zwischen einfachen Lichtbildern und Lichtbildwerken, mithin Abgrenzungsschwierigkeiten an der Untergrenze des Schutzes von Lichtbildwerken, vermieden werden. Die Einführung des einfachen Lichtbildschutzes dient nach der gesetzgeberischen Intention mithin der einfacheren Handhabung und höheren Rechtssicherheit. Die Anwendung der zuvor genannten Kriterien bei der Frage, ob ein Lichtbild i.S.v. § 72 UrhG überhaupt vorliege, führte letztlich dazu, dass vergleichbare Abgrenzungsschwierigkeiten an der Untergrenze des einfachen Lichtbildschutzes bei der Bestimmung dessen, was dem Grunde nach ein Lichtbild darstelle oder nicht, aufträten. Hinzu kommt, dass die Voraussetzung des Mindestmaßes an persönlicher geistiger Leistung in der Gesetzesbegründung keine Stütze findet. Hiernach sollte vielmehr bereits eine

> „rein technische[n] Leistung, die nicht einmal besondere Fähigkeiten voraussetzt“[178],

zur Begründung des Lichtbildschutzes genügen. Damit hat der Gesetzgeber zu erkennen gegeben, dass er trotz der grundsätzlichen, aber ungewöhnlichen Gleichstellung[179] des Lichtbildschutzes mit dem urheberrechtlichen Schutz der Lichtbildwerke ein auf technischer Leistung basierendes Schutzrecht begründen wollte. Damit mag aus der entsprechenden Anwendbarkeit der Vorschriften über Lichtbildwerke eine ungewöhnliche

178 Referentenentwurf vom 23.03.1962, BTDrucks. IV/270, 88.
179 Referentenentwurf vom 23.03.1962, BTDrucks. IV/270, 88 f.

Nähe zum Urheberrecht resultieren, Schutzgrund ist und bleibt jedoch die technische Leistung und der damit verbundene wirtschaftliche und organisatorische Aufwand.[180]

Gleichermaßen sind die weiteren, in der Literatur vertretenen Abgrenzungskriterien (individuelle Einrichtung des Bildes durch eine Person; Entstehen eines neuen Wirtschaftsguts aufgrund der erheblichen Aufwendungen oder der angewendeten technischen Fertigkeiten; Merkmal des Personenbezugs zwischen Abbildung und Lichtbildner) zu kritisieren.[181] Dies ergibt sich aus den vorherigen Ausführungen, es entstünden bei Anwendung dieser Kriterien dieselben Abgrenzungsschwierigkeiten. Inhaltlich überschneiden sich die weiteren Abgrenzungskriterien nämlich weitgehend mit denjenigen, die unter Anwendung des Kriteriums des Mindestmaßes an persönlicher geistiger Leistung verstanden werden, auch wenn hier andere Begrifflichkeiten angewendet werden.

Darüber hinaus stellt sich ungeachtet der teilweisen Überschneidungen mit Blick auf die weiteren Kriterien das Problem der mangelnden Rechtssicherheit. Ebenso wenig, wie einheitlich beurteilt werden kann, ob ein Mindestmaß an persönlicher geistiger Leistung erfüllt sei oder ob eine Abbildung ein Urbild darstelle, kann eine Bewertung dahingehend einheitlich erfolgen, ob eine hinreichend individuelle Einrichtung des Bildes[182] vorliegt oder getätigte Aufwendungen erheblich sind und hinreichend handwerkliche Fähigkeiten an den Tag gelegt wurden, die ein neues Wirtschaftsgut entstehen lassen.[183] Denn all diese Kriterien lassen weitgehende Bewertungsspielräume zu, die von unterschiedlichen Personen mit unterschiedlichen Hintergründen in verschiedener Weise beurteilt werden können. Hierdurch wird jedoch der eigentliche Gesetzeszweck, Abgrenzungsschwierigkeiten zu vermeiden, nicht erreicht. Die Abgrenzungsschwierigkeiten werden durch die Anwendung vorbezeichneter Kriterien nur von der Untergrenze des Schutzes von Lichtbildwerken zur Untergrenze der einfachen Lichtbilder verlagert. Zu einer hinreichenden Rechtssicherheit hingegen führt die Auffassung *Platenas*[184], der einen hinreichenden Personenbezug zwischen Bild und Lichtbildner genügen lässt, der lediglich eine adäquat kausale Handlung des Lichtbildners zur Lichtbildherstellung for-

---

180 Ebenso *Apel*, in: Götz von Olenhusen/Gergen, Kreativität und Charakter, *Überlegungen zu einer Reform des Lichtbildschutzrechts (§ 72 UrhG)*, 2017, S. 205 (217 f.).

181 Vgl. die umfangreichen kritischen Ausführungen bei *Lehment, Das Fotografieren von Kunstgegenständen*, 1. Aufl., 2008, S. 33 ff.

182 *Kroitzsch*, in: Möhring/Nicolini/Ahlberg, 2. Aufl., 2000, § 72 *UrhG*, Rn. 4.

183 *Katzenberger*, GRUR Int. 1989, 116 (117).

184 *Platena, Das Lichtbild im Urheberrecht*, 1998, S. 167 ff., 99 ff.

dert. Hiervon erfasst sind nach *Platena* jedoch auch rein technische Kopiervorgänge, die durch den Menschen adäquat kausal ausgelöst wurden, auch wenn lediglich eine identische Reproduktion der Vorlage hergestellt wird. Dies geht zu weit, es fehlt in diesem Fall an der Vergleichbarkeit zum Fotografievorgang.

4) Lösungsvorschlag

Insgesamt erscheint es aufgrund zuvor aufgezeigter Unwägbarkeiten als vorzugswürdig, keine positive Begriffsbestimmung dahingehend vorzunehmen, welche Anforderungen an ein Lichtbild i.S.v. § 72 UrhG zu stellen sind, sondern vielmehr diejenigen Fallgruppen vom Lichtbildschutz des § 72 UrhG auszunehmen, deren Subsumtion unter den Lichtbildschutz abzulehnen ist. Im Anschluss kann dann eine Definition des einfachen Lichtbildes vorgenommen werden, die auf einer ***negativen Bestimmung des Lichtbildbegriffes*** gründet.

Wie zuvor bereits dargestellt, ist zur Bestimmung dessen, was noch von dem einfachen Lichtbildschutz erfasst sein soll, der Schutzzweck der Vorschrift des § 72 UrhG sowie der gesetzgeberische Wille maßgeblich. Es ist abzustellen auf die Frage, ob eine Abbildung hergestellt wird, die zwar unter den technischen Begriff des Lichtbildes zu fassen ist, bzgl. derer jedoch keine hinreichende Vergleichbarkeit zu der Erstellung eines Lichtbildwerks i.S.v. § 2 Abs. 1 Nr. 5 UrhG besteht, sodass ein Schutz unter § 72 UrhG nicht gerechtfertigt ist.

Eine Fallgruppe, bei der ein Schutz nach § 72 UrhG auf Basis solcher Überlegungen nicht gewährt werden kann, ist die Fallgruppe der technischen Vervielfältigungen.[185] Dies betrifft z.B. Fotokopien, Makrokopien, im Fotolabor hergestellte Abzüge, die Digitalisierung von Vorlagen unter Zuhilfenahme eines Scanners sowie andere rein technische, unter Verwendung einer Strahlenquelle hergestellte Vervielfältigungen. Rein technisch fallen all diese Erzeugnisse unter den Begriff des Lichtbildes, da sie unter Verwendung einer Strahlenquelle hergestellt werden. Die Vorlage und die Vervielfältigung unterscheiden sich lediglich dadurch, dass die Vorlage frei erstellt wurde, die Reproduktion hingegen inhaltlich an die Vorlage gebunden ist und damit eine rein technische, inhaltsgleiche Vervielfältigung

185 Vgl. z.B. *Bullinger*, in: Ebling/Bullinger, Praxishandbuch Recht der Kunst, *§ 1 Grundlagen des Urheberrechts*, 2017, (Rn. 67); A.A. *Platena*, *Das Lichtbild im Urheberrecht*, 1998, S. 167 ff.

einer Vorlage darstellt. Während der Lichtbildner einer Vorlage frei darin ist, den Inhalt des Lichtbildes auszusuchen, zu gestalten, Einfluss auf die Schärfe, die Farbgestaltung etc. zu nehmen, ist der Lichtbildner einer rein technischen Vervielfältigung an die Vorlage gebunden.

Bei diesen Konstellationen ist nicht erkennbar, dass der Gesetzgeber lediglich zur Vermeidung von Abgrenzungsschwierigkeiten Dritte von der Verwendung und Verwertung rein technischer Reproduktionen durch Gewährung eines Leistungsschutzrechtes habe ausschließen wollen. Den Ausführungen in der Gesetzesbegründung kann nicht entnommen werden, dass entgegen des bereits seinerzeit herrschenden Verständnisses[186], nach dem technische Vervielfältigungen nicht schutzfähig waren, das Leistungsschutzrecht zur Vermeidung von Abgrenzungsschwierigkeiten auch für solche Vervielfältigungen hätte gewährt werden sollen. Hätte der Gesetzgeber derartige Erzeugnisse, die nach damaligem Diskussionsstand nicht schutzfähig waren, schützen wollen, hätte er dies ausdrücklich normiert. Eine ausdrückliche Regelung, wie in § 85 Abs. 1 Satz 3 UrhG für das Tonträgerherstellerrecht vorgesehen, war angesichts des Vorverständnisses nicht erforderlich. Vielmehr stellte der Gesetzgeber klar, dass die Änderung des Begriffes von den geschützten „Werken der Photographie“ hin zu den „Lichtbildwerken“ und „Lichtbildern“ keine sachliche Einschränkung bewirken sollte.[187]

Bei derartigen technischen Vervielfältigungen ist der Leistungsschutz nach dem UrhG mithin zu versagen, obgleich die Erzeugnisse per definitionem dem Lichtbildbegriff unterfallen. Dies gilt jedenfalls immer dann, wenn die neue Abbildung dadurch geschaffen wird, dass ein technisches Vervielfältigungsverfahren zur Anwendung kommt, dessen Aufgabe gerade darin besteht, eine identische Nachbildung einer jeden Vorlage zu schaffen und eine solche identische Nachbildung dabei auch tatsächlich geschaffen wird. Solche Abbildungen sind nicht unter § 72 UrhG zu schützen.

Dieses Ergebnis ist vor dem Hintergrund der Gesetzgebungshistorie und des Gesetzeszwecks sachgerecht. Es werden solche Erzeugnisse ausgeschlossen, die formal dem einfachen Lichtbildschutz unterfielen, für deren Schutz jedoch kein Bedürfnis besteht, da eine Zuordnung der Leistung zu der Person des Erzeugers des Lichtbildes nicht hergestellt werden kann. Vielmehr handelt es sich um eine Leistung, die einzig und allein dem technischen Gerät, das verwendet wird, zuzuschreiben ist. Damit besteht auch

---

186 Vgl. hierzu bereits *Riedel*, GRUR 1951, 378 (381).

187 Referentenentwurf vom 23.03.1962, BTDrucks. IV/270, 37.

kein Anlass, den Hersteller des Vervielfältigungsstückes gegenüber Dritten in der Art und Weise zu privilegieren, dass er mit Rechten an den Erzeugnissen ausgestattet würde. Würde ein solcher Schutz nämlich etabliert, ohne dass dies vom Gesetzgeber, der lediglich von den mit Lichtbildwerken vergleichbaren Leistungen ausging, beabsichtigt war, führte dies zu einem inflationären Schutz jeglicher unter Verwendung von Lichtquellen erzeugter Abbildungen unter gleichzeitigem Ausschluss Dritter von diesen Abbildungen. Diese Konsequenz wäre schlicht untragbar und systemfremd.

Eine weitere Fallgruppe, die bei einer negativen Bestimmung des Lichtbildbegriffes in Augenschein zu nehmen ist, ist diejenige der Reproduktionsfotografie. Diese wird nebst der zugehörigen Problemfälle der Übersichtlichkeit halber unter IV) 1) – 3) dargestellt, bevor sodann unter IV) 4) ein Lösungsvorschlag dargestellt wird. Im Anschluss wird unter IV) 5) Art. 14 der Richtlinie (EU) 2019/790 vom 17.04.2019 über das Urheberrecht und die verwandten Schutzrechte im digitalen Binnenmarkt und zur Änderung der Richtlinien 96/9/EG und 2001/29/EG (im Folgenden: DSM-Richtlinie[188]) berücksichtigt und sodann ein Überblick über die praktischen Auswirkungen des gefundenen Ergebnisses gegeben, vgl. IV) 6).

IV) Behandlung der Reproduktionsfotografie im Rahmen von § 72 UrhG

Hinsichtlich der Frage, ob der sog. Reproduktionsfotografie ein Lichtbildschutz zu gewähren ist, besteht Uneinigkeit. Es ist umstritten, ob die Erzeugnisse der Reproduktionsfotografie die Mindestanforderungen des § 72 UrhG erfüllen und, falls ein solcher Schutz dem Grunde nach bejaht wird, ob diesen Erzeugnissen dennoch in bestimmten Konstellationen der Schutz aus anderen Gründen im Wege einer teleologischen Reduktion zu versagen ist. In der Praxis bedeutete die Gewährung eines Lichtbildschutzes für Reproduktionsfotografien, dass bei einer Verwendung dieser Fotografien nicht nur die Nutzungsrechte an einer gegebenenfalls urheberrechtlich oder leistungsschutzrechtlich geschützten Vorlage, sondern zusätzlich die Nutzungsrechte an der Fotografie beschafft werden müssten.

Eine Beurteilung der aufgeworfenen Fragestellung setzt jedoch aufgrund der unterschiedlichen Verwendung des Begriffes der Reproduktionsfotografie in Schrifttum und Rechtsprechung zunächst voraus, dass der Begriff der Reproduktionsfotografie, wie er der vorliegenden Untersu-

188 DSM-Richtlinie = Digital-Single-Market-Richtlinie.

chung zugrunde gelegt wird, festgelegt wird. Die Auseinandersetzung hiermit erfolgt unter IV) 1).

Ob derartige Reproduktionsfotografien sodann unter dem geltenden Recht ihrerseits urheberrechtlich geschützt sind, gilt es anschließend zu beurteilen. Hierbei ist zu unterscheiden zwischen zwei Anknüpfungspunkten: Zum einen stellt sich die Frage, ob Reproduktionsfotografien per se als Schutzgut des UrhG überhaupt in Betracht kommen (hierzu unter IV) 2)), zum anderen ist zu klären, ob es Anwendungsfälle gibt, in denen – die Schutzfähigkeit der Reproduktionsfotografien unterstellt – ggf. eine teleologische Reduktion vorzunehmen ist (hierzu unter IV) 3)).

1) Begriff der Reproduktionsfotografie

a) Begriffsfestlegung

Der Begriff der Reproduktionsfotografie wird in Literatur und Rechtsprechung uneinheitlich verwendet. Das LG München I[189], *Schulze*[190] und *Wiebe*[191] z.B. differenzieren zwischen

- fotografischen Reproduktionen und
- bloßen technischen Reproduktionen.

Fotografische Reproduktionen werden von *Schulze* mit der sog. Reproduktionsfotografie gleichgesetzt.[192]

---

189 LG München I, Urt. v. 27.07.2015 – 7 O 20941/14, ZUM-RD 2016, 610 (611). Die in der ZUM-RD gewählte Überschrift „*Kein Lichtbildschutz für fotografische Reproduktionen*" ist bei Gegenüberstellung mit dem Urteilsinhalt missverständlich. In dem Urteil blieb offen, ob eine Reproduktion ggf. auf rein maschinellem Wege erfolgte und ggf. eine bloße technische Reproduktion vorlag. Gleichzeitig wurde jedoch darauf abgestellt, dass lediglich eine „*zweidimensionale Vervielfältigung vor[lag], in Bezug auf welche die Belichtung und die Wahl des Darstellungswinkels wesentlich einfacher zu bewerkstelligen sind, als wenn ein Produkt in einer Weise fotografiert wird, welche es in seinen drei Dimensionen erkennen lässt*". Diese Ausführungen sprechen dafür, dass gleichwohl von einer fotografischen Reproduktion und nicht von einem mechanischen Fotokopiervorgang ausgegangen wurde. Es bleibt leider unklar, ob das LG München letztlich die fotografische Reproduktion zweidimensionaler Vorlagen als bloße technische Reproduktion bewertet. Dem wäre nicht zuzustimmen.

190 *Schulze*, in: Dreier/Schulze/Specht, 6. Auflage, 2018, § 72 *UrhG*, Rn. 10.

191 *Wiebe*, in: Spindler/Schuster, Recht der elektronischen Medien, § 72 *UrhG*, 2019, (Rn. 2).

192 *Schulze*, in: Dreier/Schulze/Specht, 6. Auflage, 2018, § 72 *UrhG*, Rn. 10.

Dieser begrifflichen Differenzierung zwischen fotografischer und technischer Reproduktion sowie der Bezeichnung der fotografischen Reproduktion als Reproduktionsfotografie ist zuzustimmen (zur Begründung sogleich). Dieses Verständnis wird den weiteren Ausführungen deshalb zugrunde gelegt.

b) Übersicht über weitere Begriffsverwendungen

Nicht eindeutig sind die Ausführungen *Talkes*[193]: Im Rahmen seiner Auseinandersetzung mit Reproduktionen „flacher Vorlagen" verwendet er den Begriff der „Reproduktionen" zunächst recht allgemein, während er insbesondere die Lichtbildkopien (und damit technische Reproduktionen) abhandelt. Diese Ausführungen erwecken den Anschein, als verwendete er den Begriff der Reproduktion als Synonym für technische Vervielfältigungen. Dieser Eindruck wird sodann gefestigt, da er ausführt:

> „Wenn also ein Originallichtbild so getreu wie möglich – egal ob im selben Format oder im Wege der Mikro- oder Makrokopie – lediglich reproduziert (kopiert) wird, fällt die entstehende Reproduktion nicht unter § 72 UrhG, sondern ist lediglich eine Vervielfältigung im Sinne des § 16 UrhG."
> (Hervorhebung durch die Verfasserin)

Die weiteren Ausführungen Talkes lassen jedoch erkennen, dass *Talke* sich bei der Auseinandersetzung mit Reproduktionen nicht auf technische Reproduktionen beschränkt, sondern auch fotografische Reproduktionen erfassen möchte. So setzt er sich mit der Rechtsprechung des OLG Düsseldorf[194] auseinander, das die urheberrechtliche Bewertung von Fotografien zum Gegenstand hatte, die Zeichnungen des Künstlers Joseph Beuys abbildeten (mithin fotografische Reproduktionen). In diesem Zusammenhang spricht *Talke* von „Reproduktionsfotografien" und von „Reproduktionen". Hierbei lässt sich – auch wenn *Talke* dies nicht ausdrücklich klarstellt – feststellen, dass er den Begriff der Reproduktionsfotografie nur im Zusammenhang mit fotografischen Reproduktionen verwendet. Mithin nimmt *Talke* eine klare begriffliche Trennung bei der Nutzung des Oberbegriff der Reproduktionen nicht vor, sondern verwendet diesen einheitlich für

193 *Talke*, ZUM 2010, 846 (850).

194 OLG Düsseldorf, Urt. v. 13.02.1996 – 20 U 115/95, GRUR 1997, 49, *Beuys-Fotografien* ff.

technische und fotografische Reproduktionen, er setzt den Begriff der Reproduktionsfotografie jedoch nur für fotografische Reproduktionen ein.

Dies erkannt, lassen die Ausführungen *Talkes* in ihrer Gesamtheit erkennen, dass er die Unterschiede zwischen technischen und fotografischen Reproduktionen wahrnimmt. Denn er spricht insoweit dem Hersteller fotografischer Reproduktionen einen deutlich weitreichenderen Gestaltungsspielraum zu als der reinen Reproduktion durch Lichtbildkopien.[195] Eine klare begriffliche Trennung findet jedoch nicht statt. Es ist insgesamt davon auszugehen, dass auch *Talke* zwischen technischen Reproduktionen einerseits und der fotografischen Reproduktion (also der Reproduktionsfotografie) andererseits differenziert, ohne dies – anders als *Schulze* und *Wiebe* – ausdrücklich schriftlich zu fixieren.

Eine andere Verwendung des Begriffs der Reproduktionsfotografie nahm demgegenüber – jedenfalls dem Anschein nach – *Vogel*[196] zunächst vor. Dieser ging dann vom Vorliegen einer Reproduktionsfotografie aus, wenn

> „lediglich eine zweidimensionale Bild- oder Textvorlage mechanisch durch Foto-, Mikro- oder elektrostatische Kopie oder, nach Abzug eines Negativs, durch nach ihm hergestellte Diapositive, Vergrößerungen, Duplikatnegative oder durch digitale Techniken wie das Scannen vervielfältigt wird".

Durch die Verwendung des Begriffes einer mechanischen Vervielfältigung begrenzte *Vogel* damit den Begriff der Reproduktionsfotografie auf rein technische Reproduktionen. Fotografische Reproduktionen, bei denen originär eine Fotografie aufgenommen wird, schienen nach seinem Verständnis nicht vom Begriff der Reproduktionsfotografie erfasst zu sein. Diese Ausführungen stellte *Vogel* in der Folgeauflage nunmehr ausdrücklich klar. Er korrigierte seine Ausführungen dahingehend, dass zuvor wiedergegebene Ausführungen auf „bloße Reproduktionen" Anwendung fänden, etwas anderes hingegen für Reproduktionsfotografien gelte, bei denen z.B. ein zwei- oder dreidimensionales Kunstwerk fotografisch abgebildet werde. Damit nimmt er (inzwischen) ebenfalls eine Differenzierung zwischen technischen Reproduktionen und Reproduktionsfotografien vor.[197] Diese Klarstellung ist zu begrüßen.

---

195 *Talke*, ZUM 2010, 846 (850 f.).
196 *Vogel*, in: Schricker/Loewenheim, 4. Auflage, 2010, *§ 72 UrhG*, Rn. 23.
197 *Vogel*, in: Schricker/Loewenheim, 5. Auflage, 2017, *§ 72 UrhG*, Rn. 30.

Thum[198] demgegenüber scheint zwischen dem originalgetreuen Abfotografieren von Fotografien einerseits und Reproduktionsfotografien zweidimensionaler Vorlagen, die selbst nicht Lichtbilder sind, andererseits zu differenzieren. Nach seinem Verständnis sind Fotografien von Fotografien nicht vom Begriff der Reproduktionsfotografie erfasst. Reproduktionsfotografien sollen hiernach fotografische Reproduktionen unter Ausschluss des Lichtbildes vom Lichtbild sein.

Katzenberger[199] fasst unter den Begriff der Reproduktionsfotografie auch Fotokopien und vergleichbare Kopien (also technische Reproduktionen). Auf fotografische Reproduktionen geht er in seinen Ausführungen demgegenüber überhaupt nicht ein.

Den Begriff der Reproduktionsfotografie ausdrücklich verwendende Rechtsprechung[200] stammt aus den jüngeren Jahren. In all diesen Fällen wurde der Begriff der Reproduktionsfotografie für die fotografische Reproduktion verwendet, nicht hingegen für die technische Reproduktion, die ihrerseits in der Rechtsprechung[201] auch nur als „Reproduktion" bezeichnet wurde.

c) Bewertung

Im Ergebnis ist den Kategorisierungen *Schulzes*, *Wiebes*, *Vogels*, der Rechtsprechung und wohl auch *Talkes* zuzustimmen. Es ist offensichtlich, dass eine unterschiedliche rechtliche Bewertung fotografischer und technischer Reproduktion in Diskussion steht. Dann aber sollte auch eine klare Begriffliche Unterscheidung der Kategorien erfolgen.

Ebenso sollte der Begriff der Reproduktionsfotografie im rechtlichen Diskurs der Umschreibung der fotografischen Reproduktion vorbehalten bleiben. Selbst wenn der Begriff der Reproduktionsfotografie historisch bedingt durch den die Reprographik und den Einsatz sog. Repro-Kameras

---

198 *Thum*, in: Wandtke/Bullinger, 5. Auflage, 2019, § 72 *UrhG*, Rn. 31 f.

199 *Katzenberger*, GRUR Int. 1989, 116 (117).

200 AG Nürnberg, Urt. v. 28.10.2015 – 32 C 4607/15, ZUM-RD 2016, 615; Urt. v. 22.02.2016 – 32 C 4607/15, juris; LG Berlin, Urt. v. 31.05.2016 – 15 O 428/15, GRUR-RR 2016, 318, *Reproduktionsfotografie*; OLG Stuttgart, Urt. v. 31.05.2017 – 4 U 204/16, GRUR 2017, 905, *Reiss-Engelhorn*.

201 Vgl. z.B. OLG Stuttgart, Urt. v. 31.05.2017 – 4 U 204/16, GRUR 2017, 905 (907), *Reiss-Engelhorn*.

für fotografische als auch technische Reproduktionen verwendet wird[202], sollte in der rechtlichen Diskussion zur Vermeidung von Missverständnissen der Begriff der Reproduktionsfotografie vereinheitlicht und ausschließlich für fotografische Reproduktionen verwendet werden.

Im Übrigen spricht bereits der Wortlaut des Begriffes der Reproduktionsfotografie aus heutiger Sicht dafür, hierunter nicht die bloße technische Reproduktion zu verstehen, bei der auf rein technische Weise, wie z.B. mittels eines Kopiergerätes, durch Makro- oder Mikroskopie, der Herstellung von Abzügen unter Verwendung von Negativen, Vervielfältigungen hergestellt werden. Vielmehr erfasst die Reproduktionsfotografie nach dem heutigen Verkehrsverständnis lediglich fotografische Reproduktionen, also Lichtbilder, die mittels einer Fotokamera oder einer ähnlichen Aufnahmetechnik neu aufgenommen wurden. Während bei technischen Reproduktionen spezielle Begriffe verwendet werden, um diese zu bezeichnen (Kopie, Scan, Abzug, Vervielfältigung, etc.), versteht der durchschnittliche Betrachter auch die erneute Aufnahme einer Vorlage mittels einer Kamera als Fotografie. Reproduktionsfotografien sind demnach in Abgrenzung zur technischen Reproduktion zu betrachten.

Bei Reproduktionsfotografien handelt es sich im Gegensatz zu den auch als Lichtbildkopien bezeichneten rein technischen Reproduktionen damit um Reproduktionen, bei denen unter Zuhilfenahme eines fotografischen, nicht bloß technisch gesteuerten Verfahrens neue Bilder geschaffen werden, auf denen der (je nach Maß der handwerklichen Fertigkeiten des Lichtbildners ggf. nur fast) identische Inhalt zu erkennen ist, wie er auch durch die Vorlage vorgegeben worden war. Hierunter fallen damit z.B. die Fotografie eines Gemäldes oder die Fotografie einer bereits vorhandenen Fotografie mittels einer Kamera.

Ferner können weitere Umstände hinzutreten, die die Annahme einer Reproduktionsfotografie nach dem hier zugrunde gelegten Verständnis ausschließen. So liegt eine Reproduktionsfotografie jedenfalls dann nicht mehr vor, wenn weitere Elemente hinzutreten, die für den Laien erkennbar eine Unterscheidbarkeit zwischen Vorlage und neuem Objekt ermöglichen, z.B. Fotografie eines Gemäldes inklusive der räumlichen Umgebung. Da hier erkennbar nicht ausschließlich das einzelne Objekt in seiner konkreten Gestaltung wiedergegeben (reproduziert) wird sondern vielmehr eine klare inhaltliche Unterscheidung zwischen dem geschaffenen Lichtbild und der Vorlage hergestellt wird, besteht kein Bedürfnis dafür, das

202 *F. A. Brockhaus*, Brockhaus-Enzyklopädie, S. 20; *Bibliographisches Institut AG*, Meyers Enzyklopädisches Lexikon, S. 24.

neue Lichtbild als Reproduktionsfotografie einzuordnen. Die offengelegte Unterscheidbarkeit widerspricht der Einordnung als Ergebnis eines Vorgangs der reinen fotografischen Reproduktion.

2) Reproduktionsfotografien als Schutzgut des UrhG?

Bei der bloßen technischen Reproduktion entsteht kein Lichtbild i.S.d. § 72 UrhG, es handelt sich um eine nicht schutzfähige technische Vervielfältigung der Vorlage. Dies entspricht der allgemeinen Auffassung.[203] Dass demgegenüber Reproduktionsfotografien ein Lichtbild i.S.d. § 72 UrhG oder sogar ein Lichtbildwerk gem. § 2 Abs. 1 Nr. 5 UrhG jedenfalls dem Grunde nach darstellen können, da hier erstmals eine Fotografie, nicht hingegen eine bloße technische Vervielfältigung einer Vorlage entsteht, wird von weiten Teilen der Literatur und Rechtsprechung anerkannt.[204]

Die Mindestvoraussetzungen an den Schutz einer Reproduktionsfotografie werden höchst unterschiedlich beurteilt. In der Literatur[205] wird in einem ersten Schritt vielfach differenziert zwischen der fotografischen Reproduktion zweidimensionaler und dreidimensionaler Vorlagen:

---

203 A.A. lediglich *Platena, Das Lichtbild im Urheberrecht*, 1998, S. 167 ff.

204 *Schulze*, in: Dreier/Schulze/Specht, 6. Auflage, 2018, *§ 72 UrhG*, Rn. 10; *Nordemann*, in: Fromm/Nordemann, 12. Auflage, 2018, *§ 72 UrhG*, Rn. 9; *Wiebe*, in: Spindler/Schuster, Recht der elektronischen Medien, *§ 72 UrhG*, 2019, Rn. 2; *Nordemann*, GRUR 1987, 15 (17); *Vogel*, in: Schricker/Loewenheim, 5. Auflage, 2017, *§ 72 UrhG*, Rn. 30; *Lauber-Rönsberg*, in: BeckOK UrhG, 26. Edition (Stand 15.10.2019), 2019, *§ 72 UrhG*, Rn. 14; BGH, Urt. v. 20.12.2018 – I ZR 104/17, GRUR 2019, 284 (286), *Museumsfotos*; Urt. v. 07.12.2000 – I ZR 146/98, GRUR 2001, 755 (757), *Telefonkarte*; Urt. v. 08.11.1989 – I ZR 14/88, GRUR 1990, 669 (673), *Bibelreproduktion*.

205 *Schulze*, in: Dreier/Schulze/Specht, 6. Auflage, 2018, *§ 72 UrhG*, Rn. 10; *Bullinger*, in: Wandtke/Bullinger, 5. Auflage, 2019, *§ 2 UrhG*, S. 119; *Lauber-Rönsberg*, in: BeckOK UrhG, 26. Edition (Stand 15.10.2019), 2019, *§ 72 UrhG*, Rn. 14a f.; *Bullinger/Garbers-von Boehm*, GRUR 2008, 24 (27); *Lutzi*, GRUR 2017, 878 (879)f.; *Schulze*, in: Weller/Kemle/Dreier/Michl, Kulturgüterrecht – Reproduktionsfotografie – StreetPhotography, *Museale Reproduktionsfotografie und Bildrecht an der eigenen Sache*, 2018, S. 104 (107).

a) Dreidimensionale Vorlagen

Hinsichtlich dreidimensionaler Vorlagen, wie z.B. Skulpturen, ist im Schrifttum[206] wie auch in der Rechtsprechung[207] nicht nur unbestritten, dass fotografische Reproduktionen dieser als Lichtbilder grundsätzlich schutzfähig sind. Zutreffend wird außerdem darauf hingewiesen, dass die Reproduktionsfotografie dreidimensionaler Vorlagen sogar die für den Schutz als Lichtbildwerk gem. § 2 Abs. 1 Nr. 5 UrhG erforderliche Schöpfungshöhe erreichen kann.[208] Insoweit obliegt es nämlich der schöpferischen Gestaltung des Fotografen, Winkel, Beleuchtung, Tiefenschärfe, Verhältnis des Objektes zum Hintergrund, den Hintergrund selbst etc. zu bestimmen und eine entsprechende Komposition vorzunehmen. Der dem Lichtbildner hierdurch zustehende Gestaltungsspielraum kann, sobald dieser in schöpferischer Weise genutzt wird, genügen, um eine schöpferische Leistung anzunehmen, die einen Schutz nach § 2 Abs. 1 Nr. 5 UrhG begründet. Die Verwertungsgesellschaft Bild-Kunst geht sogar davon aus, dass bei Reproduktionsfotografien dreidimensionaler Werke üblicherweise die Werkqualität erreicht werde.[209]

Die Annahme der grundsätzlichen Schutzfähigkeit dreidimensionaler Reproduktionsfotografien unter § 2 Abs. 1 Nr. 5 UrhG bzw. § 72 UrhG ist zu befürworten. Dies folgt aus mehreren Überlegungen:

Die rechtshistorische Betrachtung zeigt, dass der Gesetzgeber sich des Umstandes bewusst war, dass Fotografien tatsächlich vorhandene Gegen-

---

206 Z.B. *Schneider, Das Recht des Kunstverlags*, 1991, S. 82; *Bullinger/Garbers-von Boehm*, GRUR 2008, 24 (27); *Lutzi*, GRUR 2017, 878 (879); *Schulze*, in: Dreier/Schulze/Specht, 6. Auflage, 2018, *§ 72 UrhG*, Rn. 10; *Lauber-Rönsberg*, ZUM 2019, 341 (342); *Dreier*, GRUR 2019, 771 (774); *Thum*, in: Wandtke/Bullinger, 5. Auflage, 2019, *§ 72 UrhG*, Rn. 51; *Schulze*, GRUR 2019, 779 (782).

207 Z.B. OLG Düsseldorf, Urt. v. 13.02.1996 – 20 U 115/95, GRUR 1997, 49 (50 f.), *Beuys-Fotografien*.

208 OLG Düsseldorf, Urt. v. 13.02.1996 – 20 U 115/95, GRUR 1997, 49 (51), *Beuys-Fotografien*; *Bullinger*, in: Wandtke/Bullinger, 5. Auflage, 2019, *§ 2 UrhG*, Rn. 119; *Schneider, Das Recht des Kunstverlags*, 1991, S. 82; *Schulze*, in: Weller/Kemle/Dreier/Michl, Kulturgüterrecht – Reproduktionsfotografie – StreetPhotography, *Museale Reproduktionsfotografie und Bildrecht an der eigenen Sache*, 2018, S. 104 (107).

209 *Verwertungsgesellschaft Bild-Kunst, Öffentliche Konsultation zur Umsetzung der EU-Richtlinien DSM (EU) 2019/790 und Online-SatCab(EU) 2019/789*, abrufbar unter *www.bmjv.de/SharedDocs/Gesetzgebungsverfahren/Stellungnahmen/2019/Downloads/090419_Stellungnahme_VGBild_EU-Richtlinien_Urheberrecht.pdf;jsessionid=8ABC915A797606F0BF32100C913C49E4.2_cid334?__blob=publicationFile&v=2*, zuletzt abgerufen am 12.02.2020.

stände abbilden und damit z.B. die Natur, wie sie sich darstellt, in die zweidimensionale Form verbringen bzw. in dieser Weise abbilden. Nicht zuletzt dies war der Grund, weshalb zunächst der urheberrechtliche Schutz von Lichtbildern gänzlich abgelehnt wurde. Gleichwohl entschied sich der Gesetzgeber nach anfänglichem Zögern in Kenntnis eben dieses Umstandes, ihnen einen entsprechenden Schutz einzuräumen – als einfaches Lichtbild wie auch als Lichtbildwerk.[210] Damit aber kann den Reproduktionsfotografien nicht per se entgegengehalten werden, dass die originalgetreue Abbildung der Schutzfähigkeit entgegenstünde.

Gerade vor diesem Hintergrund besteht auch kein Anlass, denjenigen Fotografien den Schutz zu versagen, die bewusst und mit dem erklärten Ziel der möglichst originalgetreuen Abbildung einer dreidimensionalen Vorlage aufgenommen werden, hingegen solche Schnappschüsse zu schützen, die ohne jeglichen schöpferischen Charakter im Alltag aufgenommen werden, obwohl diese auch nur die tatsächlichen Gegebenheiten abbilden (übliche Alltagsfotografien). Es wäre nicht zu erklären, weshalb ein alltägliches Knipsbild den Lichtbildschutz des § 72 UrhG genießen solle, demgegenüber jedoch solchen Fotografien, die tatsächliche Gegenstände möglichst originalgetreu abbilden sollen und dieses Ziel letztlich auch erreichen, dieser Schutz versagt sein soll. Eine solche Annahme führte nämlich dazu, dass bewusst und geplant aufgenommene Lichtbilder gegenüber einem beiläufigen Schnappschuss des Alltags benachteiligt würden.

Darüber hinaus ist bei der Reproduktionsfotografie dreidimensionaler Vorlagen, welche die Reproduktion von Werken anderer Werkgattungen, wie z.B. von Werken der bildenden Künste, betrifft, selbst wenn entgegen der hier vertretenen Auffassung an die Erfordernisse eines Minimums an persönlicher geistiger Leistung bzw. eines Urbildes angeknüpft würde, zu berücksichtigen, dass erstmals überhaupt ein Lichtbild (-werk) hergestellt wird. Hier ergibt sich die Schutzfähigkeit der fotografischen Darstellung nach § 72 UrhG neben der sorgfältigen Auswahl vorgenannter technischer Bedingungen bereits aus diesem Umstand. Denn das Verbringen einer Darstellung von einer Werkgattung zur nächsten weist, so derartige Mindestanforderungen an den Schutz nach § 72 UrhG gestellt werden, seinerseits schon das erforderliche Minimum an persönlicher geistiger Leistung auf, ein Urbild von der konkreten dreidimensionalen Darstellung wird erstmals hergestellt.

---

210 Vgl. Kapitel 1.

b) Zweidimensionale Vorlagen

Deutlich umstrittener ist demgegenüber die Beurteilung der Schutzfähigkeit von Reproduktionen so bezeichneter „zweidimensionaler Vorlagen".

aa) Begriff zweidimensionaler Vorlagen

Hierbei ist zunächst zu klären, was unter den Begriff der zweidimensionalen Vorlagen überhaupt zu fassen ist.

In der Literatur[211] wird vielfach die Reproduktionsfotografie von Gemälden und Lichtbildern gemeinsam unter dem Oberbegriff der Reproduktionsfotografie zweidimensionaler Vorlagen abgehandelt. Zur Vereinfachung der Darstellung und Bewertung der verschiedenen Lösungsansätze wird auch hier eine Auseinandersetzung mit der Reproduktionsfotografie von Gemälden und Lichtbildern unter dieser Überschrift vorgenommen.

Hintergrund der Differenzierung zwischen so bezeichneten zweidimensionalen Vorlagen einerseits und dreidimensionalen Vorlagen andererseits dürfte sein, dass bei Reproduktionsfotografien von Gemälden, Zeichnungen, Lichtbildern etc. (die „zweidimensionalen Vorlagen") die Substituierbarkeit mit der Vorlage[212] deutlich höher ist, als dies bei den so bezeichneten dreidimensionalen Vorlagen der Fall ist. Die Anlehnung an die Vorlage zu Verwertungszwecken ist bei diesen sogenannten zweidimensionalen Vorlagen von deutlich höherem Grad. Die Reproduktionsfotografie eines Gemäldes von Claude Monet, einer Zeichnung von Joseph Beuys oder einer Fotografie von Bernd und Hilla Becher ersetzt leichter die Vorlage selbst als die Reproduktionsfotografie einer Skulptur von Käthe Kollwitz oder Joseph Beuys einen Ersatz der Skulptur darstellen kann. Dieser Umstand der Substituierbarkeit der zweidimensionalen Vorlage durch die Reproduktionsfotografie ist im Ergebnis der Hintergrund, weshalb eine unterschiedliche Bewertung gegenüber der Reproduktionsfotografie dreidimensionaler Vorlagen erwogen wird.

---

211 Vgl. z.B. *Schneider*, *Das Recht des Kunstverlags*, 1991, S. 82; *Thum*, in: Wandtke/Bullinger, 5. Auflage, 2019, *§ 72 UrhG*, Rn. 50. Wohl auch *Dreier*, GRUR 2019, 771 (774); *Schulze*, in: Dreier/Schulze/Specht, 6. Auflage, 2018, *§ 72 UrhG*, Rn. 10, jeweils Bezug nehmend auf BGH, Urt. v. 20.12.2018 – I ZR 104/17, GRUR 2019, 284, *Museumsfotos*.

212 Zur Substituierbarkeit vgl. *Stang*, *Das urheberrechtliche Werk nach Ablauf der Schutzfrist*, 2011, S. 165.

Vorzugswürdig wäre es allerdings auch vor diesem Hintergrund, die Reproduktionsfotografie von Gemälden als dreidimensional einzuordnen, da Gemälde durch die in unterschiedlicher Stärke aufgetragene Farbe oder verwendete Modelliermasse über eine – wenn teilweise auch nur minimale – räumliche Tiefe verfügen, sodass sie eigentlich den dreidimensionalen Vorlagen zuzuordnen wären.[213] Dies gilt auch, da die Reproduktionsfotografie eines Gemäldes aufgrund der fehlenden Tiefe nicht zu einer tatsächlichen Substituierbarkeit führt. Im Rahmen der folgenden Ausführungen zur (fehlenden) Schutzfähigkeit und der Reichweite einer etwaigen Schutzfähigkeit zweidimensionaler Vorlagen wird die Zugehörigkeit von Gemälden zur Kategorie der zweidimensionalen Vorlagen gleichwohl unterstellt, da dies erforderlich ist, um eine Bewertung des bestehenden Diskurses vornehmen zu können.

bb) Zweidimensionale Vorlage als potentielles Schutzgut des § 2 Abs. 1 Nr. 5 UrhG oder des § 72 UrhG?

Nachdem der Begriff der zweidimensionalen Vorlage, wie er diesen Ausführungen zugrunde gelegt wird, festgelegt ist, stellt sich die Frage, ob ein Schutz von Reproduktionsfotografien solcher Vorlagen, soweit ein Schutz überhaupt möglich ist, ausschließlich unter § 72 UrhG gegeben oder ein Schutz auch unter § 2 Abs. 1 Nr. 5 UrhG in Betracht zu ziehen wäre. In der Rechtsprechung[214]wurde diese Frage mehrfach offen gelassen, da es jeweils nicht auf die Klärung derselben angekommen war.

Vogel[215] führt ohne weitere Differenzierung nach der Art der Vorlage (Gemälde, Lichtbild, etc.) aus, bei der fotografischen Abbildung zwei- oder dreidimensionaler Kunstwerke seien Überlegungen zur Bewältigung situationsbezogener fotografisch-technischer Problemstellungen wie der Wahl von Standort, Entfernung, Blickwinkel und Belichtung zu treffen, weshalb

---

213 Vorzugswürdig ist eine Differenzierung zwischen „flachen“ und „nicht flachen“ Vorlagen wie (allerdings nicht konsequent) bei *Talke*, ZUM 2010, 846 (850); auf die unglückliche Einordnung in die Kategorien zweidimensional und dreidimensional ebenfalls hinweisend *Lutzi*, GRUR 2017, 878 (880); differenzierend: LG Berlin, Urt. v. 31.05.2016 – 15 O 428/15, GRUR-RR 2016, 318 (320), *Reproduktionsfotografie*.

214 LG Stuttgart, Urt. v. 27.09.2016 – 17 O 690/15, ZUM-RD 2017, 161 (164); mit Tendenz zum Vorliegen eines einfachen Lichtbildes OLG Stuttgart, Urt. v. 31.05.2017 – 4 U 204/16, GRUR 2017, 905 (907), *Reiss-Engelhorn*.

215 *Vogel*, in: Schricker/Loewenheim, 5. Auflage, 2017, *§ 72 UrhG*, Rn. 30.

unter Umständen die Reproduktionsfotografie einer zweidimensionalen Vorlage ein Lichtbildwerk darstellen könne. *Pfennig*[216] will Reproduktionsfotografien monochromer Gemälde generell eine hohe schöpferische Originalität zusprechen und diese damit als Lichtbildwerke bewertet wissen. Zur Begründung führt er jedoch lediglich aus, jeder Laie, der sich hierüber einmal mit einem professionellen Fotografen unterhalte, ließe sich hiervon schnell überzeugen. Einen Hinweis darauf, worin das Schöpferische der Reproduktionsfotografie eines Gemäldes liegen solle, gibt *Pfennig* demgegenüber nicht.

Überwiegend wird jedoch in Rechtsprechung[217] und Literatur[218] davon ausgegangen, dass ein Schutz von Reproduktionsfotografien zweidimensionaler Vorlagen nicht als Lichtbildwerk sondern allenfalls als einfaches Lichtbild gem. § 72 UrhG in Betracht komme, da die Aufgabenstellung der möglichst originalgetreuen Wiedergabe einer Vorlage dem Fotografen jegliche Möglichkeit der individuellen Einflussnahme auf die Gestaltung in Form der Ausnutzung eines Gestaltungsspielraumes nehme. Es handele sich deshalb bei Reproduktionsfotografien zweidimensionaler Vorlagen vielmehr um eine rein technische Leistung, die handwerklichen Fertigkeiten des Fotografen stünden im Vordergrund.

Letztgenannte Auffassung ist vorzugswürdig. Lichtbildwerke i.S.d. § 2 Abs. 1 Nr. 5 UrhG zeichnen sich durch eine schöpferische Leistung des Fotografen aus, ausgeprägte handwerkliche Fertigkeiten genügen für die Annahme eines Lichtbildwerkes hingegen nicht.[219] Bei der Reproduktionsfotografie zweidimensionaler Vorlagen ist jedoch gerade kein Schöpfungscharakter gegeben. Das Ergebnis einer Reproduktionsfotografie variiert

---

216 *Pfennig*, KUR – Kunst und Recht 9 (2007), 1 (4).

217 LG Berlin, Urt. v. 31.05.2016 – 15 O 428/15, GRUR-RR 2016, 318, *Reproduktionsfotografie*; AG Nürnberg, Urt. v. 28.10.2015 – 32 C 4607/15, ZUM-RD 2016, 615; OLG Stuttgart, Urt. v. 31.05.2017 – 4 U 204/16, GRUR 2017, 905 (906), *Reiss-Engelhorn*; OLG Düsseldorf, Urt. v. 13.02.1996 – 20 U 115/95, GRUR 1997, 49 (51), *Beuys-Fotografien*.

218 *Bullinger*, in: Wandtke/Bullinger, 5. Auflage, 2019, *§ 2 UrhG*, Rn. 119; wohl auch *Lauber-Rönsberg*, in: BeckOK UrhG, 26. Edition (Stand 15.10.2019), 2019, *§ 72 UrhG*, Rn. 15, darauf hinweisend, dass Reproduktionsfotografien dreidimensionaler Gegenstände häufig den Anforderungen des § 2 Abs. 2 UrhG genügen dürften. Gleichermaßen die Möglichkeit des Urheberrechtsschutzes für Reproduktionsfotografien für dreidimensionale Vorlagen betonend *Schneider*, *Das Recht des Kunstverlags*, 1991, S. 83.

219 Die rein technischen Leistungen sollten gerade nicht dem Schutz als Lichtbildwerk unterworfen werden, vgl. Referentenentwurf vom 23.03.1962, BTDrucks. IV/270, 37, 88.

ausschließlich danach, über welches Know-how und technische Geschick der konkrete Lichtbildner verfügt. Die Zielvorgabe der originalgetreuen Abbildung gibt dem Fotografen den Blickwinkel und den Inhalt der zu erstellenden Ablichtung vor. Inhalt der Reproduktionsfotografie ist naturgemäß die Vorlage. Eine exakte Reproduktionsfotografie kann außerdem nur im Winkel von 90 Grad erstellt werden, da es andernfalls gegenüber der Vorlage zu einer verzerrten Wiedergabe und Wahrnehmung der Proportionen käme. Wie *Yang*[220] zutreffend betont, soll die Persönlichkeit des Lichtbildners von der Intention der Reproduktionsfotografie gerade nicht herausgestellt werden, sondern gänzlich zurücktreten. Die neben der Wahl des Standortes und des Blickwinkels von *Vogel* angesprochenen Aspekte, über die der Fotograf frei entscheiden könne, sind keine solchen Elemente, die einen schöpferischen Charakter begründeten. Es handelt sich bei Standort, Entfernung, Beleuchtung und ähnlichen Aufnahmebedingungen, die der Fotograf wählt, um Rahmenbedingungen, die im Sonderfall der Reproduktionsfotografie nicht geeignet sind, eine schöpferische Leistung zu begründen. Denn bei der Aufgabenstellung und Zielsetzung, eine Reproduktionsfotografie zu erstellen, entscheiden diese Kriterien ausschließlich darüber, ob das Ergebnis eine in technischer Hinsicht gute oder schlechte Reproduktionsfotografie darstellt. Die für eine schöpferische Leistung maßgebliche Individualität kann der Entscheidung über die Einstellung dieser Kriterien hingegen nicht entnommen werden. Auch die Auffassung *Pfennigs* kann insoweit nicht überzeugen. Es ist davon auszugehen, dass ein professioneller Fotograf in einem Gespräch die Unterschiede, die durch Beleuchtung, Entfernung etc. entstehen, hervorheben würde, die jeweils zu Unterschieden in der Fotografie führen. Es wird nicht bestritten, dass die Anfertigung einer hervorragenden Reproduktionsfotografie aufwändig und zeitintensiv ist. Gleichwohl handelt es sich bei den angestellten Überlegungen und den daraus resultierenden Handlungen nicht um schöpferische sondern um handwerkliche Tätigkeiten, solange es sich um eine Reproduktionsfotografie handelt, mit der das Ziel verfolgt wird, eine originalgetreue, zu einer Substitution führende Aufnahme der zweidimensionalen Vorlage zu erstellen.

Dieses Ergebnis wird auch gestützt von folgender Kontrollüberlegung: Führte die Bewältigung der von *Vogel*[221] angeführten, bei dem Ziel der Erstellung einer Reproduktionsfotografie rein technischen Herausforderungen dazu, dass im Ergebnis ein Lichtbildwerk geschaffen würde, könnte

220 *Yang*, ZUM 2017, 951.

221 *Vogel*, in: Schricker/Loewenheim, 5. Auflage, 2017, *§ 72 UrhG*, Rn. 30.

die Reproduktionsfotografie eines einfachen Lichtbilds ein Lichtbildwerk darstellen, sodass die Reproduktionsfotografie des einfachen Lichtbildes ein Mehr gegenüber dem ursprünglich geschaffenen Lichtbild darstellte. Dieses Ergebnis könnte nicht überzeugen.

Reproduktionsfotografien zweidimensionaler Vorlagen sind damit allenfalls als einfache Lichtbilder i.S.v. § 72 UrhG zu schützen. Ob im Fall der Reproduktionsfotografie zweidimensionaler Vorlagen jedoch die Mindestanforderungen des § 72 UrhG überhaupt erfüllt sind, gilt es im Weiteren zu klären.

cc) Schutzfähigkeit unter § 72 UrhG?

(1) Bestandsaufnahme und Bewertung

Teilweise[222]wird jedoch die Auffassung vertreten, die fotografische Reproduktion einer zweidimensionalen Vorlage stelle per se kein Schutzgut dar, das die Anforderungen des § 72 UrhG erfüllte, da insoweit die Mindestanforderungen an einen Schutz nach § 72 UrhG nicht erfüllt seien. Es handele sich um eine nicht geschützte bloße Vervielfältigung der abgebildeten Vorlage. Einschränkender wird teilweise[223] außerdem die Auffassung vertreten, dass jedenfalls die Reproduktionsfotografie einer Fotografie („Foto

222 *Yang*, ZUM 2017, 951–955 (952); *Ohly*, in: Beier/Schricker, Urhebervertragsrecht – Festgabe für Gerhard Schricker zum 60. Geburtstag, *Verwertungsverträge im Bereich der bildenden Kunst*, 1995, (455). So außerdem noch *Thum*, in: Wandtke/Bullinger, 4., neu bearb. Aufl., 2014, *§ 72 UrhG*, Rn. 11. Anders nun in *Thum*, in: Wandtke/Bullinger, 5. Auflage, 2019, *§ 72 UrhG*, Rn. 27 ff. (allerdings weiterhin Reproduktionsfotografien von Lichtbildvorlagen aus dem Schutzbereich ausnehmend).

223 *Lehment*, *Das Fotografieren von Kunstgegenständen*, 1. Aufl., 2008, S. 28 f.; *Thum*, in: Wandtke/Bullinger, 5. Auflage, 2019, *§ 72 UrhG*, Rn. 31; Wohl auch LG Berlin, Urt. v. 31.05.2016 – 15 O 428/15, GRUR-RR 2016, 318 (319), *Reproduktionsfotografie* (fälschlicherweise bezugnehmend auf das Urteil des BGH, Urt. v. 08.11.1989 – I ZR 14/88, GRUR 1990, 669, *Bibelreproduktion*, bei dem nicht ein „Foto vom Foto“ bewertet wurde, sondern die bloße technische Vervielfältigung einer Fotografie; *Stenzel*, jurisPR-ITR 4/2018 Anm. 5 C) I).
Das „Foto vom Foto“ als nicht schutzfähig einstufend allerdings auch der Oberste Gerichtshof zum parallel ausgestalteten österreichischen Recht, vgl. Oberster Gerichtshof, Entscheidung v. 08.09.2009 – 4 Ob 115/09d, 12, abrufbar unter https://www.ris.bka.gv.at/Dokumente/Justiz/JJT_20090908_OGH0002_0040OB00115_09D0000_000/JJT_20090908_OGH0002_0040OB00115_09D0000_000.pdf (Stand: 12.10.2019).

vom Foto") die Mindestanforderungen des § 72 UrhG nicht erfülle und demnach nicht schutzfähig sei.

Insbesondere die Ausführungen *Stenzels*[224] und des LG Berlin[225], die der Reproduktionsfotografie einer Fotografie die Schutzfähigkeit absprechen, können nicht überzeugen:

Stenzel[226], legt ausschließlich unter Berufung auf das Urteil des BGH *Telefonkarte*[227] und ohne weitere Begründung dar, das Abfotografieren einer Fotovorlage stelle keine ausreichende geistige Leistung dar, sodass ein Lichtbildschutz nicht bestehe. Der Verweis auf das Urteil *Telefonkarte* des BGH geht fehl. Denn jenem Urteil lag ein Sachverhalt zugrunde, bei dem eine Telefonkarte, die von der Telekom AG als Klägerin hergestellt wurde, von der Beklagten des Rechtsstreits auf einer weiteren Telefonkarte, welche die Beklagte vertrieb, abgebildet wurde. Nicht vorgetragen wurde in dem Rechtsstreit, ob die Beklagte zur Abbildung der klägerischen Telefonkarte überhaupt ein fotografisch hergestelltes Lichtbild verwendete oder ob eine bloße technische Reproduktion in der Weise erfolgte, dass z.B. eine mittels eines Kopiergerätes angefertigte Kopie der klägerischen Telefonkarte auf die Telefonkarte der Beklagten übertragen wurde. Vor diesem Hintergrund war es jedoch möglich, dass eine Schutzfähigkeit als Lichtbild gem. § 72 UrhG bereits deshalb nicht vorlag, da das Vorliegen einer bloßen technischen Reproduktion, die keinen Schutz unter § 72 UrhG genießt (vgl. Teil 2, B. III. 4.), im Raum stand. Zur grundsätzlichen Frage der Schutzfähigkeit der Fotografie einer Fotografie trifft das Urteil demgegenüber keine Entscheidung. Da Stenzel keine weiteren Argumente vorbringt, die ihre Auffassung begründeten, sind ihre Ausführungen im Ergebnis nicht überzeugend.

Soweit auch das LG Berlin[228] in seinem Urteil *Reproduktionsfotografie*[229] Bezug nimmt auf das Urteil *Telefonkarte* des BGH, können auch jene Auseinandersetzungen mit dem Urteil nicht überzeugen. Das LG Berlin führte hierzu aus, eine Schlussfolgerung, die mangelnde Schutzfähigkeit der technischen Reproduktion im Fall *Telefonkarte* auch auf die Reproduktion von

---

224 *Stenzel*, jurisPR-ITR 4/2018 Anm. 5, C) I).

225 LG Berlin, Urt. v. 31.05.2016 – 15 O 428/15, GRUR-RR 2016, 318 (319), *Reproduktionsfotografie*.

226 *Stenzel*, jurisPR-ITR 4/2018 Anm. 5, C.) I.).

227 BGH, Urt. v. 07.12.2000 – I ZR 146/98, GRUR 2001, 755 (757), *Telefonkarte*.

228 LG Berlin, Urt. v. 31.05.2016 – 15 O 428/15, GRUR-RR 2016, 318 (319), *Reproduktionsfotografie*.

229 LG Berlin, Urt. v. 31.05.2016 – 15 O 428/15, GRUR-RR 2016, 318, *Reproduktionsfotografie*.

Gemälden zu übertragen, sei pauschal nicht zulässig. Sodann führt das LG Berlin fort mit der Betonung der unterschiedlichen Ausgangssituation in beiden Fällen und den unterschiedlich hohen Anforderungen, die an die jeweiligen Lichtbildner gestellt würden. In dem vom BGH entschiedenen Fall habe es sich um eine einfache, schwarz-weiße Grafik gehandelt, während im vom LG Berlin zu entscheidenden Fall farbige, detailreiche Gemälde mit differenzierten Schattierungen zu reproduzieren gewesen seien. Es sei eine aufwändige handwerklich-technische Leistung erforderlich gewesen, die durch den Lichtbildschutz zu schützen sei, eine farb- und kontrastgetreue Wiedergabe könne nicht durch „spontanes Abknipsen“[230] erzielt werden. Mit diesen Ausführungen stellt das LG Berlin hinsichtlich der Frage, ob bei der Reproduktionsfotografie zweidimensionaler Vorlagen ein Lichtbild i.S.d. § 72 UrhG vorliege, auf den technischen Aufwand ab, der erforderlich ist, um das Lichtbild zu produzieren. Unter Umgehung des gesetzgeberischen Zweckes der Einräumung eines einfachen Lichtbildschutzes zur Vermeidung von Abgrenzungsschwierigkeiten scheint das LG Berlin die Mindestanforderungen, die an ein Lichtbild i.S.v. § 72 UrhG zu stellen sind, hierdurch anzuheben. Nach dem gesetzgeberischen Zweck sollte es auf einen besonderen technischen Aufwand oder technische Fähigkeiten gerade nicht ankommen[231], vielmehr sollten sämtliche Lichtbilder, bei denen eine Vergleichbarkeit mit Lichtbildwerken grundsätzlich vorliegt, die jedoch keinen schöpferischen Inhalt aufweisen, geschützt werden. Bereits aus diesem Grund können die Ausführungen nicht überzeugen. Darüber hinaus führte eine Differenzierung nach der Farbgestaltung der Vorlage und dem Schwierigkeitsgrad der Übernahme zu weiteren Abgrenzungsschwierigkeiten, da nicht klar ist, ab welchem Maß einer Farbgestaltung die Mindestanforderungen an ein zu schützendes Lichtbild erfüllt wären. So wäre fraglich, ob es etwa genügte, wenn eine schwarz-weiße Vorlage z.B. noch ein minimales braunes Element enthielte, ein Grauton unter Beimischung eines Minimums an blauer Farbe verwendet wurde oder ob für die Begründung eines Lichtbildschutzes der Einsatz einer oder mehrerer bunter Farben wie grün, gelb, blau, etc. erforderlich wäre. Eine Bestimmung des Aufwandes der Erstellung einer Reproduktionsfotografie durch Orientierung an der Farbgestaltung der Vorlage verbietet sich zur Vermeidung weiterer Rechtsunsicherheiten. Ferner ist auch hier zu beachten, dass das Urteil des BGH *Telefonkarte* gerade keine

---

230 LG Berlin, Urt. v. 31.05.2016 – 15 O 428/15, GRUR-RR 2016, 318 (319 f.), *Reproduktionsfotografie*.

231 Referentenentwurf vom 23.03.1962, BTDrucks. IV/270, 88.

Entscheidung zur Frage der Schutzfähigkeit der Fotografie einer Fotografie im Allgemeinen getätigt hat (vgl. zuvor). Auch das Urteil des LG Berlin scheint, gleichermaßen wie die sich hierauf beziehenden Ausführungen *Stenzels*, diesen Aspekt zu übersehen.

Auch *Thum*[232] – für Reproduktionsfotografien von Lichtbildern abstellend auf das Kriterium des Urbildes – führt aus, ein schutzfähiges Urbild entstehe nicht, soweit das reproduzierte Werk bereits ein Lichtbild im technischen Sinne sei (also bei einer Fotografie einer Fotografie) bzw. bei einem solchen Lichtbild handele es sich nur um ein Bild vom Bild oder um eine weitere Kopie. Eine Übertragung auf andere zweidimensionale Vorlagen solle hingegen nicht erfolgen.[233] Zu dem gleichen Ergebnis kommt *Lehment*[234] bei Anwendung der Urbild-Theorie. Dabei verkennen beide, dass auch beim Abfotografieren eines Lichtbildes ein neues, eigenständiges Urbild geschaffen wird. Eine einhundertprozentige Identität der Vorlage mit der Reproduktion durch das Abfotografieren ist anders als bei der technischen Reproduktion mittels eines Kopierverfahrens technisch nicht zu erreichen. Es werden bei der erneuten Ablichtung vielmehr stets – ggf. auch nur marginale und mit dem bloßen Auge nicht erkennbare – Unterschiede bestehen, die gerade damit zu begründen sind, dass der Reproduktionsfotograf den Herstellungsvorgang individuell vornimmt und die Aufnahmebedingungen – anders als etwa ein Kopiergerät oder ein Scanner – selbst bestimmt. Selbst bei Annahme der Erforderlichkeit eines Urbildes, läge demnach ein Lichtbild i. S. v. § 72 UrhG vor.[235] Die Auffassung, beim Abfotografieren eines Lichtbildes entstehe kein Urbild, geht mithin fehl.[236]

232 *Thum*, in: Wandtke/Bullinger, 5. Auflage, 2019, *§ 72 UrhG*, Rn. 31 f.

233 *Thum*, in: Wandtke/Bullinger, 5. Auflage, 2019, *§ 72 UrhG*, Rn. 32.

234 *Lehment, Das Fotografieren von Kunstgegenständen*, 1. Aufl., 2008, S. 28.

235 So geht im Übrigen auch die Kommission, die mit der Fragestellung betraut war, ob fotografische Erzeugnisse gegen unberechtigte Nachbildung und Vervielfältigung zu schützen seien, im Jahr 1862 im Rahmen des Kommissionsberichtes an das preußische Haus der Abgeordneten davon aus, dass ein Urbild dann nicht vorliege, wenn eine Fotografie auf mechanischem und damit auf technischem Wege kopiert werde, *Duncker*, Börsenblatt No. 70 (03.06.1863), 1166 (1167).

236 Aus diesem Grund geht die Darstellung *Lehments*, die Heranziehung des Urbild-Kriteriums als Unterfall des Mindestmaßes an persönlicher geistiger Leistung sei im Hinblick auf die Beurteilung von Reproduktionsfotografien von Lichtbildern widersprüchlich (*Lehment, Das Fotografieren von Kunstgegenständen*, 1. Aufl., 2008, S. 29 f.), fehl.

Ebenso kann dem Ergebnis einer solchen Fotografie auch nicht, soweit dieses vorausgesetzt wird, ein Minimum an persönlicher geistiger Leistung abgesprochen werden. Auch diejenigen Vertreter, die ein solches für einen Lichtbildschutz nach § 72 UrhG für erforderlich halten, können demnach der Reproduktionsfotografie den Schutz nicht überzeugend versagen: Nach Auffassung *Vogels*[237] kann das Mindestmaß an geistiger Leistung nämlich bereits durch die Fertigkeit bei der Bedienung des Aufnahmegerätes oder die Festlegung der Aufnahmebedingungen erreicht werden. Beidem kommt bei der originalgetreuen Ablichtung zweidimensionaler Vorlagen erhebliche Bedeutung zu. Der Lichtbildner, der eine zweidimensionale Vorlage originalgetreu fotografiert, legt, wie bereits aufgezeigt, die Aufnahmebedingungen fest, wobei er noch intensiver auf die konkreten Aufnahmebedingungen achten muss, die für eine originalgetreue Aufnahme erforderlich sind, als dies ein Hobbyfotograf beim Erstellen eines Schnappschusses tut. Der Fotograf mag bei der Auswahl des Bildausschnittes an tatsächliche Vorgaben weitestgehend gebunden sein, er ist jedoch gehalten, sich mit den weiteren Aufnahmebedingungen stärker zu befassen als der Hobbyfotograf. *Thum*, grundsätzlich abstellend auf das Mindestmaß an persönlicher geistiger Leistung, widerspricht z. B. insoweit auch seinen eigenen Ausführungen. Für das Vorliegen eines Minimums an persönlicher geistiger Leistung stellt *Thum*[238] auf den Herstellungsvorgang ab und fordert die aus der Festlegung der Aufnahmebedingungen resultierende Zuordnung der Aufnahme zu einer bestimmten Person. Die Herstellung einer originalgetreuen Reproduktionsfotografie fordert eine intensive Auseinandersetzung mit den Aufnahmebedingungen, die technischen Fertigkeiten einer einzelnen Person spiegeln sich in ihr wider. Hierdurch wird die nach *Thum* erforderliche Verbindung zur Person hergestellt. Zusätzlich stellt *Thum*[239] bei Reproduktionsfotografien von Lichtbildern auf die Erforderlichkeit der Herstellung eines Urbildes ab. Auch dies kann nicht überzeugen, vgl. zuvor. Soweit *W. Nordemann* eine besondere individuelle Gestaltung fordert, damit das Mindestmaß an persönlicher geistiger Leistung erreicht werde, ist tatsächlich fraglich, ob eine solche bei der Herstellung von Reproduktionsfotografien erreicht werden könnte. Allerdings sind diese Anforderungen an einen Schutz nach § 72 UrhG angesichts des

---

237 *Vogel,* in: Schricker/Loewenheim, 5. Auflage, 2017, *§ 72 UrhG,* Rn. 32, vgl. hierzu unter Kapitel 2, B) III) 3) a).

238 *Thum,* in: Wandtke/Bullinger, 5. Auflage, 2019, *§ 72 UrhG,* Rn. 27, vgl. hierzu unter Kapitel 2, B) III) 3) a).

239 *Thum,* in: Wandtke/Bullinger, 5. Auflage, 2019, *§ 72 UrhG,* Rn. 31 f.

Schutzes der kleinen Münze und der bloßen Forderung einer Individualität gem. Art. 6 Schutzdauerrichtlinie für als Werke geschützte Lichtbilder ohnehin zu hoch angesetzt, sodass diese nicht zu berücksichtigen sind.[240]

Auch im Übrigen lassen diejenigen, die der Reproduktionsfotografie zweidimensionaler Vorlagen die Schutzfähigkeit vollständig absprechen möchten, Folgendes unberücksichtigt: Die verwandten Schutzrechte schützen bereits die rein persönliche, technische, wirtschaftliche und/oder organisatorische Leistung ohne schöpferischen Charakter.[241]Neben dem Vorliegen eines Lichtbildes im technischen Sinne ist, wie unter Kapitel 2, B) III) 4) dargestellt, lediglich zu fordern, dass es sich nicht um eine rein technische Vervielfältigung handelt, die mithilfe eines technischen Hilfsmittels hergestellt wurde, das gerade der originalgetreuen Vervielfältigung von Vorlagen dient. Weitere Anforderungen sind in Ansehung des gesetzgeberischen Zweckes, Abgrenzungsschwierigkeiten zwischen einfachen Lichtbildern und Lichtbildwerken zu vermeiden, nicht geboten. Insbesondere darf nicht der Inhalt des Lichtbildes darüber entscheiden, ob es sich um ein schutzfähiges oder um ein nicht schutzfähiges Lichtbild handelt. Eine Wechselbeziehung zwischen Inhalt und Schutzfähigkeit eines Lichtbildes ist bei § 72 UrhG vom Gesetzgeber, der den Schutz einfacher, nicht schöpferischer Lichtbilder einführte, während er bei anderen Werkgattungen des § 2 Abs. 1 UrhG einen Schutz von Leistungen unterhalb der Schöpfungshöhe des § 2 Abs. 2 UrhG liegen, nicht festlegte, nicht vorgesehen. Reproduktionsfotografien zweidimensionaler Vorlagen stellen immer unter § 72 UrhG schutzfähige Lichtbilder dar.

(2) Überprüfung des Ergebnisses

Die Schutzfähigkeit von Reproduktionsfotografien zweidimensionaler Vorlagen wird auch durch folgende Überlegungen bestätigt:

Die Ablehnung des Schutzes gem. § 72 UrhG für Reproduktionsfotografien zweidimensionaler Vorlagen kann nicht mit der gesetzgeberischen Intention in Einklang gebracht werden, ohne Wertungswidersprüche hervorzurufen: Werden nämlich nach dem gesetzgeberischen Willen ausdrücklich bereits alltägliche Knipsbilder ohne schöpferischen Charakter durch § 72 UrhG als technische Leistung geschützt und bei diesen das Vorliegen der Mindestanforderungen an ein einfaches Lichtbild gem. § 72 UrhG be-

---

240 Hierzu auch unter Kapitel 2, B) III) 3) a).

241 *Dreier*, in: Dreier/Schulze/Specht, 6. Auflage, 2018, *vor §§ 70ff.*, Rn. 2.

jaht, muss ein solcher Schutz *erst recht* dann bestehen, wenn mit nicht nur unerheblichem technischem Aufwand eine originalgetreue, farbechte, fotografisch hergestellte Nachbildung einer zweidimensionalen Vorlage erstellt wird.[242] Es bedarf umfassender technischer Fertigkeiten, mittels fotografischen Verfahrens (bestenfalls) identische Nachbildungen anzufertigen. Aufnahmewinkel, Belichtung, Brennweite etc. müssen sorgfältig ausgewählt werden, um ein solches Lichtbild möglichst originalgetreu zu fertigen. Die Lichtbildner dieser Reproduktionsfotografien dann jedoch schlechter zu stellen als die Lichtbildner alltäglicher Knipsbilder, kann nicht gerechtfertigt werden.[243]

Ferner spricht für die Einordnung der Ergebnisse der Reproduktionsfotografie zweidimensionaler Vorlagen als schutzfähige Lichtbilder der Sinn und Zweck der Vorschrift und nicht zuletzt das Erfordernis der Rechtssicherheit: Eine Nicht-Einordnung der Reproduktionsfotografie zweidimensionaler Vorlagen als Lichtbilder führte nämlich im Ergebnis dazu, dass solche Fotografien, die zwar einen Versuch der originalen Nachbildung einer zweidimensionalen Vorlage darstellen, bei denen jedoch die Aufnahmebedingungen technisch fehlerhaft gewählt werden, sodass z.B. mangels Farbechtheit oder aufgrund eines durch die Beleuchtung entstandenen Lichtkegels keine Originaltreue vorliegt, unter § 72 UrhG zu schützen, gelungene Reproduktionsfotografien hingegen aus dem Schutzbereich auszunehmen wären. Damit würden entgegen des Schutzzweckes der Norm und entgegen des Bedürfnisses nach Rechtssicherheit neue Abgrenzungsprobleme geschaffen, die durch die Einführung des § 72 UrhG gerade vermieden werden sollten.

---

242 Die höhere Schutzwürdigkeit solcher Lichtbilder gegenüber sonstigen Knipsbildern erkennt z.B. auch *Apel*, in: Götz von Olenhusen/Gergen, Kreativität und Charakter, *Überlegungen zu einer Reform des Lichtbildschutzrechts (§ 72 UrhG)*, 2017, S. 205 (222), der eine Beschränkung des Leistungsschutzrechts auf Lichtbilder befürwortet, deren Herstellung wesentliche Investitionen und/oder Mühen erforderte.

243 Ähnliche Überlegungen bei *Schulze*, in: Weller/Kemle/Dreier/Michl, Kulturgüterrecht – Reproduktionsfotografie – StreetPhotography, *Museale Reproduktionsfotografie und Bildrecht an der eigenen Sache*, 2018, S. 104 (107), hinweisend darauf, dass angesichts des Schutzes für jedes Knipsbild viel dafür spreche, aufwändige Frontal-Reproduktionen zu schützen. Nach *Schulze* solle der erhebliche Aufwand ein Indiz dafür darstellen, dass ein Mindestmaß an eigener Leistung erreicht sei, sodass die Reproduktion ein neues, selbstständig verwertbares Wirtschaftsgut darstelle.

Selbst wenn damit, worauf *Stang*[244] und *Yang*[245] zutreffend hinweisen, bei der Reproduktionsfotografie zweidimensionaler Vorlagen keine Abgrenzungsschwierigkeiten, wie vom Gesetzgeber befürchtet, dahingehend entstehen können, ob die Anforderungen an ein Lichtbildwerk erfüllt sind, oder nicht, da eine schöpferische Leistung der Natur der Sache nach nicht vorliegen kann, sodass dem Grunde nach der ursprünglich Gesetzeszweck es nicht erfordert, einen Schutz unter § 72 UrhG zu begründen, so ist davon auszugehen, dass der Gesetzgeber keine weitere Abgrenzungsschwierigkeiten nach unten schaffen wollte. Eben dies würde jedoch geschehen, würde man Reproduktionsfotografien zweidimensionaler Vorlagen vom Leistungsschutz ausschließe, da sodann zu diskutieren wäre, ob handwerklich schlechte Reproduktionsfotografien dem Leistungsschutz aufgrund gegebener, zuvor bereits angesprochener Besonderheiten unterfielen. Während bei einer Fotografie, die nicht nur ihre Vorlage abbildet sondern auch deren Umgebung, noch eine Abgrenzung nach § 57 UrhG erfolgen könnte, entstünden jedenfalls bei abgebildeten Farbkegeln oder fehlender originalgetreuer Farbwiedergabe kaum auf rechtssichere Weise lösbare Schwierigkeiten.

Darüber hinaus ist auch das Ergebnis nicht vertretbar, Reproduktionsfotografien dreidimensionaler Vorlagen, etwa einer Skulptur, dem Schutz des § 72 UrhG (sowie bei Erreichen der Schöpfungshöhe gem. § 2 Abs. 2 UrhG dem Schutz unter § 2 Abs. 1 Nr. 5 UrhG) zu unterwerfen, dem Fotografen, der die Reproduktionsfotografie eines Gemäldes oder Lichtbildes erstellt, diesen Schutz jedoch zu versagen. Insoweit wurde bereits zuvor dargelegt, dass unterschiedliche Autoren differenzieren zwischen zwei- und dreidimensionalen Vorlagen oder zwischen flachen und nicht flachen Vorlagen. Der Ausschluss von Reproduktionsfotografien zweidimensionaler Vorlagen aus dem Schutzbereich des § 72 UrhG führte auch unter Heranziehung dieser Kategorisierung zu weiteren Rechtsunsicherheiten, die durch den Schutz einfacher Lichtbilder gerade vermieden werden sollten: Teilweise[246] sollen Zeichnungen, Gemälde und Fotografien als zweidimensional einzuordnen sein, teilweise[247] werden demgegenüber Gemälde und Zeichnungen den sonstigen Werken der bildenden Kunst gleichgestellt

---

244 *Stang*, Zeitschrift für Geistiges Eigentum / Intellectual Property Journal 1 (2009), 167 (214).

245 *Yang*, ZUM 2017, 951–955 (952 f.).

246 So z.B. *Thum*, in: Wandtke/Bullinger, 5. Auflage, 2019, *§ 72 UrhG*, Rn. 32 f.

247 So z.B. *Nordemann*, in: Fromm/Nordemann, 12. Auflage, 2018, *§ 72 UrhG*, Rn. 10.

und als dreidimensionale Gegenstände behandelt. Es wäre damit zunächst dem Grunde nach zu beurteilen, ob originalgetreue Fotografien von Zeichnungen anders zu bewerten wären als solche von Gemälden. Eine abschließende Einordnung der Gattungen der Vorlagen in die Kategorien der zwei- bzw. dreidimensionalen Vorlagen müsste einheitlich bewertet werden. Dies wäre angesichts der sonst eintretenden Rechtsunsicherheiten bereits die Mindestvoraussetzung, um anschließend zu klären, welchen Reproduktionsfotografien ein Schutz zugesprochen werden könnte und welchen nicht. Selbst wenn jedenfalls Zeichnungen und Fotografien entsprechend des allgemeinen Sprachgebrauchs unproblematisch als zweidimensionale Gegenstände eingeordnet werden können, wäre die Einordnung in Bezug auf Gemälde weiterhin problematisch: Wie zuvor dargelegt, ist nämlich der Hintergrund der teilweise avisierten unterschiedlichen Behandlung von Reproduktionsfotografien zwei- und dreidimensionaler Vorlagen eine mögliche Substituierbarkeit. Beim Vorliegen einer solchen wird die Gewährung eines Lichtbildschutzes nicht für gerechtfertigt erachtet. Bei Gemälden wäre dann aber weiter zu differenzieren, ob im Einzelfall eine räumliche Tiefe vorliegt, die ggf. die mangels Substituierbarkeit der Vorlage und der Reproduktionsfotografie die Einordnung als eine dreidimensionale Vorlage rechtfertigte. Insoweit käme es gegebenenfalls darauf an, ob durch die Verwendung von viel Farbe, Modelliermasse, ö.ä. ein gewisser Grad von Dreidimensionalität geschaffen wurde. Auch hier würden damit neue Abgrenzungsschwierigkeiten geschaffen, da nicht einheitlich beurteilt werden kann, ab welchem Grad einer Dreidimensionalität der Vorlage eine Substituierbarkeit fehlte. Genügte für das Überschreiten der Grenze bereits das Vorliegen eines Gemäldes mit durch den Farbauftrag bedingten minimalen Erhebungen, durch das dem Lichtbildner ein Spielraum der Gestaltung mit Blick auf etwaige Schattenbildungen eröffnet wird? Oder wäre hierfür ein höherer Mindestgrad an Dreidimensionalität zu fordern? Die Einordnung von Reproduktionsfotografien dreidimensionaler Vorlagen als Lichtbild oder sogar Lichtbildwerk und der Ausschluss von Reproduktionsfotografien zwei-dimensionaler Vorlagen aus dem Schutzbereich des § 72 UrhG führte demnach dazu, dass sich zwar die Frage der Abgrenzung eines einfachen Lichtbildes zu einem Lichtbildwerk anhand des Merkmals einer schöpferischen Leistung bei Reproduktionsfotografien zweidimensionaler Reproduktionsfotografien nicht mehr stellte, gleichwohl würden hierdurch neue Abgrenzungsprobleme geschaffen, die eine Abgrenzung des Schutzbereiches § 72 UrhG nach unten betreffen. Die Annahme einer fehlenden Schutzfähigkeit von Reproduktionsfotografien zweidimensionaler Vorlagen ist deshalb nicht zu befürworten.

Dies gilt auch, obgleich aus Nutzerperspektive schwierig oder auch häufig gar nicht beurteilt werden kann, ob eine technische oder eine fotografische Reproduktion vorliegt. Denn für den Nutzer ist auch auf anderen Gebieten häufig nicht abgrenzbar, ob eine geschützte oder eine nicht geschützte Leistung vorliegt, z.B. ein schutzfähiges bzw. nicht schutzfähiges Sprach- oder Musikwerk, eine von der Meinungsäußerungsfreiheit gedeckte oder nicht gedeckte Aussage, ein unter die Kunst i.S.v. Art. 5 Abs. 3 Satz 1 GG fallendes oder nicht fallendes Objekt, eine geschützte Marke oder eine sonstige Kennzeichnung, oder eben auch ein einfaches Lichtbild oder ein Lichtbildwerk. Der Nutzer ist im Zweifel nicht davor gefeit, das etwaige Bestehen eines Schutzrechtes in Betracht zu ziehen und, falls notwendig, Erkundungen anzustellen, ob ein solches vorliegt.

3). Teleologische Reduktion bei der Reproduktionsfotografie gemeinfreier Kunstwerke erforderlich?

a) Problemaufwurf

Nachdem folgerichtig Reproduktionsfotografien unabhängig davon, ob es sich bei der Vorlage um ein zwei- oder dreidimensionales Format handelt, mindestens als einfache Lichtbilder i.S.d. § 72 UrhG zu qualifizieren sind, ist weiter zu erörtern, ob gleichwohl unter gewissen Voraussetzungen ein urheberrechtlicher Schutz aus anderen Gründen ausscheiden muss.

Konkret steht die Frage in Diskussion, ob nicht jedenfalls dann eine teleologische Reduktion des urheberrechtlichen Lichtbildschutzes vorzunehmen sei, wenn es sich um Reproduktionsfotografien solcher Werke handelt, die ihrerseits aufgrund Zeitablaufes gemeinfrei geworden sind. Verfechter dieser Auffassung sind insbesondere *Schack* und *Thum.*[248] *Stang*[249] erachtet eine solche teleologische Reduktion ebenfalls für erforderlich, schränkt dies jedoch auf Reproduktionsfotografien zweidimensionaler

248 *Schack, Kunst und Recht,* 3. Auflage, 2017, Rn. 219; *Thum,* in: Wandtke/Bullinger, 5. Auflage, 2019, *§ 72 UrhG,* Rn. 34 ff. Weiterer Vertreter ist *Peukert, Die Gemeinfreiheit,* 2012, S. 110.

249 *Stang, Das urheberrechtliche Werk nach Ablauf der Schutzfrist,* 2011, S. 187; *Stang,* Zeitschrift für Geistiges Eigentum / Intellectual Property Journal 1 (2009), 167 (213 ff.).

Vorlagen ein, da bei dreidimensionalen Vorlagen es an einer Substitutionswirkung mangele.

Judikative Bestätigung hat die Annahme einer teleologischen Reduktion bei der Reproduktionsfotografie gemeinfreier Gemälde durch die Rechtsprechung des AG Nürnberg[250] erlangt. Aktuelle Bedeutung wurde dieser Fragestellung aufgrund der Verfahren der Mannheimer Reiss-Engelhorn-Museen gegen die Wikimedia Stiftung und gegen einzelne User zuteil, in deren Kontext auch die Urteile des AG Nürnberg ergangen sind.[251]

Auf den ersten Blick weisen die Forderungen nach einer teleologischen Reduktion durchaus eine Berechtigung auf, die nicht von der Hand zu weisen ist: Es stellt sich nämlich die Frage, ob nicht durch die Einräumung eines Lichtbildschutzes dem Schutz gemeinfreier Werke sozusagen *durch die Hintertür* ein neuer Schutz eingeräumt würde, der von der Konzeption des UrhG eigentlich nicht vorgesehen ist, also eine Umgehung der Gemeinfreiheit einträte. Diese Problematik wird teilweise[252] unter dem Begriff der „mittelbaren Schutzrechtsverlängerung" oder „mittelbaren Schutzrechtsgewährung" thematisiert, andere bezeichnen sie als „Re-Monopolisierung"[253] des Abbildungsgegenstandes. Diese Auffassungen gründen in dem Ablauf der Schutzfrist für die Vorlage und einem vorgeblich im Falle des Schutzes der Reproduktion eines gemeinfreien Abbildungsgegenstandes eintretenden Wertungswiderspruch zu der Gemeinfreiheit der Vorlagen. Bevor deshalb auf die von den Befürwortern einer teleologischen Reduktion befürchteten Folgen des Schutzes von Reproduktionsfotografien eingegangen wird, aufgrund derer eine teleologische Reduktion erfolgen solle (hierzu unter c) und d)), werden zunächst die Grundlagen der Gemeinfreiheit beleuchtet (hierzu unter b)).

250 AG Nürnberg, Urt. v. 28.10.2015 – 32 C 4607/15, ZUM-RD 2016, 615; Urt. v. 22.02.2016 – 32 C 4607/15, juris, 37 ff.

251 AG Nürnberg, Urt. v. 28.10.2015 – 32 C 4607/15, ZUM-RD 2016, 615; Urt. v. 22.02.2016 – 32 C 4607/15, juris, 37 ff.; LG Berlin, Urt. v. 31.05.2016 – 15 O 428/15, GRUR-RR 2016, 318, *Reproduktionsfotografie*; LG Stuttgart, Urt. v. 27.09.2016 – 17 O 690/15, ZUM-RD 2017, 161; OLG Stuttgart, Urt. v. 31.05.2017 – 4 U 204/16, GRUR 2017, 905, *Reiss-Engelhorn*; KG Berlin, Beschluss v. 08.11.2017 – 24 U 125/16, BeckRS 2017, 142191, *Reproduktionsfotografie*.

252 *Stang, Das urheberrechtliche Werk nach Ablauf der Schutzfrist*, 2011, S. 160 182,, 183 (dort Fn. 287); OLG Stuttgart, Urt. v. 31.05.2017 – 4 U 204/16, GRUR 2017, 905 (908), *Reiss-Engelhorn*; KG Berlin, Beschluss v. 08.11.2017 – 24 U 125/16, BeckRS 2017, 142191, *Reproduktionsfotografie*; AG Nürnberg, Urt. v. 22.02.2016 – 32 C 4607/15, juris, Rn. 42.

253 *Thum*, in: Wandtke/Bullinger, 5. Auflage, 2019, *§ 72 UrhG*, Rn. 38.

b) Grundlagen der Gemeinfreiheit

Die Beurteilung der Frage, ob die Grundsätze der Gemeinfreiheit umgangen oder die Schutzrechte an der gemeinfreien Vorlage mittelbar verlängert werden, setzt zunächst voraus, die Grundlagen der Gemeinfreiheit, die aus dem Ablauf der im UrhG festgelegten Schutzfristen resultiert, zu erörtern. Insbesondere ist hierbei zu berücksichtigen, dass die Festlegung einer maximalen Schutzdauer die klare und eindeutige gesetzgeberische Entscheidung darstellt, die Schutzrechte an dem Abbildungsgegenstand nur für einen befristeten Zeitraum gewähren zu wollen.[254]

Sind die jeweils anzuwendenden Schutzfristen abgelaufen, erlöschen die Urheberrechte und Leistungsschutzrechte an den geschützten Gegenständen sowie an diesen eingeräumte Nutzungsrechte. Hierdurch werden die zunächst geschützten Werke und Leistungen *gemeinfrei*. Folge hieraus ist, dass Dritte sich des ursprünglich urheberrechtlich geschützten Gegenstandes bedienen dürfen, ohne hierfür eine Zustimmung einholen oder eine Vergütung entrichten zu müssen.[255] Insbesondere ist nach Ablauf der Schutzfristen die Verwertung der ursprünglich geschützten Gegenstände durch Dritte möglich. Aufgrund des erloschenen Urheber- bzw. Leistungsschutzrechtes stehen auch den jeweiligen Erben verstorbener Schutzrechtsinhaber keine Vergütungsansprüche mehr zu.

Beispielhaft sei verwiesen auf das Gemälde Gustav Klimts „Der Kuss“, das heutzutage vielfach in unterschiedlichsten Verwertungsformen vorgefunden und erworben werden kann. Das Gemälde wird reproduziert und auf Notizbüchern, Gläsern, Vasen, Geschirr, Postern, etc. abgebildet. Das gleiche gilt z.B. für das Gemälde Claude Monets „Mohnfeld bei Argenteuil“, das gleichermaßen in den unterschiedlichsten Verwertungsformen auf dem Markt erscheint. Darüber hinaus können an gemeinfreien Werken Veränderungen derselben nicht verhindert werden. Bekanntestes Beispiel hierfür dürfte die durch Marcel Duchamp mit dem Titel „L.H.O.O.Q.“ und einem Schnurrbart sowie ein Kinnbart versehene „Mona Lisa“ Leonardo da Vincis sein.

---

254 Die Festlegung von Schutzfristen ist nicht selbstverständlich, Gesetzgeber anderer Rechtsordnungen haben die Einräumung unbefristeter Urheberrechte gesetzlich normiert oder im Rahmen der jeweiligen Gesetzgebungsprozesse diskutiert, vgl. hierzu näher m. w. N. *Stang, Das urheberrechtliche Werk nach Ablauf der Schutzfrist*, 2011, S. 41.

255 *Dreier,* in: Dreier/Schulze/Specht, 6. Auflage, 2018, *vor §§ 64ff. UrhG*, Rn. 2; *Freudenberg*, in: BeckOK UrhG, 26. Edition (Stand 15.10.2019), 2019, *§ 64 UrhG*, Rn. 7.

Der Gesetzgeber des Urheberrechtsgesetzes hat sich bewusst für die Verankerung einer gesetzlichen Schutzdauer und damit gegen ein ewiges Urheberrecht entschieden. In der Gesetzesbegründung[256] hat er umfassend Stellung dazu genommen, weshalb eine zeitliche Befristung des Urheberrechts bzw. der Leistungsschutzrechte normiert wurde. Nach Auffassung des Gesetzgebers sollte die Festlegung einer Schutzfrist dem Urheber und dessen Erben die Möglichkeit einräumen, die wirtschaftlichen Vorteile aus den Werken zu ziehen und diese im Wege einer Monopolstellung zu verwerten.[257] Gleichwohl erkannte der Gesetzgeber, dass diejenigen Objekte, die nach Ablauf eines gewissen Zeitraums für die Allgemeinheit noch von solchem Interesse seien, dass grundsätzlich eine Verwertbarkeit noch anzunehmen wäre, als Kulturgut zur Verbreitung und Wiedergabe jedermann freistehen müsse.[258] Ferner seien urheberrechtlich geschützte Werke als Mitteilungsgüter zu betrachten, sodass auch aus diesem Grund nach Ablauf einer gewissen Zeit eine freie Zugänglichkeit für die Allgemeinheit ermöglicht werden solle, sobald die geistigen und wirtschaftlichen Interessen des Urhebers und seiner Erben angemessen berücksichtigt wurden.[259] Die Erforderlichkeit einer Schrankenregelung in Form einer Schutzfrist wird mithin unter dem Urheberrechtsgesetz seit jeher als Folge einer umfassenden Interessenabwägung als erforderlich gesehen.

c) Umgehung der Gemeinfreiheit durch Anerkennung des Schutzes von Reproduktionsfotografien?

Die Befürworter[260] einer teleologischen Reduktion des Schutzbereiches des § 72 UrhG zum Ausschluss von Reproduktionsfotografie gemeinfreier Werke begründen die Notwendigkeit einer solchen damit, dass andernfalls die (vollharmonisierte) Gemeinfreiheit umgangen werde. Es könne eine Monopolisierung gemeinfreier Werke eintreten, während es dem System

---

256 Referentenentwurf vom 23.03.1962, BTDrucks. IV/270, 78 f.; Auf eine rechtsdogmatische Betrachtung, wie von *Stang*, *Das urheberrechtliche Werk nach Ablauf der Schutzfrist*, 2011, S. 41 vorgenommen, kommt es daher hier nicht an.

257 Referentenentwurf vom 23.03.1962, BTDrucks. IV/270, 79.

258 Referentenentwurf vom 23.03.1962, BTDrucks. IV/270, 79.

259 Referentenentwurf vom 23.03.1962, BTDrucks. IV/270, 33.

260 AG Nürnberg, Urt. v. 28.10.2015 – 32 C 4607/15, ZUM-RD 2016, 615; *Thum*, in: Wandtke/Bullinger, 5. Auflage, 2019, *§ 72 UrhG*, Rn. 36; *Stang*, *Das urheberrechtliche Werk nach Ablauf der Schutzfrist*, 2011, S. 182 ff.; *Stang*, Zeitschrift für Geistiges Eigentum / Intellectual Property Journal 1 (2009), 167 (213 ff.).

des Urheberrechtes entspreche, dem Urheber bzw. dessen Erben nur zeitweise ein Ausschließlichkeitsrecht an den Werken und insbesondere an der Verwertung derselben einzuräumen. Es sei gerade Sinn und Zweck der Gemeinfreiheit, dass nach Ablauf einer gewissen Schutzdauer Werke zur Benutzung durch die Allgemeinheit freigegeben würden. Diese Werteentscheidung des Gesetzgebers würde unterlaufen, wenn die Verwertung von Reproduktionsfotografien dem Lichtbildner alleine vorbehalten bliebe.

Es ist zwar zutreffend, dass die gesetzliche Verankerung einer Schutzfrist einer zeitlichen Begrenzung des Urheberrechtes dienen soll. Der Rückschluss darauf, dass aus diesem Grund eine ungehinderte Verbreitung von neu angefertigten Reproduktionsfotografien zulässig wäre, lässt jedoch wesentliche, insbesondere dogmatische Aspekte außer Acht: Die Gemeinfreiheit bezieht sich stets nur auf das konkrete Werk oder das konkrete Objekt des Leistungsschutzes in seiner jeweiligen Erscheinungsform. Die Begrenzung der Schutzdauer und die daraus resultierende Gemeinfreiheit stellt, vgl. zuvor, eine auf einer umfassenden Abwägung der Interessen von Urheber und Allgemeinheit beruhende Entscheidung des Gesetzgebers dar. Die Interessenabwägung zwischen den Interessen des Lichtbildners einer Reproduktionsfotografie und der Allgemeinheit wird hiervon hingegen nicht erfasst, betroffen ist nur die Abwägung der Interessen des Rechtsinhabers der Vorlage mit den Interessen der Allgemeinheit. Eine *Umgehung* der Gemeinfreiheit liegt mithin bereits tatbestandlich nicht vor, da die Gemeinfreiheit i.S.v. § 64 UrhG, die sich durch den Ablauf der Schutzfrist für ein konkretes Werk auszeichnet, gar nicht betroffen ist.

d) Mittelbare Schutzrechtsverlängerung/Schutzrechtsgewährung

Aus diesem Grund ist der Begriff der (von den Befürwortern einer teleologischen Reduktion befürchteten) „mittelbaren Schutzfristverlängerung bzw. Schutzrechtsgewährung“[261] für die hier zugrundeliegende Problematik vorzuziehen. Mit Ablauf der Schutzfrist ist die Vorlage gemeinfrei. Mangels urheberrechtlichen Schutzes des Abbildungsgegenstandes steht der Kommunizierbarkeit desselben durch Vervielfältigung und Verbrei-

---

261 *Stang, Das urheberrechtliche Werk nach Ablauf der Schutzfrist*, 2011, S. 160; OLG Stuttgart, Urt. v. 31.05.2017 – 4 U 204/16, GRUR 2017, 905 (908), *Reiss-Engelhorn*; KG Berlin, Beschluss v. 08.11.2017 – 24 U 125/16, BeckRS 2017, 142191, *Reproduktionsfotografie*; AG Nürnberg, Urt. v. 22.02.2016 – 32 C 4607/15, juris, Rn. 42.

tung grundsätzlich nichts mehr entgegen. Damit kann z.B. der Eigentümer eines Gemäldes nach Ablauf der Schutzfrist Reproduktionsfotografien anfertigen und diese verwerten, ohne dass die Erben des Künstlers dem zustimmen müssten oder sonstige Rechte geltend machen könnten.

Die Anwendung des § 72 UrhG auf Reproduktionsfotografien führte jedoch dazu, dass die Vorlage weiterhin der Öffentlichkeit verwehrt bliebe, soweit die Vorlage nicht uneingeschränkt der Allgemeinheit zur Ansicht und zur anschließenden Vervielfältigung und Verbreitung zur Verfügung gestellt würde. Hierzu müsste der Besitzer z.B. des Abbildungsgegenstandes Dritten diesen uneingeschränkt zugänglich machen oder eigens aufgenommene Lichtbilder der Vorlage lizenzfrei zur Verfügung stellen. Nimmt der Besitzer keine entsprechenden Handlungen vor und verbliebe der Abbildungsgegenstand in seinem privaten Zugangsbereich, bliebe das Kulturgut, dessen Schutzfrist abgelaufen ist, der Allgemeinheit vorenthalten.[262] Existierten in diesem Fall Reproduktionsfotografien der Vorlage, die in einer wie auch immer gearteten Weise an Dritte gelangt sind, z.B. weil die Vorlage kurz zuvor in einem Auktionskatalog abgebildet worden ist oder der Besitzer diese im Internet veröffentlichte, führte die Anwendung des § 72 UrhG dazu, dass diese Lichtbilder gleichwohl nicht ohne Zustimmung des Lichtbildners verbreitet und verwertet werden dürften.

Die Befürworter einer teleologischen Reproduktion gehen letztlich davon aus, dass mit Ablauf der Schutzfrist ein zuvor urheber- oder leistungsschutzrechtlich geschütztes Werk kommunizierbar werden müsse, das Allgemeininteresse an dem gemeinfreien Kulturgut überwiege. Bei Lichtbildern handelt es sich stets um Kommunikationsmittel zur Vermittlung des Inhaltes. Es ist einem Lichtbild im Allgemeinen immanent, ein hohes Maß an Teilhabe an dem transportierten Inhalt aufzuweisen. Die Reproduktionsfotografie im Besonderen zehrt von dem Inhalt der Vorlage und gewinnt Beachtung ausschließlich aufgrund der Beachtung, die der Vorlage zuteilwird. Gleichzeitig dient die Reproduktionsfotografie der einfacheren Kommunizierbarkeit der Vorlage. Der leistungsrechtliche Schutz der Reproduktionsfotografie führt damit mittelbar dazu, dass die Kommunizierbarkeit der gemeinfreien Vorlage trotz des Ablaufes der Schutzfrist unter-

262 Das *AG Nürnberg* stellt im Fall der Reiss-Engelhorn-Museen maßgeblich darauf ab, dass die Werke nur in den konkreten Räumlichkeiten für die Betrachtung durch Dritte zugänglich seien und die Nutzung bereits angefertigter Reproduktionsfotografien des Museums nur nach Entrichtung vorgegebener Lizenzgebühren möglich sei. Dies widerspreche dem Wesen der Gemeinfreiheit im Zeitalter des Internets, vgl. AG Nürnberg, Urt. v. 22.02.2016 – 32 C 4607/15, juris, Rn. 44.

bunden bliebe. Es läge eine „mittelbare Schutzfristverlängerung“ vor. Der bestehende Unterschied zwischen Vorlage und Reproduktionsfotografie wird bei Verwendung dieses Begriffes insoweit berücksichtigt, als zugestanden wird, dass die Schutzfristverlängerung gerade nicht bezogen auf die Vorlage eintritt, sondern eben nur mittelbar durch den der Reproduktionsfotografie gewährten Leistungsschutz.

Gleichwohl kann dieser mittelbare Effekt des Schutzes von Reproduktionsfotografien eine teleologische Reduktion des § 72 UrhG nicht überzeugend begründen: Die den Reproduktionsfotografien innewohnende Eigenschaft als Mitteilungsgüter hinsichtlich der abgebildeten Vorlage kann nicht dazu führen, dass diesen neu angefertigten Lichtbildern der Schutz versagt würde. Allein der Umstand, dass die Allgemeinheit ein Interesse daran haben kann, Zugriff auf die jeweilige Vorlage zu erhalten, was durch eine ungehinderte Verbreitung und Wiedergabe der Reproduktionsfotografien ohne Weiteres ermöglicht werden könnte, kann nämlich nicht über die fehlende Identität zwischen Vorlage und Reproduktionsfotografie hinwegtäuschen. Identität besteht ausschließlich zwischen Motiv und Vorlage, nicht demgegenüber zwischen Reproduktionsfotografie und Vorlage. Die Annahme einer teleologischen Reduktion des Lichtbildschutzes bei Reproduktionsfotografien gemeinfreier Werke führte demnach zu einer Missachtung des Umstandes, dass ein Lichtbild in Form einer Reproduktionsfotografie ein eigenständiges Schutzgut des Urheberrechtes darstellt.[263] Dies hätte insbesondere bei Reproduktionsfotografien von Gegenständen, die selbst keine Lichtbilder darstellen, zur Folge, dass der Schutz versagt würde, obgleich eine völlig andere Werkgattung betroffen wäre; der Ablauf der Schutzfrist eines Werkes der bildenden Kunst verhinderte in diesem Fall das Entstehen des (Leistungs-)Schutzes eines Lichtbildes.

Darüber hinaus verkennt diese Auffassung, dass auch Interessen des vom Urheber einer gemeinfreien Vorlage unterschiedlichen Lichtbildners vorliegen, die es zu schützen gilt. Gerade mit Blick auf den bei der zur Erreichung einer möglichst hohen Originaltreue betriebenen technischen Aufwand und die damit einhergehenden Investitionen besteht bei der professionellen Reproduktionsfotografie kein Unterschied zu den Interessen des sonstigen Lichtbildners.

---

263 Den Unterschied zwischen Vorlage und Lichtbild im Ergebnis auch betonend: BGH, Urt. v. 20.12.2018 – I ZR 104/17, GRUR 2019, 284 (Rn. 30), *Museumsfotos*; *Platena*, *Das Lichtbild im Urheberrecht*, 1998, S. 156 f.. (*Platena* insoweit ablehnend gegenüber dem Begründungsansatz der andernfalls eintretenden faktischen Schutzfristverlängerung).

Letztlich setzt die Annahme einer teleologischen Reduktion stets voraus, dass der Wortlaut einer Vorschrift so weit geraten ist, dass hierunter bei uneingeschränkter Anwendung Konstellationen zu subsumieren wären, die vom Willen des Gesetzgebers nicht gedeckt gewesen wären und die dem Sinn und Zweck der Vorschrift entgegenstünden. Es müsste mithin dem gesetzgeberischen Willen zuwiderlaufen, dass unter dem Wortlaut des § 72 UrhG der Schutz solcher Fotografien ermöglicht wird, die ihrerseits gemeinfrei gewordene Werke abbilden. Wäre dies der Fall, wäre der Schutzbereich des § 72 UrhG durch Ausschluss von Reproduktionsfotografien telelogisch zu reduzieren. Dies ist jedoch vorliegend nicht anzunehmen: Vielmehr ist anzuerkennen, dass der Gesetzgeber gerade davon abgesehen hat, den Schutz von Lichtbildern von dem jeweils abgelichteten Motiv abhängig zu machen. Unterschiedslos jedes Lichtbild, unabhängig vom Inhalt, sollte geschützt werden. Hinzu kommt, dass, wie zuvor dargelegt, weitere Schwierigkeiten entstünden, die der Gesetzgeber gerade vermeiden wollte. Wie bereits bei der Frage, ob eine Reproduktionsfotografie die Mindestanforderungen an ein Lichtbild i.S.d. Urheberrechtsgesetzes überhaupt erfüllt, muss auch hier berücksichtigt werden, dass sich neue Abgrenzungsschwierigkeiten, die der Gesetzgeber gerade vermeiden wollte, ergäben, wollte man eine teleologische Reduktion vornehmen. Die Frage, ob lediglich handwerklich gelungenen Reproduktionsfotografien im Wege einer teleologischen Reproduktion der Schutz des § 72 UrhG versagt werden solle oder aber diese Folge auch bei handwerklich schlechten Reproduktionsfotografien, bei denen z.B. keine Farbechtheit vorliegt, das Lichtbild einen Lichtkegel aufweist, o.ä., verlagerte sich in diesem Fall lediglich hin zu der etwaigen Annahme einer teleologischen Reduktion. Dies aber widerspricht, ebenso wie eine Berücksichtigung derartiger Umstände bei der Feststellung, ob überhaupt die Mindestanforderungen an ein Lichtbild erfüllt seien, dem Willen des Gesetzgebers, der derartige Abgrenzungsschwierigkeiten gerade verhindern wollte und dem Sinn und Zweck des § 72 UrhG.

Hinzu kommt, dass die Frage der Rechtfertigung eines Schutzes von Lichtbildern, die urheberrechtlich geschützte Werke abbilden, bereits sehr früh diskutiert worden ist. Bereits das „Gesetz betreffend den Schutz von Photographien gegen unbefugte Nachbildung" vom 10.01.1876 führte aus:

> „Auf Photographien von solchen Werken, welche gesetzlich gegen Nachdruck und Nachbildung noch geschützt sind, findet das gegenwärtige Gesetz keine Anwendung."

Ausweislich der Motive des Gesetzentwurfes erfasste der Lichtbildschutz unter jenem Gesetz grundsätzlich auch fotografische Abbildungen von Gemälden, Statuen etc.[264] Der Ausschluss solcher Lichtbilder, die Fotografien „noch" geschützter Werke darstellten, vom Lichtbildschutz zeigt im Umkehrschluss, dass die Problematik der Fotografie gemeinfreier Werke bereits im 19. Jahrhundert bekannt war. Seinerzeit noch ausdrücklich gesetzlich normiert, hat der Gesetzgeber des heutigen UrhG von einer solchen bzw. konträren Regelung gerade abgesehen. Vor diesem Hintergrund kann aber nicht angenommen werden, dass der Gesetzgeber des UrhG Reproduktionsfotografien vom Schutz des § 72 UrhG ausnehmen wollte.

e) Bewertung

Es besteht kein Anlass für eine teleologische Reduktion des § 72 UrhG zum Ausschluss von Reproduktionsfotografien aus dem Schutzbereich.[265]

Hätte der Gesetzgeber einen solchen Ausschluss vornehmen wollen, hätte er diesen normiert, die Thematik war bei Erlass des UrhG bekannt. Hinzu kommt, dass eine solche teleologische Reduktion in Widerspruch zu den Gründen der Einführung des Lichtbildschutzes stünde, da neue Abgrenzungsschwierigkeiten geschaffen würden und eine Ausrichtung des „Ob" des Lichtbildschutzes an dem Motiv erfolgte, obgleich der Gesetzgeber unterschiedslos alle Lichtbilder schützen wollte.

Im Übrigen wäre eine solche teleologische Reduktion auch nicht mit der Gemeinfreiheit der Vorlage zu rechtfertigen. Dieses Ergebnis verkannte nämlich zum einen die fehlende Identität von Vorlage und Reproduktionsfotografie. Es ist zwingend zwischen dem Urheber- oder Leistungsschutz der Vorlage und desjenigen der Reproduktionsfotografie zu differenzieren.[266] Zum anderen schützt die Gemeinfreiheit nur die Möglichkeit, Kulturgut allgemein zugänglich zu machen, begründet nicht aber die Verpflichtung desjenigen, der die Sachherrschaft über die Vorlage hat oder des sonstigen Lichtbildners, dem es möglich war, Zugang zu dem Werk zu

---

264 *Wächter, Das Urheberrecht an Werken der bildenden Künste, Photographien und gewerblichen Mustern*, 1877, S. 278.

265 Zustimmend ebenfalls *Lutzi*, GRUR 2017, 878 (880).

266 So erfreulicherweise auch hinweisend auf ein mögliches unterschiedliches rechtliches Schicksal von Vorlage und Reproduktionsfotografie: OLG Stuttgart, Urt. v. 31.05.2017 – 4 U 204/16, GRUR 2017, 905 (908, Rn. 81), *Reiss-Engelhorn*.

erlangen und eine Reproduktionsfotografie hiervon anzufertigen, den Zugang zu dem Kulturgut ohne Beschränkungen zu ermöglichen.

4). Zwischenergebnis

Nach diesseitigem Dafürhalten stellt der Fall, in dem eine technische Reproduktion mittels eines Gerätes, das einzig und alleine den Zweck verfolgt, Reproduktionen zu erstellen, hergestellt wird, das Produkt des Lichtbild-Vorganges also nur eine Vervielfältigung einer bestehenden Vorlage mittels Fotokopie, Makrokopie, Mikrokopie, Herstellung von Abzügen vorhandener Negativfilme und ähnlicher Verfahren darstellt, den einzig denkbaren Fall dar, in dem ein technisch als Lichtbild einzustufendes Element nicht als Schutzgut des § 72 UrhG bewertet werden kann.[267]

Denn ausgehend vom Schutzzweck des § 72 UrhG sollen gerade diejenigen Lichtbilder, die die Schwelle einer schöpferischen Leistung, die ein Lichtbildwerk gem. § 2 Abs. 1 Nr. 5, Abs. 2 UrhG erfordert, nicht erreichen, dennoch geschützt werden, um Abgrenzungsschwierigkeiten zu vermeiden. Damit aber sollen im Umkehrschluss auch sämtliche den Lichtbildwerken vergleichbare Lichtbilder geschützt sein, ohne dass weitere Anforderungen an ihre Entstehung oder ihren Inhalt gestellt werden. Im Ergebnis kann es deshalb z.B. nicht darauf ankommen, ob der Fotograf einen ihm zustehenden gestalterischen Spielraum bei der Herstellung des Lichtbildes ausgeschöpft hat, er durch Vorgaben im Bereich des Tatsächlichen eingeschränkt gewesen ist oder ob der dargestellte Inhalt eine gewisse Individualität aufweist.

Vor allem aber darf der gesetzgeberische Wille nicht missachtet werden, was jedoch eine logische Konsequenz der Zulassung weiterer Ausschlussgründe wäre. Abgrenzungsschwierigkeiten sollten vermieden und nicht weitere Abgrenzungsschwierigkeiten dadurch geschaffen werden, dass gewisse Lichtbilder (Reproduktionsfotografien) vom Schutzbereich ausgenommen würden, bei denen eine klare Abgrenzbarkeit nicht möglich ist.

---

267 Im Ergebnis ebenfalls eine negative Abgrenzung in dieser Form vorschlagend *Oebbecke, Der "Schutzgegenstand" der Verwandten Schutzrechte*, 2011, S. 187, allerdings kritisch gegenüber der Annahme, dass technische Vervielfältigungen tatsächlich aus dem Schutzbereich des § 72 UrhG ausgenommen werden müssten. Bloße technische Reproduktionen hingegen in den Lichtbildschutz gem. § 2 UrhG einbeziehend *Platena, Das Lichtbild im Urheberrecht*, 1998, S. 167 ff.

Dem gesetzgeberischen Willen nach der Vermeidung von Abgrenzungsschwierigkeiten unter gleichzeitiger Verhinderung eines ausufernden Schutzes, der dazu führte, dass die Schutzfristen durch reine Vervielfältigungshandlungen immer wieder verlängert werden könnten ist durch die negative Bestimmung des Lichtbildbegriffes i.S.v. § 72 UrhG durch Ausnahme rein technischer Reproduktionen (Lichtbildkopien) aus dem Schutzbereich hinreichend genüge getan. Der Ausschluss des Schutzes anderer Schutzgüter zur Vermeidung einer mittelbaren Schutzfristverlängerung ist nicht geboten.

5) Ausblick: Art. 14 DSM-Richtlinie[268]

a) Hintergrund

Nachdem zuvor festgestellt wurde, dass unter dem derzeit geltenden deutschen Recht grundsätzlich auch Reproduktionsfotografien gemeinfreier Vorlagen zu schützen sind, muss mit Blick auf die Zukunft der Einfluss der DSM-Richtlinie berücksichtigt werden. Gem. Art. 29 Abs. 1 DSM-Richtlinie haben die Mitgliedsstaaten Maßnahmen zur Umsetzung dieser Richtlinie bis zum 07.06.2021 zu treffen.

Mit der DSM-Richtlinie wurde beabsichtigt, den unionsrechtlichen Urheberrechtsrahmen an die technologischen Entwicklungen anzupassen, insbesondere bestehende Rechtsunsicherheiten für Rechteinhaber und Nutzer mit Blick auf grenzüberschreitende Nutzungen von Werken und sonstigen Schutzgegenständen in einem digitalen Umfeld durch Anpassung des geltenden Rechts an ein digitales und grenzüberschreitendes Umfeld zu beseitigen.[269]

In diesem Zusammenhang blieben auch die Rechtsstreitigkeiten zwischen den Reiss-Engelhorn-Museen und Wikimedia nicht unberücksichtigt. Mit Datum vom 16.02.2019 wurden in die sog. Trilogverhandlungen Änderungen des Richtlinienentwurfes betreffend diesen Themenkomplex eingefügt.[270] Der zeitliche Ablauf lässt vermuten, dass dies in unmittelba-

---

268 DSM-Richtlinie = Digital-Single-Market-Richtlinie

269 *Richtlinie (EU) 2019/790 des europäischen Parlaments und des Rates vom 17. April 2019 über das Urheberrecht und die verwandten Schutzrechte im digitalen Binnenmarkt und zur Änderung der Richtlinien 96/9/EG und 2001/29/EG*, Erwägungsgrund 3.

270 *Working Paper, Council of the European Union, General Secretariat, WK 2300/2019 INIT* vom 16.02.2019, dort Erwägungsgrund 30a (S. 78 ff.) und Art. 10b (S. 57 f.).

rem Zusammenhang mit dem Urteil des BGH vom 20.12.2018[271] steht. Ferner legen dies Äußerungen von John Weitzmann, Leiter Politik und Recht bei Wikimedia Deutschland, in einem Interview mit der Plattform iRights.info nahe, denen zu entnehmen ist, dass entsprechende Vorschläge durch Wikimedia Deutschland unterbreitet und die Regelung dieser Thematik unter Bezugnahme auf die Reiss-Engelhorn-Rechtsstreitigkeiten forciert worden sei.[272] Im Ergebnis wurde sodann Art. 14 DSM-Richtlinie (auch genannt „lex wikimedia"[273]) erlassen. Zur Erleichterung des Zugangs zur Kultur und deren Förderung sowie des Zugangs zu kulturellem Erbe verpflichtete man die Mitgliedsstaaten, mit Umsetzung von Art. 14 DSM-Richtlinie die Kommunizierbarkeit gemeinfreier Werke der bildenden Künste zu erleichtern.

b) Inhalt der Vorschrift

aa) Wortlaut

Art. 14 DSM-Richtlinie bestimmt:

> „Die Mitgliedstaaten sehen vor, dass nach Ablauf der Dauer des Schutzes eines Werkes der bildenden Kunst Material, das im Zuge einer Handlung der Vervielfältigung dieses Werkes entstanden ist, weder urheberrechtlich noch durch verwandte Schutzrechte geschützt ist, es sei denn, dieses Material stellt eine eigene geistige Schöpfung dar."

---

271 BGH, Urt. v. 20.12.2018 – I ZR 104/17, GRUR 2019, 284, *Museumsfotos*.

272 *„Im Rahmen der gerade verabschiedeten EU-Urheberrechtsreform ist es uns gelungen, die Reiss-Engelhorn-Problematik quasi oberhalb der Reichweite des Bundesgerichtshofs zu beheben. Wir haben eine neue, verbindliche Regel zum Schutz des gemeinfreien Status von Werken bei ihrer Digitalisierung vorgeschlagen, die als Artikel 14 nun auch so in Kraft treten wird. Der Bundestag ist daher nun verpflichtet, das deutsche Urheberrechtsgesetz entsprechend anzupassen. […]Insofern hat die Reiss-Engelhorn-Klage und die Entscheidung des Bundesgerichtshofs uns bei der Überzeugungsarbeit in Brüssel und Straßburg sehr geholfen.*", Djordjevic, *Mögliches Happy End dank neuem EU-Urheberrecht* abrufbar unter https://irights.info/artikel/moegliches-happy-end-dank-neuem-eu-urheberrecht/29450, zuletzt abgerufen am 20.01.2020.

273 So Seiler zum Richtlinienvorschlag zu Art. 14 DSM-Richtlinie, vgl. *Seiler*, K&R 2019, 245 (248).

bb) Material, das im Zuge einer Handlung der Vervielfältigung dieses Werkes entstanden ist

Als „Material, das im Zuge einer Handlung der Vervielfältigung eines Werkes entstanden ist", kommen all diejenigen Erzeugnisse Betracht, die die Vervielfältigung einer Vorlage zum Gegenstand haben bzw. eine solche Vervielfältigung bewirken.

Insbesondere kommen damit Lichtbilder und Lichtbildwerke, darüber hinaus jedoch auch Zeichnungen, Filmwerke, Laufbilder, Bild- und Bildtonträger[274] sowie Ergebnisse der Vervielfältigung von Vorlagen mittels 3D-Druckern und Resultate manueller Vervielfältigungshandlungen[275] in Betracht. Unterfällt das Vervielfältigungsstück diesen Kategorien, ist der Anwendungsbereich von Art. 14 DSM-Richtlinie eröffnet.

cc) Abbildungsgegenstand

Der Anwendungsbereich des Art. 14 DSM-Richtlinie ist mit Blick auf den Abbildungsgegenstand dann eröffnet, wenn es sich bei dem Abbildungsgegenstand um solches Vervielfältigungsmaterial handelt, das

- ein <u>Werk</u> darstellt und
- der <u>bildenden Kunst</u> zuzuordnen ist.

Auch die Vervielfältigung eines Teils der Vorlage ist unter den Anwendungsbereich des Art. 14 DSM-Richtlinie zu erfassen.[276]

(1) Werkeigenschaft der Vorlage

Aus dem Erfordernis der Werkeigenschaft der Vorlage folgt zunächst, dass jenes Material nicht erfasst ist, das im Zuge einer Handlung der Vervielfältigung solcher Vorlagen entstanden ist, die keine persönliche geistige Schöpfung darstellen und demnach keinen Werkcharakter haben. Nicht erfasst sind damit bereits aus diesem Grund insbesondere Vervielfältigungsmaterialien einfacher Lichtbilder, unabhängig davon, ob man Licht-

---

274 *Schulze*, GRUR 2019, 779 (780).

275 *Stang*, ZUM 2019, 668 (671).

276 So zutreffend unter Hinweis auf die andernfalls zu leichte Umgehungsmöglichkeit *Stang*, ZUM 2019, 668 (671).

bilder bzw. Lichtbildwerke der bildenden Kunst i. S. v. Art. 14 DSM-Richtlinie zuordnete (hierzu sogleich).

(2) „Bildende Kunst“ i. S. v. Art. 14 DSM-Richtlinie

Daneben muss die Vorlage der bildenden Kunst unterfallen.

Insoweit wirft *Schulze*[277] zutreffend die Frage auf, ob die bildenden Künste in dem weit verstandenen Sinne des § 2 Abs. 1 Nr. 4 UrhG insgesamt unter Art. 14 DSM-Richtlinie fallen. Der enge, die Werke der Baukunst und der angewandten Kunst sowie Entwürfe derselben nicht einschließende Begriff, betrifft die klassischen Kunstwerke, wie z.B. Werke der Bildhauerei, Malerei und Grafik[278] bzw. Zeichnungen, Gemälde, Stiche, Plastiken, Skulpturen.[279] § 2 Abs. 1 Nr. 4 UrhG stellt demgegenüber

> „Werke der bildenden Künste einschließlich der Werke der Baukunst und der angewandten Kunst und Entwürfe solcher Werke“

unter urheberrechtlichen Schutz. Damit geht das deutsche Urheberrecht von einem weiten Verständnis der bildenden Künste aus.

Schulze zieht zur Beantwortung der Frage die englische Fassung von Art. 14 DSM-Richtlinie (abstellend auf „visual arts“) und die englischen Übersetzungen der angewandten Kunst („applied arts“) sowie der Baukunst („architecture“) heran. Die Verwendung des Plurals „visual arts“ in der englischen Fassung von Art. 14 DSM-Richtlinie sei vermutlich auf eine Zusammenfassung verschiedener (zweckfreier) Künste wie der Malerei, Bildhauerei und Grafik zurückzuführen, hieraus folge jedoch nicht die Erfassung der Baukunst und der angewandten Kunst. Die übliche Verwendung der Begrifflichkeiten „applied arts“ und „architecture“ für die angewandten Künste und die Baukunst spreche dafür, dass die bildende Kunst im Sinne der Richtlinie lediglich die Werke der zweckfreien Kunst erfassten. Auch die üblicherweise vorliegende Dreidimensionalität der Werke der angewandten Kunst und der Baukunst spreche dafür, diese aus dem Begriff der bildenden Kunst i.S.d. Art. 14 DSM-Richtlinie auszuschließen, da in diesen Fällen es an einer Originaltreue der Vervielfältigung gem. des

277 *Schulze*, GRUR 2019, 779 (782).

278 *Loewenheim*, in: Schricker/Loewenheim, 5. Auflage, 2017, *§ 2 UrhG*, Rn. 146; *Ahlberg*, in: BeckOK UrhG, 26. Edition (Stand 15.10.2019), 2019, *§ 2 UrhG*, Rn. 26.

279 *Schulze*, in: Dreier/Schulze/Specht, 6. Auflage, 2018, *§ 2 UrhG*, Rn. 149, 151.

Erwägungsgrundes 53 der DSM-Richtlinie mangele. Dreidimensionale Vorlagen könnten nicht originalgetreu erstellt werden, da insoweit stets nur eine Aufnahme aus einem jeweils anderen Blickwinkel möglich sei.

Diese Begründung überzeugt nicht. Denn wie die Systematik des § 2 Abs. 1 Nr. 4 UrhG zeigt, differenziert auch das deutsche Urheberrecht dem Grunde nach zwischen den Werken der bildenden Kunst einerseits sowie den Werken der angewandten Kunst und der Baukunst andererseits, erklärt letztere jedoch gewissermaßen konstitutiv zum Bestandteil der bildenden Kunst i.S.d. Urheberrechts. Die begriffliche Unterscheidung im englischen Sprachraum kann daher nicht maßgeblich sein, ist diese dem deutschen Recht doch ebenfalls immanent. Im Übrigen erscheint es nicht sachgerecht, Vervielfältigungsmaterialien dreidimensionaler Vorlagen die Originaltreue abzusprechen. Die Argumentation *Schulzes* ist offensichtlich auf die Vervielfältigung dreidimensionaler Vorlagen mittels Lichtbildes ausgerichtet, obgleich die Vorschrift des Art. 14 DMS-Richtlinie technologieneutral[280] ausgestaltet ist. *Schulze* geht aufgrund des Hintergrundes der Einführung des Art. 14 DSM-Richtlinie offenbar davon aus, dass der Normgeber gerade die Fälle der Reproduktionen zweidimensionaler Vorlagen regeln wollte. Dies findet jedoch in der Richtlinie keinen Niederschlag. Im Gegenteil, der Schutzzweck, nämlich die Würdigung des Interesses der Allgemeinheit am Zugang zur Kultur und deren Förderung sowie die Erleichterung des Zugangs zu kulturellem Erbe ist gleichermaßen bei dreidimensionalen Vorlagen relevant. Eine Originaltreue mag bei der Bewertung von Lichtbildern einer dreidimensionalen Vorlage nicht dergestalt möglich sein, dass eine vollständige Übernahme im Sinne einer Substituierbarkeit der Vorlage zustande kommt. Der jeweils abgebildete Bereich einer dreidimensionalen Vorlage kann gleichwohl originalgetreu wiedergegeben werden. Ferner kann etwa eine dreidimensionale Vorlage durch Filmaufnahmen als Ganzes und von allen Seiten dargestellt werden. In diesen Fällen wäre eine Betrachtung aus allen Blickwinkeln möglich. Gerade dann wäre es jedoch nicht vertretbar, dem entstandenen Film(-werk) die Originaltreue der Vervielfältigung abzusprechen, wenn sämtliche Einzelheiten der Vorlage im Detail wiedergegeben und damit vervielfältigt werden. Noch deutlicher wird dies z. B. bei der Reproduktion von Skulpturen durch Verwendung identischer Gussformen oder Vervielfältigungen derselben mittels 3-D-Druckern. Wird auf Basis einer gemeinfreien Skulptur eine Gussform erstellt, die sodann zur Herstellung einer Vervielfältigung mit einem bestimmten Stoff, z.B. Gips, gefüllt wird,

280 *Stang*, ZUM 2019, 668 (671).

liegt auch hier eine Originaltreue der Vervielfältigung offensichtlich vor. Gleiches gilt für die Vervielfältigung dreidimensionaler Vorlagen im Druckwege. Dies, obgleich es sich bei der Vorlage jeweils um eine dreidimensionale Vorlage handelt. Hieraus folgt, dass die Ausführungen *Schulzes* sich im Wesentlichen auf Lichtbilder konzentrieren und damit außer Acht lassen, dass eine technologieneutrale Vorschrift zu bewerten ist.

Schulze ist zwar insoweit zuzustimmen, als Vervielfältigungen dreidimensionaler Vorlagen – jedenfalls soweit es sich um Vervielfältigungen per Lichtbild handelt – oftmals Werkcharakter zuzusprechen ist.[281] Dieser Umstand kann aber nicht maßgeblich dafür sein, ob eine Vorlage als ein Werk der bildenden Kunst i.S.v. Art. 14 DSM-Richtlinie kategorisiert wird oder nicht. Vielmehr wäre dieser Aspekt bei der Frage zu verordnen, ob gegebenenfalls Art. 14, 2. Hs. DSM-Richtlinie Anwendung findet, sodass der Schutz des Materials der Vervielfältigung auch dann besteht, wenn es sich um eine gemeinfreie Vorlage handelt, da das Material der Vervielfältigung selbst eine eigene persönliche Schöpfung darstellt.

Dass bei Bestimmung dessen, was unter die Werke der bildenden Kunst i.S.v. Art. 14 DSM-Richtlinie zu fassen ist, nicht schlechthin die Bestimmung des § 2 Abs. 1 Nr. 4 UrhG übernommen werden kann, ergibt sich jedoch daraus, dass § 2 Abs. 1 Nr. 4 UrhG insoweit eine definierende Regelung des deutschen UrhG darstellt, die keine konstitutive Wirkung für alle Rechtssysteme der Europäischen Union entfalten kann. In anderen Rechtsordnungen herrscht ein anderes Verständnis für dasjenige, was unter die bildende Kunst zu fassen ist. So bestimmt etwa das österreichische Recht, dass zu den Werken der bildenden Künste auch die Werke der Lichtbildkunst (Lichtbildwerke), der Baukunst und der angewandten Kunst (des Kunstgewerbes) gehören.[282] Anders als im deutschen Recht werden in Österreich mithin auch Lichtbildwerke der bildenden Kunst zugeordnet.

In der englischen Übersetzung werden die Begriffe visual arts oder fine arts zur Umschreibung der bildenden Künste verwendet. In der Kodifizierung des Copyright, Designs and Patents Act 1988 (1988 ch. 48) finden diese Begrifflichkeiten jedoch keinen Niederschlag. Gem. Art. 4 Abs. 1 des

---

281 Vgl. hierzu auch Kapitel 2, B) IV) 2) a).

282 § 3 Abs. 1 des *Bundesgesetzes über das Urheberrecht an Werken der Literatur und der Kunst und über verwandte Schutzrechte (Urheberrechtsgesetz)*, abrufbar unter https://www.ris.bka.gv.at/GeltendeFassung.wxe?Abfrage=Bundesnormen&Gesetzesnummer=10001848, zuletzt abgerufen am 20.01.2020.

Copyright, Designs and Patents Act 1988[283] ist Schutzgegenstand „artistic work", worunter insbesondere

> „graphic work, photograph, sculpture or collage, irrespective of artistic quality, a work of architecture being a building or a model for a building, or a work of artistic craftsmanship"

fallen. Damit kann dieser Kodifizierung nicht entnommen werden, was unter Anwendung englischen Rechts tatsächlich unter die bildenden Künste subsumiert würde.

Auch der Revidierten Berner Übereinkunft liegt nicht der Begriff der bildenden Künste zu Grunde. Geschützt sind vielmehr gem. Art. 2 Abs. 1, Abs. 6 RBÜ die „Werke der Literatur und Kunst". Hiervon erfasst sind gem. Art. 2 Abs. 1 RBÜ

> „alle Erzeugnisse auf dem Gebiet der Literatur, Wissenschaft und Kunst, ohne Rücksicht auf die Art und Form des Ausdrucks, wie: Bücher, Broschüren und andere Schriftwerke; Vorträge, Ansprachen, Predigten und andere Werke gleicher Art; dramatische oder dramatisch-musikalische Werke; choreographische Werke und Pantomimen; musikalische Kompositionen mit oder ohne Text; Filmwerke einschließlich der Werke, die durch ein ähnliches Verfahren wie Filmwerke hervorgebracht sind; Werke der zeichnenden Kunst, der Malerei, der Baukunst, der Bildhauerei, Stiche und Lithographien; photographische Werke, denen Werke gleichgestellt sind, die durch ein der Photographie ähnliches Verfahren hervorgebracht sind; Werke der angewandten Kunst; Illustrationen, geographische Karten; Pläne, Skizzen und Darstellungen plastischer Art auf den Gebieten der Geographie, Topographie, Architektur oder Wissenschaft."

Da nicht alle Kodifizierungen die bildenden Künste bzw. die jeweiligen übersetzten Begrifflichkeiten als Anknüpfungspunkt für den Urheberrechtsschutz festlegen, kann auch nicht ohne Weiteres von einem einheitlichen Verständnis dessen ausgegangen werden, was hierunter zu verstehen ist. Es erscheint auf den ersten Blick naheliegend, dass auch in den anderen Rechtsordnungen jedenfalls die klassischen, zweckfreien Kunstformen unter den Begriff der bildenden Künste subsumiert würden. Dies entspricht nämlich dem klassischen Sprachgebrauch z.B. der visual arts oder fine arts, der beaux-arts oder auch der belle arti. Außer Acht darf jedoch nicht gelas-

283 Abrufbar unter http://www.legislation.gov.uk/ukpga/1988/48/contents, zuletzt abgferufen am 20.01.2020.

sen werden, dass auch die Begrifflichkeiten im allgemeinen Sprachgebrauch dem ständigen Wandel unterliegen. So wird z.B. vermehrt auch die Fotografie oder die Architektur den visual arts[284] oder den fine arts[285] zugeordnet. Vorzugswürdig ist aus diesem Grund ein weites Verständnis der bildenden Kunst im Rahmen des Art. 14 DSM-Richtlinie.[286]

Im Ergebnis kann deshalb zwar nicht abschließend geklärt werden, was der Normgeber unter den Werken der bildenden Kunst i.S.v. Art. 14 DSM-Richtlinie bzw. unter „visual arts“[287] verstehen wollten. Um hier Rechtsunsicherheiten zu vermeiden wäre es jedenfalls wünschenswert, der deutsche Gesetzgeber würde bei der Umsetzung der Richtlinie eine Klarstellung vornehmen und ein weites, ggf. richtlinienüberschießendes Verständnis der bildenden Künste zugrunde legen, hierzu sogleich unter dd). Dies ist im Übrigen auch deshalb erstrebenswert, da die Grenzen der bildenden Künste im deutschen Urheberrecht bereits schwer zu bestimmen sind und Fallgruppen existieren, in denen die Zuordnung problematisch ist, z.B. Happenings und Aktionskunst.[288]

---

284 "The visual arts are art forms such as painting, drawing, printmaking, sculpture, ceramics, photography, video, filmmaking, design, crafts, and architecture.", vgl. *Wikipedia contributors, Visual arts*, abrufbar unter *en.wikipedia.org/w/index.php?title=Visual_arts&oldid=938369864*, zuletzt abgerufen am 08.02.2020„Photography is the most important visual art“, vgl. Außerdem zur Fotografie z.B. *Simon Bowcock, Photography is the most important visual art*, abrufbar unter *www.redeye.org.uk/opinion/photography-most-important-visual-art*, zuletzt abgerufen am 08.02.2020.

285 Fotografie und Architektur einordnend als fine arts z.B. *Encyclopedia of art education, Fine Art*, abrufbar unter *www.visual-arts-cork.com/definitions/fine-art.htm*, zuletzt abgerufen am 08.02.2020.

286 Jedenfalls die Werke der angewandten Künste in die bildenden Künste i. S. d. Art. 14 DSM-Richtlinie einbeziehend: *Dreier*, GRUR 2019, 771 (Fn. 24).

287 Kritisch hierzu auch *Hoeren*, MMR 2019, 246 „Diese Ausnahme gilt aber nur für digitale Reproduktionen visueller Werke, was auch immer das sein mag.“

288 *Stang*, ZUM 2019, 668 (672) mit Verweis auf BGH, Urt. v. 06.02.1985 – I ZR 179/82, GRUR 1985, 529, *Urheberrecht an Happening; zur Frage der Reichweite einer Einwilligung, ein zu Lehrzwecken veranstaltetes Happening auf Video-Band aufzuzeichnen – Happening* und Urt. v. 16.05.2013 – I ZR 28/12, ZUM 2014, 36, *Beuys-Aktion*, jeweils die Frage der Kategorisierung des Happening bzw. der Aktionskunst als bildende Kunst offen lassend.

dd) Relevanter Zeitpunkt

Ferner stellt sich die Frage, inwiefern der Zeitpunkt relevant ist, zu dem die Schutzdauer der Vorlage abläuft, die Vorlage mithin gemeinfrei wird.

Zum einen ist es denkbar, für die Frage der Anwendbarkeit des Art. 14 DSM-Richtlinie auf den Zeitpunkt der Vervielfältigungshandlung (z.B. die Aufnahme eines Lichtbildes) abzustellen. Zum anderen besteht die Möglichkeit, dem entstandenen Vervielfältigungsmaterial der Vervielfältigung eines noch unter dem UrhG geschützten Werkes zunächst einen eigenständigen Schutz zu gewähren, der jedoch mit Eintritt der Gemeinfreiheit der Vorlage wieder entfällt. Art. 14 DSM-Richtlinie verhält sich hierzu nicht ausdrücklich.[289] Die Vorschrift gibt den Mitgliedstaaten lediglich auf, Sorge dafür zu tragen, dass ein urheberrechtlicher Schutz oder ein Schutz als verwandtes Schutzrecht für das Vervielfältigungsmaterial nach Ablauf der Schutzdauer der Vorlage nicht gewährt wird.

Eine Auslegung der Vorschrift spricht jedoch dafür, die Anwendung der Vorschrift nicht auf solches Vervielfältigungsmaterial zu begrenzen, das sich auf Vorlagen bezieht, die im Vervielfältigungszeitpunkt bereits gemeinfrei gewesen sind, sondern den einmal erworbenen Schutz mit Eintritt der Gemeinfreiheit der Vorlage entfallen zu lassen[290]:

Ein Schutz soll nach Ablauf der Schutzfrist der Vorlage nicht mehr gewährt werden, die grammatikalische Auslegung legt mithin nahe, als maßgeblichen Zeitpunkt nur auf denjenigen abzustellen, zu dem die Schutzdauer abgelaufen ist, ohne den Vervielfältigungszeitpunkt hierbei zu berücksichtigen.

---

289 Anders *Schulze*, GRUR 2019, 779 (781), der ausführt, maßgeblich dürfe „der Zeitpunkt der Aufnahme sein, denn das einschlägige Material soll erst nach Ablauf der Schutzdauer eines Werkes der bildenden Kunst entstanden sein. Andernfalls hätte für dieses Lichtbild die Schutzdauer verkürzt werden müssen.“ Diesen Ausführungen kann jedoch nicht gefolgt werden. Zum einen bedürfte es einer solchen Verkürzung der Schutzdauer nicht, wenn der Schutz automatisch mit Eintritt der Gemeinfreiheit der Vorlage entfiele. Zum anderen hätte der Normgeber, hätte er den Zeitpunkt der Aufnahme als maßgeblich festlegen wollen, wohl folgende Formulierung gewählt (Änderungen durch Durchstreichen bzw. Unterstreichungen hervorgehoben): „Die Mitgliedstaaten sehen vor, dass ~~nach Ablauf der Dauer des Schutzes eines Werkes der bildenden Kunst~~ Material, das im Zuge einer Handlung der Vervielfältigung eines Werkes der bildenden Kunst nach Ablauf der Dauer des Schutzes dieses Werkes entstanden ist, weder urheberrechtlich noch durch verwandte Schutzrechte geschützt ist, es sei denn, dieses Material stellt eine eigene geistige Schöpfung dar.“.

290 So (ohne weitere Begründung) auch *Stang*, ZUM 2019, 668 (672).

Auch Sinn und Zweck der Vorschrift sprechen dafür, unabhängig vom Vervielfältigungszeitpunkt jeglichen Vervielfältigungsmaterialien den Schutz zu versagen, sobald die Vorlage gemeinfrei geworden ist. Ausweislich des 53. Erwägungsgrundes der DSM-Richtlinie soll Art. 14 zum Zugang zur Kultur und ihrer Förderung sowie zum Zugang zu kulturellen Erbe beitragen. Diese Wirkung kann jedoch nur dann uneingeschränkt eintreten, wenn im Zeitpunkt des Ablaufes der Schutzdauer einer Vorlage etwaige Schutzrechte am Vervielfältigungsmaterial ebenfalls entfallen. Es ist nicht ersichtlich, weshalb der Zeitpunkt der Aufnahme insoweit für die Frage des Schutzes relevant sein sollte. Dies wird deutlich bei Betrachtung folgenden Beispiels: Wird im Jahr 2020 eine Reproduktionsfotografie eines Gemäldes Paul Klees († 29.06.1940) aufgenommen, wäre bei einem Abstellen auf den Aufnahmezeitpunkt die entstandene Reproduktionsfotografie von Beginn an nicht zu schützen. Wäre demgegenüber dasselbe Werk am 31.12.2010 und damit am letzten Tag vor dem Ablauf der 70-jährigen Schutzfrist fotografisch reproduziert worden, wäre das entstandene Lichtbild unter § 72 UrhG zu schützen. Dieses Ergebnis überzeugt nicht. Unabhängig vom Aufnahmedatum handelt es sich bei den jeweils reproduzierten Vorlagen um Kulturgut, dessen Kommunizierbarkeit Art. 14 DSM-Richtlinie gewährleisten möchte und zu dem der Zugang gefördert und erleichtert werden soll. Ein Abstellen auf den Aufnahmezeitpunkt ist deshalb nicht sachgerecht.[291]

---

291 Kritisch gegenüber einer solchen Lösung bereits vor Erlass des Art. 14 DSM-Richtlinie: *Stang, Das urheberrechtliche Werk nach Ablauf der Schutzfrist*, 2011, S. 182, der darauf hinwies, dass es kaum zumutbar, teilweise sogar unmöglich sei, den Lichtbildnern einer Reproduktionsfotografie die Berechnung des Zeitpunktes des Ablaufes des Schutzes unter Einbeziehung der Vorlage aufzuerlegen. Dem ist zwar dem Grunde nach zuzustimmen, insbesondere unter Berücksichtigung des Umstandes, dass bei einigen Vorlagen der Todeszeitpunkt des Urhebers oder die Person des Urhebers selbst gar nicht bekannt sind. Gleichwohl ist nun durch die Regelung des Art. 14 DSM-Richtlinie dies unvermeidbar. Denn selbst bei einem Abstellen auf den Vervielfältigungszeitpunkt wäre es nunmehr erforderlich, dass der Lichtbildner oder eben ein potentieller Nutzer des Lichtbildes sich Gewissheit darüber verschaffte, ob eine Gemeinfreiheit der Vorlage bereits vorliege oder nicht. Dieses Problem lässt sich infolge der Verpflichtung zur Umsetzung der DSM-Richtlinie nicht mehr überwinden und wird aller Voraussicht nach in den Bereich der Nachweisbarkeit des Zeitpunktes des Eintritts der Gemeinfreiheit verlagert und dann nach Grundsätzen der Beweislast zu bewerten sein.

ee) Rechtsnatur des Art. 14 DSM-Richtlinie: Tatbestandsbeschränkung oder Schrankenregelung?

Aus den vorangegangenen Ausführungen folgt, dass die Regelung des Art. 14 DSM-Richtlinie eine Zwitterstellung zwischen Tatbestandsbeschränkung und Schrankenregelung einnimmt[292]:

Handelt es sich um Vervielfältigungsmaterial (z.B. Reproduktionsfotografien), das zu einem Zeitpunkt entsteht, in dem die Vorlage bereits gemeinfrei gewesen ist, liegt eine Tatbestandsbeschränkung vor. Denn in diesem Fall entsteht für die Reproduktion erst gar kein Schutz durch ein Urheberrecht oder ein verwandtes Schutzrecht. Für den Fall einer Reproduktionsfotografie einer Vorlage, deren Schutzdauer bereits abgelaufen ist, bedeutet dies, dass ein Schutz nach § 72 UrhG oder § 2 Abs. 1 Nr. 5 UrhG von vorneherein nicht besteht.

Entsteht das Vervielfältigungsmaterial jedoch, solange die Vorlage noch nicht gemeinfrei geworden ist, führt dies zu einem nachträglichen Entfallen des zunächst entstandenen urheberrechtlichen Schutzes bzw. Schutzes als verwandtes Schutzrecht der Reproduktion und damit zum Entfallen der daraus resultierenden Verwertungsrechte. In diesem Fall wirkt Art. 14 DSM-Richtlinie gleichermaßen wie die allgemeine Schutzdauerregelung des § 64 UrhG als zeitliche Schrankenbestimmung.

ff) Ausschluss neu entstandener Werke

In denjenigen Fällen, in denen das jeweils durch Vervielfältigungshandlungen entstandene Material selbst eine persönliche geistige Leistung und damit ein Werk darstellt, hat der Normgeber die Entscheidung getroffen, auch diesen Vervielfältigungsmaterialien Schutz zu gewähren. Es soll ein urheberrechtlicher Schutz der Reproduktion als Werk möglich sein, auch wenn die Vorlage gemeinfrei ist. Die dem Urheberrecht immanente Interessenabwägung fällt in diesen Konstellationen nach dem Willen des Normgebers zugunsten neu entstandener Werke und damit zugunsten des Urhebers des jüngeren Werkes aus. Die Interessen der Allgemeinheit am

---

292 Anders *Dreier*, GRUR 2019, 771 (774), der von dem Vorliegen einer Begrenzung des urheberrechtlichen Schutzes als solchen ausgeht, sowie vom tatbestandsausschließenden Charakter der Vorschrift ausgehend *Stang*, ZUM 2019, 668 (673); anders ebenfalls *Schulze*, GRUR 2019, 779 (781), der Art. 14 DSM-Richtlinie als Schrankenregelung versteht.

Zugang zur Kultur und deren Förderung sowie am Zugang zu kulturellem Erbe müssen nach dem Willen des Normgebers hinter den Interessen des Urhebers eines neu entstandenen Werkes zurücktreten.

Dies bedeutet mit Blick auf die im Rahmen dieser Arbeit behandelten Lichtbilder, dass der deutsche Gesetzgeber verpflichtet ist, einfachen Lichtbildern (§ 72 UrhG) gemeinfreier Vorlagen den Schutz zu versagen.[293] Solchen Lichtbildern gemeinfreier Vorlagen, die Lichtbildwerke gem. § 2 Abs. 1 Nr. 5 UrhG darstellen, soll der urheberrechtliche Schutz jedoch weiterhin zustehen.

c) Bewertung und Umsetzungsmöglichkeiten

Kern dieser Arbeit ist der Lichtbildschutz nach dem UrhG und dessen Rechtfertigung. Vor diesem Hintergrund beschränken sich die folgenden Ausführungen auf die Auswirkungen des Art. 14 DSM-Richtlinie auf fotografische Vervielfältigungsmethoden bzw. auf die Lichtbildwerke und einfache Lichtbilder als mögliche Abbildungsgegenstände. Mögliche Bewertungen des Art. 14 DSM-Richtlinie unter Berücksichtigung anderer Schutzrechte bleiben insoweit außer Betracht.

aa) Positiv: Anknüpfungspunkt des Vervielfältigungsmaterials

Positiv fällt bei Art. 14 DSM-Richtlinie auf, dass als Anknüpfungspunkt das Vervielfältigungsmaterial gewählt wurde.

Angesichts der Diskussionen um die Verfahren zwischen den Reiss-Engelhorn-Museen und Wikimedia sowie der diesbezüglichen Berichterstattung und der entsprechenden Abhandlungen in der Literatur hätte es geradezu nahegelegen, als Anknüpfungspunkt die „Reproduktionen" zu wählen. Dies hätte allerdings zu den unter Kapitel 2 B), IV) 1) und 2) dargestellten Schwierigkeiten geführt, festzulegen, was überhaupt unter einer Reproduktion zu verstehen ist und zu beurteilen, wann eine Vervielfältigung eine Reproduktion darstellt und wann nicht. Wird z.B. ein Gemälde inklusive des Rahmens oder der dahinter befindlichen Wand fotografiert,

---

293 Ein Schutz gegen die Übernahme in einem Wettbewerbsverhältnis kann jedoch, soweit unlautere Umstände hinzutreten, aus wettbewerbsrechtlichen Gesichtspunkten vorliegen, *Thum,* in: Wandtke/Bullinger, 5. Auflage, 2019, § 72 *UrhG,* Rn. 209.

stellt sich die Frage, ob es sich noch um eine Reproduktion handelt. Eine Vervielfältigung im urheberrechtlichen Sinn liegt demgegenüber in jedem Fall vor, die während des Bestehens des Urheberrechtsschutzes für das Gemälde jedenfalls dann einer Einräumung von Verwertungsrechten bedarf, solange es sich nicht um nur unwesentliches Beiwerk i. S. v. § 57 UrhG handelt.

bb) Kritik an Art. 14 DSM-Richtlinie

Art. 14 DSM-Richtlinie führt im Ergebnis allerdings zu erheblichen Wertungswidersprüchen. Dies jedenfalls in den Mitgliedsstaaten, die – wie Deutschland – einen einfachen Lichtbildschutz für solche Lichtbilder normiert haben, die keine individuellen Werke i.S.v. Art. 6 der Schutzdauerrichtlinie darstellen, die also nicht das Ergebnis der eigenen geistigen Schöpfung ihres Urhebers sind.

Art. 14 DSM-Richtlinie erfasst lediglich Vervielfältigungen von Werken der bildenden Künste als mögliche Abbildungsgegenstände, deren Vervielfältigung nach Eintritt der Gemeinfreiheit ermöglicht werden soll. Dies führt jedoch in der Konsequenz dazu, dass Vervielfältigungen anderer Vorlagen, auch wenn diese keine persönliche geistige Schöpfung darstellen, einen weitergehenden Schutz erhalten können als Vervielfältigungen solcher Vorlagen, die diese Schöpfungshöhe erreichen. Mittelbar führt dies zu einem weitreichenderen Schutz derjenigen Vorlagen, die keine persönliche geistige Schöpfung aufweisen und damit zu einer Diskriminierung schöpferischer Leistungen gegenüber nicht von Art. 14 DSM-Richtlinie nicht-schöpferischen Leistungen.

Konkret bezogen auf Lichtbilder bedeutet dies: Abbildungen gemeinfrei gewordener einfacher Lichtbilder sind bei unmittelbarer Anwendung von Art. 14 DSM-Richtlinie weiterhin geschützt, während Abbildungen gemeinfreier Werke der bildenden Künste nicht mehr schutzfähig sein sollen:

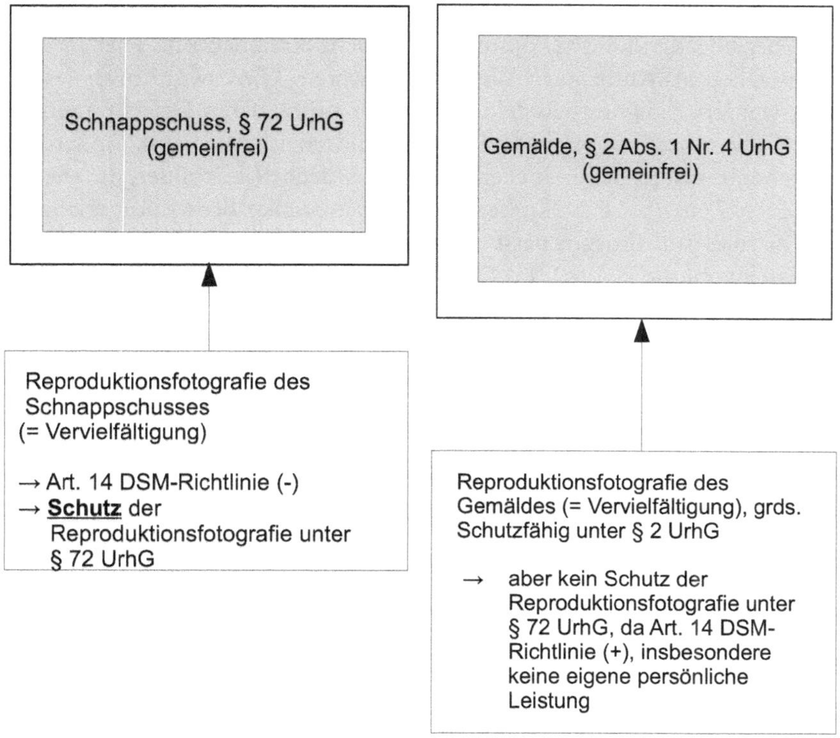

Abbildung 5: Schematische Darstellung – Schnappschuss vs. Gemälde

Die Reproduktionsfotografie eines einfachen Lichtbildes wäre mithin auch dann geschützt, wenn die Schutzdauer der Vorlage (hier des einfachen Lichtbildes) abgelaufen ist. Dies bedeutet für die Praxis insbesondere auch, dass die Verbreitung eines gemeinfreien Werkes in Form von Tassenaufdrucken, T-Shirt-Prints u. ä. durch Verwendung der Vervielfältigung (hier der Reproduktionsfotografie) lizenzfrei zulässig ist, anderes jedoch für die gleichartige Verbreitung von Vervielfältigungen einfacher Lichtbilder gälte. Die Reproduktionsfotografie eines Gemäldes stünde in ihrem Schutzumfang hinter einer Reproduktionsfotografie eines einfachen Knipsbildes zurück.

Mit Blick auf den Sinn und Zweck des Art. 14 DSM-Richtlinie wurde offensichtlich der Fokus darauf gelegt, typisches Kulturgut und damit insbesondere diejenigen Objekte, die eine gewisse Schöpfungshöhe aufweisen, zugänglicher zu machen. Vor diesem Hintergrund verwundert es nicht, dass Art. 14 DSM-Richtlinie sich nicht auf Vervielfältigungen solcher Objekte bezieht, die diese Schöpfungshöhe nicht erreichen und eher in Ausnahmefällen als Kulturgut zu betrachten wären. Gleichwohl muss festgestellt werden, dass diese Regelung zu einer untragbaren Diskriminierung von Werken gegenüber einfachen Lichtbildern führen kann. Außerdem entstehen insoweit Schutzlücken, als auch einfache Lichtbilder, die erst im Laufe der Zeit z.B. als Dokument der Zeitgeschichte Bedeutung erlangen, gleichermaßen Kulturgut darstellen, die Vervielfältigungsmaterialien hieran gleichwohl nicht von Art. 14 DSM-Richtlinie erfasst werden.

Dass die Regelung des Art. 14 DSM-Richtlinie in seiner konkreten Form zu erheblichen Schwierigkeiten führen kann, soweit ein Mitgliedstaat den Schutz einfacher Lichtbilder normiert hat, zeigt sich auch an folgendem Beispiel: Angenommen, eine Privatperson erstellte ein Knipsbild ihres Wohnzimmers. Hierbei stellte die Person keine besonderen Erwägungen hinsichtlich des Inhaltes des Lichtbildes an, die einen Schutz nach § 2 Abs. 1 Nr. 5 UrhG begründen könnten. Das entstandene einfache Lichtbild gem. § 72 UrhG bildete in einem kleinen Abschnitt der Fotografie ein unter § 2 Abs. 1 Nr. 4 UrhG schutzfähiges Gemäldes ab. Gemälde und Lichtbild wären in der Zwischenzeit gemeinfrei:

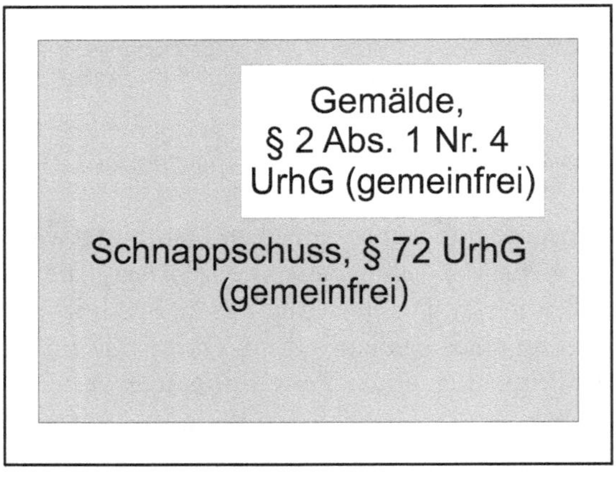

Abbildung 6: Schematische Darstellung – Gemälde als Teil eines Schnappschusses

In diesem Fall handelte es sich bei der entstandenen Reproduktionsfotografie des Schnappschusses um ein Lichtbild gem. § 72 UrhG. Dieses Lichtbild und damit auch die Reproduktionsfotografie stellten jedoch gleichzeitig Vervielfältigungen eines Werkes nach § 2 Abs. 1 Nr. 4 UrhG dar. Diese

Konstellation könnte zu zwei unterschiedlichen rechtlichen Bewertungen führen:

Entweder man stellte schlicht auf den Begriff der Vervielfältigung ab und käme zu dem Ergebnis, dass hier in der Reproduktionsfotografie des bereits vorhandenen Lichtbildes gleichermaßen eine Vervielfältigung des Gemäldes liege. In diesem Fall wäre ausnahmsweise die Vervielfältigung des einfachen Lichtbildes in seiner Gesamtheit, das eigentlich von Art. 14 DSM-Richtlinie nicht erfasst wird, aufgrund dieser Vorschrift zulässig. Dies, da ein Teil des als Vorlage dienenden einfachen Lichtbildes ein gemeinfreies Werk der bildenden Kunst zeigt und damit die Vervielfältigung des Schnappschusses eine Vervielfältigung des Werkes bewirkt. Die Reproduktionsfotografie des Schnappschusses wäre demnach unter § 72 UrhG in ihrer konkreten Erscheinung nicht schutzfähig, obwohl es an dem Werkcharakter der konkreten, reproduzierten Vorlage mangelte.

Alternativ könnte davon ausgegangen werden, dass in Anlehnung an die Wertung des § 57 UrhG bzw. des Art. 5 Abs. 3 lit. i RL 2001/29/EG (InfoSoc-RL) die Bedeutung des beiläufig einbezogenen Gemäldes hinter dem einfachen Lichtbild zurücktreten müsse. Dies würde auch dem Umstand gerecht, dass Reproduktionsfotografien derartiger Lichtbilder, in denen ein gemeinfreies Werk nur als Beiwerk auftritt, tendenziell nicht diejenigen sind, die zum Zugang zur Kultur und deren Förderung oder zum Zugang zum kulturellen Erbe beitragen. Damit wäre selbst unter Berücksichtigung des Erwägungsgrundes Nr. 53 der DSM-Richtlinie die Einbeziehung derartiger Reproduktionsfotografien in den Anwendungsbereich des Art. 14 DSM-Richtlinie nicht erforderlich. Diese Bewertung führte dazu, dass letztlich auf den Schnappschuss abzustellen wäre, der Anwendungsbereich des Art. 14 DSM-Richtlinie nicht eröffnet wäre. Die Reproduktionsfotografie wäre demnach auch unter § 72 UrhG geschützt, eine ausnahmsweise Vervielfältigung mangels Anwendung des Art. 14 DSM-Richtlinie nicht möglich. Wäre demgegenüber von dem identischen Schnappschuss lediglich eine Teil-Reproduktionsfotografie dergestalt vorgenommen werden, dass eine Reproduktion nur bezogen auf das abgebildete Gemälde erstellt würde, wäre Gegenstand der Vervielfältigung die Abbildung des Gemäldes selbst, sodass die Reproduktionsfotografie als eine Vervielfältigung im Lichte des Art. 14 DSM-Richtlinie zu bewerten wäre und der nunmehr entstandenen Reproduktionsfotografie, da Vervielfältigungsobjekt ein gemeinfreies Werk der bildenden Künste wäre, kein Schutz unter § 72 UrhG zugesprochen werden könnte.

Im Ergebnis sind beide Ergebnisse nicht sachgerecht. Denn die erste Lösung stellt mit Blick auf die Rechtsfolge die Reproduktionsfotografie eines einfachen Lichtbildes derjenigen eines Gemäldes gleich, obwohl Art. 14 DSM-Richtlinie ausdrücklich nur für den letztgenannten Fall eröffnet ist. Die andere Lösung missachtet, dass Art. 14 DSM-Richtlinie tatbestandlich nur eine Vervielfältigung verlangt, ohne weitere Voraussetzungen aufzustellen. Eine Übertragung der Wertung des § 57 UrhG bzw. des Art. 5 Abs. 3 lit. I InfoSoc-RL erscheint zwar plausibel, ist jedoch von Art. 14 DSM-Richtlinie nicht vorgesehen.

cc) Alternativen

Es ist bedauerlich, dass im Rahmen der Trilogverhandlungen diese Regelung offenbar recht kurzfristig und ohne größeren fachlichen Diskurs Eingang in die Richtlinie gefunden hat.

Zur Erreichung der im Erwägungsgrund 53 genannten Ziele wäre es nämlich auch ausreichend gewesen, das Zitatrecht auszuweiten, wie dies im deutschen Recht in § 51 S. 3 UrhG kürzlich geschehen ist.[294] Indem das Zitatrecht auf die Verwendung von Vervielfältigungen ausgedehnt wird, wird dem Zugang der Allgemeinheit zum Kulturgut hinreichend Rechnung getragen. Es ist nicht ersichtlich, dass zur Erreichung der Förderung des Zugangs zur Kultur und kulturellem Erbe sowie zur besseren Kommunizierbarkeit derselben ein weitergehender Zugang, insbesondere ein Zugang außerhalb des Zitatzweckes erforderlich wäre. Vielmehr erscheint es so, als sei hier unter dem besonderen Wirken von *Wikimedia* eine Regelung entstanden, die letztlich gerade die uneingeschränkte und insbesondere auch kommerzielle Verwendung derartiger Vervielfältigungen, z. B. durch Aufdrucke auf T-Shirts, Tassen etc. legitimiert. Eine solch weitreichende Beeinträchtigung der grundsätzlich gesetzlich vorgesehenen Rechte derjenigen, die das hier maßgebliche Vervielfältigungsmaterial herstellen, wäre zur Erreichung dieser Kommunizierbarkeit nicht erforderlich gewesen.

dd) (Keine) Erforderlichkeit von Übergangsregelungen

Das Leistungsschutzrecht des § 72 UrhG ist ein Immaterialgüterrecht, das dem Schutz des durch Art. 14 Abs. 1 Satz 1 GG gewährleisteten Eigentums unterliegt. Gem. Art. 14 Abs. 1 Satz 2 GG ist zwar die inhaltliche Umfor-

---

294 So auch *Seiler*, K&R 2019, 245 (249).

mung durch das einfache Recht möglich, dies gilt jedoch nur, soweit die bisherigen Zuordnungsverhältnisse aufrechterhalten bleiben.[295]

Soweit Lichtbilder betroffen sind, die solche Gegenstände abbilden, die zum Zeitpunkt der Herstellung der Vervielfältigung bereits gemeinfrei waren, handelt es sich nicht lediglich um eine inhaltliche Umformung, da, wie zuvor dargestellt, der Schutz für ein solches Lichtbild infolge der Umsetzung des Art. 14 DSM-Richtlinie gar nicht entstehen kann. Für diese Lichtbilder, soweit sie vor Inkrafttreten des Art. 14 DSM-Richtlinie umsetzenden Rechtsaktes angefertigt wurden, eine Übergangsvorschrift erforderlich. Anderes gilt hingegen für diejenigen Lichtbilder, die ein im Zeitpunkt der Anfertigung des Lichtbildes nicht gemeinfreies Werk abbilden. Für diese Fälle wird lediglich die Schrankenbestimmung geändert, ohne die bisherigen Zuordnungsverhältnisse anzutasten, sodass eine Übergangsvorschrift nicht erforderlich ist.

ee) Umsetzungsmöglichkeiten/-empfehlungen

Der zuvor aufgezeigte, durch den Schutz einfacher Lichtbilder auftretende Wertungswiderspruch zwischen dem Schutz von Reproduktionsfotografien einfacher Lichtbilder einerseits und dem Schutz von Lichtbildwerken andererseits könnte durch eine richtlinienüberschießende Umsetzung seitens des deutschen Gesetzgebers beseitigt werden. Die richtlinienüberschießende Umsetzung sollte dahingehend erfolgen, dass der maßgebliche Abbildungsgegenstand nicht auf die Werke der bildenden Künste beschränkt wird. Letztlich erscheint es sogar sachgerecht, sämtliche unter dem UrhG geschützten Werke und sonstige Leistungen von einer entsprechenden Regelung zu erfassen. Denn hierdurch würde einerseits der Zugang zum Kulturgut bestmöglich gewährleistet. Andererseits würde es vermieden, die urheberrechtlich geschützten Werke gegenüber denjenigen Erzeugnissen, die lediglich von einem verwandten Schutzrecht erfasst werden, schlechter zu stellen. Ferner könnte so vermieden werden, dass der Begriff der bildenden Künste in geringerem Umfang verstanden würde als in anderen Mitgliedsstaaten der Europäischen Union.

Auch die Unsicherheit hinsichtlich des relevanten Zeitpunktes könnte durch eine Klarstellung überwunden werden. Möglich wäre z.B. der Erlass folgender Regelung:

295 BVerfG, Beschluss v. 08.07.1971 – 1 BvR 766/66, NJW 1972, 145 (146, 148).

> „Material, das im Zuge einer Handlung der Vervielfältigung eines durch ein Urheberrecht oder ein verwandtes Schutzrecht geschützten Objektes nach Ablauf der Schutzdauer desselben entstanden ist, ist weder urheberrechtlich noch durch verwandte Schutzrechte geschützt, es sei denn, dieses Material stellt eine eigene geistige Schöpfung dar.
> Ist das Material zu einem Zeitpunkt entstanden, zu dem die Schutzdauer noch nicht abgelaufen war, entfällt ein urheberrechtlicher Schutz oder ein Schutz durch ein verwandtes Schutzrecht mit Ablauf der Schutzdauer des vervielfältigen Objektes, es sei denn, dieses Material stellt eine eigene geistige Schöpfung dar.“

Die Verortung einer entsprechenden Regelung bei den als Vervielfältigungsmaterial in Betracht kommenden Leistungsschutzrechten, wie vom GRUR-Fachausschuss für Urheber- und Verlagsrecht vorgeschlagen[296], berücksichtigt nicht, dass ggf. künftig Vervielfältigungsverfahren hinzukommen, die nicht unter die genannten Leistungsschutzrechte fallen. Demnach sollte eine typusunabhängige Vorschrift für jegliche Arten der Vervielfältigung normiert werden.

6) Praktische Auswirkungen des Schutzes von Reproduktionsfotografien

Die grundsätzliche Anerkennung der Schutzfähigkeit von Reproduktionsfotografien hat erhebliche Auswirkungen für die Praxis:

a) Nutzerperspektive

Während bei Reproduktionsfotografien von räumlichen Objekten der Nutzer ohne weiteres erkennen kann, dass es sich um eine Reproduktionsfotografie handelt, muss der Nutzer bei Reproduktionsfotografien flacher Vorlagen wie z.B. Fotografien, Dokumenten u.ä. Vorlagen differenzieren, ob es sich um eine bloße technische Reproduktion (kein Schutzgut unter § 72 UrhG), eine Reproduktionsfotografie (Schutzgut unter § 72 UrhG) oder, soweit der fotografische Reproduktion eine Substitutionswirkung zukommt (z.B. Reproduktionsfotografie von Fotografien, Zeichnungen etc.), es sich sogar um das Original handelt. Der Nutzer ist damit bei Lichtbil-

296 *GRUR-Fachausschuss für Urheber- und Verlagsrecht*, GRUR 2019, 1140 (1150).

dern solcher Vorlagen, deren Ursprung er nicht kennt, zur Achtsamkeit gezwungen.

Bei diesem Ergebnis handelt es sich um die folgerichtige Konsequenz des bestehenden, umfassenden Lichtbildschutzes. Bedient sich jemand eines vorexistierenden Lichtbildes, muss er eventuell bestehende Rechte Dritter erwägen und ggf. die Erlaubnis des Rechtsinhabers zur weiteren Nutzung einholen.

b) Doppellizenzierung

Darüber hinaus führt der Schutz von Reproduktionsfotografien unter § 72 UrhG dazu, dass in den Fällen, in denen noch unter dem UrhG geschützte Vorlagen abgebildet werden, für die Nutzung der Reproduktionsfotografie nicht nur die Rechte an dem Lichtbild sondern auch diejenigen an der Vorlage erworben werden müssen. Auch für den Lichtbildner der Reproduktionsfotografie selbst ist, soweit ein Schutz der Vorlage als Schutzgut des UrhG besteht, eine unabhängige Nutzung und insbesondere Verwertung nicht möglich, er bedarf vielmehr der Erlaubnis des Rechtsinhabers der Vorlage, da insoweit eine Vervielfältigung des Abbildungsgegenstandes gem. § 16 UrhG vorliegt.

Der Schutz von Reproduktionsfotografien bedeutet damit, dass eine stärkere Belastung des Rechtsverkehrs mit Lizenzen vorliegt als dies der Fall wäre, wenn Reproduktionsfotografien keinem Schutzrecht unterlägen. Auch insoweit handelt es sich jedoch um eine Konsequenz des weiten, vom Gesetzgeber beabsichtigten Leistungsschutzrechtes zur Vermeidung von Abgrenzungsschwierigkeiten. Unter dem geltenden Recht ist dieses Ergebnis deshalb hinzunehmen.

c) Konsequenzen aus der Umsetzung des Art. 14 DSM-Richtlinie für den Markt

Auf der anderen Seite besteht dann, wenn einer Reproduktionsfotografie kein Schutzrecht (mehr) zukommt ist, wie dies aufgrund des Art. 14 DSM-Richtlinie künftig für Reproduktionsfotografien gemeinfreier Werke generell der Fall sein wird, das Risiko, dass die Eigentümer gemeinfreier Werke, von denen bislang keine Reproduktionsfotografien im Umlauf sind, aufgrund der faktisch nur einmaligen Möglichkeit der Vermarktung erhebliche Summen verlangten, um die Werke als Vorlagegegenstände für Ablichtungen zur Verfügung zu stellen.

C) Schutzumfang

I) Kein Motivschutz

Der Schutz einfacher Lichtbilder gem. § 72 UrhG ist beschränkt auf die konkrete Aufnahme als körperlicher Gegenstand.[297] Grundsätzlich kann kein Schutz gegen nachschaffende Leistungen gewährt werden, das reine Motiv als Vorlage des Lichtbildes ist als solches urheberrechtlich nicht geschützt.[298] Es steht einem Dritten mithin dem Grunde nach frei, eine Aufnahme des identischen Motivs vorzunehmen.

Der Schutzumfang eines Lichtbildes ergibt sich aus den fotografischen Besonderheiten und nicht aus dem Motiv.[299] Ein Motivschutz ist bei Lichtbildwerken i.S.v. § 2 Abs. 1 Nr. 5 UrhG ausnahmsweise anerkannt, soweit gerade die Übernahme schöpferischer Leistungen erfolgt[300], sich die Individualität also aus dem Motiv ergibt.[301] Bei einfachen Lichtbildern scheidet die Übernahme solcher individueller, eigentümlicher Elemente jedoch üblicherweise aus, sodass ein Motivschutz für einfache Lichtbilder nicht in

---

297 BGH, Urt. v. 04.11.1966 – Ib ZR 77/65, GRUR 1967, 315 (316), *skaicubana*.

298 Ganz h.M: *Lauber-Rönsberg*, in: BeckOK UrhG, 26. Edition (Stand 15.10.2019), 2019, *§ 72 UrhG*, Rn. 22, 24; *Schulze*, in: Dreier/Schulze/Specht, 6. Auflage, 2018, *§ 72 UrhG*, Rn. 13 f.; *Thum*, in: Wandtke/Bullinger, 5. Auflage, 2019, *§ 72 UrhG*, Rn. 65; *Vogel*, in: Loewenheim, Handbuch des Urheberrechts, *§ 37 Schutz von Lichtbildern*, 2010, Rn. 5; *Vogel*, in: Schricker/Loewenheim, 5. Auflage, 2017, *§ 72 UrhG*, Rn. 37; BGH, Urt. v. 04.11.1966 – Ib ZR 77/65, GRUR 1967, 315 (316), *skaicubana*; OLG Hamburg, Urt. v. 29.06.1995 – 3 U 302/94, ZUM-RD 1997, 217 (221); OLG München, Urt. v. 17.01.1991 – 6 U 5167/90, NJW-RR 1992, 369; LG München I, Urt. v. 25.04.2002 – 7 O 16110/01, ZUM-RD 2002, 489 (493).

299 *Schulze*, in: Dreier/Schulze/Specht, 6. Auflage, 2018, *§ 72 UrhG*, Rn. 14.

300 Verneint bei BGH, Urt. v. 05.06.2003 – I ZR 192/00, GRUR 2003, 1035 (1037), *Hundertwasser-Haus*.

301 *Vogel*, in: Schricker/Loewenheim, 5. Auflage, 2017, *§ 72 UrhG*, Rn. 37 nimmt eine Sperrwirkung gegenüber nachschaffenden Leistungen und hinsichtlich des Motivs nur dann an, wenn die übernommenen Wesenszüge kreativer Natur sind. Angenommen wurde eine solche Übernahme schöpferischer Leistungen bei OLG Köln, Urt. v. 05.03.1999, GRUR 2000, 43, *Klammerpose*.

Betracht kommt.[302] Etwas anderes kann gelten, wenn Umstände hinzutreten, die die Nachahmung als unlauter erscheinen lassen, sodass der ergänzende wettbewerbsrechtliche Leistungsschutz gem. § 4 Nr. 3 UWG eingreift. Ein solcher Motivschutz wurde durch das OLG München bestätigt bei der Herstellung eines fast identischen Lichtbildes unter Ausnutzung einer Vorinstallation eines Mitbewerbers in einer Konkurrenzsituation.[303] In diesem Fall besteht ein Motivschutz aus wettbewerbsrechtlichen Gesichtspunkten.

II) Teileschutz

Ferner stellt sich die Frage, in welchem Umfang Teile einfacher Lichtbilder geschützt sind.

Für die Beantwortung der Frage ist aufgrund des Verweises in § 72 Abs. 1 UrhG zunächst auf die für Lichtbildwerke geltenden Grundsätze zurückzugreifen. Bei Lichtbildwerken ist, ebenso wie bei anderen Werkarten nach § 2 Abs. 1 UrhG, anerkannt, dass ein Schutz von Werkteilen nur in einem Umfang möglich ist, in dem der entnommene Teil des Werkes selbst Werkschutz genießen kann.[304] Der in Rede stehende Werkteil muss mithin eine hinreichende Individualität besitzen. Dieses Ergebnis ist sachgerecht, stellt doch auch ein Werkteil, der isoliert betrachtet eine hinreichende Individualität beinhaltet, stets selbst ein eigenes Werk dar. Ein Werk ist stets die Summe verschiedener Elemente, in einigen Fällen handelt es sich bei diesen einzelnen Elementen um eigenständige Werke i.S.d. Urheberrechts. Diesen ist dann aber konsequent der volle Werkschutz zu gewähren. Voraussetzung des Teileschutz ist damit die Erfüllung der identischen Schutzvoraussetzungen durch das Gesamtwerk wie auch durch den entlehnten Teil.

Eine Übertragung dieser Feststellung auf einfache Lichtbilder bedeutete, dass jeder Teil eines einfachen Lichtbildes gleichermaßen als Lichtbild zu schützen wäre, soweit der entlehnte Teil die Voraussetzungen an ein einfa-

302 *Vogel*, in: Loewenheim, Handbuch des Urheberrechts, *§ 37 Schutz von Lichtbildern*, 2010, Rn. 16; *Schulze*, in: Dreier/Schulze/Specht, 6. Auflage, 2018, *§ 72 UrhG*, Rn. 14.

303 OLG München, Urt. v. 17.01.1991 – 6 U 5167/90, NJW-RR 1991, 431.

304 BGH, Urt. v. 21.04.1953 – I ZR 110/52, GRUR 1953, 299 (301); Urt. v. 17.10.1958 – I ZR 180/57, NJW 1959, 336, *Verkehrs-Kinderlied*; Urt. v. 20.11.2008 – I ZR 112/06, GRUR 2009, 403 (405), *Metall auf Metall*; *Bullinger*, in: Wandtke/Bullinger, 5. Auflage, 2019, *§ 2 UrhG*, Rn. 42.

ches Lichtbild i. S. d. § 72 UrhG erfüllte. Nach der hier vertretenen Auffassung (vgl. unter Kapitel 2, B) III) 4)) ist für den Schutz des entlehnten Teils erforderlich, dass der dieser keine bloße technische Vervielfältigung darstellt, die dadurch geschaffen wird, dass ein technisches Vervielfältigungsverfahren zur Anwendung kommt, dessen Aufgabe gerade darin besteht, eine identische Nachbildung einer jeden Vorlage zu schaffen und eine solche identische Nachbildung dabei auch tatsächlich geschaffen wird. Ob dieses Ergebnis sachgerecht ist, gilt es im Folgenden herauszuarbeiten.

1) Teile einer unter Zuhilfenahme eines Gerätes zur technischen Reproduktion hergestellte Collage

Einen Sonderfall stellt in diesem Zusammenhang die Collage dar, die unter Zuhilfenahme eines technischen Reproduktionsgerätes unter Heranziehung einzelner Lichtbilder als Vorlage hergestellt wird. Während nach hier vertretener Auffassung die Collage selbst als Lichtbild schutzfähig ist, gilt dies nicht für den einzelnen Teil des neu entstandenen Lichtbildes (der Collage), soweit dieser Teil lediglich einen Teil der Collage wiedergibt, der eine identische Abbildung seiner Vorlage darstellt:

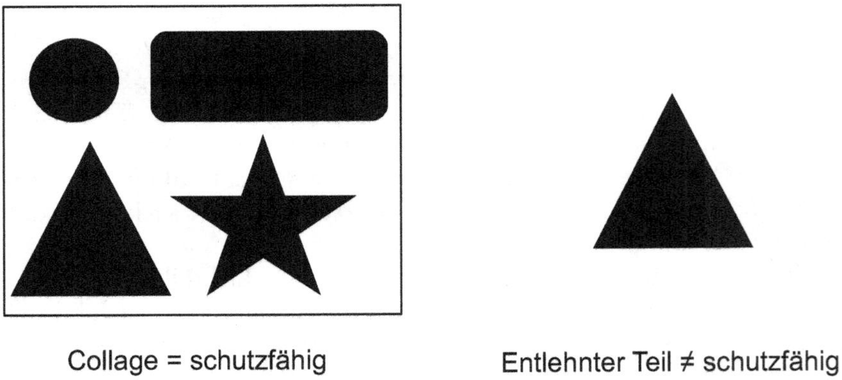

Abbildung 7: Schematische Darstellung – Collage vs. entlehnter Teil

Insoweit handelt es sich bei dem entlehnten Teil nämlich um eine rein technische, identische Nachbildung einer Vorlage unter Zuhilfenahme eines zum Zwecke der Vervielfältigung existierenden Gerätes und damit um ein Lichtbild, das die Mindestanforderungen des § 72 UrhG nicht erfüllt.[305] Die mittels technischer Reproduktion hergestellte Collage ist demnach schutzfähig unter § 72 UrhG, dem einzelnen Teil, der dann nur die technische Reproduktion seiner Vorlage darstellt, kommt ein solcher Schutz nicht zu.

2) Sonstige Lichtbilder

Während die Frage nach dem Teileschutz für Teile einer Lichtbild-Collage noch recht einfach zu beantworten ist, stellt sich dies für den Teileschutz sonstiger einzelner Lichtbilder problematischer dar:

Eine konsequente Anwendung der obigen Voraussetzungen auf Teile eines einfachen Lichtbildes führte, soweit es sich nicht um Collagen handelte, dazu, dass jeder noch so kleine Teil eines einfachen Lichtbildes zu schützen wäre. Erfüllt nämlich das als Vorlage verwendete Lichtbild die genannten Voraussetzungen, gilt dies gleichermaßen für einzelne Teile hiervon. Wird durch einen Touristen eine Landschaftsfotografie mit einer Kamera aufgenommen, liegt auch hinsichtlich eines winzigen, darauf abgebildeten Sandkorns eine solche Aufnahme vor, welche die Anforderungen des § 72 UrhG erfüllt.

Soweit bei dem Schutz von Werkteilen unter § 2 UrhG geschützter Werke regelmäßig darauf abgestellt wird, der Werkteil müsse eine individuelle Prägung aufweisen[306], beruht dies auf der Voraussetzung einer Individualität für das Erreichen der erforderlichen Werkqualität gem. § 2 Abs. 2 UrhG. Da die Individualität jedoch keine Voraussetzung für den einfachen Lichtbildschutz darstellt, ist eine solche im Ergebnis bei einer dem § 72 Abs. 1 UrhG entsprechenden Anwendung der Regelungen für Lichtbildwerke auch für den Schutz von Teilen einfacher Lichtbilder nicht zu fordern.[307]

305 Dasselbe Ergebnis läge im Übrigen auch bei der Heranziehung der Kriterien eines Urbildes oder eines Mindestmaßes an persönlicher geistiger Leistung vor.

306 Z.B. *Fischer, Digitale Kunst und freie Benutzung*, 1. Auflage, 2018, S. 117.

307 Ebenso zur grundsätzlichen Übertragbarkeit *Apel*, in: Götz von Olenhusen/Gergen, Kreativität und Charakter, *Überlegungen zu einer Reform des Lichtbildschutzrechts (§ 72 UrhG)*, 2017, S. 205 (212); *Schulze*, in: Dreier/Schulze/Specht, 6. Auflage, 2018, *§ 72 UrhG*, Rn. 15; *Vogel*, in: Schricker/Loewenheim, 5. Auflage, 2017, *§ 72 UrhG*, Rn. 40; *Erdmann*, in: Büscher, Festschrift für Joachim Bornkamm zum 65. Geburtstag, *Der urheberrechtliche Schutz von Lichtbildwerken und Lichtbildern*, 2014, S. 761 (769).

Diese Auffassung entspricht auch hinsichtlich des Laufbildschutzes und Tonträgerherstellerrechts der Rechtsprechung des BGH[308] sowie der herrschenden Auffassung in der Literatur.[309] Sowohl beim Laufbildschutz als auch beim Tonträgerherstellerrecht wurde durch BGH und Literatur die organisatorische und wirtschaftliche Leistung, die den Schutz für Laufbilder und Tonträger begründete, in den Vordergrund der Bewertung gestellt. Da der hierfür anfallende unternehmerische Aufwand für den gesamten Film bzw. für den gesamten Tonträger erbracht werde, gebe es keinen kleinen Teil, auf den nicht ein Teil dieses Aufwandes entfiele und der daher nicht zu schützen sei.[310] Aufgrund des im Vergleich zu Filmwerken und Musikwerken unterschiedlichen Schutzgegenstandes des Laufbildschutzes bzw. des Tonträgerherstellerrechts liege auch kein Wertungswiderspruch vor, wenn bei den Leistungsschutzrechten bereits kleinste Teile geschützt würden, bei den jeweiligen Werken ein Teilschutz jedoch nur dann gewährt werde, wenn diese Teile selbst die urheberrechtliche Schutzvoraussetzungen erfüllten.[311] Der hierdurch weitergehende Schutz des Leistungsschutzberechtigten gegenüber dem ausübenden Künstler bzw. dem Urheber liege in der Natur des unterschiedlichen Schutzgegenstandes.[312] Der EuGH hat diese Auffassung nach erfolgter Vorlage durch den BGH[313] in der Rechtssache *Metall auf Metall III* mit Urteil vom 29.07.2019 bestätigt.[314] Auch die Vervielfältigung eines sehr kurzen Audiofragments sei grundsätzlich als eine „teilweise" Vervielfältigung des Tonträgers zu bewerten.[315]

---

308 BGH, Urt. v. 20.12.2007 – I ZR 42/05, GRUR 2008, 693 (694), *TV-Total*; Urt. v. 20.11.2008 – I ZR 112/06, GRUR 2009, 403 (404 f.), *Metall auf Metall*; EuGH-Vorlage v. 01.06.2017 – I ZR 115/16, GRUR 2017, 895 (897), *Metall auf Metall III*; Urt. v. 06.12.2017 – I ZR 186/16, GRUR 2018, 400 (401), *Konferenz der Tiere*.

309 *Schulze*, in: Dreier/Schulze/Specht, 6. Auflage, 2018, *§ 72 UrhG*, Rn. 15; *Reuter*, GRUR 1997, 23 (28); *Schaefer*, in: Wandtke/Bullinger, 5. Auflage, 2019, *§ 85 UrhG*, Rn. 25; *Katzenberger/Reber*, in: Schricker/Loewenheim, 5. Auflage, 2017, *§ 95 UrhG*, Rn. 8; *Nordemann*, in: Fromm/Nordemann, 12. Auflage, 2018, *§ 95 UrhG*, Rn. 13.

310 BGH, Urt. v. 20.11.2008 – I ZR 112/06, GRUR 2009, 403 (404), *Metall auf Metall*; Urt. v. 20.12.2007 – I ZR 42/05, GRUR 2008, 693 (694), *TV-Total*; a.A. *Pötzlberger*, ZUM 2019, 250 (251).

311 Ebenda.

312 *Schaefer*, in: Wandtke/Bullinger, 5. Auflage, 2019, *§ 85 UrhG*, Rn. 25.

313 BGH, EuGH-Vorlage v. 01.06.2017 – I ZR 115/16, GRUR 2017, 895, *Metall auf Metall III*.

314 EuGH, Urt. v. 29.07.2019 – C-476/17, GRUR 2019, 929, *Pelham/Hütter u.a.*

315 EuGH, Urt. v. 29.07.2019 – C-476/17, GRUR 2019, 929 (931), *Pelham/Hütter u.a.* Von der Frage eines bestehenden Teileschutzes ist zu unterscheiden die Frage,

Die Übertragung dieses Ergebnisses auf den Schutz von Teilen einfacher Lichtbilder erscheint zwar nicht zwingend geboten. Insoweit führt *Stang*[316] aus, dass der einfache Lichtbildschutz dem Urheberrechtsschutz für Lichtbildwerke stark angenähert sei. Demnach sei es nicht erforderlich, die Grundsätze rein technischer oder investitionsbezogener Leistungsschutzrechte zu übertragen. *Fischer*[317] schlägt in diesem Sinne vor, der Nähe zum Schutz von Teilen eines Lichtbildwerkes dadurch Ausdruck zu verleihen, dass lediglich besonders prägnanten bzw. wesentlichen Bestandteilen eines einfachen Lichtbildes ein gesonderter Teileschutz zugestanden würde.

Selbst wenn von einer solchen Sonderstellung des Lichtbildschutzes ausgegangen wird, erscheint es gerade mit Blick auf einfache Lichtbilder sachgerecht, auch kleinste Teile derselben zu schützen, solange und soweit die Anforderungen an ein Lichtbild i.S.v. § 72 UrhG erfüllt sind. Der Gesetzgeber hat sich zur Vermeidung von Abgrenzungsschwierigkeiten dazu entschlossen, einfache Lichtbilder vollumfassend unter Schutz zu stellen und jegliche Knipsbilder diesem Schutz zu unterwerfen. Da der Schutz eines Lichtbildes jedoch ausschließlich an die Tätigkeit des Auslösens einer Aufnahme anknüpft und ein Schutz nach hier vertretener Auffassung ausschließlich dann nicht mehr vorliegt, wenn eine bloße technische Vervielfältigung unter Heranziehung eines zur Vervielfältigung bestimmten Gerätes erfolgt, die eine identische Nachbildung der Vorlage zum Inhalt hat, ist nicht ersichtlich, weshalb einem Teil eines einfachen Lichtbildes der

ob der Einsatz eines solchen Teiles auch eine Vervielfältigung darstellt, vgl. hierzu Kapitel 3, B) II) 1) c).

316 *Stang*, Zeitschrift für Geistiges Eigentum / Intellectual Property Journal 1 (2009), 167 (214).

317 *Fischer*, *Digitale Kunst und freie Benutzung*, 1. Auflage, 2018, S. 119. Gleichermaßen *Erdmann*, in: Büscher, Festschrift für Joachim Bornkamm zum 65. Geburtstag, *Der urheberrechtliche Schutz von Lichtbildwerken und Lichtbildern*, 2014, S. 761 (769). Beide fordern, dass das Lichtbild in den einzelnen Teil zumindest als solches erkennbar bleiben müsse, um einen Gleichlauf mit dem Teileschutz bei Lichtbildwerken zu erzielen. Weitere Autoren fordern, für einen Teileschutz die Übernahme wesentlicher Teile, vgl. *Reuter*, GRUR 1997, 23 (28); *Gelke*, *Mashups im Urheberrecht*, 1. Aufl., 2013, S. 139 f.; *Oldekop*, *Elektronische Bildbearbeitung im Urheberrecht*, 2006, S. 123; *Apel*, in: Götz von Olenhusen/Gergen, Kreativität und Charakter, *Überlegungen zu einer Reform des Lichtbildschutzrechts (§ 72 UrhG)*, 2017, S. 205 (223 f.); anders *Benz*, *Der Teileschutz im Urheberrecht*, 1st ed., 2018, S. 467, der einen Pixelschutz nur dann gewährt, wenn es sich um eine isolierte Verwertung des Pixels, z.B. durch Übernahme in eine Datenbank mit Bilddateien, handelt (wettbewerblicher Ansatz).

Schutz versagt bleiben sollte.[318] Ebenso wie beim Tonträgerherstellerrecht schlägt sich auch beim Lichtbildschutz der Schutzgrund – das Auslösen der Aufnahme – in jedem Pixel des Lichtbildes nieder.

Hinzukommend ist zu berücksichtigen, dass hier anders als beim Tonträgerherstellerrecht und beim Laufbildschutz kein Wertungswiderspruch zwischen dem Umfang des Schutzes von Teilen des dem Leistungsschutzrecht unterworfenen Objektes einerseits und dem Umfang des Schutzes von Teilen des einem Urheberrecht unterworfenen Werkes andererseits entsteht:

Der Teileschutz des Leistungsschutzberechtigten würde beim Tonträgerherstellerrecht und beim Laufbildschutz weiter reichen als der Schutz des ausübenden Künstlers oder Urhebers, sodass ein Wertungswiderspruch vorzuliegen scheint. Die Schutzgegenstände der genannten Leistungsschutzrechte hätten damit einen weitergehenden Schutz als die Schutzgegenstände der Urheberrechte.[319] Deshalb muss in diesen Fällen, wie in Rechtsprechung und Literatur auch geschehen, dieser auf den ersten Blick vorhandene Wertungswiderspruch über den Schutzgrund gelöst und widerlegt werden.[320] Denn während für die Werke die schöpferische Leistung schutzbegründend wirkt, gilt dies nicht für die Leistungsschutzrechte, denen vielmehr wirtschaftlich-organisatorische bzw. technische Leistungen zugrunde liegen, die auch den kleinsten Teilen nicht abgesprochen werden können. Daraus resultiert, dass der Schutzgrund der jeweiligen Film- und Musikwerke unter Berücksichtigung der schöpferischen Leistung als Schutzgrund und damit anders als die jeweiligen Leistungsschutzrechte unter Berücksichtigung der technischen Leistung und des Investiti-

---

318 Weitere Befürworter des sog. Pixelschutzes für Lichtbilder: *Vogel*, in: Schricker/Loewenheim, 5. Auflage, 2017, *§ 72 UrhG*, Rn. 40; *Erdmann*, in: Büscher, Festschrift für Joachim Bornkamm zum 65. Geburtstag, *Der urheberrechtliche Schutz von Lichtbildwerken und Lichtbildern*, 2014, S. 761 (769); *Schulze*, in: Dreier/Schulze/Specht, 6. Auflage, 2018, *§ 72 UrhG*, Rn. 15; *Apel*, in: Götz von Olenhusen/Gergen, Kreativität und Charakter, *Überlegungen zu einer Reform des Lichtbildschutzrechts (§ 72 UrhG)*, 2017, S. 205 (212).

319 Für Filmwerke muss allerdings auch erkannt werden, dass Teile eines Filmwerkes, die selbst keine Werkqualität erreichen, grds. als Laufbilder schutzfähig sind, *Schulze*, in: Dreier/Schulze/Specht, 6. Auflage, 2018, *§ 95 UrhG*, Rn. 8.

320 BGH, Urt. v. 20.12.2007 – I ZR 42/05, GRUR 2008, 693 (694), *TV-Total*; Urt. v. 20.11.2008 – I ZR 112/06, GRUR 2009, 403 (405), *Metall auf Metall*; Urt. v. 06.12.2017 – I ZR 186/16, GRUR 2018, 400 (401), *Konferenz der Tiere*; *Dustmann*, in: Fromm/Nordemann, 11. Aufl., 2014, *§ 16 UrhG*, Rn. 18a; *Schulze*, in: Dreier/Schulze/Specht, 6. Auflage, 2018, *§ 95 UrhG*, Rn. 8.

onsaufwandes als Schutzgrund eines Schutzes kleinster, noch so unbedeutender Teile nicht bedürfen.

Für einfache Lichtbilder und Lichtbildwerke ist jedoch zu berücksichtigen, dass jedes Lichtbildwerk zugleich ein einfaches Lichtbild darstellt. Die Einräumung des Schutzes für kleinste Teile eines einfachen Lichtbildes bedeutet damit gleichermaßen, dass ein gleichlaufender Schutz auch für Lichtbildwerke begründet wird, ein Wertungswiderspruch, wie er dem Teileschutz beim Tonträgerherstellerrecht und beim Laufbildschutz behauptet wird, tritt mithin beim Lichtbildschutz nicht zu Tage. Denn aus dem Teileschutz für einfache Lichtbilder folgt auch der Schutz solcher Teile eines Lichtbildwerkes, bei denen Unsicherheiten bestehen, ob die erforderliche Werkeigenschaft erreicht wird, da ein Teileschutz des jedenfalls vorliegenden einfachen Lichtbildes besteht.[321] Dieses Ergebnis wird dem Umstand, dass der einfache Lichtbildschutz aufgrund der Abgrenzungsschwierigkeiten überhaupt erst eingeräumt wurde, gerecht.[322] Es ist nicht ersichtlich, weshalb tatbestandlich ein Teileschutz nicht bestehen sollte.

Von der Frage, ob Teile eines einfachen Lichtbildes auf Tatbestandsebene überhaupt leistungsschutzrechtlich geschützt sind, ist die Frage zu unterscheiden, wann eine unzulässige Verwertungshandlung hinsichtlich dieses geschützten Teil des vorliegt. Dieser Frage wird unter Kapitel 3, B) II) 1) c) nachgegangen werden.

---

321 *Ahlberg*, in: BeckOK UrhG, 26. Edition, Stand: 20.04.2018, 2018, *§ 2 UrhG*, Rn. 164; *Apel*, in: Götz von Olenhusen/Gergen, Kreativität und Charakter, *Überlegungen zu einer Reform des Lichtbildschutzrechts (§ 72 UrhG)*, 2017, S. 205 (213).

322 A.A. im Ergebnis *Thum*, in: Wandtke/Bullinger, 5. Auflage, 2019, *§ 72 UrhG*, Rn. 69, der im Bildvergleich eine Individualisierung und Zuordnung verlangt; *Fischer*, *Digitale Kunst und freie Benutzung*, 1. Auflage, 2018, S. 119, die eine Erkennbarkeit des entnommenen Teils fordert; *Reuter*, GRUR 1997, 23 (28), der voraussetzt, dass „das Bild in so wesentlichen Teilen übernommen ist, dass im Wesentlichen noch von einer Nachbildung gesprochen werden kann"; ebenfalls ablehnend (unter Bezugnahme auf BVerfG, Urt. v. 31.05.2016 – 1 BvR 1585/13, GRUR 2016, 690, *Sampling*) *Lauber-Rönsberg*, in: BeckOK UrhG, 26. Edition (Stand 15.10.2019), 2019, *§ 72 UrhG*, Rn. 25; *Ohly*, GRUR 2017, 964 (966).

Kapitel 3: Rechtsinhaberschaft; Schutzumfang/-inhalt; Folgen von Verletzungshandlungen

A) Rechtsinhaberschaft

Im Folgenden sollen die Grundzüge der Rechtsinhaberschaft im Zusammenhang mit dem Lichtbildschutz gem. § 72 Abs. 1 UrhG dargestellt und insoweit bestehende Besonderheiten hervorgehoben werden.

I) Originärer Rechtserwerb

Gemäß § 72 Abs. 2 UrhG steht der Leistungsschutz nach § 72 Abs. 1 UrhG dem „Lichtbildner" zu; dieser erwirbt die aus § 72 UrhG resultierenden Rechte originär. Lichtbildner ist hierbei, wer das Lichtbild herstellt, also derjenige, der die Kamera oder ein anderes Gerät, das ein Lichtbild i.S.d. § 72 UrhG produziert, bedient und die erforderlichen Einstellungen vornimmt. Werden technische Hilfsmittel, wie etwa ein Selbstauslöser verwendet, ist Lichtbildner derjenige, der die Einstellung desselben vorgenommen und das Aufnahmegerät eingerichtet[323], mithin den Auslösemechanismus in Gang gesetzt hat.

Ebenso ist Lichtbildner, wer sich bei der Ausführung der Aufnahme weisungsgebundener Hilfspersonen bedient, jedoch selbst die Bedingungen der Aufnahme festlegt und bestimmt.[324]

Nach einhelliger Auffassung[325] kann Lichtbildner i.S.v. § 72 Abs. 2 UrhG nur eine natürliche Person sein, denn nur natürliche Per-

---

323 Statt vieler vgl. *Nordemann,* in: Fromm/Nordemann, 12. Auflage, 2018, *§ 72 UrhG,* Rn. 26 mit Hinweis auf Röntgenologen bei der Aufnahme von CTs, Zahnarzthelferinnen bei der Aufnahme von Röntgenaufnahmen, Polizisten bei Radaraufnahmen, oder denjenigen, der den Passbildautomaten in Betrieb nimmt und die Aufnahme auslöst.

324 *Vogel,* in: Loewenheim, Handbuch des Urheberrechts, *§ 37 Schutz von Lichtbildern,* 2010, Rn. 12.

325 LG Berlin, Urt. v. 30.05.1989 – 16 O 33/89, GRUR 1990, 270, *Satellitenfoto*; *Nordemann,* in: Fromm/Nordemann, 12. Auflage, 2018, *§ 72 UrhG,* Rn. 26; *Lauber-Rönsberg,* in: BeckOK UrhG, 26. Edition (Stand 15.10.2019), 2019, *§ 72 UrhG,* Rn. 28; *Schulze,* in: Dreier/Schulze/Specht, 6. Auflage, 2018, *§ 72 UrhG,* S. 33;

sonen seien in der Lage, ein Minimum an geistiger Leistung zu erbringen und darüber hinaus dem gem. §§ 72 Abs. 1, 7 UrhG anzuwendenden Schöpferprinzip gem. § 7 UrhG gerecht zu werden.

Während dem Erfordernis des Minimums an persönlicher geistiger Leistung nach der hier vertretenen Auffassung keine Bedeutung beigemessen werden kann, ist der Verweis auf § 7 UrhG überzeugend. Die Vorschriften über den Schutz von Lichtbildwerken sind entsprechend auf Lichtbilder anzuwenden, § 72 Abs. 1 UrhG, Schutzzweck des § 72 UrhG sind die Abgrenzungsschwierigkeiten zwischen schöpferischem Lichtbild und nichtschöpferischem Lichtbild. Da eine schöpferische Leistung jedoch nur durch eine natürliche Person erbracht werden kann[326] und damit dort keine Abgrenzungsschwierigkeiten auftreten können, wo eine schöpferische Leistung naturgemäß ausgeschlossen ist, besteht kein Grund, die Eigenschaft des Lichtbildners einfacher Lichtbilder auf juristische Personen oder auf Sachverhalte auszudehnen, in denen die Aufnahmemechanismen von Tieren oder durch technische Vorrichtungen ausgelöst werden. Vor diesem Hintergrund stünden nach deutschem Recht z.B. einem Affen, der durch Drücken des Auslösers einer Kamera ein Selfie von sich selbst erstellte[327], keine Ansprüche auf Grundlage des Urheberrechts zu – weder wegen des Vorliegens eines Lichtbildwerkes noch eines einfachen Lichtbildes. Es mangelte insoweit an der Eigenschaft als Lichtbildner.

Thum, in: Wandtke/Bullinger, 5. Auflage, 2019, *§ 72 UrhG*, S. 101; *Wiebe*, in: Spindler/Schuster, Recht der elektronischen Medien, *§ 72 UrhG*, 2019, Rn. 6; *Vogel*, in: Loewenheim, Handbuch des Urheberrechts, *§ 37 Schutz von Lichtbildern*, 2010, Rn. 12; *Vogel*, in: Schricker/Loewenheim, 5. Auflage, 2017, *§ 72 UrhG*, Rn. 46.

326 LG Berlin, Urt. v. 30.05.1989 – 16 O 33/89, GRUR 1990, 270, *Satellitenfoto*.

327 Vgl. hierzu den US-amerikanischen Fall des Affen *Naruto*, der mit der Kamera des Fotografen David Slater Selfies von sich erstellte. *Naruto*, vertreten durch die Tierschutzorganisation *PETA*, versuchte, urheberrechtliche Ansprüche geltend zu machen. Dieses Begehren wurde mit Urteil des *US Court of Appeals for the Ninth Circuit*, Az. 16–15469, in der Berufungsinstanz zurückgewiesen, u.a., da der Copyright Act keine Klageberechtigung für Tiere vorsehe. Urteil abrufbar unter https://www.heise.de/downloads/18/2/4/1/3/1/5/8/Naruto-Monkey-PETA-v-Slater-CA9-Opinion-04-23-18.pdf, zuletzt abgerufen am 09.02.2020.

II) Abgeleiteter Rechtserwerb durch Einräumung von Nutzungsrechten über das Urhebervertragsrecht

Neben dem originären Rechtserwerb kommt der derivative, abgeleitete Rechtserwerb in Betracht, bei dem Nutzungsrechte vom Rechtsinhaber auf einen Dritten übertragen werden.

1) Keine Abtretbarkeit bzw. Abtretung

Ein Rechtserwerb ist allerdings nach überwiegender Auffassung[328] wie bei Werken gem. § 2 Abs. 1 UrhG auch beim einfachen Lichtbildschutz nicht durch vollständige Übertragung bzw. Abtretung des Rechts aus § 72 UrhG möglich. *Vogel*[329] geht demgegenüber von einer Abtretbarkeit des Rechts aus § 72 UrhG aus. Die Entscheidung darüber, ob eine Abtretbarkeit der aus § 72 UrhG fließenden Rechte angenommen werden kann, setzt eine Auseinandersetzung mit den für Lichtbildwerke geltenden Vorschriften der §§ 28, 29 UrhG voraus, bei der zu prüfen ist, ob eine Anwendung derselbe auf einfache Lichtbilder gerechtfertigt ist:

Gem. §§ 28, 29 UrhG sind Urheberrechte vererblich, eine vollständige Übertragung zu Lebzeiten ist nicht vorgesehen. Der Urheber ist gem. § 29 Abs. 2 UrhG darauf verwiesen, einem Dritten Nutzungsrechte einzuräumen, schuldrechtliche Einwilligungen und Vereinbarungen zu Verwertungsrechten oder Veränderungsabreden im Sinne von § 39 UrhG zu treffen. Hintergrund der Unübertragbarkeit der Urheberrechte ist, dass die Rechte des Urhebers aus dem *droit moral* fließen, sodass die Rechte in ihrem Kern nicht übertragen werden können.[330]

---

328 *Lauber-Rönsberg*, in: BeckOK UrhG, 26. Edition (Stand 15.10.2019), 2019, *§ 72 UrhG*, Rn. 31; *Thum*, in: Wandtke/Bullinger, 5. Auflage, 2019, *§ 72 UrhG*, Rn. 125; *Schulze*, in: Dreier/Schulze/Specht, 6. Auflage, 2018, *§ 72 UrhG*, Rn. 16; *Wiebe*, in: Spindler/Schuster, Recht der elektronischen Medien, *§ 72 UrhG*, 2019, Rn. 10; *Schack*, *Urheber- und Urhebervertragsrecht*, 9. Auflage, 2019, Rn. 725; *Heitland*, *Der Schutz der Fotografie im Urheberrecht Deutschlands, Frankreichs und der Vereinigten Staaten von Amerika*, 1995, S. 122 f.; *Ulmer*, *Urheber- und Verlagsrecht*, 3. Auflage, 1980, S. 511

329 *Vogel*, in: Loewenheim, Handbuch des Urheberrechts, *§ 37 Schutz von Lichtbildern*, 2010, Rn. 11; *Vogel*, in: Schricker/Loewenheim, 5. Auflage, 2017, *§ 72 UrhG*, Rn. 56.

330 Referentenentwurf vom 23.03.1962, BTDrucks. IV/270, 55.

Vielmehr soll durch die Unübertragbarkeit und den Verweis auf die schuldrechtliche Einräumung von Nutzungs- und Verwertungsrechten sichergestellt werden, dass der engen Verbundenheit des Urheberpersönlichkeitsrechts mit den Verwertungsrechten hinreichend Rechnung getragen wird und ein gewisser Kern der Rechte stets beim Urheber verbleibt.[331] Eine besondere Bedeutung kommt der Wahrung dieses Kerns vor allem in den Fällen zu, in denen ein Nutzungsberechtigter auf seiner Rechte verzichtet. Durch die Unübertragbarkeit des vollständigen Urheberrechts wird dann sichergestellt, dass die Rechte an einem Werk an den Urheber zurückfallen und nicht die hieran bestehenden Rechte erlöschen.[332]

Unter Beachtung dieser Hintergründe ist die Möglichkeit einer entsprechenden Anwendung der für Lichtbildwerke geltenden Vorschrift (§ 72 i.V.m. § 29 UrhG) auch für einfache Lichtbilder zu bewerten:

Insoweit ist zwar *Vogel* dahingehend zuzustimmen, dass der einfache Lichtbildschutz die persönlichkeitsrechtlichen Elemente in der Regel nicht aufweist, die der Vorschrift des § 29 UrhG zugrunde liegen. Dies ist jedoch nicht immer der Fall. Auch wenn es nach hier vertretener Auffassung nicht auf das Vorliegen eines Mindestmaßes an persönlicher geistiger Leistung ankommt, um einen Schutz nach § 72 UrhG zu begründen, kann auch ein einfaches Lichtbild Elemente aufweisen, die eine Zuordnung zu einer bestimmten Person zulassen. Wie unter Kapitel 2, B) III) 3) a) ausgeführt, knüpfen einige Autoren[333] zur Bestimmung des Vorliegens des Mindestmaßes an persönlicher geistiger Leistung (auch) an subjektive Elemente an. Von dem hier vertretenen Begriff des einfachen Lichtbildes i.S.v. § 72 UrhG sind solche Konstellationen ebenfalls erfasst. Dies bedeutet, dass jedenfalls in den Fällen, in denen ein Lichtbild solche Elemente aufweist, die einen Bezug zur Persönlichkeit des Lichtbildners darstellen, eine vergleichbare Interessenlage besteht, sodass auch hier von einer Unübertragbarkeit ausgegangen werden muss. Aus Gründen der Rechtssicherheit sollte dann aber für sämtliche Lichtbilder eine Unübertragbarkeit der aus ihnen resultierenden Rechte angenommen werden.

Auch im Übrigen sprechen andere, überzeugende Gründe für eine Anwendung der Vorschrift und eine damit einhergehende Unübertragbarkeit

331 Referentenentwurf vom 23.03.1962, BTDrucks. IV/270, 55.

332 Referentenentwurf vom 23.03.1962, BTDrucks. IV/270, 55.

333 *Nordemann*, GRUR 1987, 15 (17); *Vogel*, in: Schricker/Loewenheim, 5. Auflage, 2017, *§ 72 UrhG*, Rn. 32; *Thum*, in: Wandtke/Bullinger, 5. Auflage, 2019, *§ 72 UrhG*, Rn. 27.

der Rechte aus § 72 UrhG: Ginge man von einer vollständigen Übertragbarkeit der Rechte aus § 72 UrhG aus, führte dies zu der zwingenden Erforderlichkeit einer Abgrenzung zwischen Lichtbild und Lichtbildwerk. In der Praxis müsste nämlich dann entschieden werden, ob ein einfaches Lichtbild oder ein Lichtbildwerk vorliegt, um im nächsten Schritt zu klären, ob eine vollständige Übertragung der Rechte möglich ist oder lediglich eine Einräumung von Nutzungs- und Verwertungsrechten erfolgen kann. Damit könnte entgegen des mit dem Schutz einfacher Lichtbilder verfolgten Zweckes in vielen Fällen nicht mehr offengelassen werden, ob ein einfaches Lichtbild oder ein Lichtbildwerk vorliegt. Gingen die Parteien z.B. vom Vorliegen eines einfachen Lichtbildes aus und einigten sich auf eine Übertragung sämtlicher Rechte, führte die nachträgliche Feststellung einer hinreichenden Schöpfungshöhe i.S.d. § 2 Abs. 2 UrhG dazu, dass im Einzelfall geklärt werden müsste, ob trotz der unwirksamen Übertragung ggf. eine Auslegung oder Umdeutung der getroffenen Vereinbarung in eine Gewährung von Nutzungsrechten erfolgen könnte.[334] Fraglich wäre dann auch der weitere Umgang mit Nutzungsrechten, die der vermeintlich neue Rechtsinhaber Dritten eingeräumt hatte.

Soweit *Vogel*[335] darauf hinweist, dass auch in anderen Fällen, z.B. aufgrund der unterschiedlichen Ausgestaltung der Schutzdauer, zu klären sei, ob ein einfaches Lichtbild oder ein Lichtbildwerk vorliege, führt auch dies nicht zu einer anderen Bewertung. Denn bezüglich der Schutzdauer ist gerade bei einfachen Lichtbildern (insbesondere Knipsbildern und Alltagsfotografien) davon auszugehen, dass sich die Fragen der Rechtseinräumung und insbesondere des Umfangs der Rechtseinräumung üblicherweise zu einem Zeitpunkt stellen, der in engem zeitlichen Zusammenhang mit der Aufnahme des Lichtbildes steht. Nur bei wenigen Lichtbildern, die als einfache Lichtbilder zu bewerten sind, wird eine Rechtseinräumung oder eine widerrechtliche Verwendung der Lichtbilder noch nach Ablauf der Schutzfrist des § 72 Abs. 3 UrhG von Relevanz sein (so z.B. bei der kurzfristigen Verbreitung von Lichtbildern in sozialen Medien, die nach kurzer Zeit wieder an Interesse verlieren, z.B. #thedress), demnach wird auch in den meisten Rechtsstreitigkeiten die Frage offengelassen, ob ein Lichtbild oder ein Lichtbildwerk vorliegt.

Auch im Übrigen geht die Qualität etwaiger unwirksamer Rechtsübertragungen besonders weit. Bei sonstigen Unterschieden hinsichtlich des Schutzumfangs zwischen einfachem Lichtbild und Lichtbildwerk treten al-

---

334 Vgl. hierzu *Hoche*, in: Wandtke/Bullinger, 5. Auflage, 2019, *§ 29 UrhG*, Rn. 8.
335 *Vogel*, in: Schricker/Loewenheim, 5. Auflage, 2017, *§ 72 UrhG*, Rn. 56.

lenfalls Streitigkeiten darüber auf, ob ein bestimmtes Recht dem Lichtbildner zusteht oder nicht, an dem er Nutzungsrechte einräumen kann, während im Falle einer Übertragung eines Lichtbildwerkes in der Annahme des Vorliegens eines einfachen Lichtbildes die Wirksamkeit der Rechtseinräumung insgesamt in Frage stünde und ggf. eine Rückabwicklung des Vertragsverhältnisses erforderlich würde. Damit aber entstünden weitaus praxisrelevantere Schwierigkeiten bei einer unterschiedlichen Ausgestaltung der Übertragbarkeit der Rechte aus § 72 UrhG gegenüber der Unübertragbarkeit der Rechte aus § 2 Abs. 1 Nr. 5 UrhG. Es erscheint daher vorzugswürdig, von einem Gleichlauf des einfachen Lichtbildschutzes mit dem Schutz von Lichtbildwerken und damit von einer Unübertragbarkeit der Rechte auszugehen.

Letztlich dürfte selbst bei Annahme einer Übertragbarkeit der Rechte aus § 72 UrhG die praktische Relevanz äußerst gering sein. Denn auf der einen Seite dürften die meisten Lichtbildner daran interessiert sein, die von Ihnen hergestellten Lichtbilder zur Steigerung des Schutzumfangs und des damit einhergehenden Wertes als Lichtbildwerke einzustufen und zu versuchen, diese als solche im Rechtsverkehr zu vermarkten – dies nicht zuletzt aufgrund der fehlenden Schutzfähigkeit des einfachen Lichtbildes in anderen europäischen Ländern, vgl. hierzu Kapitel 1, D) IV) 3). Es erscheint daher fraglich, ob sich ein Lichtbildner von vorne herein auf eine Vereinbarung einließe, in der das von ihm hergestellte Lichtbild als einfaches Lichtbild bewertet würde, er also ein Interesse an der vollständigen Übertragung überhaupt hätte.[336] Gleichermaßen dürfte davon auszugehen sein, dass ein Dritter, der ein Interesse an der Nutzung und Verwertung eines Lichtbildes hätte, dem rechtssicheren Weg der Einräumung von Nutzungsrechten den Vorzug gäbe, bevor er die Folgen einer möglicherweise unwirksamen Rechtsübertragung und den damit einhergehenden Unsicherheiten einginge. Dies gilt jedenfalls für die weit überwiegenden Fälle, in denen zur Erreichung der gewünschten Rechtsfolge nicht zwingend die Annahme eines Lichtbildwerkes nötig ist. Die Vorteile einer vollständigen Rechtsübertragung gegenüber der Einräumung eines (ggf. ausschließlichen) Nutzungsrechts dürften diese Unsicherheiten in der Regel nicht aufwiegen, sodass einer Übertragungsmöglichkeit für einfache Lichtbilder in der Praxis keine wesentliche Bedeutung zukäme, eine solche vielmehr von nur theoretischer Relevanz bliebe.

336 Dies insbesondere, da eine solche Vereinbarung in einem Prozess sicherlich als Indiz für die mangelnde schöpferische Leistung herangezogen werden könnte.

2) Nutzungsverträge über Lichtbildrechte

Lichtbildnern bleibt es jedoch unbenommen, Nutzungsverträge über die Lichtbildrechte zu schließen, über § 72 Abs. 1 UrhG sind insbesondere die §§ 31 ff. UrhG entsprechend anzuwenden.

Vermehrt gewinnt hierbei die Einräumung von Lizenzen in Form sog. Creative Commons Lizenzen von Bedeutung.[337] Da sich insoweit jedoch keine Besonderheiten für den Lichtbildschutz ergeben, die im Rahmen dieser Dissertation besondere Relevanz entfalteten, wird auf eine umfassende Darstellung der einschlägigen Bestimmungen und denkbaren Vertragsgestaltungen verzichtet.[338]

3) Verwertungsgesellschaft Bild-Kunst und Bildagenturen

Für die Lichtbildner besteht außerdem die Möglichkeit, die Wahrnehmung bestimmter Rechte durch Abschluss eines Wahrnehmungsvertrages auf die Verwertungsgesellschaft Bild-Kunst zu übertragen. Lichtbildner fallen unter die Berufsgruppe der Bildautoren (Berufsgruppe II), sodass der Muster-Wahrnehmungsvertrag für die Berufsgruppen I und II[339] einschlägig ist.

Daneben besteht die in der Praxis verbreitete Möglichkeit, einen Agenturvertrag mit einer Bildagentur zu schließen.[340]

---

337 Zu den verschiedenen Formen der Creative Commons Lizenzen vgl. Creatice Commons, https://creativecommons.org/licenses/?lang=de, zuletzt abgerufen am 19.02.2020. Sachverhalte betreffend Creative Commons Lizenzen im Zusammenhang mit Lichtbildern sind in den vergangenen Jahren regelmäßig Gegenstand der Rechtsprechung gewesen, vgl. z.B. OLG Köln, Urt. v. 31.10.2014 – I-6 U 60/14, 6 U 60/14, GRUR 2015, 2015, *Creative-Commons-Lizenz*; LG Frankfurt, Urt. v. 16.08.2018 – 2–03 O 32/17, ZUM 2018, 809. Zu Creative Commons Lizenzen und damit einhergehenden rechtlichen Fragestellungen vgl. *Heckmann/Paschke*, *jurisPK-Internetrecht*, 6, 2019, Rn. 146 ff.; *Rauer/Ettig*, WRP 2015, 153; *Thum*, in: Wandtke/Bullinger, 5. Auflage, 2019, *§ 72 UrhG*, Rn. 146 f.

338 Eine lichtbildbezogene Darstellung findet sich u.a. bei *Thum*, in: Wandtke/Bullinger, 5. Auflage, 2019, *§ 72 UrhG*, Rn. 126 ff.

339 Der Musterwahrnehmungsvertrag ist abrufbar unter https://www.bildkunst.de/fileadmin/user_upload/downloads/wahrnehmungsvertrag/2019_10_11_MUSTER_Wahrnehmungsvertrag_BG_I_u_II.pdf, *zuletzt abgerufen am 09.02.2020.*

340 *Schack*, *Urheber- und Urhebervertragsrecht*, 9. Auflage, 2019, S. 628.

III) Beweis der Rechtsinhaberschaft im Prozess

1) Vermutungsregelung des § 10 UrhG

Wer sich im gerichtlichen Prozess darauf beruft, Inhaber eines Rechtes aus § 72 UrhG zu sein, muss dies nach allgemeinen prozessualen Grundsätzen auch beweisen. In der Regel ist es jedoch mit nicht unerheblichen Schwierigkeiten verbunden, zu beweisen, das streitgegenständliche Lichtbild geschaffen zu haben. Aus diesem Grund sieht § 72 Abs. 1 i.V.m. § 10 UrhG Beweiserleichterungen zugunsten des Lichtbildners und anderen Berechtigten vor:

Gem. § 72 Abs. 1 i.V.m. § 10 Abs. 1 UrhG streitet zu Gunsten des Lichtbildners die Vermutung der Rechtsinhaberschaft, wenn er (ggf. auch unter seinem Decknamen oder Künstlerzeichen) auf den Vervielfältigungsstücken oder auf dem Original des Lichtbildes in der üblichen Weise als Lichtbildner bezeichnet ist. Eine Angabe, die den Lichtbildner in der üblichen Weise bezeichnet, setzt voraus, dass der Verkehr darin die Angabe einer natürlichen Person (§ 7 UrhG) erkennt, der Verkehr muss die Urheberbezeichnung deshalb als Hinweis auf eine natürliche Person verstehen.[341]

In der gleichen Weise werden gem. § 72 Abs. 1 i.V.m. § 10 Abs. 2 UrhG Herausgeber bzw. Verleger geschützt, soweit eine Angabe des Lichtbildners nicht erfolgt ist.

Ferner kommt dem Inhaber eines ausschließlichen Nutzungsrechts[342] die Vermutung der Rechtsinhaberschaft zugute, soweit er auf den Vervielfältigungsstücken oder auf dem Original des Lichtbildes in der hierfür üblichen Weise bezeichnet ist. Hierbei gilt allerdings die Einschränkung, dass die Vermutung gegenüber dem Lichtbildner selbst keine Anwendung fin-

---

341 BGH, Urt. v. 18.09.2014 – I ZR 76/13, GRUR 2015, 258 (261, Rn. 41), *CT-Paradies* Für eine Bezeichnung in der üblichen Weise soll es bei Fotodateien auf einer CD-ROM genügen, wenn eine Textdatei enthalten ist, die den Urheber kennzeichnet, nicht jede einzelne Datei soll der Kennzeichnung bedürfen, LG Kiel, Urt. v. 02.11.2004 – 16 O 112/03, NJOZ 2005, 126 (128). Es ist fraglich, ob diese Auffassung heute noch Geltung beanspruchen kann, vgl. Fn. 344. Insgesamt ist der Begriff der Üblichkeit i.S.d. § 10 UrhG weit auszulegen, *Loewenheim/Pfeifer*, in: Schricker/Loewenheim, 5. Auflage, 2017, *§ 10 UrhG*, Rn. 8.

342 Insoweit eingeschränkt auf Verfahren des einstweiligen Rechtsschutzes und Unterlassungsansprüche; Hintergrund ist wohl, dass der Gesetzgeber Zahlungsverpflichtungen an einen nichtberechtigten Dritten zu verhindern, die allein auf einer wiederlegbaren Vermutung aufgebaut sind, vgl. *Ahlberg*, in: BeckOK UrhG, 25. Edition (Stand 15.07.2019), 2019, *§ 10*, Rn. 58.

det, § 72 Abs. 1 i.V.m. § 10 Abs. 3 Satz 2 UrhG. Die Einschränkung auf Inhaber eines ausschließlichen Nutzungsrechts ist konsequent, eine Vermutungsregelung für einfache Nutzungsberechtigte führte nämlich dazu, dass mehrere, nebeneinander Berechtigte sonst auf die Vermutungsregelung zurückgreifen könnten und diese ad absurdum führten.

2) Weitere Indizien

Neben der Vermutungsregelung des § 10 UrhG kommen weitere Indizien in Betracht, die eine Vermutung der Urheberschaft begründen können:

Im Bereich der analogen Fotografie dient etwa die Vorlage der Negative als Indiz für die Urheberschaft bzw. Inhaberschaft des Leistungsschutzrechtes aus § 72 UrhG.[343]

Bei der digitalen Fotografie demgegenüber genügt die Vorlage der Bilddateien in der Regel nicht, da diese leicht reproduzierbar sind und entsprechend leicht verbreitet werden können, auch eine nachträgliche Manipulation der Bilddateien kann nicht ausgeschlossen werden.[344]

Für Lichtbilder und deren schnelle Verbreitung in der digitalen Welt von besonderer Bedeutung ist insoweit allerdings der Fall, in dem Dateien vorgelegt werden können, die über eine höhere Auflösung als die im Internet zugänglich gemachten Dateien verfügen. Hierin kann ein Indiz für die Urheberschaft liegen.[345] So werden z.B. in sozialen Medien häufig die Datensätze verkleinert, sodass bei Übernahme eines Lichtbildes aus einem sozialen Netzwerk nicht selten nur der Lichtbildner über eine Datei mit höherer Auflösung verfügen wird.

B) Schutzumfang/-inhalt

Die Rechte, die dem Lichtbildner zustehen, ergeben sich aus §§ 72 Abs. 1 i.V.m. 12 ff. UrhG.

---

343 AG Düsseldorf, Urt. v. 18.08.2009 – 57 C 14613/08, ZUM-RD 2010, 95.

344 *Lerach*, in: Taeger, IT und Internet – mit Recht gestalten, *Lichtbildschutz im Internet*, 2012, S. 175 (179). Vor diesem Hintergrund ist auch fraglich, ob eine auf einer CD befindliche Textdatei nach heutigen technischen Standards und der leichten Reproduzierbarkeit und Manipulierbarkeit von Datenträgern noch genügt, um die Wirkung des § 10 UrhG zu begründen.

345 BGH, Urt. v. 18.09.2014 – I ZR 76/13, GRUR 2015, 258 (261), *CT-Paradies* Rn. 47; *Koch*, jurisPR-ITR 4/2015 Anm. 6.

Die entsprechende Anwendung der für Lichtbildwerke geltenden Vorschriften auf einfache Lichtbilder setzt voraus, dass dem Nicht-Vorliegen einer schöpferischen Leistung Rechnung getragen wird. Im Folgenden werden die einzelnen Rechte, die dem Lichtbildner zugestanden werden, dargestellt, typische Anwendungsfälle aufgezeigt und Besonderheiten bezüglich der Ausgestaltung der Rechte mit Blick auf den Schutz einfacher Lichtbilder dargelegt.

I) Rechte gem. §§ 12 ff. UrhG

Die §§ 12–14 UrhG regeln
- das Veröffentlichungsrecht (§ 12 UrhG),
- das Recht auf Anerkennung der Urheberschaft (§ 13 UrhG) sowie
- das Recht des Urhebers, sich gegen eine Entstellung oder eine andere Beeinträchtigung seines Werkes zur Wehr zu setzen(§ 14 UrhG).

1) Veröffentlichungsrecht gem. § 12 UrhG

Das Veröffentlichungsrecht gem. § 12 UrhG ist in entsprechender Anwendung gem. § 72 Abs. 1 UrhG uneingeschränkt entsprechend auf Lichtbildner anzuwenden.[346] Dem Lichtbildner obliegt es mithin, darüber zu entscheiden, ob und wie sein Lichtbild zu veröffentlichen ist (§ 12 Abs. 1 UrhG) sowie den Inhalt des Lichtbildes öffentlich mitzuteilen oder zu beschreiben, solange weder das Lichtbild noch der wesentliche Inhalt oder eine Beschreibung des Lichtbildes mit seiner Zustimmung veröffentlicht worden ist. (§ 12 Abs. 2 UrhG). Eine Veröffentlichung liegt dann vor, wenn das Lichtbild mit Zustimmung des Berechtigten der Öffentlichkeit zugänglich gemacht worden ist, § 6 Abs. 1 UrhG.[347]

Hat z.B. eine Person ein einfaches Lichtbild erstellt und sendet sie dieses unter Zuhilfenahme eines Messengerdienstes an eine einzelne, dritte Person (was mangels Öffentlichkeit noch keine Veröffentlichung oder öffentliche Mitteilung bzw. Beschreibung darstellt), steht dem Lichtbildner

346 U.a. *Erdmann*, in: Büscher, Festschrift für Joachim Bornkamm zum 65. Geburtstag, *Der urheberrechtliche Schutz von Lichtbildwerken und Lichtbildern*, 2014, S. 761 (770); *Vogel*, in: Schricker/Loewenheim, 5. Auflage, 2017, *§ 72 UrhG*, Rn. 42.

347 Zum Begriff der öffentlichen Zugänglichmachung vgl. unter Kapitel 3, B) II) 2) a).

selbst die Entscheidung über das Ob und das Wie einer etwaigen Veröffentlichung und öffentlichen Mitteilung oder Beschreibung des Inhaltes weiterhin zu. Der Empfänger des Lichtbildes ist hierzu nicht berechtigt.

2) Recht auf Anerkennung der Urheberschaft und Namensnennungsrecht, § 72 Abs. 1 i.V.m. § 13 UrhG

a) Inhalt

Daneben gebietet § 13 Satz 1 UrhG in entsprechender Anwendung (= Recht auf Anerkennung der Lichtbildnerschaft, § 72 Abs. 1 i.V.m. § 13 UrhG) die Anerkennung der Leistung des Lichtbildners in der Form, dass ein Dritter sich nicht als Lichtbilder ausgeben und sich damit die Lichtbildnerschaft anmaßen darf sowie dahingehend, dass es einem Dritten untersagt ist, die Lichtbildnerschaft des Lichtbildners zu leugnen.[348] § 13 Satz 2 UrhG in entsprechender Anwendung räumt dem Lichtbildner das Recht ein, darüber zu bestimmen, ob das Lichtbild mit einer Bezeichnung seiner Person versehen wird und welche Bezeichnung zu verwenden ist (Namensnennungsrecht).[349]

Auch der Lichtbildner hat ein Interesse daran, mit der von ihm erbrachten Leistung in Verbindung gebracht zu werden. Er muss es nicht hinnehmen, dass ein Dritter sich als Lichtbildner anmaßt oder ihm die Leistung abgesprochen wird, z.B. konkludent durch Unterlassen der Urheberbezeichnung gem. § 13 Satz 2 UrhG.[350]

Daneben schützt das Namensnennungsrecht nicht nur die ideellen Interessen eines Urhebers, dessen schöpferische Verbindung zu dem Werk zu kommunizieren, sondern auch die wirtschaftlichen Interessen des Urhebers, u.a., da die Namensnennung dazu führen kann, Folgeaufträge zu erhalten.[351] Dies ist auch auf den Lichtbildner eines einfachen Lichtbildes

---

348 *Dietz/Peukert*, in: Schricker/Loewenheim, 5. Auflage, 2017, *§ 13 UrhG*, Rn. 9 ff.

349 Der Schutz des Lichtbildners aus § 13 UrhG kann sich mit dem ergänzenden wettbewerbsrechtlichen Leistungsschutz überlagern, z.B. bei der Entfernung eines Urheberhinweises auf einem Lichtbild durch einen Mitbewerber, vgl. OLG Stuttgart, Urt. v. 31.03.1995 – 2 U 208/94, NJW-RR 1995, 935.

350 Die Nutzung des Werkes ohne die vom Urheber festgelegte Bezeichnung stellt den häufigsten Fall der konkludenten Urheberschaftsleugnung dar, *Dietz/Peukert*, in: Schricker/Loewenheim, 5. Auflage, 2017, *§ 13 UrhG*, Rn. 11.

351 *Bullinger*, in: Wandtke/Bullinger, 5. Auflage, 2019, *§ 13 UrhG*, Rn. 13; AG Hamburg, Urt. v. 28.03.2006 – 36A C 181/05, juris, Rn. 47; LG Hamburg, Urt. v.

übertragbar. Insbesondere Lichtbildner solcher einfacher Lichtbilder, die unter nicht nur unerheblichem technischem Aufwand hergestellt wurden, jedoch als Lichtbildwerk nicht schutzfähig sind, z.B. ein Teil der Reproduktionsfotografien (vgl. unter Kapitel 2, B) IV)), haben ein erhebliches Interesse an der Namensnennung zur Generierung von Folgeaufträgen. Bei rein alltäglichen Knipsbildern z.B. eines Jugendlichen mit seinem Smartphone oder eines Familienvaters im Urlaub, dürfte allerdings fraglich sein, ob hier überhaupt in Betracht zu ziehen wäre, dass etwaige Folgeaufträge erteilt würden. Denn Folgeaufträge wurzeln in der Regel in besonderen technischen Fertigkeiten, einem besonderen Sinn für Ästhetik oder vergleichbaren Eigenschaften des Lichtbildners, die im Lichtbild selbst zu Tage treten. Diese sind zwar insbesondere Lichtbildwerken zu entnehmen und liegen bei alltäglichen Knipsbildern in der Regel nicht vor. Doch auch bei einfachen Lichtbildern existieren Fallgruppen, in denen Folgeaufträge relevant sein können. So kann die Herstellung originalgetreuer Reproduktionsfotografien, bei denen die Qualität der Aufnahme und das technische Know-how sich dem Betrachter offenbaren, zur Erteilung von Folgeaufträgen aufgrund der Namensnennung durchaus in Betracht kommen. Auch ein Kriegsfotograf oder ein Pressefotograf kann sich durch überzeugende Aufnahmen und ein sich aus seinen Bildern ergebendes Gefühl für die jeweilige Situation und das Gespür für das richtige „Timing“ hervortun.

Ferner weist *Schulze*[352], bezugnehmend auf zwei Urteile des *AG Düsseldorf*[353] und des *OLG Braunschweig*[354], in denen Lichtbilder aus Ebay-Angeboten übernommen wurden, um diese zur Bebilderung eigener Angebote auf zu verwenden, zutreffend darauf hin, dass die Namensnennung nicht nur für etwaige Folgeaufträge relevant ist, sondern auch für die Art und Weise der Nutzung des konkreten Lichtbildes durch Dritte Bedeutung erlangen kann. Liegt eine Namensnennung vor, erscheint es für einen Dritten deutlich einfacher, etwaige Nutzungsrechte beim wahren Lichtbildner anzufragen als beim Fehlen einer Namensnennung. Damit führt eine fehlende Namensnennung ggf. auch zum Entgehen weiterer Lizenzvereinbarungen und -gebühren. Die genannten wirtschaftlichen Interessen betref-

---

06.11.2015 – 308 O 446/14, juris, Rn. 49; OLG Hamm, Urt. v. 17.11.2015 – I-4 U 34/15, 4 U 34/15, GRUR-RR 2016, 188 (193), *Beachfashion*; BGH, Urt. v. 15.01.2015 – I ZR 148/13, GRUR 2015, 780 (784), *Motorradteile* Rn. 39.

352 *Schulze,* in: Dreier/Schulze/Specht, 6. Auflage, 2018, *§ 13 UrhG,* Rn. 35.

353 AG Düsseldorf, Urt. v. 13.07.2011 – 57 C 1701/11, BeckRS 2012, 14861.

354 OLG Braunschweig, Urt. v. 08.02.2012 – 2 U 7/11, GRUR 2012, 920, *MFM-Honorarempfehlungen*.

fen damit nicht nur den Lichtbildner einer schöpferischen Leistung sondern auch den Lichtbildner i.S.v. § 72 UrhG. Damit ist § 13 UrhG entsprechend auf den Lichtbildner eines einfachen Lichtbildes anzuwenden.

Ausreichend ist für die Erfüllung der Anforderungen des § 13 UrhG nicht die Angabe einer (ggf. nutzungsberechtigten) juristischen Person, vielmehr fordert § 72 Abs. 1 i.V.m. § 7 UrhG[355], dass eine natürliche Person als Lichtbildner angegeben wird.[356] Um dem Namensnennungsrecht Genüge zu tun, ist die Herstellung eines Zusammenhangs zwischen Lichtbild und Lichtbildner erforderlich. Der österreichische OGH[357] hat für das vergleichbar ausgestaltete österreichische Recht angenommen, dass die Urhebernennung in den Metadaten einer Lichtbilddatei genüge. Wenn im analogen Bereich sogar die Umhüllung von Negativfilmen oder die Rückseite eines Papierabzugs ausreiche, müsse dies umso mehr für die Metadaten einer Bilddatei gelten, zumal die Metadaten für den Nutzer leicht abrufbare Bestandteile der elektronischen Datei seien. Dem ist indes zu widersprechen. Das Namensnennungsrecht soll dem Lichtbildner die Beteiligung an einer Zweitverwertung sichern. Bei einer Speicherung des Namens in den Metadaten ist – anders als bei der Angabe des Namens auf der Umhüllung eines Negativfilms oder auf der Rückseite des Papierabzugs – nicht sichergestellt, dass der Nutzer die Metadaten abruft. Denn auch wenn der Abruf der Metadaten technisch keine allzu hohen Schwierigkeiten bereitet, kann nicht davon ausgegangen werden, dass dem durchschnittlichen Internetnutzer diese Möglichkeit bekannt oder diese technische Vorgehensweise geläufig ist. Insbesondere könnte ein Dritter, dem diese Möglichkeit nicht geläufig ist, in der Annahme, ein Lichtbildner sei nicht benannt, das Lichtbild im Wege eines Screenshots vervielfältigen und weiterverwenden, die Metadaten wären dann nicht mehr abrufbar. Zum umfassenden Schutz des Lichtbildners (eines einfachen Lichtbildes wie auch eines Lichtbildwerkes) sollte die Angabe des Urhebers in den Metadaten nicht als hinreichend aufgefasst werden.

Die auf Lichtbildner i.S.v. § 72 UrhG anwendbare Vorschrift des § 13 UrhG gewährt nicht nur den positiven Anspruch auf Namensnen-

355 Wie auch § 10 UrhG.

356 BGH, Urt. v. 18.09.2014 – I ZR 76/13, GRUR 2015, 258 (261), *CT-Paradies* Rn. 41.

357 Oberster Gerichtshof, Urt. v. 28.03.2017 – 4 Ob 43/17b, ZUM-RD 2017, 699 (700).

nung, sondern auch den Anspruch auf Anonymität, soweit sich ein Urheber bzw. Leistungsschutzberechtigter explizit hierfür entscheidet.[358]

b) Sonderfall: Annahme eines Anonymisierungswillens bei Veröffentlichung oder Verbreitung durch den Lichtbildner ohne Namensnennung?

Es stellt sich die Frage, wie solche Fälle zu behandeln sind, in denen ein Lichtbildner sein Lichtbild lediglich ohne Angabe seiner Person veröffentlicht oder verbreitet. Einer solchen anonymen Veröffentlichung bzw. Verbreitung könnten zwei verschieden Erklärungen innewohnen,

- die Erklärung, anonym bleiben zu wollen oder
- die Erklärung, auf den Anspruch aus § 72 Abs. 1 i.V.m. § 13 UrhG zu verzichten.

Die Annahme der konkludenten Äußerung eines Anonymitätswillens überzeugt nicht. Vielmehr werden, insbesondere in sozialen Medien, oftmals Lichtbilder veröffentlicht und verbreitet, ohne dass sich der Lichtbildner mit der Bedeutung, z.B. möglichen Folgeverwertungen auseinandersetzt. Ein positiver Erklärungswille sollte aus diesem Grund der Veröffentlichung und Verbreitung ohne Namensnennung im Umkehrschluss nicht entnommen werden. Allerdings kann nicht ausgeschlossen werden, dass ein solcher Erklärungsgehalt der Nicht-Angabe der Lichtbildnerschaft durch den Lichtbildner selbst tatsächlich innewohnt. Vor diesem Hintergrund ist dem LG Kassel[359] zuzustimmen, das betont hat, dass die Nennung des Lichtbildners in einem solchen Fall, in dem die Anonymität gerade bezweckt war, die Angabe der Lichtbildnerschaft zu einer Rechtsverletzung in der Form der Verletzung des Anspruchs auf Anonymität führen könnte. Es erscheint jedoch vorzugswürdig, diesen Konflikt auf Rechtsfolgenebene dahingehend zu lösen, dass dem Lichtbildner, der eine Vervielfältigung oder Veröffentlichung anonym bzw. ohne Namensnennung vornimmt bzw. eine unmittelbare Zuordnung nicht ermöglicht, keine Schadensersatzansprüche wegen der nicht erfolgten Urhebernennung durch

358 *Schulze*, in: Dreier/Schulze/Specht, 6. Auflage, 2018, *§ 13 UrhG*, Rn. 32; *Bullinger*, in: Wandtke/Bullinger, 5. Auflage, 2019, *§ 13 UrhG*, Rn. 12; *Czernik*, Kunst und Recht 2016, 69. Kritisch gegenüber einem Anspruch auf Anonymität: *Schmidt-Gabain*, KUR – Kunst und Recht 18 (2016), 130, der das Recht auf Anonymität (fast) auf unveröffentlichte Werke beschränken möchte.

359 LG Kassel, Urt. v. 04.11.2010 – 1 O 772/10, ZUM-RD 2011, 250 (252).

Dritte zugestanden werden. Dies kann zum einen auf ein Mitverschulden des Lichtbildners gestützt werden, zum andern auf das mangelnde Verschulden desjenigen, der die Namensnennung unterlassen hat.

Soweit die konkludente Erklärung eines Verzichts auf das Recht auf Namensnennung im Raum steht, überzeugt auch die Annahme einer solchen im Ergebnis nicht. Für den Urheber eines Lichtbildwerkes ist der Anspruch auf Namensnennung unverzichtbar.[360] Zur Sicherung des Gleichlaufs mit dem Schutz von Lichtbildwerken und zur Wahrung der Rechtssicherheit sollte ebenso wie bei schöpferischen Leistungen von einer Unverzichtbarkeit auf das Namensnennungsrecht ausgegangen werden und lediglich ein Recht auf Anonymisierung zugestanden werden, falls und soweit ein solches vom Lichtbildner tatsächlich ausgeübt wird bzw. ein Verhalten vorliegt, dem konkludent nach dem objektiven Empfängerhorizont eine solche Erklärung entnommen werden kann. Andernfalls entstünden Schwierigkeiten bei fehlerhaften Kategorisierungen von Lichtbildwerken als einfache Lichtbilder und vice versa.

3) Integritätsschutz gem. § 14 UrhG

§ 14 UrhG gewährt dem Urheber eines Werkes einen Schutz vor Entstellungen und sonstigen Beeinträchtigungen seines Werkes. Eine Entstellung im Sinne der Vorschrift kann bei Lichtbildwerken z.B. in der Verwendung eines Bildausschnitts[361] oder der (insbesondere digitalen) Bildbearbeitung[362] (z.B. Retouchierung) liegen.[363] Das Verbietungsrecht gem. § 14 UrhG findet seine Wurzeln in der engen Verbindung des Urhebers zu seinem Werk; geschützt wird das zwischen dem Urheber und seinem Werk bestehende geistige und persönliche Band.[364]

---

360 *Schulze*, in: Dreier/Schulze/Specht, 6. Auflage, 2018, *§ 13 UrhG*, Rn. 1.

361 So wurde eine „schwerwiegende Interessenverletzung" angenommen für die Wiedergabe eines Teiles eines Lichtbildwerkes in einer „einer Verstümmelung gleichkommenden" und „künstlerisch abwertenden Weise" in BGH, Urt. v. 05.03.1971 – I ZR 94/69, GRUR 1971, 525 (526 f.), *Petite Jacqueline*.

362 OLG Hamburg, Urt. v. 04.12.2014 – 5 U 72/11, ZUM 2015, 577 (580); BGH, Urt. v. 28.07.2016 – I ZR 9/15, GRUR 2016, 1157 (1161), *auf fett getrimmt*

363 Vgl. auch *Schulze*, in: Dreier/Schulze/Specht, 6. Auflage, 2018, *§ 14 UrhG*, Rn. 38; *Bullinger*, in: Wandtke/Bullinger, 5. Auflage, 2019, *§ 14 UrhG*, Rn. 60 jeweils m.w.N.

364 Referentenentwurf vom 23.03.1962, BTDrucks. IV/270, 45.

Mangels schöpferischer Leistung des Lichtbildners i. S. d. § 72 UrhG liegt eine derart enge Beziehung zwischen Lichtbildner und einem einfachen Lichtbild jedoch nicht vor. Damit kann auch eine Entstellung oder sonstige Beeinträchtigung des einfachen Lichtbildes grundsätzlich kein Verbietungsrecht des Lichtbildners begründen.[365] In entsprechender Anwendung des § 14 UrhG kann anderes nur dann gelten, wenn der Lichtbildner durch die Entstellung oder sonstige Beeinträchtigung in ähnlicher Weise wie ein Urheber eines Werkes betroffen ist, seine Interessen einer vergleichbaren Beeinträchtigung unterliegen.

Vogel[366] erkennt insoweit an, dass eine Verletzung des allgemeinen Persönlichkeitsrechts vorliegen könne, wenn z.B. eine minderwertige Wiedergabe oder Vervielfältigung geeignet ist, das berufliche Ansehen des Lichtbildners in Mitleidenschaft ziehen. Eine Lösung dieser Beeinträchtigung des allgemeinen Persönlichkeitsrechts über § 14 UrhG in entsprechender Anwendung kann den Ausführungen *Vogels* jedoch nicht entnommen werden. *Nordemann*[367] führt demgegenüber zutreffend aus, dass jedenfalls Beeinträchtigungen des beruflichen Ansehens eines Lichtbildners durch eine Entstellung des Lichtbildes hervorgerufen werden können, sodass in diesen Fällen nach *Nordemann* dann § 14 UrhG entsprechend anwendbar ist und es keines Rückgriffs auf das allgemeine Persönlichkeitsrecht bedarf.

Zunächst ist beiden zuzustimmen, dass auch der einfache Lichtbildner solche Beeinträchtigungen nicht hinnehmen muss, die geeignet sind, sein allgemeines Persönlichkeitsrecht bzw. sein berufliches Ansehen zu beeinträchtigen. Die Bewertung Nordemanns, derartige Konstellationen über § 14 UrhG zu lösen, verdient Zuspruch. Das allgemeine Persönlichkeitsrecht kann im Lichte des § 72 UrhG als Weniger gegenüber dem Urheberpersönlichkeitsrecht bewertet werden, da es sämtlichen natürlichen Personen (damit auch Urhebern und Leistungsschutzberechtigten) zusteht und

---

365 Wie hier *Nordemann*, in: Fromm/Nordemann, 12. Auflage, 2018, *§ 72 UrhG*, Rn. 17; Dies ebenfalls andeutend *Ulmer*, *Urheber- und Verlagsrecht*, 3. Auflage, 1980, S. 513; a.A. *Schulze*, in: Dreier/Schulze/Specht, 6. Auflage, 2018, *§ 72 UrhG*, Rn. 16; *Lauber-Rönsberg*, in: BeckOK UrhG, 25. Edition (Stand 15.07.2019), 2019, *§ 72 UrhG*, Rn. 21; *Thum*, in: Wandtke/Bullinger, 5. Auflage, 2019, *§ 72 UrhG*, S. 97 f.; *Schack*, *Urheber- und Urhebervertragsrecht*, 9. Auflage, 2019, Rn. 724.

366 *Vogel*, in: Schricker/Loewenheim, 5. Auflage, 2017, *§ 72 UrhG*, Rn. 41; Auch *Thum* meint die Fallgruppen, in denen § 14 UrhG für Lichtbilder relvant sein könnten, könnten über das Allgemeine Persönlichkeitsrecht gelöst werden, *Thum*, in: Wandtke/Bullinger, 5. Auflage, 2019, *§ 72 UrhG*, Rn. 98.

367 *Nordemann*, in: Fromm/Nordemann, 12. Auflage, 2018, *§ 72 UrhG*, Rn. 17.

dieses von einer Entstellung oder sonstigen Beeinträchtigung betroffen sein kann. Dem Lichtbildner gem. § 72 UrhG mögen keine Ansprüche zustehen, die dem spezifischen Urheberpersönlichkeitsrecht entspringen; Bewirkt eine Entstellung oder sonstige Beeinträchtigung seines Lichtbildes jedoch die Verletzung seines allgemeinen Persönlichkeitsrechtes und wird hierdurch eine Verbindung zwischen dem einfachen Lichtbild und der Persönlichkeit des Lichtbildners hergestellt, ist dies durch eine entsprechende Anwendung von § 14 UrhG zu berücksichtigen. Das allgemeine Persönlichkeitsrecht gem. Art. 2 Abs. 1 i.V.m. Art. 1 Abs. 1 GG steht jedem Lichtbildner zu. Ist es betroffen, besteht kein Grund, den Lichtbildner auf die Geltendmachung allgemeiner zivilrechtlicher Anspruchsgrundlagen in Verbindung mit dem allgemeinen Persönlichkeitsrecht zu verweisen, § 14 UrhG kann entsprechend angewendet werden. Denkbar sind insbesondere Fälle, in denen eine Entstellung z.B. dergestalt erfolgt, dass dem Lichtbild eine extremistische, rassistische oder politische Bedeutung entnommen werden kann, da diese mit der Person des Lichtbildners in Verbindung gebracht werden könnte. Dies insbesondere, da dem Lichtbildner gem. §§ 72 Abs. 1, 13 UrhG das Recht auf Namensnennung zusteht. Wird nun sein Lichtbild unter Wahrung des Anspruchs auf Namensnennung in Verbindung mit extremistischen, rassistischen oder politischen Themen genutzt, wird der objektive Betrachter üblicherweise einen Bezug zwischen dem genannten Namen und dem Kontext der Nutzung herstellen. Er wird nämlich davon ausgehen, dass das Einverständnis des Lichtbildners zur konkreten Nutzung vorliege. Ob eine Beeinträchtigung des allgemeinen Persönlichkeitsrechts vorliegt, bleibt eine Frage des Einzelfalls.

Nach hier vertretener Auffassung sind solche Beeinträchtigungen nicht auf Beeinträchtigungen des beruflichen Ansehens begrenzt, wie dies in den Ausführungen *Nordemanns*[368] jedenfalls angedeutet ist. Vielmehr sind sämtliche Entstellungen und sonstigen Beeinträchtigungen, die geeignet sind, das allgemeine Persönlichkeitsrecht des Lichtbildners zu beeinträchtigen, als Beeinträchtigungen und Entstellungen i.S.d. § 14 UrhG zu bewerten, ungeachtet dessen, ob er in seinem privaten oder beruflichen Rechtskreis betroffen ist.

---

368 *Nordemann,* in: Fromm/Nordemann, 12. Auflage, 2018, *§ 72 UrhG,* Rn. 17.

II) Verwertungsrechte, §§ 15 ff. UrhG

Dem Lichtbildner stehen gem. §§ 72 Abs. 1, 15 ff. UrhG außerdem die in §§ 15 ff. UrhG genannten Verwertungsrechte zu. Da sich nur geringfügige, dem einfachen Lichtbildschutz spezifisch zuzuordnenden Besonderheiten ergeben, soll an dieser Stelle nur auf diejenigen Verwertungsrechte eingegangen werden, die im Gesamtkontext dieser Arbeit Relevanz entfalten. Dies betrifft konkret diejenigen Verwertungsrechte, die bei der Verfolgung von Rechtsverletzungen mit Bezug zu einfachen Lichtbildern gesteigerte tatsächliche Bedeutung erfahren.

Namentlich handelt es sich hierbei um

- das Vervielfältigungsrecht gem. § 16 UrhG;
- das Recht auf öffentliche Zugänglichmachung gem. § 19a UrhG;
- das Verbreitungsrecht gem. § 17 UrhG;
- das Bearbeitungs- und Umgestaltungsrecht gem. § 23 UrhG und
- das Recht auf freie Benutzung gem. § 24 UrhG.

1) Vervielfältigungsrecht gem. § 16 UrhG, Art. 2 InfoSoc-RL

a) Allgemeines

Eine Vervielfältigung ist jede körperliche[369] Festlegung eines Werkes (bzw. einfachen Lichtbildes, §§ 72 I UrhG, 16 UrhG), die geeignet ist, das Werk (oder Lichtbild) den menschlichen Sinnen auf irgendeine Weise unmittelbar oder mittelbar wahrnehmbar zu machen.[370]

Eine solche Vervielfältigung liegt vor bei der bloßen technischen Herstellung von Lichtbildkopien wie auch bei der Herstellung von Reproduktionsfotografien. In beiden Fällen wird die Vorlage dupliziert und das neue, körperlich festgelegte Duplikat hergestellt, das für die menschlichen Sinne wahrnehmbar ist. Auch der Ausdruck eines digital auf dem Computer oder einem sonstigen Speichermedium gespeicherten Lichtbildes stellt

---

369 In Abgrenzung zu den unkörperlichen Verwertungsformen gem. § 15 Abs. 2 UrhG.

370 Referentenentwurf vom 23.03.1962, BTDrucks. IV/270, 47.

eine Vervielfältigung dar[371], die dem menschlichen Betrachter durch Sehen und Tasten zugänglich gemacht wird.

In der digitalen Umgebung stellt insbesondere der Upload von Lichtbildern eine Vervielfältigung des Lichtbildes dar.[372] Der Upload eines Lichtbildes bewirkt zunächst die Herstellung einer digitalen Lichtbildkopie, die auf den jeweiligen Server eingestellt wird. Hierbei wird das Lichtbild dauerhaft körperlich festgelegt und damit den menschlichen Sinnen (Sehen) wahrnehmbar gemacht. Gleiches gilt für den Download von Lichtbildern, bei dem eine Kopie des Lichtbildes auf dem Computer des Nutzers gespeichert wird.[373] Hingegen erfolgt durch Linksetzung keine Vervielfältigungshandlung, da lediglich auf eine vorhandene Abbildung durch elektronische Verknüpfung verwiesen wird.[374] Ein Vervielfältigungsstück wird hierbei nicht hergestellt. Ferner stellt die Digitalisierung von Lichtbildern eine Vervielfältigung derselben dar, da hier eine körperliche Festlegung in einer Datei erfolgt.[375] Daneben existieren zahlreiche weitere mögliche Vervielfältigungshandlungen.[376]

---

371 *Loewenheim,* in: Schricker/Loewenheim, 5. Auflage, 2017, *§ 16 UrhG,* Rn. 19 m. w. N.; EuGH, Urt. v. 16.07.2009 – C-5/08, GRUR Int 2010, 35 (40), *Infopaq International ./. Danske Dagblades Forening [Infopaq].*

372 *Loewenheim,* in: Schricker/Loewenheim, 5. Auflage, 2017, *§ 16 UrhG,* Rn. 21; BGH, Urt. v. 18.09.2014 – I ZR 76/13, GRUR 2015, 258 (260), *CT-Paradies*; Urt. v. 10.01.2019 – I ZR 267/15, GRUR 2019, 813 (818), *Cordoba II*; Urt. v. 06.10.2016 – I ZR 25/15, GRUR 2017, 266 (269), *World of Warcraft I*; KG Berlin, Urt. v. 28.09.2015 – 24 U 178/14, GRUR 2016, 265 (267), *Davidoff-Parfum.*

373 *Loewenheim,* in: Schricker/Loewenheim, 5. Auflage, 2017, *§ 16 UrhG,* Rn. 21; BGH, EuGH-Vorlage v. 03.02.2011 – I ZR 129/08, GRUR 2011, 418 (419), *Used-Soft.*

374 *Kroitzsch/Götting,* in: BeckOK UrhG, 26. Edition (Stand 15.10.2019), 2019, *§ 16 UrhG,* Rn. 6.

375 BGH, Urt. v. 10.12.1998 – I ZR 100/96, GRUR 1999, 325 (327), *Elektronische Pressearchive*; KG Berlin, Urt. v. 28.09.2015 – 24 U 178/14, GRUR 2016, 265 (267), *Davidoff-Parfum.*

376 Besonders umfassende Darstellung möglicher Vervielfältigungshandlungen bei *Schulze,* in: Dreier/Schulze/Specht, 6. Auflage, 2018, *§ 16 UrhG,* Rn. 7 ff.; vgl. außerdem *Loewenheim,* in: Schricker/Loewenheim, 5. Auflage, 2017, *§ 16 UrhG,* Rn. 9 ff. sowie spezifisch bzgl. Lichtbildern und Lichtbildwerken vgl. *Heerma,* in: Wandtke/Bullinger, 5. Auflage, 2019, *§ 16 UrhG,* Rn. 14.

b) Vervielfältigung trotz Veränderung? – Bewertung von Abweichungen, Format- und Größenänderungen

Für das Vorliegen einer Vervielfältigung ist nach allgemeinen Grundsätzen nicht zwingend die identische Nachbildung erforderlich, auch die Herstellung eines bis zu einem gewissen Grad abweichenden Vervielfältigungsstücks, z. B. durch Bearbeitung oder Umgestaltung, ist unter den allgemeinen urheberrechtlichen Vervielfältigungsbegriff des § 16 UrhG zu subsumieren. Dies gilt nach einhelliger Auffassung bei der Vervielfältigung von Werken jedenfalls dann, wenn die Vervielfältigung ohne eigene schöpferische Ausdruckskraft geblieben ist und sich daher – trotz der vorgenommenen Umgestaltung – noch im Schutzbereich des Originals hält, weil dessen Eigenart auch in der Nachbildung erhalten bleibt und ein übereinstimmender Gesamteindruck besteht.[377] Deshalb sind z.B. Kunstfälschungen, denen es typischerweise innewohnt, dass die Eigenarten der Vorlage übernommen werden, als Vervielfältigungen i. S. d. § 16 UrhG zu bewerten.[378] Bei einfachen Lichtbilder ist insoweit allerdings zu berücksichtigen, dass eine nachschaffende Übernahme grundsätzlich zulässig ist und keine unzulässige Vervielfältigung i.S.d. § 16 UrhG darstellt.[379] Z.B. das Abzeichnen eines einfachen Lichtbildes stellt demnach keine Vervielfältigung i.S.d. § 16 UrhG dar. Bei einfachen Lichtbildern kann nur bei Verwendung der konkreten Abbildung selbst eine Vervielfältigung vorliegen. Wird diese minimal verändert, sodass der Gesamteindruck bestehen bleibt, liegt auch hier eine Vervielfältigung vor, angesichts des deutlich engeren Schutzbereiches einfacher Lichtbilder gegenüber Werken können jedoch nur geringfügige Veränderungen zur Annahme einer Vervielfältigung i.S.d

377 BGH, Urt. v. 10.12.1987 – I ZR 198/85, GRUR 1988, 533 (535), *Vorentwurf II*; Urt. v. 29.04.2010 – I ZR 69/08, GRUR 2010, 628 (629), *Vorschaubilder*; *Schulze*, in: Dreier/Schulze/Specht, 6. Auflage, 2018, *§ 16 UrhG*, Rn. 10; *Heerma*, in: Wandtke/Bullinger, 5. Auflage, 2019, *§ 16 UrhG*, Rn. 7; *Loschelder*, GRUR 2011, 1078 (1083); *Ott*, ZUM 2007, 119 (125); a.A. für einfache Lichtbilder *Ulmer*, *Urheber- und Verlagsrecht*, 3. Auflage, 1980, S. 512.

378 OLG Hamburg, Urt. v. 29.01.1998 – 3 U 244/94, ZUM 1998, 938 (941 f.).

379 BGH, Urt. v. 04.11.1966 – Ib ZR 77/65, GRUR 1967, 315 (316), *skaicubana*; OLG Hamburg, Urt. v. 29.06.1995 – 3 U 302/94 ZUM, 217 (221); OLG München, Urt. v. 17.01.1991 – 6 U 5167/90, NJW-RR 1992, 369; Sowie näher zur fehlenden Sperrwirkung bzgl. des Motivs *Vogel*, in: Schricker/Loewenheim, 5. Auflage, 2017, *§ 72 UrhG*, Rn. 37. In der Übernahme eines Motives kann bei Hinzutreten unlauterer Umstände eine wettbewerbswidrige Handlung vorliegen, vgl. OLG München, Urt. v. 17.01.1991 – 6 U 5167/90, NJW-RR 1992, 369.

§ 16 UrhG führen, auf das Hinzutreten einer schöpferischen Ausdruckskraft o.ä. kommt es nicht an.

Ferner soll es sich auch bei solchen Nachbildungen, bei denen Format- und Größenveränderungen (z.B. bei Vorschaubildern bzw. sog. Thumbnails[380]) gegenüber der Vorlage erfolgen, grundsätzlich um zustimmungspflichtige Vervielfältigungen i. S. d. § 16 UrhG handeln.[381] Bei einfachen Lichtbildern gilt dies erst Recht. Hinsichtlich einfacher Lichtbilder gem. § 72 UrhG ist nämlich zu berücksichtigen, dass diesen keine Individualität oder besondere Eigenart innewohnt, die durch die Formatänderung entfallen könnte. Die Verwendung von Vorschaubildern, bei denen ein geschütztes Werk in verkleinerter Form auf den Server der verlinkenden Website hochgeladen wird, stellt hiernach grundsätzlich eine Vervielfältigung dar[382], die jedoch dann gerechtfertigt ist, wenn davon auszugehen ist, dass der Rechtsinhaber damit einverstanden ist.[383] Dies soll dann der Fall sein, wenn ein Rechtsinhaber sein Werk ohne Beschränkungen in das Internet einstellt, denn grundsätzlich müsse derjenige, der ein Werk in das Internet einstelle und diese ohne Einschränkungen frei zugänglich mache, mit den üblichen Nutzungen, z.B. einer Bildersuche, rechnen.[384] Werde das Werk ohne Einschränkungen eingestellt, sei nach dem objektiven Empfängerhorizont durch den Suchmaschinenbetreiber davon auszugehen gewesen, dass ein Einverständnis in die Werknutzung dieses Umfangs

---

380 Vgl. hierzu ausführlich unter Kapitel 3, B) II) 2) b) dd).

381 BGH, Urt. v. 08.11.1989 – I ZR 14/88, GRUR 1990, 669 (673), *Bibelreproduktion*; Urt. v. 29.04.2010 – I ZR 69/08, GRUR 2010, 628 (629), *Vorschaubilder*; *Dreier*, in: Blaurock/Bornkamm/Kirchberg, Festschrift für Achim Krämer zum 70. Geburtstag am 19. September 2009, *Thumbnails als Zitate?*, 2009, S. 225 (227).

382 Vgl. auch *Dreier*, in: Blaurock/Bornkamm/Kirchberg, Festschrift für Achim Krämer zum 70. Geburtstag am 19. September 2009, *Thumbnails als Zitate?*, 2009, S. 225 (227) mit Hinweis auf a.A. *Nolte*, *Informationsmehrwertdienste und Urheberrecht*, 1. Auflage 2009, 2009, S. 252 f., der eine Analogie zu Abstracts annimmt und den Vorschaubildern ein reines Informationsinteresse zuweist und aus diesem Grund eine analoge Anwendung von § 12 Abs. 2 UrhG befürwortet.

383 BGH, Urt. v. 29.04.2010 – I ZR 69/08, GRUR 2010, 628 (629, Rn. 16), *Vorschaubilder*; *Heerma*, in: Wandtke/Bullinger, 5. Auflage, 2019, *§ 16 UrhG*, Rn. 26. Vgl. hierzu außerdem *Bullinger/Garbers-von-Boehm*, GRURPrax 2010, 257

384 BGH, Urt. v. 29.04.2010 – I ZR 69/08, GRUR 2010, 628 (632, Rn. 36), *Vorschaubilder*.

als übliche Nutzung vorliege.[385] Hierauf wird unter Kapitel 3, B) II) 2) b) dd) näher eingegangen werden.[386]

c) Verwendung von Teilen eines einfachen Lichtbildes als Vervielfältigungshandlung

aa) Problemaufriss

Es stellt sich außerdem die Frage, inwiefern die Übernahme von Teilen eines Lichtbildes eine Vervielfältigung i. S. d. § 16 UrhG darstellt. Dass auch Teile eines Lichtbildes oder eines Lichtbildwerkes tatbestandlich von § 72 UrhG erfasst werden, wurde bereits unter Kapitel 2, C) II) erörtert. Würde demnach ein kleinstes Pixel eines Lichtbildes dupliziert, stellte dies bei uneingeschränkter Anwendung des § 16 UrhG hierauf eine zustimmungspflichtige Vervielfältigungshandlung im Sinne des § 16 UrhG dar. Auch könnte sich ein Lichtbildner aus seinem Recht gem. § 16 UrhG gegen die Vervielfältigung seines Lichtbildes zur Wehr setzen, die aufgrund geringfügiger Veränderungen oder Verpixelungen nach hier vertretener Auffassung[387] nicht mehr als Vervielfältigung des ganzen einfachen Lichtbildes bewertet werden kann, da jedenfalls eine Vervielfältigung von Teilen des Lichtbildes vorläge.

Während einige Autoren[388] den Pixelschutz uneingeschränkt annehmen und in Kauf nehmen, dass ggf. im Rahmen der Beweisführung Schwierigkeiten des Lichtbildners entstehen könnten, die dann durch Grundsätze der Beweislast zu klären seien, haben sich insbesondere die Gerichte[389] mit

---

385 BGH, Urt. v. 29.04.2010 – I ZR 69/08, GRUR 2010, 628 (632, Rn. 36), *Vorschaubilder*.

386 Die Abhandlung erfolgt parallel zur Rechtsprechung des BGH, der ein Sachverhalt zugrunde lag, bei dem die Vervielfältigungshandlung in den USA erfolgt, vgl. BGH, Urt. v. 29.04.2010 – I ZR 69/08, GRUR 2010, 628 (629), *Vorschaubilder*, sowie der darauf aufbauenden Auseinandersetzung in der Literatur im Zusammenhang mit der öffentlichen Zugänglichmachung.

387 Vgl. hierzu zuvor unter Kapitel 3, B) II) 1) b).

388 *Schulze*, in: Dreier/Schulze/Specht, 6. Auflage, 2018, *§ 72 UrhG*, Rn. 15; *Vogel*, in: Schricker/Loewenheim, 5. Auflage, 2017, *§ 72 UrhG*, Rn. 40; *Dreier*, in: Lehmann, Internet- und Multimediarecht (Cyberlaw), *Bildwerke und Multimedia*, 1997, S. 119 (131); *Schulze*, ZUM 1994, 15 (22); LG Berlin, Urt. v. 30.07.2015 – 16 O 410/14, ZUM 2015, 1011 (1012).

389 Vgl. insbesondere zu Tonträgerherstellerrechten die (noch nicht abgeschlossene) Historie der sog. „Metall auf Metall"-Verfahren: LG Hamburg, Urt. v.

möglichen Einschränkungen des Teileschutzes auf der Ebene der Verwertungsrechte befasst. Auch wenn diese Rechtsprechung insoweit zum Tonträgerherstellerrecht ergangen ist, kommt ggf. eine Übertragbarkeit der dort festgestellten Grundsätze auf Lichtbilder in Betracht. Die Hintergründe zur Diskussion um den Teileschutz bei Leistungsschutzrechten wird zunächst unter bb) dargestellt werden, bevor die Grundsätze der Rechtsprechung wiedergegeben (hierzu unter cc))und diese einer Bewertung unterzogen (hierzu unter dd)) und die Übertragbarkeit der Grundsätze auf Lichtbilder thematisiert wird (hierzu unter ee)).

bb) Hintergrund

Während bei Teilen eines dem Urheberrechtsschutz unterworfenen Werkes bereits im Rahmen der Schutzfähigkeit eine erhebliche Einschränkung dahingehend besteht, einen Teileschutz nur dann zu gewähren, wenn der Werkteil die notwendige Schöpfungshöhe erreicht hat und damit ein Maß an Individualität aufgewiesen muss, ist bei Teilen einer leistungsschutzrechtlich geschützten Vorlage, wie unter Kapitel 2, C) II) dargelegt, tatbestandlich jeder kleinste Teil dem Leistungsschutz zugänglich. Dass in der Übernahme eines solchen Teils und einer isolierten Vervielfältigung desselben eine zustimmungsbedürftige Vervielfältigung i. S. d. § 16 UrhG liegt, ist damit folgerichtig. Denn es wird ein geschützter Lichtbildteil dupliziert – also vervielfältigt.

Dieses Ergebnis ist gleichwohl verbreitet auf Widerstand gestoßen, insbesondere soweit es sich um Teile handelt, die in ein neues Werk übernommen werden. Denn es ist einhellig anerkannt, dass Neuentwicklungen und neues künstlerisches Schaffen es oftmals voraussetzen, auf bereits Bestehendes aufzubauen, weshalb die Anlehnung an bereits existente Werke bzw. andere Vorlagen sowie die Einholung von Inspirationen auf Basis derselben grundsätzlich zulässig sein soll, soweit ein hinreichender innerer

---

08.10.2004 – 308 O 90/99; OLG Hamburg, Urt. v. 07.06.2006 – 5 U 48/05, GRUR-RR 2007, 3; BGH, Urt. v. 20.11.2008 – I ZR 112/06, GRUR 2009, 403, *Metall auf Metall*; OLG Hamburg, Urt. v. 17.08.2011 – 5 U 48/05, GRUR-RR 2011, 396, *Metall auf Metall 2*; BGH, Urt. v. 13.12.2012 – I ZR 182/11, GRUR 2013, 614, *Metall auf Metall II*; BVerfG, Urt. v. 31.05.2016 – 1 BvR 1585/13, GRUR 2016, 690, *Sampling*; BGH, EuGH-Vorlage v. 01.06.2017 – I ZR 115/16, GRUR 2017, 895, *Metall auf Metall III*; EuGH, Urt. v. 29.07.2019 – C-476/17, GRUR 2019, 929, *Pelham/Hütter u.a.*

Abstand zur Vorlage besteht.[390] Vor diesem Hintergrund wurden verschiedene Ansätze entwickelt, den Teileschutz einzuschränken.

cc) Rechtsprechungsentwicklung

Die Frage der Verwertung von Teilen leistungsschutzrechtlich geschützter Objekte hat in der Rechtsprechung vor allem in Bezug auf das sog. Tonträger-Sampling, bei dem kürzeste Audiosequenzen von bestehenden Tonträgern entnommen und sodann in ein neues Musikstück eingefügt werden, Bedeutung erfahren.

(1) BGH: Metall auf Metall (2008) & Metall auf Metall II (2012)

Eine Einschränkung des so weitreichenden Schutzbereiches für Audiofragmente eines Tonträgers wurde durch den BGH zunächst über eine (analoge[391]) Anwendung von § 24 UrhG herbeigeführt.[392] § 24 Abs. 1 UrhG ermöglicht die Veröffentlichung und Verwertung eines urheberrechtlich geschützten Werkes, das in freier Benutzung eines Werkes eines anderen geschaffen worden ist, ohne dass eine Zustimmung des Urhebers des benutzten Werkes erforderlich wäre. Zweck der Regelung ist die Fortentwicklung des Kulturschaffens aufgrund zuvor erwähnter Annahme, dass künstleri-

---

390 *Loewenheim,* in: Schricker/Loewenheim, 5. Auflage, 2017, *§ 24 UrhG,* Rn. 2; *Schulze,* in: Dreier/Schulze/Specht, 6. Auflage, 2018, *§ 24 UrhG,* Rn. 1; *Ahlberg,* in: BeckOK UrhG, 26. Edition, Stand: 20.01.2018, 2018, *§ 24 UrhG,* Rn. 1; BGH, Urt. v. 20.11.2008 – I ZR 112/06, GRUR 2009, 403 (405), *Metall auf Metall;* Urt. v. 13.12.2012 – I ZR 182/11, GRUR 2013, 614 (615, Rn. 14), *Metall auf Metall II.*

391 Der BGH hat in der Entscheidung Metall auf Metall (mangels Benutzung eines Werkes eines anderen und mangels Verweises in § 85 UrhG auf § 24 UrhG zutreffend) eine analoge Anwendung der Vorschrift auf die Frage einer freien Benutzung thematisiert, vgl. BGH, Urt. v. 20.11.2008 – I ZR 112/06, GRUR 2009, 403 (405), *Metall auf Metall.* Eine Analogie ist bei Lichtbildern jedoch aufgrund der ausdrücklich in § 72 Abs. 1 UrhG angeordneten entsprechenden Anwendung nicht erforderlich.

392 BGH, Urt. v. 20.11.2008 – I ZR 112/06, GRUR 2009, 403 (405), *Metall auf Metall;* Urt. v. 13.12.2012 – I ZR 182/11, GRUR 2013, 614 (404 ff.), *Metall auf Metall II.*

sches Schaffen es oftmals voraussetze, auf bereits Bestehendes aufzubauen.[393]

Der BGH hatte zunächst eine freie Benutzung bei der Verwendung fremder Audiosequenzen nur dann angenommen, wenn es sich um solche Teile handelte, die vom Übernehmenden nicht selbst in einer solchen Weise hätten hergestellt werden können, die aus Sicht der angesprochenen Verkehrskreise dem Original gleichwertig wären.[394] Habe der Übernehmende diese Teile gleichwertig selbst herstellen können, sei der Übernehmende zur Fortentwicklung des Kulturschaffens nämlich nicht auf die Übernahme angewiesen, ihm stehe vielmehr die Möglichkeit zur Verfügung, die Audiosequenzen eigenständig herzustellen.[395]

(2) BVerfG: Sampling (2016)

Dieser Auffassung hat das BVerfG eine Absage erteilt.[396] Bei der Beantwortung der Frage, ob eine freie Benutzung vorliege, sei die in § 24 UrhG zum Ausdruck kommende Kunstfreiheit angemessen zu berücksichtigen. Die Annahme einer freien Benutzung kleinster Teile führe zu einem nur geringfügigen Eingriff in das verwandte Schutzrecht ohne erhebliche wirtschaftliche Nachteile für den Tonträgerhersteller. Die Nichtannahme einer freien Benutzung hingegen führe zu einer erheblichen Beeinträchtigung der künstlerischen Betätigungs- und Entfaltungsfreiheit desjenigen, der sich einer kurzen Audiosequenz eines Dritten bedienen wolle, ohne diese selbst herzustellen.[397] Das Kriterium der gleichwertigen Nachspielbarkeit stelle den Neuschaffenden

> „vor die Alternative, sich entweder um eine Samplelizenzierung durch den Tonträgerhersteller zu bemühen oder das Sample selbst nachzuspielen. In beiden Fällen würden jedoch die künstlerische Betätigungs-

---

393 BGH, Urt. v. 20.11.2008 – I ZR 112/06, GRUR 2009, 403 (405), *Metall auf Metall*; Urt. v. 13.12.2012 – I ZR 182/11, GRUR 2013, 614 (405), *Metall auf Metall II*.

394 BGH, Urt. v. 20.11.2008 – I ZR 112/06, GRUR 2009, 403 (405), *Metall auf Metall*; Urt. v. 13.12.2012 – I ZR 182/11, GRUR 2013, 614 (615), *Metall auf Metall II*.

395 BGH, Urt. v. 20.11.2008 – I ZR 112/06, GRUR 2009, 403 (405), *Metall auf Metall*; Urt. v. 13.12.2012 – I ZR 182/11, GRUR 2013, 614 (615), *Metall auf Metall II*.

396 BVerfG, Urt. v. 31.05.2016 – 1 BvR 1585/13, GRUR 2016, 690, *Sampling*.

397 BVerfG, Urt. v. 31.05.2016 – 1 BvR 1585/13, GRUR 2016, 690 (695), *Sampling*.

> freiheit und damit auch die kulturelle Fortentwicklung eingeschränkt, was der BGH im Rahmen seiner Prüfung der Kunstfreiheit nicht hinreichend berücksichtigt"

habe.[398] Ferner führe die Anwendung dieses Kriteriums zu einer erheblichen Unsicherheit für die Kunstschaffenden.[399] Es sei außerdem nicht geeignet, einen verhältnismäßigen Ausgleich zwischen dem Interesse an einer ungehinderten künstlerischen Fortentwicklung und den Eigentumsinteressen der Leistungsschutzinhaber (Tonträgerproduzenten) herzustellen.[400] Das BVerfG hob die vorangegangenen Urteile demnach wegen einer Verletzung der Nachschaffenden in ihrem Recht auf künstlerische Betätigungsfreiheit auf und verwies die Sache zur erneuten Verhandlung an den BGH zurück.[401] Dies jedoch nicht, ohne dem BGH nahezulegen, die europarechtliche Beurteilung der in Rede stehenden Rechtsfragen zu prüfen und diese, falls notwendig, dem EuGH vorzulegen.[402]

(3) BGH: Metall auf Metall III (2017)

Der BGH ist dem nach erfolgter Zurückverweisung letztlich gefolgt und hat dem EuGH mit Vorlagebeschluss vom 01.06.2017[403] verschiedene Fragen bezüglich des Tonträger-Samplings vorgelegt.

(4) EuGH: Pelham/Hütter u.a. (2019)

Der Generalanwalt ging in seinen Schlussanträgen noch davon aus, dass das Sampling eine Zustimmung des Tonträgerherstellers voraussetze, da in der Verwendung der Tonträgerteile eine Vervielfältigung vorliege, die ohne Zustimmung des Tonträgerherstellers unzulässig sei. Von etwaigen Einschränkungen ließ sich der Generalanwalt nicht überzeugen. Insbesondere

---

398 BVerfG, Urt. v. 31.05.2016 – 1 BvR 1585/13, GRUR 2016, 690 (694), *Sampling.*

399 BVerfG, Urt. v. 31.05.2016 – 1 BvR 1585/13, GRUR 2016, 690 (694 f.), *Sampling.* Das BVerfG hat bei dieser Feststellung insbesondere darauf verwiesen, dass im Ausgangsverfahren zur Klärung der Frage der Nachspielbarkeit mehrere Gutachter bestellt und mehrere Verhandlungstage anberaumt worden waren.

400 BVerfG, Urt. v. 31.05.2016 – 1 BvR 1585/13, GRUR 2016, 690 (695), *Sampling.*

401 BVerfG, Urt. v. 31.05.2016 – 1 BvR 1585/13, GRUR 2016, 690 (695), *Sampling.*

402 BVerfG, Urt. v. 31.05.2016 – 1 BvR 1585/13, GRUR 2016, 690 (696 f.), *Sampling.*

403 BGH, EuGH-Vorlage v. 01.06.2017 – I ZR 115/16, GRUR 2017, 895, *Metall auf Metall III.*

stelle die Einholung einer Lizenz keine unangemessene Beschränkung der Kunstfreiheit dar, die zu einem anderen Ergebnis führe.[404] Ferner sei die Anwendung einer Vorschrift wie der des § 24 UrhG unzulässig, da insoweit der Rahmen der in Art. 5 Abs. 2 und 3 der Richtlinie 2001/29/EG des Europäischen Parlaments und des Rates vom 22. Mai 2001 zur Harmonisierung bestimmter Aspekte des Urheberrechts und der verwandten Schutzrechte in der Informationsgesellschaft (im Folgenden: InfoSoc-RL) vorgesehenen, vollharmonisierten Ausnahmen und Beschränkungen der ausschließlichen Rechte überschritten werde.[405].

Auch der EuGH führte im Ergebnis aus, dass eine Vorschrift, die eine Ausnahme oder Beschränkung des Tonträgerherstellerrechtes vorsehe, die nicht in Art. 5 InfoSoc-RL vorgesehen sei, einen Verstoß gegen das Unionsrecht darstelle.[406] Ausnahmen und Beschränkungen eingeräumter Urheber- und Leistungsschutzrechte seien in Art. 5 InfoSoc-RL abschließend geregelt; die Befugnis, eine Regelung wie § 24 UrhG vorzusehen, die in Abweichung zu Art. 5 InfoSoc-RL eine Ausnahme oder Beschränkung der Rechte aus Art. 2 bis 4 InfoSoc-RL darstelle, bestehe nicht.[407]

Anders als noch der Generalanwalt hat der EuGH allerdings nicht pauschal das Vorliegen einer unzulässigen Beschränkung der Kunstfreiheit abgelehnt. Vielmehr hat der EuGH sich mit der Kunstfreiheit des Samplenden befasst. Der EuGH hat zunächst festgestellt, dass zwar rein begrifflich die Entnahme einer kurzen Audiosequenz eine teilweise Vervielfältigung i.S.v. Art. 2c InfoSoc-RL darstelle und auch Sinn und Zweck des Investitionsschutzes eine solche Bewertung forderte. Ein Eingriff in das Vervielfältigungsrecht des Tonträgerherstellers liege demnach grundsätzlich auch beim Sampling vor. Allerdings mangele es an einer „Vervielfältigung“, wenn das entnommene Audiofragment in geänderter und beim Hören nicht wiedererkennbarer Form in einem neuen Werk benutzt werde.[408] Liege eine Wiedererkennbarkeit der Audiosequenz nicht vor, sei auch nach dem gewöhnlichen Sprachgebrauch eine „Vervielfältigung“ des Tonträgers nicht anzunehmen, außerdem entspreche dies auch nicht dem er-

---

404 Gerichtshof, Schlussanträge des Generalanwalts v. 12.12.2018 – C-476/17, ZUM 2019, 237 (248).

405 Gerichtshof, Schlussanträge des Generalanwalts v. 12.12.2018 – C-476/17, ZUM 2019, 237 (244).

406 EuGH, Urt. v. 29.07.2019 – C-476/17, GRUR 2019, 929 (932 f.), *Pelham/Hütter u.a.* Diese Frage war und ist noch immer äußerst umstritten, die Folgen sind noch unklar, vgl. hierzu sogleich unter ee).

407 EuGH, Urt. v. 29.07.2019 – C-476/17, GRUR 2019, 929 (933), *Pelham/Hütter u.a.*

408 EuGH, Urt. v. 29.07.2019 – C-476/17, GRUR 2019, 929 (931), *Pelham/Hütter u.a.*

forderlichen Interessenausgleich, da die Entnahme eines kurzen Audiofragmentes dem Tonträgerhersteller nicht die Möglichkeit nehme, einen zufriedenstellenden Ertrag aus seinen Investitionen zu erzielen.[409] Insoweit hat der EuGH eine Abwägung zwischen dem in Art. 17 Abs. 2 der EU-Grundrechtecharta einerseits und der in Art. 13 der EU-Grundrechtecharta geschützten Kunstfreiheit andererseits vorgenommen und der Kunstfreiheit den Vorrang eingeräumt, solange und soweit eine Wiedererkennbarkeit nicht vorliege. Im Übrigen komme die Annahme eines Zitates nicht in Betracht, soweit eine Wiedererkennbarkeit und damit eine Interaktion der Vorlage nicht gegeben sei.[410]

dd) Bewertung der Lösung des EuGH – Ablehnung einer Vervielfältigungshandlung

Im Ergebnis überrascht es nicht, dass der EuGH die Kunstfreiheit deutlich stärker berücksichtigt hat, als dies noch der Generalanwalt getan hatte.[411] Dieses Ergebnis ist auch zu begrüßen. Selbst wenn nämlich bei rein objektiver und wortlautgetreuer Anwendung des Gesetzes bzw. der Richtlinie eine Vervielfältigung vorliegt, darf bei angemessener Berücksichtigung der Kunstfreiheit eine Einschränkung Dritter, die sich künstlerisch verwirklichen möchten und hierbei auf entsprechende Vorlagen zurückgreifen, nicht erfolgen, soweit keine relevante Interessenbeeinträchtigung des Inhabers des älteren Schutzrechts vorliegt.

Wird eine zwei Sekunden andauernde Sequenz entnommen und in ein neues Werk eingebracht, wird das durch das UrhG sowie durch die Richtlinie 2001/29/EG geschützte Interesse des Tonträgerherstellers an einem Investitionsschutz nicht beeinträchtigt. Bestehen daneben keine anderen Interessen des Tonträgerherstellers, die einem Überwiegen der Kunstfreiheit des Übernehmenden entgegenstünden, sind das Überwiegen der Kunstfreiheit und die Rechtfertigung eines Eingriffes in das Tonträgerherstellerrecht festzustellen.

---

409 EuGH, Urt. v. 29.07.2019 – C-476/17, GRUR 2019, 929 (931), *Pelham/Hütter u.a.*

410 EuGH, Urt. v. 29.07.2019 – C-476/17, GRUR 2019, 929 (933), *Pelham/Hütter u.a.*

411 Ausführlich zu den Schwierigkeiten, die aufgetreten wären, wenn der EuGH nach Auffassung des BVerfG die Grundrechte nicht hinreichend bewahrt hätte (Solange-Rechtsprechung): *Apel*, MMR 2019, 97 (99); *Apel*, MMR 2019, 601 (602).

Auch wenn damit im Ergebnis dem EuGH dahingehend zuzustimmen ist, dass in bestimmten Fällen der Kunstfreiheit Vorrang vor der pauschalen Annahme einer unzulässigen Vervielfältigungshandlung zu gewähren ist, ist jedoch die Verortung der Problematik bei der Bewertung des (Nicht-)Vorliegens einer „Vervielfältigung“ fragwürdig und dogmatisch kaum tragbar.[412] Durch diese Verortung setzt sich der EuGH außerdem zu seinen eigenen Ausführungen in Widerspruch. Zunächst führt er nämlich aus, dass auch die Vervielfältigung eines nur sehr kurzen Audiofragmentes eines Tonträgers grundsätzlich eine „teilweise“ Vervielfältigung darstelle[413], bevor er sodann darlegt, dass nach dem gewöhnlichen Sprachgebrauch eine Vervielfältigung nicht vorliege, wenn diese in nicht wiedererkennbarer Form erfolge.[414] Der EuGH stuft damit die Entnahme eines kurzen Audiofragmentes selbst als Vervielfältigung ein, bevor er diese Bewertung rein ergebnisorientiert revidiert. Bereits aus diesem Grund kann die Begründung nicht überzeugen.

In dogmatischer Hinsicht ist des Weiteren zu beachten, dass der Begriff der Vervielfältigung an eine Vervielfältigungshandlung anknüpft, deren Vorliegen rein objektiv danach zu beurteilen ist, ob ein Erzeugnis hergestellt wird, das der Vorlage entspricht, also ein Duplikat hegestellt wird. Der Vervielfältigungsbegriff ist hierbei wertneutral und einer Abwägung nicht zugänglich. Auch die Übernahme einer sehr kurzen Sequenz eines Tonträgers oder eines kleinen Anteils eines sonstigen geschützten Rechtsgutes stellt – sowohl nach dem gewöhnlichen Sprachgebrauch als auch nach der Dogmatik der einschlägigen Regelungen – eine Vervielfältigung dar. Die Bewertung des EuGH führte jedoch dazu, dass die Handlung der Entnahme einer kurzen Sequenz je nach Wiedererkennbarkeit als Vervielfältigung einzustufen wäre oder eben nicht. Außerdem wirft die Begründung des EuGH die Frage auf, ob nach seinen Ausführungen auch die reine Entnahme eines Teils ohne Einfügung in ein anderes Werk eine zulässige Vervielfältigung darstellte, soweit eine Wiedererkennbarkeit nicht vorläge. Dieses Ergebnis würde jedenfalls dem Umstand nicht gerecht, dass in einem solchen Fall schlicht Elemente entnommen werden, ohne dass eine Abwägung mit der Kunstfreiheit des Entnehmenden geboten ist.

---

412 Ebenfalls kritisch *Papastefanou*, CR 2019, 600 (600 f.); *Rauer*, K&R 2019, 572 (573).

413 EuGH, Urt. v. 29.07.2019 – C-476/17, GRUR 2019, 929 (931), *Pelham/Hütter u.a.* Rn. 29.

414 EuGH, Urt. v. 29.07.2019 – C-476/17, GRUR 2019, 929 (931), *Pelham/Hütter u.a.* Rn. 31 ff.

Es wäre vorzugswürdig gewesen, der EuGH hätte in solchen Fällen, in denen er eine Vervielfältigungshandlung aufgrund der angestellten Wertungen nicht zu erkennen vermag, infolge der Abwägung eine teleologische Reduktion des Vervielfältigungsrechts des Tonträgerherstellers vorgenommen, statt auf widersprüchlichem und dogmatisch zweifelhaftem Weg eine Einschränkung am Begriff der Vervielfältigung zu begründen.[415]

Im Übrigen wird in der Literatur[416] die Entscheidung des EuGH zutreffend dahingehend kritisiert, dass die angewendeten Kriterien nicht sachgerecht seien. Insbesondere vor dem Hintergrund, dass eine Auseinandersetzung mit der Kunstfreiheit erfolgt ist, erscheint es nämlich problematisch, das Kriterium der Wiedererkennbarkeit als Abgrenzungskriterium zwischen zulässiger und unzulässiger Vervielfältigung bzw. Übernahme eines Audiofragmentes anzuwenden. Denn gerade die wiedererkennbare Übernahme von Audiofragmenten bzw. Werkteilen kann als stilistisches Mittel verwendet werden, ohne dass dies der Entstehung eines neuen Kunstwerkes entgegenstünde. Gerade mit Blick auf Lichtbilder stellt sich z.B. die Frage, wie sog. Fotomosaike, bei denen eine Vielzahl von Lichtbildern oder Lichtbildteilen verwendet wird, um ein neues Gesamtbild zu schaffen, zu bewerten sind. Bei naher Betrachtung können diese Teile wiedererkennbar sein, gleichwohl kann nicht darüber hinweggetäuscht werden, dass der Hersteller des Mosaikes die Lichtbilder bzw. Lichtbildteile im Rahmen künstlerischen Schaffens benutzt hat. Die Anwendung des Kriteriums der Wiedererkennbarkeit bedeutete demnach, dass eine konkrete Kunstform, in der eine erkennbare Auseinandersetzung mit oder Benutzung von einem anderen geschützten Werk oder sonstigem Objekt erfolgt, nicht hinreichend gewürdigt würde.[417] Es wäre vor diesem Hintergrund vorzugswürdig gewesen, auf diejenigen Kriterien abzustellen, die letztlich die vorzunehmende Abwägung der grundrechtlich geschützten Positionen maßgeblich bestimmen – nämlich die Beeinträchtigung der geschützten Interessen (namentlich das Investitionsschutzes) des Tonträgerherstellers einerseits und die Wahrung der Kunstfreiheit des Nutzers andererseits. Sind die Interessen des Tonträgerherstellers nicht beeinträchtigt, sollte dem Tonträgerhersteller zugunsten des neu schaffenden Künstlers die Gewährung eines Leistungsschutzrechts zulasten des Kunstschaffenden

415 Ebenso *Rauer*, K&R 2019, 572 (573).

416 *Rauer*, K&R 2019, 572 (573); *Papastefanou*, CR 2019, 600 (601).

417 Eine solche Übernahme wäre dann nur im Rahmen eines Zitates gem. § 51 UrhG möglich, allerdings wird es hier nicht selten an dem erforderlichen Zitatzweck mangeln.

versagt werden. Eine solche Interessenbeeinträchtigung ist bei Übernahme einer zweisekündigen Sequenz auch dann nicht per se festzustellen, wenn diese Sequenz in der neu entstandenen Leistung wiedererkennbar ist. Es müssen vielmehr weitere Umstände hinzutreten, die eine Interessenbeeinträchtigung begründen. Dies kann z.B. dann der Fall sein, wenn ein Teil übernommen wird, der eine Länge und Relevanz aufweist, die zu einer Substituierbarkeit der Leistungen führt. In diesem Fall kommt nämlich eine Beeinträchtigung der wirtschaftlichen Interessen des Tonträgerherstellers in Betracht. Auch wenn die entnommenen Teile dergestalt eingesetzt werden, dass ihnen Inhalte beigemessen oder sie in einen Kontext gesetzt werden, die den Schutzrechtsinhaber in sonstiger Weise negativ betreffen, kann eine teleologische Reduktion geboten sein, um die Interessen des Rechtsinhabers zu wahren. Dies z.B., wenn durch die Übernahme eine Verbindung zu politischen oder sonstigen Werten hergestellt wird, mit denen der ursprüngliche Schutzrechtsinhaber sich nicht identifizieren kann bzw. möchte oder wenn durch die konkrete Verwendung des Teils eine Herabwürdigung des Schutzrechtsinhabers erfolgt.

ee) Übertragbarkeit auf Lichtbildschutz?

Es stellt sich sodann die Frage, ob die Grundzüge der zum Tonträgerherstellerrecht ergangenen Rechtsprechung auf den Lichtbildschutz übertragen werden können, sodass sich die künftige Rechtspraxis an der diesbezüglichen Rechtsprechung zu orientieren hätte.

Im Ergebnis hat der EuGH seine Entscheidung auf eine Interessenabwägung zwischen den Interessen des Tonträgerherstellers und des Übernehmenden gestützt, die er im Rahmen der Bestimmung der Vervielfältigungshandlung verortet hat. Das Vorliegen einer Vervielfältigung hat der EuGH ausgeschlossen, soweit eine Wiedererkennbarkeit des übernommenen Teils nicht vorliegt. Auch beim Schutz einfacher Lichtbilder ist der Vervielfältigungsbegriff heranzuziehen, der für Lichtbildwerke zugrunde gelegt wird[418], § 72 Abs. 1 UrhG, sodass auch bei einfachen Lichtbildern im Falle einer uneingeschränkten Anwendung der Rechtsprechung des EuGH das Kriterium der Wiedererkennbarkeit zu berücksichtigen ist.

Liegt einen Wiedererkennbarkeit nicht vor, müssen die Interessen des Lichtbildners hinter den Interessen desjenigen zurücktreten, der in Ausübung der ihm zustehenden Kunstfreiheit kleinste Teile übernimmt. Bei

418 Art. 2 lit. a InfoSoc-RL i.V.m. Art. 2 Abs. 1 RBÜ.

der Übernahme kleinster Teile eines einfachen Lichtbildes in ein fremdes Werk ist bei nicht vorliegender Wiedererkennbarkeit davon auszugehen, dass es sich nicht um eine zustimmungsbedürftige Vervielfältigungshandlung handelt. Dies umso mehr als die Interessen des Lichtbildners i.S.v. § 72 UrhG in vielen Fällen noch geringer zu gewichten sind als diejenigen des Tonträgerherstellers, der erhebliche Investitionen zur Herstellung des Tonträgers vornimmt. Beim Schutz einfacher Lichtbilder kommt eine dem Tonträgerhersteller vergleichbare Interessenlage nur in Ausnahmefällen, z.B. bei der Herstellung aufwändiger Lichtbilder durch Berufslichtbildner, in Betracht. Der durchschnittliche Smartphone-Nutzer wird hingegen keine relevanten Interessen vortragen können, die ein Überwiegen seiner Interessen gegenüber denjenigen eines Kunstschaffenden, der sich auf Art. 5 Abs. 3 Satz 1 GG beruft, begründeten. Vor diesem Hintergrund ist sogar fraglich, ob nicht in Fortentwicklung der Rechtsprechung des EuGH sogar eine weitergehende Einschränkung des Vervielfältigungsbegriffes bei der Übernahme erkennbarer Teile eines einfachen Lichtbildes – oder wie nach hier vertretener Auffassung eine weitergehende teleologische Reduktion des Vervielfältigungsrechts für einfache Lichtbilder – zugunsten der Kunstfreiheit in Betracht käme.

Für nicht wiedererkennbare Sekundärnutzungen von Lichtbildteilen ist damit in Übertragung der Rechtsprechung des EuGH jedenfalls geklärt, dass eine Vervielfältigungshandlung bereits nicht vorliegt. Offen bleibt insbesondere die Frage, wie mit wiedererkennbaren Sekundärnutzungen umzugehen sein wird und ob ggf. insoweit § 24 UrhG weiter Anwendung finden kann. Dem wird unter Kapitel 3, B), II) 4) b) nachgegangen werden.

2) Recht der öffentlichen Wiedergabe gem. § 15 Abs. 2 UrhG, Art. 3 Abs. 1 InfoSoc-RL und insbesondere Recht auf öffentliche Zugänglichmachung gem. § 19a UrhG, Art. 3 Abs. 1 InfoSoc-RL

Gem. § 15 Abs. 2 Satz 1 UrhG hat der Urheber das ausschließliche Recht, sein Werk in unkörperlicher Form öffentlich wiederzugeben (Recht der öffentlichen Wiedergabe). Von diesem Recht erfasst ist insbesondere das Recht der öffentlichen Zugänglichmachung gem. § 19a UrhG, vgl. § 15 Abs. 2 Satz 2 Nr. 2 UrhG.

Das Recht der öffentlichen Wiedergabe einschließlich des Rechts der öffentlichen Zugänglichmachung ist außerdem in Art. 3 Abs. 1 InfoSoc-RL niedergelegt und wird damit erheblich durch europäische Einflüsse bestimmt. Das Recht der öffentlichen Wiedergabe und das Recht der öffentlichen Zugänglichmachung sind vielfach Gegenstand gerichtlicher Auseinandersetzungen gewesen, die Auslegung der Begriffe wurde stets fortentwickelt. Hierbei wurde regelmäßig nicht klar differenziert zwischen dem Recht der öffentlichen Wiedergabe im Allgemeinen und dem Recht der öffentlichen Zugänglichmachung im Besonderen, da die öffentliche Zugänglichmachung lediglich eine Form der öffentlichen Wiedergabe darstellt, kommt es auf eine klare Abgrenzung in der Regel auch nicht an.[419] Relevant wird die Differenzierung nur, soweit Leistungsschutzrechte gem. Art. 3 Abs. 2 InfoSoc-RL betroffen sind. Den Rechtsinhabern der dort genannten Leistungsschutzrechte steht nämlich lediglich das engere Recht der öffentlichen Zugänglichmachung zu, während den Urhebern schöpferischer Werke gem. Art. 3 Abs. 1 InfoSoc-RL ein Ausschließlichkeitsrecht für die öffentliche Wiedergabe eingeräumt wird. Da § 72 Abs. 1 UrhG auf die für Lichtbildwerke geltenden Vorschriften verweist, steht auch dem Lichtbildner eines einfachen Lichtbildes das umfassendere Recht der öffentlichen Wiedergabe gem. § 72 Abs. 1 i.V.m. §§ 15 Abs. 2 Nr. 2, 19a UrhG bzw. Art. 3 Abs. 1 InfoSoc-RL zu.

Im Folgenden werden zunächst vorhandene (Legal-)Definitionen sowie entwickelte Voraussetzungen dargestellt werden (unter a)), bevor im Anschluss auf typische Handlungen der öffentlichen Wiedergabe eingegangen werden wird (unter b)). Ferner werden weitere Sonderkonstellationen behandelt, die jüngst Gegenstand der Rechtsprechung gewesen sind (unter c)).

a) (Legal-)Definitionen und Voraussetzungen der öffentlichen Wiedergabe gem. § 15 Abs. 2 UrhG, Art. 3 Abs. 1 InfoSoc-RL und der öffentlichen Zugänglichmachung gem. § 19a UrhG, Art. 3 Abs. 1 InfoSoc-RL

Der Begriff der öffentlichen Wiedergabe setzt kumulativ das Vorliegen einer „Handlung der Wiedergabe" sowie die „Öffentlichkeit" dieser Wie-

---

419 So hat der BGH in seiner Entscheidung Córdoba II, ausgehend vom Vorliegen einer öffentlichen Zugänglichmachung, festgestellt, dass es sich „bei der öffentlichen Zugänglichmachung um einen besonderen Fall der öffentlichen Wiedergabe handelt" und daher „eine öffentliche Zugänglichmachung nur vorliegen [könne], wenn das beanstandete Verhalten die Tatbestandsmerkmale einer öffentlichen Wiedergabe erfüllt.". Sodann hat der BGH das Vorliegen einer „öffentlichen Wiedergabe" geprüft. BGH, Urt. v. 10.01.2019 – I ZR 267/15, GRUR 2019, 813 (817, Rn. 38 ff.), *Cordoba II.*

dergabe voraus.[420] Die Wiedergabehandlung kann in einer Zugänglichmachung bestehen, vgl. § 19a UrhG, Art. 3 Abs. 1 InfoSoc-RL.

aa) Handlung der Wiedergabe

Die Handlung der Wiedergabe ist durch Art. 3 Abs. 1 InfoSoc-RL und durch § 15 Abs. 2 UrhG nicht abschließend definiert. Die Handlung der Wiedergabe ist jedoch weit zu verstehen, um für die Inhaber eines Urheberrechts ein hohes Schutzniveau sicherzustellen, wie es durch die InfoSoc-RL vorgesehen ist, vgl. Erwägungsgründe Nr. 4 und 9 der InfoSoc-RL.[421] Grundsätzlich stellt jede Übertragung geschützter Werke unabhängig vom eingesetzten technischen Mittel oder Verfahren eine Wiedergabe i.S.v. Art. 3 Abs. 1 InfoSoc-RL dar.[422]

Für eine Wiedergabehandlung ist es ausreichend, wenn ein Werk einer Öffentlichkeit in der Weise zugänglich gemacht wird, dass deren Mitglieder dazu Zugang haben, ohne dass es darauf ankommt, ob sie diese Möglichkeit nutzen oder nicht.[423] Dem Nutzer des Werkes muss bei der Wiedergabehandlung nach ständiger Rechtsprechung des EuGH eine zentrale Rolle zukommen, die dann vorliegt, wenn er dem Publikum Zugang zu dem Werk in der Weise verschafft, dass ohne sein Tätigwerden dieses Pu-

---

420 EuGH, Urt. v. 13.02.2014 – C-466/12, GRUR 2014, 360 (361, Rn. 16), *Nils Svensson ua/Retriever Sverige*; Urt. v. 19.11.2015 – C-325/14, GRUR 2016, 60 (61, Rn. 15), *SBS/SABAM*; Urt. v. 31.05.2016 – C-117/15, GRUR 2016, 684 (686. Rn. 37), *Reha Training/GEMA*; Urt. v. 08.09.2016 – C-160/15, GRUR 2016, 1152 (1153, Rn. 32), *GS-Media*; Urt. v. 26.04.2017 – C-527/15, GRUR 2017, 610 (611 f., Rn. 29), *Stichting Brein/Wullems*; Urt. v. 07.08.2018 – C-161/17 2018, 911 (912, Rn. 19), *Land Nordrhein-Westfalen./.Dirk Renckhoff [Cordoba]*; BGH, Urt. v. 10.01.2019 – I ZR 267/15, GRUR 2019, 813 (817, Rn. 39), *Cordoba II*.

421 EuGH, Urt. v. 13.02.2014 – C-466/12, GRUR 2014, 360 (361, Rn. 17), *Nils Svensson ua/Retriever Sverige*; Urt. v. 04.10.2011 – C-403, 429/08, GRUR 2012, 156 (165, Rn. 193), *Football Association Premier League Ltd. u.a./QC Leisure u.a.u. Karen Murphy/Media Protection Services Ltd., Football Association Premier League u. Murphy*.

422 EuGH, Urt. v. 04.10.2011 – C-403, 429/08, GRUR 2012, 156 (165, Rn. 193), *Football Association Premier League Ltd. u.a./QC Leisure u.a.u. Karen Murphy/Media Protection Services Ltd., Football Association Premier League u. Murphy*; Urt. v. 19.11.2015 – C-325/14, GRUR 2016, 60 (61, Rn. 16), *SBS/SABAM*.

423 EuGH, Urt. v. 07.12.2006 – C-306/05, GRUR 2007, 225 (227), *SGAE/Rafael Hoteles SL*; Urt. v. 13.02.2014 – C-466/12, GRUR 2014, 360 (361), *Nils Svensson ua/Retriever Sverige* m. w. N.

blikum grundsätzlich nicht in den Genuss des ausgestrahlten Werkes kommen könnte.[424]

bb) Zugänglichmachung

Die öffentliche Zugänglichmachung stellt eine Form der öffentlichen Wiedergabe (§ 15 Abs. 2 UrhG, Art. 3 Abs. 1 InfoSoc-RL) dar, bei der ein Werk (bzw. einfaches Lichtbild, §§ 72 I UrhG, 19a UrhG) drahtgebunden oder drahtlos der Öffentlichkeit in einer Weise zugänglich gemacht wird, dass es Mitgliedern der Öffentlichkeit von Orten und zu Zeiten ihrer Wahl zugänglich ist, § 19a UrhG. Eine öffentliche Zugänglichmachung erfordert, dass Dritten der Zugriff auf ein urheberrechtlich geschütztes Werk eröffnet wird, das sich in der Zugriffssphäre des Vorhaltenden befindet.[425] Eine Wiedergabe in Form der Zugänglichmachung liegt bereits dann vor, wenn das Werk für die Öffentlichkeit bereitgehalten wird.[426]

cc) Öffentlichkeit

Eine „Öffentlichkeit" im Sinne des maßgeblichen Unionsrechts[427] liegt vor, wenn eine unbestimmte Zahl potenzieller Adressaten angesprochen

---

424 EuGH, Urt. v. 31.05.2016 – C-117/15, GRUR 2016, 684 (686 Rn. 46), *Reha Training/GEMA*; Urt. v. 07.12.2006 – C-306/05, GRUR 2007, 225 (227, Rn. 42), *SGAE/Rafael Hoteles SL*; Urt. v. 04.10.2011 – C-403, 429/08, GRUR 2012, 156 (165, Rn. 194 f.), *Football Association Premier League Ltd. u.a./QC Leisure u.a.u. Karen Murphy/Media Protection Services Ltd., Football Association Premier League u. Murphy*; Urt. v. 07.08.2018 – C-161/17 2018, 911 (914, Rn. 46), *Land Nordrhein-Westfalen./.Dirk Renckhoff [Cordoba]*.

425 BGH, Urt. v. 29.04.2010 – I ZR 69/08, GRUR 2010, 628 (629, Rn. 19), *Vorschaubilder*; Urt. v. 21.09.2017 – I ZR 11/16, GRUR 2018, 178 (180, Rn. 19), *Vorschaubilder III*. Weitere Nachweise und Beispiele bei *Dreier*, in: Dreier/Schulze/Specht, 6. Auflage, 2018, *§ 19a UrhG*, Rn. 6.

426 *Ungern-Sternberg*, in: Schricker/Loewenheim, 5. Auflage, 2017, *§ 19a UrhG*, Rn. 57 m.w.N.; zur Unterscheidung zwischen Bereithaltungsrecht und Recht auf Abrufübertragung außerdem ausführlich *Ziegler*, *Urheberrechtsverletzungen durch Social Sharing*, 2016, S. 82 ff.; *Ungern-Sternberg*, in: Schricker/Loewenheim, 5. Auflage, 2017, *§ 19a UrhG*, Rn. 6 ff.

427 Davon zu unterscheiden ist der nationale Öffentlichkeitsbegriff, legaldefiniert in § 15 Abs. 3 UrhG: "Die Wiedergabe ist öffentlich, wenn sie für eine Mehrzahl von Mitgliedern der Öffentlichkeit bestimmt ist. Zur Öffentlichkeit gehört jeder, der nicht mit demjenigen, der das Werk verwertet, oder mit den anderen

wird und zudem eine ziemlich große Zahl von Personen impliziert wird.[428] Nach der Rechtsprechung des EuGH ist insoweit erforderlich, dass „recht viele Personen" erreicht werden, eine allzu kleine oder gar unbedeutende Mehrzahl betroffener Personen ist damit ausgeschlossen.[429] Hierbei ist eine kumulative Betrachtung dahingehend möglich, dass nicht auf den gleichzeitigen Zugang verschiedener Personen allein abzustellen ist, sondern auch der aufeinanderfolgende Zugang verschiedener Personen ausreichend ist.[430] Ab welcher Personenzahl die notwendige Öffentlichkeit erreicht sein soll, ist bislang unklar, die Anzahl von ca. 7 Personen sollte ausreichen.[431] Es gilt jedenfalls als gesichert, dass eine über das deutsche Verständnis gem. § 15 Abs. 3 UrhG hinausgehende Mehrheit von Personen er-

---

Personen, denen das Werk in unkörperlicher Form wahrnehmbar oder zugänglich gemacht wird, durch persönliche Beziehungen verbunden ist.". Dieser Öffentlichkeitsbegriff ist aufgrund der Vollharmonisierung des Art. 3 InfoSoc-RL richtlinienkonform im Lichte des Unionsrechts auszulegen, vgl. anstatt vieler nur *Ungern-Sternberg*, in: Schricker/Loewenheim, 5. Auflage, 2017, *§ 15 UrhG*, Rn. 354. Sicherlich ist dieses Ergebnis für einfache Lichtbilder gem. § 72 UrhG nicht zwingend, da insoweit gerade keine Vollharmonisierung vorliegt. Eine fortdauernde Anwendung des engeren, deutschen Verständnisses von der Öffentlichkeit führte jedoch dazu, dass der Lichtbildner eines einfachen Lichtbildes einen umfassenderen Schutz erhielte als der Lichtbildner eines Lichtbildwerkes. Denn der einfache Lichtbildner wäre in diesem Fall vor der öffentlichen Wiedergabe seines Lichtbildes durch einen Dritten bereits bei einem zweiköpfigen Publikum (ein zweiköpfiges Publikum für ausreichend erachtend: BGH, Urt. v. 11.07.1996 – I ZR 22/94, GRUR 1996, 875 (876), *Zweibettzimmer im Krankenhaus*) geschützt, während dies auf den Lichtbildner eines Lichtbildwerkes nicht zuträfe. Dieses Ergebnis wäre mit der entsprechenden Anwendung der für Lichtbildwerke geltenden Vorschriften auf einfache Lichtbilder (§ 72 Abs. 1 UrhG) sowie der höhergradigen Schutzwürdigkeit der Lichtbildwerke gegenüber einfachen Lichtbildern nicht vereinbar.

428 EuGH, Urt. v. 13.02.2014 – C-466/12, GRUR 2014, 360 (361), *Nils Svensson ua/ Retriever Sverige*.

429 EuGH, Urt. v. 15.03.2012 – C-135/10, juris, 84, 86, *SCF ./. Del Corso*; Urt. v. 08.09.2016 – C-160/15, GRUR 2016, 1152 (1154), *GS-Media* Rn. 36.

430 EuGH, Urt. v. 15.03.2012 – C-135/10, juris, Rn. 87, *SCF ./. Del Corso*.

431 *Ziegler* geht von einer Personenzahl ab ca. 30 Personen aus, *Ziegler*, *Urheberrechtsverletzungen durch Social Sharing*, 2016, S. 95 mit Verweis auf *Riesenhuber*, ZUM 2012, 433 (443), der von 3–7 Personen ausgeht. Die Annahme *Zieglers*, dass für eine „Öffentlichkeit" eine Anzahl von ca. 30 Personen erforderlich sei, unter Verweis darauf, dass diese Größenordnung wohl auf eine durchschnittliche Gaststätte oder ein Hotel zutreffen dürfte, scheint zu kurzgreifend. Eine solche Betrachtung lässt insbesondere ländliche Örtlichkeiten außer Betracht, in denen an den genannten Örtlichkeiten von durchaus niedrigeren Personenzahlen auszugehen ist, ohne dass eine Öffentlichkeit abzulehnen wäre. Gleicherma-

reicht werden muss, um die Anforderungen an eine Öffentlichkeit im Sinne des Unionsrechts zu erreichen.[432]

Im Übrigen darf es sich bei den angesprochenen Personen nicht um einen privat miteinander verbundenen Kreis von Personen, also eine private Gruppe handeln.[433]

cc) Weitere Kriterien

Zur Bewertung, ob eine öffentliche Wiedergabe – und damit eine öffentliche Zugänglichmachung – vorliege oder nicht, hat der EuGH ferner weitere Kriterien herangezogen:

So soll eine Aufnahmebereitschaft der Empfänger erforderlich sein, an der es fehle, wenn die Adressaten nur zufällig erreicht würden.[434] Für eine öffentliche Wiedergabe könne außerdem ein mit der Wiedergabe verfolgter bzw. verbundener[435] Erwerbszweck sprechen.[436] Ein solcher könne als Indiz für eine bestehende Öffentlichkeit herangezogen werden.

Zur Erfüllung des Tatbestandes der öffentlichen Wiedergabe ist nach ständiger Rechtsprechung des EuGH[437] bei vorangegangener öffentlicher

---

ßen dürften 3 Personen nicht genügen, um dem Begriff der „recht vielen Personen“ gerecht zu werden. Nach Auffassung der Verfasserin ist die Annahme einer Personenzahl ab ca. 7 Personen erforderlich.

432 *Heerma*, in: Wandtke/Bullinger, 5. Auflage, 2019, *§ 15 UrhG*, Rn. 21.

433 *Dreier*, in: Dreier/Schulze/Specht, 6. Auflage, 2018, *§ 15 UrhG*, Rn. 39.

434 EuGH, Urt. v. 15.03.2012 – C-135/10, juris, Rn. 91, *SCF ./. Del Corso* (Das Merkmal der Aufnahmebereitschaft wurde vom EuGH im konkreten Fall abgelehnt; Es könne nicht davon ausgegangen werden, dass Patienten im Wartezimmer eines Zahnarztes für vom Tonträger abgespielte Hintergrundmusik aufnahmebereit seien, der Zugang hierzu sei vielmehr zufällig und vom Zeitpunkt des Eintreffens, der Dauer des Wartens sowie der Art der Behandlung abhängig, vgl. Rn. 98 d. Urteils).

435 Ein mittelbarer Bezug zum Erwerbszweck genügt nach der Rechtsprechung des EuGH, z.B. soll das Aufstellen von TV-Geräten den Standard des Hotels steigern und damit zu höheren Zimmerpreisen führen, vgl. EuGH, Urt. v. 07.12.2006 – C-306/05, GRUR 2007, 225 (227), *SGAE/Rafael Hoteles SL*.

436 EuGH, Urt. v. 07.12.2006 – C-306/05, GRUR 2007, 225 (227), *SGAE/Rafael Hoteles SL*; Urt. v. 04.10.2011 – C-403, 429/08, GRUR 2012, 156 (166), *Football Association Premier League Ltd. u.a./QC Leisure u.a.u. Karen Murphy/Media Protection Services Ltd., Football Association Premier League u. Murphy*.

437 EuGH, Urt. v. 13.02.2014 – C-466/12, GRUR 2014, 360 (361), *Nils Svensson ua/ Retriever Sverige*; Urt. v. 26.04.2017 – C-527/15, GRUR 2017, 610 (612 m. w. N.), *Stichting Brein/Wullems*.

Wiedergabe durch den Rechtsinhaber außerdem erforderlich, dass entweder ein neues technisches Verfahren eingesetzt oder die Wiedergabe gegenüber einem neuen Publikum erfolgt.

b) Typische Handlungen der „Zugänglichmachung“

Eine öffentliche Zugänglichmachung kann auf unterschiedlichste Weisen erfolgen. Eine öffentliche Zugänglichmachung kann z.B. innerhalb eines Netzwerkes (Intranet) oder im Internet vorgenommen werden. Die Art und Weise, auf welche die jeweiligen Werke oder sonstigen Schutzgüter zum Abruf bereitgehalten werden, ist in ihrer Vielfalt nicht abschließend darstellbar. In Betracht kommen insbesondere Wiedergabehandlungen wie Uploads auf eine Website, Verlinkungen im Internet oder innerhalb eines geschützten Netzwerkes oder Intranets, das Einstellen von Werken in eine Cloud oder ein offenes Netzwerk.

Inwiefern diese Wiedergabehandlungen sodann als rechtlich relevante öffentliche Wiedergabe bzw. Zugänglichmachung i.S.d. §§ 15 Abs. 2, 19a UrhG bzw. Art. 3 Abs. 1 InfoSoc-RL zu bewerten sind, gilt es im Folgenden zu klären. Aufgrund der tatsächlichen Relevanz von Uploads, des Setzens von Hyperlinks/Deeplinks sowie des Framings und der Nutzung von Vorschaubildern, die sich nicht zuletzt durch die Vielzahl gerichtlicher Verfahren bestätigt hat, werden sich die weiteren Ausführungen auf diese Wiedergabehandlungen und deren rechtliche Bewertung beschränken.

aa) Upload

In dem Upload von Lichtbildern ins Internet liegt neben der bereits festgestellten Vervielfältigungshandlung auch eine öffentliche Zugänglichmachung gem. § 19a UrhG.[438] Durch den Upload von Lichtbildern auf eine Website kopiert der Nutzer diese nicht nur auf den Server sondern macht dieselben regelmäßig auch für andere Nutzer zugänglich. Dies gilt jedenfalls dann, wenn er den Zugang Dritter und damit die Wiedergaben gegenüber einer Öffentlichkeit nicht durch Schutzmaßnahmen verhindert.

---

438 Zur Notwendigkeit der Einführung des § 19a UrhG zur Vermeidung von Schutzlücken für Inhaber verwandter Schutzrechte durch Umsetzung der Richtlinie 2001/29/EG vgl. *Dreier,* in: Dreier/Schulze/Specht, 6. Auflage, 2018, *§ 19a UrhG*, Rn. 3.

Auch wenn der Tatbestand des § 19a UrhG technologieneutral ist und nicht auf das Internet beschränkt ist[439], stellt der Upload eines geschützten Objektes auf eine Website einen typischen Fall einer öffentlichen Zugänglichmachung dar, soweit die Anforderungen an die Öffentlichkeit i. S. d Art. 3 Abs. 1 InfoSoc-RL erfüllt sind.[440]

bb) Hyperlink/Deeplink

(1) Grundsätzliche Bewertung

Fraglich ist, ob das Setzen von Hyperlinks[441] bzw. Deep-Links als „öffentliche Zugänglichmachung" bewertet werden kann. Ein üblicher Hyperlink bzw. Surface-Link stellt einen elektronischen Querverweis dar, der beim Anklicken durch den Nutzer diesen auf eine andere Website bzw. ein elektronisch hinterlegtes Dokument weiterleitet. Ein Deep-Link ist eine Sonderform des Hyperlinks, der unter Umgehung der Startseite auf andere Seiten der Website führt.[442] Befindet sich am Zielort des jeweiligen Links ein Lichtbild oder ein sonstiges zur Anwendbarkeit des § 19a UrhG führendes Schutzgut, gilt es zu klären, ob das Setzen des Links eine Verwertungsform gem. § 19a UrhG darstellt, die dem Rechtsinhaber vorbehalten ist.

Während Einigkeit dahingehend besteht, dass das Setzen von Hyperlinks und Deep-Links den Tatbestand des § 19a UrhG im Ergebnis grundsätzlich[443] nicht erfüllt, gehen die hierfür angeführten Begründungen auseinander:

---

439 *Götting*, in: BeckOK UrhG, 26. Edition (Stand 15.10.2019), 2019, *§ 19a UrhG*, Rn. 3 m.w.N.

440 Zur Frage, ob bei einem Upload eines geschützten Objektes in ein soziales Netzwerk diese Anforderungen erfüllt sind, näher unter Kapitel 4, C) II) 2) g).

441 Hyperlink ist der Oberbegriff. Als Sonderformen kommen insbesondere Surface Links, Inline Links und Deep Links in Betracht, vgl. zu den verschiedenen Formen und den technischen Funktionsweisen ausführlich hierzu *Sosnitza*, CR 2001, 693 (694); *Nolte*, *Informationsmehrwertdienste und Urheberrecht*, 1. Auflage 2009, 2009, S. 218 f.

442 BGH, Urt. v. 29.04.2010 – I ZR 39/08, GRUR 2011, 56 (58), *Session-ID*, Rn. 24; *Nolte*, *Informationsmehrwertdienste und Urheberrecht*, 1. Auflage 2009, 2009, S. 218.

443 Differenzierend für Fälle, in denen der Hyperlink zu einer Zielseite führt, auf der geschützte Inhalte ohne die Erlaubnis des Rechtsinhabers veröffentlicht

Der BGH[444] sieht in dem Setzen des Links bereits keine Zugänglichmachung i. S. d. § 19a UrhG. Mittels eines solchen Links verweise der Nutzer lediglich auf das Werk bzw. sonstige Objekt und erleichtere damit nur einen bereits eröffneten Zugang, eröffne diesen jedoch nicht selbst. Es erfolge lediglich eine Erleichterung des Auffindens wie bei einer Fußnote in einem Dokument oder auf einer Website.[445] Er halte das Schutzgut weder selbst öffentlich zum Abruf bereit, noch übermittele er es selbst auf Abruf an Dritte. Außerdem verfüge letztlich derjenige, der das Objekt ins Internet gestellt habe über die erforderliche Kontrolle. Anders als der Link-Setzende könne dieser nämlich das Objekt aus dem Internet entfernen, wodurch der Link ins Leere laufe, sodass das Objekt der Öffentlichkeit nicht mehr zugänglich bleibe.

Der EuGH[446] demgegenüber bewertet die Bereitstellung eines anklickbaren Links, der zum jeweiligen Objekt führt, als Zugänglichmachung. Die Einordnung des Linkings als öffentliche Zugänglichmachung i. S. d. § 19a UrhG lässt der EuGH sodann jedoch daran scheitern, dass ein „neues Publikum" nicht vorliege. Ein neues Publikum sei nämlich ein solches, das der Rechtsinhaber nicht habe erfassen wollen. Da aber das Zielpublikum des Rechtsinhabers, der das Objekt ins Internet einstellt, alle potentiellen Besucher der Website und damit sämtliche Internetnutzer seien, handele es sich auch bei den Nutzern von Links nicht um ein neues Publikum.[447]

Letztlich kommen beide Auffassungen zu demselben Ergebnis. Vorzugswürdig scheint gleichwohl die Auffassung des EuGH. Die Links führen den Nutzer unmittelbar zu dem vom Rechtsinhaber bzw. von einem Dritten mit dessen Zustimmung eingestellten Schutzobjekt und ermöglichen damit den direkten Zugriff hierauf. Für die Nutzer ist mittels eines einzigen Klicks der Inhalt sofort abrufbar. Unter dieser Prämisse eine Wiedergabehandlung in Form der Zugänglichmachung abzulehnen wirft Fragen auf, entspricht jedenfalls nicht dem allgemeinen Sprachgebrauch.[448] Sach-

---

wurden: EuGH, Urt. v. 08.09.2016 – C-160/15, GRUR 2016, 1152 (1154 f.), *GS-Media*. Hierzu näher sogleich unter (2).

444 BGH, Urt. v. 17.07.2003 – I ZR 259/00, GRUR 2003, 958 (962), *Paperboy*; Urt. v. 29.04.2010 – I ZR 39/08, GRUR 2011, 56 (58), *Session-ID* Rn. 24.

445 BGH, Urt. v. 17.07.2003 – I ZR 259/00, GRUR 2003, 958 (962), *Paperboy*.

446 EuGH, Urt. v. 13.02.2014 – C-466/12, GRUR 2014, 360 (361), *Nils Svensson ua/ Retriever Sverige* Rn. 20 ff.

447 EuGH, Urt. v. 13.02.2014 – C-466/12, GRUR 2014, 360 (361), *Nils Svensson ua/ Retriever Sverige* Rn. 26.

448 Kritisch ebenfalls *Ott*, WRP 2004, 52 (56, 58); *Wiebe*, MMR 2003, 724 (224 f.) mit Hinweis auf alternative Lösungsmöglichkeiten.

gerechter erscheint es, mit dem EuGH den Weg über die angesprochene Öffentlichkeit zu suchen und hier Handlungen gegenüber denjenigen Personen auszuschließen, die der Einstellende ansprechen wollte. Und hierzu gehören – soweit keine Anhaltspunkte für eine gegenteilige Bewertung vorliegen[449] – auch diejenigen Nutzer, die über Links auf die relevante Internetseite gelangen.

(2) Sonderfall: Verweis auf Inhalte unter Umgehung von Zulassungsbeschränkungen sowie Verweis auf Inhalte, die ohne Erlaubnis des Rechtsinhabers eingestellt wurden

(a) Ausgangssituation

Etwas anderes gilt, wenn es sich um Links bzw. Deep-Links handelt, die den Nutzer unter Umgehung zulassungsbeschränkender Maßnahmen zu geschützten Inhalten führen sowie in denjenigen Fällen, in denen der Link bzw. Deep-Links zu geschützten Inhalten führt, die ohne Erlaubnis des Rechtsinhabers hochgeladen wurden.[450] In beiden Fällen ist nach der Rechtsprechung des EuGH[451] jedenfalls dann von einer öffentlichen Zugänglichmachung auszugehen, wenn der Linksetzende diese Umstände kannte oder hätte kennen müssen. Die Kenntnis bzw. grob fahrlässige Unkenntnis soll vermutet werden, soweit der Verlinkende mit Gewinnerzielungsabsicht handelt, da von einer mit Gewinnerzielungsabsicht handeln-

449 Solche Anhaltspunkte ergeben sich etwa daraus, dass der Berechtigte technische Schutzmaßnahmen ergriffen hat, um den Zugang zu dem geschützten Werk nur bestimmten Nutzern zu eröffnen oder nur auf einem bestimmten Weg zu ermöglichen. Werden diese durch den Link-Verwender umgangen, liegt eine öffentliche Zugänglichmachung i.S.d. § 19 a UrhG vor, vgl. sogleich unter (2).

450 Ferner steht in Frage, wie es sich auf die urheberrechtliche Bewertung auswirkt, wenn ein Rechtsinhaber eine technische Schutzmaßnahme gegen ein Verlinken des von ihm zugänglich gemachten Inhaltes nutzt und diese von einem Dritten umgangen wird. Denn hier handelt es sich nicht um eine Zugangsbeschränkung, sondern um einen Verlinkungsschutz. Diese Frage wurde mit Blick auf das sog. Framing durch den BGH dem EuGH vorgelegt, vgl. BGH, EuGH-Vorlage v. 25.04.2019 – I ZR 113/18, GRUR 2019, 725, *Deutsche Digitale Bibliothek./.Verwertungsgesellschaft Bild-Kunst*. Die Frage stellt sich gleichermaßen für die Fälle des Verlinkens mittels Hyperlink und Deeplink. Näher zur Problematik unter Kapitel 3, B) II) 2) c) bb).

451 EuGH, Urt. v. 08.09.2016 – C-160/15, GRUR 2016, 1152 (1155), *GS-Media* Rn. 50 f.

den Person erwartet werden könne, dass sie die erforderlichen Nachprüfungen vornimmt, um sich zu vergewissern, dass das betroffene Werk auf der Zielseite nicht unbefugt veröffentlicht wurde.[452] Hierzu im Einzelnen:

(b) Öffentliche Zugänglichmachung bei Verweis auf rechtswidrige Vorveröffentlichung bzw. Umgehung von Schutzmaßnahmen

Die Annahme einer öffentlichen Zugänglichmachung im Falle der vorangegangenen rechtswidrigen Zugänglichmachung sowie im Fall der Umgehung von Schutzmaßnahmen ist grundsätzlich konsequent:

Folgt man den zuvor dargelegten Grundsätzen des EuGH, ist im Fall des vorangegangenen Einstellens eines Schutzobjektes ohne Zustimmung des Rechtsinhabers von einem neuen Publikum auszugehen. Handelt es sich nämlich um eine Vorveröffentlichung, die ohne Erlaubnis des Rechtsinhabers eingestellt wurde, liegt keine Erlaubnis des Rechtsinhabers vor, auf die sich der Linksetzende stützen könnte. Damit handelt es sich um ein neues Publikum, an das sich der Rechtsinhaber sich nicht wenden wollte. Hatte der Rechtsinhaber die Einstellung nur unter Zugangsbeschränkungen vorgenommen, hat er auch nicht sämtliche Internetnutzer, insbesondere nicht diejenigen, die unter Umgehung der getroffenen Schutzmaßnahmen Zugriff auf die geschützten Inhalte erhalten, als Publikum erfassen wollen. Auch insoweit handelt es sich damit um ein neues Publikum im Sinne der Rechtsprechung des EuGH.

Folgt man dem BGH, gelangt man zu demselben Ergebnis. Im Fall der Verweisung auf solche Inhalte, die sich ohne Erlaubnis des Rechtsinhabers und damit rechtswidrig im Internet befinden, mangelt es an dem maßgeblichen Kontrollkriterium, auf das der BGH seine Bewertung stützt. Der Rechtsinhaber ist gerade nicht in der Lage, zu kontrollieren, ob das Werk weiterhin zugänglich gemacht wird, da er im Falle einer von seiner Erlaubnis nicht gedeckten Zugänglichmachung, praktisch selten in der Lage sein wird, diese Kontrolle effektiv und sofort – wie im Fall einer Änderung der Quelle, sodass die Verlinkung ins Leere ginge – auszuüben. Eine entsprechende Rechtsdurchsetzung gegen denjenigen, der für die erste Zugänglichmachung verantwortlich ist, wird regelmäßig mit Schwierigkeiten verbunden sein, die es nicht zulassen, ihm eine bestehende Kontrollfunktion

452 EuGH, Urt. v. 08.09.2016 – C-160/15, GRUR 2016, 1152 (1155 Rn. 51), *GS-Media*; Urt. v. 26.04.2017 – C-527/15, GRUR 2017, 610 (613), *Stichting Brein/Wullems*.

zu unterstellen, die den BGH veranlasst hatte, im Falle des eigenen Uploads durch den Rechtsinhaber bzw. bei einem Upload mit seiner Zustimmung eine öffentliche Zugänglichmachung abzulehnen. Bei einer Umgehung von Schutzmaßnahmen, die den Zugang zu den geschützten Objekten beschränken sollten, richtet sich die Linksetzung und damit die Ermöglichung des Zugriffs auf den geschützten Inhalt an ein Publikum, das ursprünglich nicht von der beabsichtigten Zugänglichmachung erfasst gewesen war. Durch die Umgehung der Zugangsbeschränkungen wird damit nicht nur ein bereits eröffneter Zugang erleichtert, sondern ein bereits eröffneter Zugang über die Grenzen dieses Zugangs hinaus ausgedehnt.

Damit liegt nach Anwendung der Kriterien des EuGH wie auch des BGH eine öffentliche Zugänglichmachung i. S. d. § 19a UrhG vor.

(c) Kenntnis der Rechtswidrigkeit der Veröffentlichung

Problematisch erscheint in diesem Zusammenhang allerdings die vom EuGH entwickelte Voraussetzung der Kenntnis der Rechtswidrigkeit der Veröffentlichung (sowie die damit einhergehende Vermutungsregelung für Handlungen mit Gewinnerzielungsabsicht).[453] Die Frage, ob eine öffentliche Zugänglichmachung vorliegt, sollte sowohl aus dogmatischen Gesichtspunkten als auch aus Gründen des gebotenen hohen Schutzniveaus objektiv bestimmt werden: In Frage steht, ob eine Verletzungshandlung vorliegt oder nicht. Subjektive Elemente sind dogmatisch auf Rechtsfolgenebene zu verorten. Nur beim Vorliegen von Vorsatz oder Fahrlässigkeit steht dem Rechtsinhaber gegenüber dem Schädiger ein Schadensersatzanspruch gem. § 97 Abs. 2 UrhG zu. Im Übrigen lässt das gem. Erwägungsgrund Nr. 4 der InfoSoc-RL angestrebte hohe Schutzniveau für den Rechtsinhaber, eine Zugrundelegung solch subjektiver Kriterien, die im Regelfall sogar vom Rechtsinhaber als Anspruchssteller nachzuweisen sind, kaum zu. Durch Anwendung dieses subjektiven Kriteriums wird dem Rechtsinhaber gerade in Konstellationen, in denen ihm eine nicht beruflich handelnde Privatperson gegenübersteht, die sich seiner Leistungen mittels Verlinkung bedient hat, die Beweislast für die Kenntnis bzw. fahrlässige Unkenntnis des Verlinkenden aufgebürdet. Dies kann mit dem Ziel der Gewährleistung eines hohen Schutzniveaus, das ohne effektive Rechts-

453 Ebenfalls ablehnend u.a. *Lüthge/Peters*, GRUR Int 2019, 756 (758 f.); kritisch ferner *Ohly*, GRUR 2016, 1155 (1156 f.).

durchsetzung erheblich an Bedeutung verliert, nicht in Einklang gebracht werden.

cc) Framing

Auch die rechtliche Einordnung des sog. Framing ist regelmäßig Gegenstand urheberrechtlicher Rechtsstreitigkeiten.[454] Das Framing betrifft solche Sachverhalte, in denen eine Website in Teilbereiche untergliedert wird und sodann in einem oder mehreren Teilbereichen fremde Inhalte einer anderen Internetseite abgebildet werden, die durch Anklicken von Hyperlinks abgerufen werden können.[455]

Das Framing führt nur zu einer Darstellung der bereits vorhandenen Veröffentlichung, ggf. ohne Kenntlichmachung der Quelle. Bei dieser Konstellation handelt es sich damit nicht um eine öffentliche Zugänglichmachung, die Grundsätze des Linkings können übertragen werden. Die Verwendung eines Frames führt unter Zugrundelegung der Kriterien des EuGH nicht dazu, dass ein neues Publikum angesprochen würde.[456] Denn Zielgruppe der Ursprungsveröffentlichung und Zielgruppe des Frames sind – soweit keine Beschränkungen erfolgen – jeweils sämtliche Internetnutzer. Auch unter Heranziehung der Kriterien des BGH[457] liegt eine erlaubnispflichtige öffentliche Zugänglichmachung nicht vor, da auch beim

---

454 Vgl. nur LG München I, Urt. v. 14.11.2002 – 7 O 4002/02, ZUM 2003, 583; Urt. v. 10.01.2007 – 21 O 20028/05, ZUM 2007, 224; Schlussurteil v. 02.02.2011 – 37 O 1577/10, BeckRS 2013, 9318; OLG München, Urt. v. 16.02.2012 – 6 U 1092/11, CR 2013, 331; BGH, EuGH-Vorlage v. 16.05.2013 – I ZR 46/12, GRUR 2013, 818, *Die Realität*; Beschluss v. 10.04.2014 – I ZR 46/12, K&R 2014, 519, *Aufrechterhalten des Antrags auf Vorabscheidung durch den EuGH*; Urt. v. 09.07.2015 – I ZR 46/12, GRUR 2016, 171, *Die Realität II*; EuGH, Beschluss v. 21.10.2014 – C-348/13, GRUR 2014, 1196, *BestWater International/Mebes ua [Die Realität]*; OLG München, Urt. v. 25.08.2016 – 6 U 1092/11, GRUR-RR 2016, 495, *Die Realität III*.

455 *Leyendecker-Langner*, in: BeckOK Informations- und Medienrecht, 26. Edition, Stand: 01.05.2019, 2019, *§ 12 BGB*, Rn. 77; *Grützner et al.*, Compliance von A-Z, S. "F", "Framing".

456 EuGH, Beschluss v. 21.10.2014 – C-348/13, GRUR 2014, 1196 (1197), *BestWater International/Mebes ua [Die Realität]*.

457 So noch BGH, EuGH-Vorlage v. 16.05.2013 – I ZR 46/12, GRUR 2013, 818, *Die Realität*, Rn. 9; nach Beantwortung der Vorlagefrage durch den EuGH dann maßgeblich abstellend auf das Kriterium des neuen Publikums i.S.d. EuGH-Rechtsprechung Urt. v. 09.07.2015 – I ZR 46/12, GRUR 2016, 171 (173 f.), *Die Realität II*

Framing dem Berechtigten die Möglichkeit verbleibt, die Kontrolle auszuüben, indem er dem im Frame enthaltenen Link die Wurzeln entreißt.

Die mangelnde Benennung der Quelle führt nicht zu einer anderen Bewertung. Hieraus kann jedoch auf lauterkeitsrechtlicher Ebene eine Bewertung als irreführende Handlung im Sinne des § 5 UWG in Betracht kommen, da nach dem objektiven Empfängerhorizont insoweit eine Zuordnung des Inhalts zum Verwender des Frames statt zum Rechtsinhaber führen kann.[458]

dd) Vorschaubilder

Einen weiteren Fall, der einer rechtlichen Bewertung zu unterziehen ist, stellen die sogenannten „Vorschaubilder" dar. In diesen Fällen wird eine Verlinkung vorgenommen, bei der auf der verlinkenden Website selbst bereits das Werk unmittelbar als stark verkleinertes Vorschaubild (sog. „Thumbnail") wiedergegeben wird.[459]

Neben einer Vervielfältigungshandlung – soweit eine solche angenommen wird[460] – liegt in der Verwendung von Vorschaubildern auf der verlinkenden Website auch eine öffentliche Wiedergabe und öffentliche Zugänglichmachung. Durch die Suchmaschinen werden die Lichtbilder mittels sog. crawler aufgespürt und wie bei einem Upload Kopien der Vorschaubilder auf der verlinkenden Website (z.B. im Rahmen der Google Bildersuche) erstellt, sodass eine Zugänglichmachung durch den Suchmaschinenbetreiber vorliegt, der den Zugang zu dem Lichtbild kontrolliert.[461]

Allerdings wird in diesem Fall davon ausgegangen, dass eine rechtfertigende Einwilligung des Schutzrechtsinhabers vorliege, soweit dieser keine Schutzmaßnahmen gegen die Auffindbarkeit und das Anzeigen durch Suchmaschinen und damit gegen diese Form der öffentlichen Zugänglichmachung und Wiedergabe getroffen habe, da es sich um eine übliche Nut-

---

458 *Busche*, in: MüKo UWG, 3. Auflage, 2020, *§ 5 UWG*, Rn. 706. Daneben kann die mangelnde Urhebernennung beim Framing ausnahmsweise einen Verstoß gegen § 13 UrhG darstellen, wenn eine Urhebernennung aufgrund der Art und Weise der Verlinkung ausgeblendet wird und aus der Beschreibung des Links dann die Urheberschaft nicht hervorgeht, *Schneider*, CR 2016, 37 (41).

459 *Heerma*, in: Wandtke/Bullinger, 5. Auflage, 2019, *§ 16 UrhG*, Rn. 26.

460 Hierzu vgl. Kapitel 3, B) II) 1) b).

461 BGH, Urt. v. 29.04.2010 – I ZR 69/08, GRUR 2010, 628 (629), *Vorschaubilder*.

zungsform handele.[462] Diese Bewertung verdient Zuspruch. Die Bildersuche dient dem schnellen Zugriff auf relevante Inhalte. Der Nutzer soll schnellstmöglich den für ihn interessanten Inhalt in kleinem Format betrachten können, um ein schnelles Filtern nach passenden Inhalten zu ermöglichen. So wird es vermieden, dass der Nutzer erst zahlreiche Websites aufrufen muss, um die Inhalten zu sehen und zu bewerten. Dadurch werden auch zugunsten desjenigen, der einen entsprechenden Inhalt einstellt, Nutzer angetragen, die andernfalls seine Internetseite vielleicht nicht aufgesucht hätten. Unter diesen Umständen ist, insbesondere angesichts des Umstandes, dass der Nutzer Schutzvorkehrungen treffen kann, wenn er ausnahmsweise hiermit nicht einverstanden sein sollte, vom Vorliegen seiner Einwilligung auszugehen.

Einige Autoren wenden ein, dem könne jedenfalls in der Zwischenzeit nicht mehr ohne Einschränkungen gefolgt werden. Die Google Bildersuche ermögliche es inzwischen, nicht nur stark verkleinerte Bilder im Rahmen der Vorschau zu betrachten. Vielmehr könne der Nutzer durch die Bildersuche das Lichtbild im Originalformat anzeigen lassen, ohne hierbei den Internetauftritt aufzurufen, auf dem sich das Lichtbild befinde. *Heerma*[463] weist deshalb darauf hin, dass dadurch, dass Google in der neuen Bildersuche seit 2017 bereits in der Vorschau die volle Bildqualität zur Verfügung stelle, die Grundsätze des BGH nicht mehr überzeugen können, da sich das Aufsuchen der Ursprungswebsite vielfach erübrige. Auch *Höppner/Schaper*[464] schließen sich dem an und verweisen auf eine US-amerikanische

462 BGH, Urt. v. 29.04.2010 – I ZR 69/08, GRUR 2010, 628 (631 f.), *Vorschaubilder*; Urt. v. 19.10.2011 – I ZR 140/10, GRUR 2012, 602 (605), *Vorschaubilder II*; vgl. dort auch zur Möglichkeit, als Betreiber einer Internetseite durch Eingabe entsprechender Befehle bei deren Programmierung zu verhindern, dass eine Suchmaschine auf der Internetseite eingestellte Bilder auffindet und anzeigt. Wohl auch *Dreier*, in: Blaurock/Bornkamm/Kirchberg, Festschrift für Achim Krämer zum 70. Geburtstag am 19. September 2009, *Thumbnails als Zitate?*, 2009, S. 225 (229). Hierzu kritisch *Heerma*, in: Wandtke/Bullinger, 5. Auflage, 2019, *§ 16 UrhG*, Rn. 26 und *Höppner/Schaper*, MMR 2017, 512 (516). A.A. noch vor den Entscheidungen des BGH: OLG Jena, Urt. v. 27.02.2008 – 2 U 319/07, GRUR-RR 2008, 223 (225), das ausführt, dem reinen Einstellen von Lichtbildern in das Internet könne ein solcher Erklärungsgehalt nicht entnommen werden, allerdings handele der Einstellende rechtsmissbräuchlich gem. § 242 BGB, wenn er einerseits suchmaschinenoptimierende Handlungen vornehme, andererseits ein mangelndes Einverständnis mit der Indexierung und Verwertung durch eine Bildersuchmaschine behaupte.

463 *Heerma*, in: Wandtke/Bullinger, 5. Auflage, 2019, *§ 16 UrhG*, Rn. 26.

464 *Höppner/Schaper*, MMR 2017, 512 (516).

Studie[465], zufolge derer die Klickraten zahlreicher Bildrechtsinhaber nach Einführung der neuen Bildersuche bei Google in den USA im Durchschnitt um 63 % eingebrochen seien. Die Bildersuche führe zu einer Substitutionswirkung, ein Besuch der Ursprungsseite erübrige sich. Dem kann jedoch nur dann zugestimmt werden, wenn es sich bei dem Ergebnis der Bildersuche um eine eigenständige Kopie auf dem Server der Suchmaschine handelt. Die konkrete Aufteilung der Google-Bildersuche lässt hingegen anderes vermuten: Die Vorschau selbst erfolgt nach wie vor in verkleinertem Format, die Wiedergabe des Originalformates erfolgt erst bei Anklicken eines lediglich verkleinert wiedergegebenen Vorschaubildes. Dann erscheint im rechten Bereich des Fensters die vergrößerte Wiedergabe. Hierbei scheint es sich allerdings um einen Frame oder ein ähnliches Konstrukt zu handeln, das eine Verlinkung zur Ursprungsseite enthält, sodass eine lokale Kopie auf dem Server des Suchmaschinenbetreibers in diesem Umfang nicht erfolgt. Ein solcher Frame ist jedoch zulässig, vgl. zuvor unter cc). Sollte sich die Bildersuche jedoch dergestalt entwickeln, dass eine Substituierbarkeit entstünde, da ein eigenständiger Upload der Bilder im Originalformat auf den Server des Suchmaschinenbetreibers stattfände und nicht lediglich eine zulässige Verlinkung gleich welcher Art vorläge, wäre *Heerma* sowie *Höppner/Schaper* zuzustimmen.[466]

Die vorbezeichneten Grundsätze finden selbstverständlich nur Anwendung, wenn der Rechtsinhaber selbst bzw. ein Dritter mit der Zustimmung des Rechtsinhabers die Inhalte eingestellt hat. Von einer unzulässigen öffentlichen Wiedergabe ist demgegenüber nach den bereits dargelegten Grundsätzen zur öffentlichen Wiedergabe dann auszugehen, wenn die von der Suchmaschine aufgefundenen und als Vorschaubilder wiedergegebenen Werke ohne Erlaubnis des Rechtsinhabers im Internet eingestellt wurden und der Suchmaschinenbetreiber dies wusste oder vernünftigerweise wissen musste[467] oder wenn Maßnahmen gegen die Auffindbarkeit und Anzeige im Suchergebnis einer Suchmaschine getroffen wurden. In diesen Fällen handelt es sich nämlich um eine Wiedergabe gegenüber einem neuen Publikum bzw. um eine Zugangseröffnung, die vom Rechtsinhaber nicht beabsichtigt gewesen ist.

---

465 *Define media group, How Google´s Image Search Update Killed Imge SEO*, abrufbar unter http://www.definemg.com/how-googles-image-search-update-killed-image-seo/, zuletzt abgerufen am 26.01.2020.

466 So im Ergebnis auch *Stieper*, ZUM 2019, 211 (215).

467 BGH, Urt. v. 21.09.2017 – I ZR 11/16, GRUR 2018, 178, *Vorschaubilder III*. Insoweit Anschluss an EuGH, Urt. v. 08.09.2016 – C-160/15, GRUR 2016, 1152, *GS-Media*.

c) Sonderkonstellationen

aa) Upload: Öffentliche Zugänglichmachung durch Upload ins Internet bei vorangegangenem Upload durch Rechteinhaber/mit Zustimmung des Rechteinhabers? – Das Córdoba-Urteil des EuGH

Jüngst hat der EuGH in seinem Córdoba-Urteil[468] zudem klargestellt, dass eine öffentliche Zugänglichmachung durch einen Upload auch dann vorliege, wenn das Objekt des Uploads bereits zuvor im Internet abrufbar gewesen ist, es mithin schon zuvor ohne beschränkende Maßnahme auf einer anderen Website mit Zustimmung des Rechtsinhabers abrufbar gewesen ist:

Fraglich war insoweit aus Sicht des vorlegenden Gerichts[469], ob das Erfordernis des „neuen Publikums“ erfüllt gewesen ist. Da bereits eine Wiedergabe durch den Rechtsinhaber im Internet vorlag, konnte es nicht auf ein neues technisches Verfahren ankommen, sodass die zweite Variante maßgeblich war, also die Frage, ob sich das nunmehrige Publikum vom bisherigen Publikum unterschied. Ob dies bei der Kopie eines geschützten Objektes auf einen Server der Fall sei, wenn das Objekt bereits mit Zustimmung des Rechtsinhabers anderweitig ohne Einschränkungen online zur Verfügung gestellt wurde, war zunächst unklar.[470] Der EuGH hat jedoch überzeugend dargelegt, dass der Nutzer des Werkes auch in einer solchen Konstellation, in der der Rechteinhaber selbst bereits das geschützte Werk oder sonstige Objekt im Internet zur Verfügung gestellt hat, die unmittelbare öffentliche Zugänglichmachung dieses Objektes durch einen Dritten auf einer anderen Internetseite einer Zustimmung des Rechteinhabers bedürfe:

Ein neues Publikum sei ein solches, an das der Inhaber des Urheberrechts (bzw. verwandten Schutzrechts) nicht gedacht habe, als er die ursprüngliche öffentliche Wiedergabe seines Werkes erlaubte.[471] Anders als beim Setzen eines Hyperlinks, mit dem der Nutzer der neuen Fundstelle auf den vom Rechteinhaber oder von einem Dritten mit Zustimmung des

---

468 EuGH, Urt. v. 07.08.2018 – C-161/17 2018, 911, *Land Nordrhein-Westfalen./.Dirk Renckhoff [Cordoba]*.

469 BGH, Vorlagebeschluss v. 23.02.2017 – I ZR 267/15, GRUR 2017, 514, *Cordoba I*.

470 Aus diesem Grund erfolgte die Vorlage an den EuGH, BGH, Vorlagebeschluss v. 23.02.2017 – I ZR 267/15, GRUR 2017, 514, *Cordoba I*.

471 EuGH, Urt. v. 07.08.2018 – C-161/17 2018, 911 (912 m. w. N.), *Land Nordrhein-Westfalen./.Dirk Renckhoff [Cordoba]*.

Rechteinhabers eingerichteten Internetauftritt gelenkt wird (mittelbare Wiedergabe)[472], richte sich bei der unmittelbaren Wiedergabe dieselbe an ein neues Zielpublikum; der Rechteinhaber bzw. der berechtigte Dritte habe nur den Nutzern der konkreten Internetseite, auf der das Werk bzw. das leistungsschutzrechtlich geschützte Objekt veröffentlicht wurde, dieses wiedergeben wollen; Nutzer anderer Websites und sonstige Internetnutzer stellten demgegenüber ein neues Publikum dar.[473] Es sei insbesondere zu berücksichtigen, dass eine anderweitige Beurteilung der Ausgestaltung des Rechts der öffentlichen Zugänglichmachung gem. Art. 3 Abs. 1 InfoSoc-RL als Recht vorbeugender Art zuwiderliefe. Grundsätzlich sei nämlich dem Urheber das Recht eingeräumt, Dritten die öffentliche Zugänglichmachung zu erlauben oder zu verbieten. Die effektive Wahrung dieser Rechte gebiete jedoch auch die Eingriffsmöglichkeit des Urhebers, die im Fall eines zustimmungsfreien Einstellens auf eine Internetseite nicht hinreichend vorliege. Die Ausübung seiner Rechte sei in diesem Fall vielmehr erheblich erschwert, wenn nicht gar unmöglich. Entscheide sich der Rechtsinhaber, die öffentliche Zugänglichmachung zu beenden, sei das Werk, selbst wenn es nicht mehr auf der Internetseite wiedergegeben werde, auf der es zunächst mit seiner Zustimmung veröffentlicht worden war, weiterhin auf der Website der Neueinstellung öffentlich zugänglich.[474] Im Übrigen liefe eine andere Bewertung darauf hinaus, dass eine Erschöpfung der Rechte mit erstmaliger öffentlicher Zugänglichmachung im Internet einträte, die gem. Art. 3 Abs. 3 InfoSoc-RL vom Normgeber ausdrücklich nicht gewollt sei.[475] Insbesondere würde bei Annahme einer Erschöpfungswirkung dem Rechtsinhaber die vom Normgeber vorgesehene Möglichkeit genommen, eine angemessene Vergütung für die Nutzung seines Werkes zu verlangen.[476]

Einer Anwendung der für Hyperlinks entwickelten Grundsätze auf den unmittelbaren Upload geschützter Werke stehe außerdem entgegen, dass anders als das Setzen von Hyperlinks der unmittelbare Upload geschützter

---

472 Hierzu EuGH, Urt. v. 13.02.2014 – C-466/12, GRUR 2014, 360, *Nils Svensson ua/ Retriever Sverige*.

473 EuGH, Urt. v. 07.08.2018 – C-161/17 2018, 911 (913), *Land Nordrhein-Westfalen./.Dirk Renckhoff [Cordoba]* Rn. 35.

474 EuGH, Urt. v. 07.08.2018 – C-161/17 2018, 911 (913), *Land Nordrhein-Westfalen./.Dirk Renckhoff [Cordoba]* Rn. 29 ff.

475 EuGH, Urt. v. 07.08.2018 – C-161/17 2018, 911 (913), *Land Nordrhein-Westfalen./.Dirk Renckhoff [Cordoba]* Rn. 32 ff.

476 EuGH, Urt. v. 07.08.2018 – C-161/17 2018, 911 (913), *Land Nordrhein-Westfalen./.Dirk Renckhoff [Cordoba]*; 10. Erwägungsgrund der InfoSoc-RL Rn. 34.

Werke ohne Zustimmung des Rechtsinhabers nicht für das Funktionieren des Internets und die Ermöglichung der Verbreitung von Informationen erforderlich sei.[477] Auch werde hier der vorbeugende Charakter schwerwiegender betroffen, da beim Setzen von Hyperlinks ohne Zustimmung des Rechtsinhabers dieser die Kontrolle über die Verbreitung gleichwohl bewahre. Denn ihm stehe es frei, die Quelle, auf welche die Verlinkung den Nutzer lenkt, zu entfernen bzw. die einem Dritten erteilte Erlaubnis zur öffentlichen Zugänglichmachung zu widerrufen und diesen zur Entfernung der Inhalte zu verpflichten.[478] Ferner habe beim Setzen von Hyperlinks der Website-Betreiber, auf dessen Internetseite der Hyperlink gesetzt wurde, keinen unmittelbaren Beitrag geleistet, während bei dem Upload eines geschützten Werkes auf eine andere Website eine Vervielfältigung und anschließende Einstellung auf diese Website vorliege.[479] Damit liege eine erhebliche Rolle des Einstellenden an der öffentlichen Zugänglichmachung vor.[480]

Das Urteil des EuGH ist dogmatisch, stringent und überzeugend.[481] Es steht im Einklang mit den ebenfalls überzeugenden Überlegungen des BGH, die dieser in seinen Vorlagebeschluss aufgenommen hat[482] sowie mit dem Ziel der InfoSoc-RL, dem Urheber ein hohes Schutzniveau zu gewähren und diesem eine angemessene Vergütung zu sichern.[483] Insbesondere ist es begrüßenswert, dass der EuGH nicht der Auffassung des Generalanwaltes gefolgt ist, das Merkmal der öffentlichen Zugänglichmachung weiter zu subjektivieren und Kriterien wie die Vorsätzlichkeit des Handelns anzusetzen. Denn insoweit ist vor allem *Ettig*[484] zuzustimmen, die zutreffend darauf hinweist, dass der Fall „Cordóba" erst aufgrund der teils

477 EuGH, Urt. v. 07.08.2018 – C-161/17 2018, 911 (914), *Land Nordrhein-Westfalen./.Dirk Renckhoff [Cordoba]* Rn. 40.

478 EuGH, Urt. v. 07.08.2018 – C-161/17 2018, 911 (914), *Land Nordrhein-Westfalen./.Dirk Renckhoff [Cordoba]* Rn. 44.

479 EuGH, Urt. v. 07.08.2018 – C-161/17 2018, 911 (914), *Land Nordrhein-Westfalen./.Dirk Renckhoff [Cordoba]* Rn. 45 f.

480 EuGH, Urt. v. 07.08.2018 – C-161/17 2018, 911 (914), *Land Nordrhein-Westfalen./.Dirk Renckhoff [Cordoba]* Rn. 45 f.

481 Zustimmend im Ergebnis ebenfalls: *Ettig*, K&R 2018, 612 (614); *Wypchol*, EuZW 2018, 822 (822 f.); *Schubert*, MMR 2018, 662 (663); *Rauer/Kaase*, WRP 2018, 1155 (1158 ff.); *Hofmann*, ZUM 2018, 641 (645 ff.); *Grünberger*, ZUM 2019, 281 (291); *Ohly*, GRUR 2018, 996 (1000 f.).

482 BGH, Vorlagebeschluss v. 23.02.2017 – I ZR 267/15, GRUR 2017, 514 (ff.), *Cordoba I.*

483 Vgl. hierzu Erwägungsgründe Nr. 9 und 10 der InfoSoc-RL.

484 *Ettig*, K&R 2018, 612.

undurchsichtigen und einzelfallbezogenen Rechtsprechung des EuGH zum Merkmal der öffentlichen Zugänglichmachung eine solche Bedeutung erfahren hat und ohne dieselbe sicherlich schneller und ohne solch tiefgehende Begründung Im Beschlusswege entschieden worden wäre. Eine weitere Subjektivierung hätte zu einer weitgehenden Rechtsunsicherheit geführt und die urheberrechtliche Dogmatik verlassen.[485]

Vor allem ist der klaren Differenzierung des EuGH zwischen dem Upload und der damit einhergehenden unmittelbaren Wiedergabe einerseits sowie dem Setzen von Hyperlinks und der hiermit verbundenen mittelbaren Wiedergabe andererseits zuzustimmen.[486] Der EuGH hat insoweit nämlich den in der Praxis für den Rechtsinhaber maßgeblichen Unterschied mit Blick auf die Möglichkeit der Rechtswahrnehmung realisiert: Während bei der Verwendung von Hyperlinks durch Dritte dem Rechtsinhaber die Möglichkeit verbleibt, von ihm oder mit seiner Zustimmung ins Internet gestellte Werke oder Leistungen wieder aus dem Internet zu entfernen bzw. entfernen zu lassen, wird es ihm in der Regel faktisch unmöglich sein, bei erfolgten unautorisierten Uploads die jeweiligen Ansprüche durchzusetzen und die Verantwortlichen ausfindig zu machen.[487] Darin besteht ein Unterschied, der in der rechtlichen Bewertung zwingend zu berücksichtigen ist und dem zur Realisierung des vom Normgeber beabsichtigten hohen Schutzgrades für Urheber entsprechende Bedeutung beizumessen ist.

---

485 *Ohly*, GRUR 2018, 996 mit dem Hinweis darauf, dass die vom Generalanwalt vorgenommene Interessenabwägung "zwar zutreffende Wertungen aufwies, aber mit der klassischen Urheberrechtsdogmatik letztlich nicht mehr viel gemeinsam hatte". *Jani*, GRUR-Prax 2018, 241 sehr deutlich kritisierend (z.B.: "systemwidrig"; "...dreht das Urheberrecht auf den Kopf"; "Mit seiner Auslegung von Art. 3 der InfoSoc-RL legt der Generalanwalt [...] die Axt an die Wurzeln der urheberrechtlichen Ausschließlichkeitsrechte.").

486 EuGH, Urt. v. 07.08.2018 – C-161/17 2018, 911 (914), *Land Nordrhein-Westfalen./.Dirk Renckhoff [Cordoba]* Rn. 40; a.A. Schlussanträge des Generalanwalts/der Generalanwältin v. 25.04.2018 – C-161/17, BeckRS, 6238 (90, 107).

487 Diese praktischen Schwierigkeiten bei der Rechtsdurchsetzung bleiben in den Schlussanträgen des Generalanwalts leider unberücksichtigt, dieser stellt lediglich fest, der Rechtsinhaber könne die Entfernung verlangen, vgl. EuGH, Schlussanträge des Generalanwalts/der Generalanwältin v. 25.04.2018 – C-161/17, BeckRS, 6238 (Rn. 107).

bb) Framing: Öffentliche Wiedergabe beim Vorhalten von Schutzmaßnahmen gegen Framing

Jüngst hat sich der BGH mit der Frage befasst, welche Auswirkungen daraus resultieren können, dass ein Rechtsinhaber zwar keine Zugangsbeschränkungen im eigentlichen Sinne (z.B. Passwortschutz) vorhält, jedoch technische Maßnahmen ergreift, um das sogenannte Framing zu verhindern. Diese Frage hat der BGH dem EuGH zur Beantwortung vorgelegt.[488] Konkret bittet der BGH in seiner Vorlage darum, zu klären, ob

> „die Einbettung eines mit Einwilligung des Rechtsinhabers auf einer frei zugänglichen Internetseite verfügbaren Werkes in die Internetseite eines Dritten im Wege des Framing eine öffentliche Wiedergabe des Werkes im Sinne des Art. 3 Abs. 1 der InfoSoc-RL dar[stellt], wenn sie unter Umgehung von Schutzmaßnahmen gegen Framing erfolgt, die der Rechtsinhaber getroffen oder veranlasst hat“.

Hintergrund der EuGH-Vorlage ist ein Rechtsstreit zwischen der Deutschen Digitalen Bibliothek (DDB) und der Verwertungsgesellschaft Bild-Kunst. Die DBB ermöglicht es auf ihrer Website, gezielt nach Digitalisaten vorhandener Werke zu suchen. Über das Suchergebnis gelangt der Nutzer auf eine Internetseite der DBB, auf der ein Vorschaubild des recherchierten Objektes wiedergegeben wird. Über ein Anklicken dieses Schaubildes gelangt der Nutzer auf die Internetseite der zuliefernden Einrichtung, durch Nutzung der Lupenfunktion ist dem Nutzer auf der Website der DBB selbst eine vergrößerte Ansicht des Vorschaubildes möglich. Die Verwertungsgesellschaft Bild-Kunst möchte die DDB verpflichten, technische Maßnahmen zum Schutz der zur Nutzung überlassenen Werke oder Schutzgegenstände gegen Framing anzuwenden. Die DDB ihrerseits beruft sich u.a. darauf, dass das Framing keine urheberrechtlich relevante Nutzungshandlung darstelle, an deren Erträgen die Rechtsinhaber eine Beteiligung beanspruchen oder deren unautorisierte Vornahme sie aufgrund ihres Ausschließlichkeitsrechts untersagen könnten.[489]

Wie zuvor[490] dargelegt, stellt das Framing grundsätzlich keine öffentliche Zugänglichmachung bzw. öffentliche Wiedergabe dar, die der Erlaubnis des Rechtsinhabers bedürfte. Anderes gilt jedoch dann, wenn Zugangs-

---

488 BGH, EuGH-Vorlage v. 25.04.2019 – I ZR 113/18, GRUR 2019, 725, *Deutsche Digitale Bibliothek./.Verwertungsgesellschaft Bild-Kunst.*

489 KG Berlin, Urt. v. 18.06.2018 – 24 U 146/17, GRUR 2018, 1055, *Framingschutz.*

490 Vgl. Kapitel 3, B) II) 2) b) cc).

beschränkungen umgangen werden oder der Inhalt des Framings sich ohne Erlaubnis des Rechtsinhabers und damit rechtswidrig im Internet befindet. Der BGH hat mit seiner Vorlage an den EuGH die Frage aufgeworfen, ob ggf. eine andere Bewertung erfolgen müsse, soweit Schutzmaßnahmen gegen Framing getroffen würden. Wäre dies der Fall, stellten nämlich Framing-Handlungen Dritter unter Heranziehung der von der DDB eingestellten Vorschaubilder, die unter Umgehung des Framing-Schutzes vorgenommen würden, erlaubnispflichtige Handlungen dar. Es stellt sich damit die Frage, inwiefern der Rechtsinhaber die grundsätzlichen Möglichkeiten zulässiger Anschlussnutzungen durch die Äußerungen seines entgegenstehenden Willens einschränken kann.[491] Anders als bei einer Zugriffsbeschränkung (z.B. in Form eines Passwortschutzes) befindet sich der konkrete Content nämlich für jeden Internetnutzer ersichtlich im Internet, sodass grundsätzlich eine Verlinkung oder die Nutzung des Inhaltes im Wege des Framings zulässig wäre.

Die Verlinkung des Inhaltes im Wege des Framings stellt zunächst eine Wiedergabehandlung in Form der Zugänglichmachung dar.[492] Es stellt sich jedoch die Frage, ob es sich auch um eine Wiedergabe gegenüber einer Öffentlichkeit handelt. Dies ist nach der Rechtsprechung des EuGH dann der Fall, wenn ein neues Publikum angesprochen wird. Hat der Rechtsinhaber Maßnahmen ergriffen, um den Zugang auf Besucher einer bestimmten Internetseite zu beschränken und den unmittelbaren Zugang über andere Internetseiten, auf denen der Inhalt im Wege des Framing gespiegelt wird, ausgeschlossen, liegt eine Wiedergabe an ein neues Publikum vor, wenn ein Dritter die Schutzmaßnahmen gegen Framing umgeht. Der BGH stelle demgegenüber darauf ab, ob ein weiterer Zugang eröffnet sei und nicht nur ein bereits geöffneter Zugang erleichtert werde. Bei Umgehung von Schutzmaßnahmen gegen Framing wird ebenso wie bei der Einrichtung von Zugriffsbeschränkungen nicht ein bereits eröffneter Zugang lediglich erleichtert, sondern ein bereits eröffneter Zugang über die Grenzen dieses Zugangs hinaus auf „mittelbare Besucher" ausgedehnt und damit ein Zugang auf einem Weg eröffnet, den der Rechtsinhaber nicht

---

491 noch offengelassenen durch BGH, Urt. v. 09.07.2015 – I ZR 46/12, GRUR 2016, 171 (174, Rn. 35), *Die Realität II.*

492 BGH, EuGH-Vorlage v. 25.04.2019 – I ZR 113/18, GRUR 2019, 725 (727, Rn. 21 f.), *Deutsche Digitale Bibliothek./.Verwertungsgesellschaft Bild-Kunst*; EuGH, Beschluss v. 21.10.2014 – C-348/13, GRUR 2014, 1196 (1197, Rn. 18), *BestWater International/Mebes ua [Die Realität].*

eröffnet hat.[493] Damit liegt bei Heranziehung beider Kriterien eine rechtswidrige öffentliche Zugänglichmachung Wiedergabe vor.

Es ist deshalb davon auszugehen, dass der EuGH in einem Framing unter Umgehung technischer Schutzmaßnahmen gegen Framing eine unzulässige öffentliche Wiedergabe erkennen wird.[494] Dem ist zuzustimmen. Eine gegenteilige Bewertung führte nämlich dazu, dass ein Rechtsinhaber schutzlos gestellt würde, da entgegen seines ausdrücklich wiedergegebenen und technisch abgesicherten Willens Wiedergabehandlungen vorgenommen werden könnten. Es träte damit eine Erschöpfung ein, die von Art. 3 Abs. 3 InfoSoc-RL gerade nicht vorgesehen ist.[495]

3) Verbreitungsrecht gem. § 17 UrhG

Ferner steht dem Lichtbildner das Verbreitungsrecht gem. § 72 Abs. 1 i.V.m. § 17 UrhG zu. Hiervon erfasst ist das Anbieten und Inverkehrbringen des Lichtbildes gegenüber der Öffentlichkeit in körperlicher Form, unabhängig davon, ob es sich bei dem Verbreitungsgegenstand um das Original oder ein Vervielfältigungsstück desselben handelt.

Erfasst von diesem Ausschließlichkeitsrecht sind insbesondere Vorbereitungshandlungen zu beabsichtigten Veräußerungshandlungen (insbesondere Werbemaßnahmen, Ausstellungen zum Verkauf), sowie jegliche Handlungen, die das Schutzgut der allgemeinen Öffentlichkeit des Handelsverkehrs zugänglich machen, sei es durch Besitzübertragung oder Eigentumsübertragung.[496]

Hinsichtlich der Ausschließlichkeit des Verbreitungsrechtes ist die in § 17 Abs. 2 UrhG geregelte Erschöpfung zu beachten, die eine Zulässigkeit derjenigen Weiterverbreitungshandlungen (mit Ausnahme von Vermietungshandlungen gem. § 17 Abs. 3 UrhG) statuiert, die solche Originale und Vervielfältigungsstücke betreffen, die mit Zustimmung des zur Verbreitung Berechtigten im Gebiet der Europäischen Union oder eines ande-

---

493 So zu technischen Schutzmaßnahmen bereits BGH, Urt. v. 29.04.2010 – I ZR 39/08, GRUR 2011, 56 (58, Rn. 27), *Session-ID*.

494 Ebenfalls zustimmend: *Ohly*, GRUR 2018, 996 (1003); *Grünberger*, ZUM 2019, 573

495 So auch BGH, EuGH-Vorlage v. 25.04.2019 – I ZR 113/18, GRUR 2019, 725 (729, Rn. 36), *Deutsche Digitale Bibliothek./.Verwertungsgesellschaft Bild-Kunst*; *Ohly*, GRUR 2018, 996 (1003).

496 Hierzu ausführlich *Schulze*, in: Dreier/Schulze/Specht, 6. Auflage, 2018, *§ 17 UrhG*, Rn. 7 ff.

ren Vertragsstaates des Abkommens über den Europäischen Wirtschaftsraum im Wege der Veräußerung in Verkehr gebracht worden sind.

4) Bearbeitungs- und Umgestaltungsrecht gem. § 23 UrhG; Freie Benutzung gem. § 24 UrhG

Während gem. § 23 Satz 1 UrhG Veröffentlichungen oder Verwertungen von Bearbeitungen und anderen Umgestaltungen eines Werkes nur mit Einwilligung des Urhebers des bearbeiteten oder umgestalteten Werkes zulässig sind, ist die Veröffentlichung und Verwertung eines selbstständigen Werkes, das in freier Benutzung des Werkes eines anderen geschaffen worden ist, gem. § 24 Abs. 1 UrhG auch ohne Zustimmung des Urhebers des benutzten Werkes zulässig. Gem. § 72 Abs. 1 UrhG sind beide Vorschriften auf Lichtbilder anzuwenden. Dies gilt sowohl für den Fall, dass es sich bei der bearbeiteten, umgestalteten oder benutzten Vorlage um ein Lichtbild handelt als auch dann, wenn die Bearbeitung, Umgestaltung oder Benutzung eines Werkes im Sinne von § 2 Abs. 1 UrhG auf fotografische Weise erfolgt und hierbei ein einfaches Lichtbild entsteht.

a) Bearbeitungs- und Umgestaltungsrecht gem. § 23 UrhG

Unter Umgestaltungen im Sinne von § 23 Satz 1 UrhG sind solche Handlungen zu verstehen, bei denen eine nachschaffende Handlung unter Übernahme der wesentlichen Züge des benutzten Werkes vorgenommen wird.[497] Dies kann nach der Gesetzesbegründung insbesondere dann der Fall sein, wenn der Umgestaltende das Ergebnis der Umgestaltung als eigenes Werk ausgibt, obwohl wesentliche Züge der Vorlage übernommen wurden (Plagiat) oder wenn er sich lediglich von einer Vorlage inspirieren lassen möchte, sich von dieser jedoch nicht weit genug distanziert (= gescheiterte freie Benutzung[498]).[499] Bearbeitungen i.S.v. § 23 Satz 1 UrhG als Unterfall der Umgestaltungen liegen dann vor, wenn der Bearbeitende die Identität des Originalwerkes unberührt lassen will und lediglich die Verwertungsmöglichkeiten erweitern möchte, indem er das Originalwerk den

---

497 *Loewenheim,* in: Schricker/Loewenheim, 5. Auflage, 2017, *§ 23 UrhG,* Rn. 3; *Ulmer, Urheber- und Verlagsrecht,* 3. Auflage, 1980, S. 265.

498 *Schulze,* in: Dreier/Schulze/Specht, 6. Auflage, 2018, *§ 23 UrhG,* Rn. 7.

499 Referentenentwurf vom 23.03.1962, BTDrucks. IV/270, 51.

jeweiligen Verhältnissen anpasst, z.B. indem er es in eine andere Sprache oder eine andere Kunstform übersetzt oder es für andere Ausdrucksmittel einrichtet.[500] Dies kann z.B. beim Abmalen eines Lichtbildes der Fall sein, soweit dann nicht eine freie Benutzung vorliegt.[501] Ferner kann eine Bearbeitung dann vorliegen, wenn ein geschütztes Werk bzw. Lichtbild in ein neues Gesamtkunstwerk in der Weise integriert wird, dass es als Teil des Gesamtkunstwerks erscheint.[502]

Bearbeitungen stehen damit unmittelbar mit dem Originalwerk dergestalt in Verbindung, dass ihnen gegenüber dem Originalwerk eine dienende Funktion zukommt; Umgestaltungen hingegen kommt eine solche dienende Funktion nicht zu.[503]

b) Freie Benutzung gem. § 24 UrhG

Infolge der Rechtsprechung des EuGH zum Tonträgersampling stellt sich die Frage, ob § 24 UrhG aufgrund bestehender Unionsrechtswidrigkeit unanwendbar ist. Bevor diese Frage beantwortet werden kann, ist jedoch zunächst eine Auseinandersetzung mit dem Inhalt des § 24 UrhG erforderlich:

aa) Regelungsinhalt des § 24 UrhG

In Abgrenzung zur unfreien Bearbeitung kennzeichnet eine freie Benutzung i.S.v. § 24 UrhG die Selbstständigkeit des neuen Werkes, die vorliegt, wenn das neue Werk einen hinreichenden Abstand zur Vorlage aufweist.[504] Das Originalwerk darf insoweit lediglich als Anregung für das ei-

---

500 Referentenentwurf vom 23.03.1962, BTDrucks. IV/270, 51.

501 LG München I, Urt. v. 29.11.1985 – 21 O 17164/85, GRUR 1988, 36 (37), *Hubschrauber mit Damen*; Zum Vorliegen einer freien Benutzung i.S.v. § 24 UrhG beim Abmalen eines Lichtbildes, vgl. *Schulze*, in: Dreier/Schulze/Specht, 6. Auflage, 2018, *§ 24 UrhG*, Rn. 36.

502 BGH, Urt. v. 07.02.2002 – I ZR 304/99, GRUR 2002, 532 (534), *Unikatrahmen*.

503 Überzeugend unter Zugrundelegung der Gesetzesbegründung *Schulze*, in: Dreier/Schulze/Specht, 6. Auflage, 2018, *§ 23 UrhG*, Rn. 5. A.A. *Bullinger*, in: Wandtke/Bullinger, 5. Auflage, 2019, *§ 23 UrhG*, Rn. 5 m. w. N.

504 *Loewenheim*, in: Schricker/Loewenheim, 5. Auflage, 2017, *§ 24 UrhG*, Rn. 9 f.; Umfassend zur Abstandsbestimmung: *Fischer*, *Digitale Kunst und freie Benutzung*, 1. Auflage, 2018, S. 66 ff.

gene Schaffen dienen, ohne dass es in identischer oder umgestalteter Form übernommen wird; es muss ein Abstand zum Originalwerk bestehen, bei dem die individuellen Züge der Vorlage gegenüber der Eigenart des neuen Werkes verblassen.[505] Hierbei ist anerkannt, dass der Grad der Individualität des Originalwerkes Auswirkungen auf die Beurteilung des bestehenden Abstandes haben kann; je höher der Grad der Individualität der Vorlage, desto weniger wird ein Verblassen der Vorlage anzunehmen sein, je geringer der Grad der Individualität des Originalwerkes, desto eher wird es hinter der Eigenart des neu geschaffenen Werkes zurücktreten.[506]

Mit Blick auf einfache Lichtbilder im Sinne von § 72 bedeutet dies, dass aufgrund der mangelnden Individualität derselben ein ausreichender Abstand eines das einfache Lichtbild nachschaffenden Werkes bzw. Lichtbildes, mithin ein Verblassen der Eigenart der einfachen Lichtbildvorlage, schneller bestehen wird, da ein Verblassen leichter erreicht wird[507]. Der Schutzbereich des § 23 UrhG ist demnach gegenüber einem Lichtbildwerk als reduziert zu bewerten.[508]

---

505 *Loewenheim*, in: Schricker/Loewenheim, 5. Auflage, 2017, *§ 24 UrhG*, Rn. 10 mit zahlreichen Nachweisen zur ständigen Rechtsprechung.

506 Ganz h.M. *Bullinger*, in: Wandtke/Bullinger, 5. Auflage, 2019, *§ 23 UrhG*, Rn. 10; *Loewenheim*, in: Schricker/Loewenheim, 5. Auflage, 2017, *§ 23 UrhG*, Rn. 10; *Schulze*, in: Dreier/Schulze/Specht, 6. Auflage, 2018, *§ 24 UrhG*, Rn. 8; *Maaßen*, in: Schierholz/Melichar, Kunst, Recht und Geld, *Plagiat, freie Benutzung oder Kunstzitat? Erscheinungsformen der urheberrechtlichen Leistungsübernahme in Fotografie und Kunst*, 2012, S. 135 (152); Ständige Rechtsprechung, vgl. umfassende Auflistung bei *Loewenheim*, in: Schricker/Loewenheim, 5. Auflage, 2017, *§ 24 UrhG*, S. 10, z.B. BGH, Urt. v. 26.09.1980 – I ZR 17/78, GRUR 1981, 267 (269), *Dirlada*; Urt. v. 12.06.1981 – I ZR 95/79, GRUR 1982, 37 (39), *WK-Dokumentation*; Urt. v. 01.04.1958 – I ZR 49/57, GRUR 1958, 500 (502), *Mecki-Igel I.*

507 *Schulze*, in: Dreier/Schulze/Specht, 6. Auflage, 2018, *§ 24 UrhG*, Rn. 10; *Maaßen*, in: Wandtke/Czernik, Praxishandbuch Medienrecht, *Kapitel 5: Fotorecht*, 2014, Rn. 92; *Franzen/Ohlenhusen*, in: Rehbinder, Archiv für Urheber- Film und Theaterrecht (UFITA) 2007, *Lichtbildwerke, Lichtbilder und Fotoimitate. Abhängige Benutzung oder freie Bearbeitung?*, 2007, S. 435 (457 f.); *Heitland, Der Schutz der Fotografie im Urheberrecht Deutschlands, Frankreichs und der Vereinigten Staaten von Amerika*, 1995, S. 95; *Ulmer, Urheber- und Verlagsrecht*, 3. Auflage, 1980, S. 512.

508 *Apel*, in: Götz von Olenhusen/Gergen, Kreativität und Charakter, *Überlegungen zu einer Reform des Lichtbildschutzrechts (§ 72 UrhG)*, 2017, S. 205 (211); *Franzen/Ohlenhusen*, in: Rehbinder, Archiv für Urheber- Film und Theaterrecht (UFITA) 2007, *Lichtbildwerke, Lichtbilder und Fotoimitate. Abhängige Benutzung oder freie Bearbeitung?*, 2007, S. 435 (458); *Schack, Urheber- und Urhebervertragsrecht*, 9. Auflage, 2019, Rn. 724.

Erfolgt hingegen die Benutzung eines Werkes i.S.v. § 2 Abs. 1 UrhG mittels Lichtbild[509], z.B. indem der Inhalt eines Gemäldes in der Realität nachgestellt und sodann fotografisch abgebildet wird, so ist im Einzelfall genau zu prüfen, ob ein hinreichender Abstand zwischen der Vorlage und dem entstandenen Lichtbild besteht. Insoweit dürfte jedoch die praktische Relevanz für einfache Lichtbilder i.S.v § 72 UrhG verschwindend gering sein, da solche Vorgänge in der Regel geplant und überlegt erfolgen, Motiv, Beleuchtung und Perspektive bewusst ausgewählt bzw. festgelegt werden und damit die Anforderungen an Lichtbildwerke gem. § 2 Abs. 1 Nr. 5 UrhG regelmäßig erfüllt sein werden.

Ferner kann ein *innerer* Abstand ausreichen, um ein Verblassen des Originals zu bewirken und damit eine freie Benutzung i.S.v § 24 UrhG zu begründen. Dies kann z.B. im Wege einer Parodie oder Satire erfolgen. Von einer Parodie, bei der es sich um einen eigenständigen Begriff des Unionsrechts handelt, der einheitlich auszulegen ist[510], ist nach der Rechtsprechung des EuGH[511] auszugehen, wenn

- das neue Werk oder Lichtbild an ein bestehendes Werk erinnert,
- es gleichzeitig aber ihm gegenüber wahrnehmbare Unterschiede aufweist und
- es einen Ausdruck von Humor oder eine Verspottung darstellt.

Zusätzlich hat nach der Rechtsprechung des EuGH zur Feststellung, ob eine zulässige Parodie vorliegt, eine nachgelagerte Interessenabwägung zwischen den Interessen des Urhebers oder Lichtbildners der Vorlage und denjenigen des Benutzenden zu erfolgen, wobei insbesondere einem etwaigen diskriminierenden Aussagegehalt der Parodie besondere Bedeutung zukommen soll.[512]

---

509 Zahlreiche Praxisbeispiele bei *Maaßen*, in: Schierholz/Melichar, Kunst, Recht und Geld, *Plagiat, freie Benutzung oder Kunstzitat? Erscheinungsformen der urheberrechtlichen Leistungsübernahme in Fotografie und Kunst,* 2012, S. 135 (135 ff.); *Maaßen*, in: Wandtke/Czernik, Praxishandbuch Medienrecht, *Kapitel 5: Fotorecht,* 2014, (95 ff.).

510 EuGH, Urt. v. 03.09.2014 – C-201/13, GRUR Int. 2014, 969 (973 Rn. 17), *Johan Deckmyn/Helena Vandersteen*; BGH, Urt. v. 28.07.2016 – I ZR 9/15, GRUR 2016, 1157 (1159 f.), *auf fett getrimmt.*

511 EuGH, Urt. v. 03.09.2014 – C-201/13, GRUR Int. 2014, 969 (9701, Rn. 20), *Johan Deckmyn/Helena Vandersteen.*

512 EuGH, Urt. v. 03.09.2014 – C-201/13, GRUR Int. 2014, 969 (971, Rn. 26 ff.), *Johan Deckmyn/Helena Vandersteen.* Kritisch zur nachgelagerten Interessenabwägung und zur erforderlichen Prüfung eines diskriminierenden Inhaltes der Parodie vgl. *Riesenhuber*, LMK 2014, 363019; *Becker*, GRUR 2015, 336 (338 f.); *Haedicke*, GRUR Int 2015, 664 (669 f.).

bb) (Un-)Anwendbarkeit des § 24 UrhG? Folgen – insbesondere für die Übernahme wiederkennbarer Lichtbildteile

Fraglich ist, wie infolge der Rechtsprechung des EuGH zum Sampling von Tonträgern mit der Vorschrift des § 24 UrhG weiter umzugehen ist. Der BGH hatte in der Vergangenheit versucht, diese Fallgestaltungen über § 24 UrhG zu lösen.[513] In der 2017 erfolgten Vorlage an den EuGH hat der BGH sodann die Frage gestellt, ob

> „Mitgliedstaaten eine Bestimmung vorsehen [dürfen], die – wie die Bestimmung des § 24 I UrhG – klarstellt, dass der Schutzbereich des ausschließlichen Rechts des Tonträgerherstellers zur Vervielfältigung (Art. 2 Buchst. c RL 2001/29/EG und Verbreitung (Art. 9 I Buchst. b RL 2006/115/EG seines Tonträgers in der Weise immanent beschränkt ist, dass ein selbstständiges Werk, das in freier Benutzung seines Tonträgers geschaffen worden ist, ohne seine Zustimmung verwertet werden darf".[514]

Diese Frage hat der EuGH dahingehend ausgelegt, ob ein Mitgliedsstaat eine

> „Ausnahme oder Beschränkung in Bezug auf das Recht des Tonträgerherstellers aus Art. 2 Buchst. c der RL 2001/29 vorsehen darf, die nicht in Art. 5 dieser Richtlinie vorgesehen ist".[515]

Der EuGH hat diese Frage in seinem Urteil verneint und ausgeführt, die Ausnahmen und Beschränkungen, die in Art. 5 InfoSoc-RL niedergelegt seien, seien erschöpfend und eine darüber hinausgehende Normierung von Ausnahmen und Beschränkungen durch die Mitgliedsstaaten nicht möglich. Es stellt sich demnach grundsätzlich die Frage, ob und wenn ja, in welchem Umfang § 24 UrhG weiter angewendet werden kann.

Diese Frage müsste im Rahmen dieser Arbeit dann nicht entschieden werden, wenn § 24 UrhG ungeachtet einer etwaigen Unionsrechtswidrigkeit weiter auf einfache Lichtbilder angewendet werden könnte. Dies könnte sich daraus ergeben, dass einfache Lichtbilder nicht von der Vollharmonisierung erfasst sind, es vielmehr jedem Mitgliedsstaat freigestellt ist, einen einfachen Lichtbildschutz vorzusehen. Vor diesem Hintergrund

---

513 Vgl. hierzu unter Kapitel 3, B) II) 1) c).

514 BGH, EuGH-Vorlage v. 01.06.2017 – I ZR 115/16, GRUR 2017, 895 (896), *Metall auf Metall III*.

515 EuGH, Urt. v. 29.07.2019 – C-476/17, GRUR 2019, 929 (932), *Pelham/Hütter u.a.*

müssen die Ausführungen des EuGH zur Vollharmonisierung des Schrankenkataloges auf den ersten Blick nicht starr auf den einfachen Lichtbildschutz übertragen werden, § 24 UrhG könnte dem Grunde nach ungeachtet einer etwaigen Unanwendbarkeit auf Werke i.S.v. Art. 2a bzw. Tonträger i.S.v. Art. 2c InfoSoc-RL weiterhin auf einfache Lichtbilder angewendet werden. Gleichwohl ist, soweit eine Unanwendbarkeit von § 24 UrhG auf Lichtbildwerke angenommen wird, im Ergebnis einer fortwährenden Anwendung des § 24 UrhG auf einfache Lichtbilder entgegenzutreten. Denn § 72 Abs. 1 UrhG verweist auf „die für Lichtbildwerke geltenden“ Vorschriften. Art. 2a InfoSoc-RL bezieht sich auf urheberrechtliche Werke und damit auf Lichtbildwerke, sodass die zum Tonträgerherstellerrecht ergangene Rechtsprechung des EuGH für Lichtbildwerke gleichermaßen gilt und damit konsequent auf einfache Lichtbilder übertragen werden sollte. Findet § 24 UrhG auf Lichtbildwerke keine Anwendung, kann auch eine Geltung für die einfachen Lichtbilder nicht beansprucht werden. Es handelt sich dann nämlich nicht um eine „für Lichtbildwerke geltende Vorschrift“. Sollte der BGH in der noch ausstehenden Entscheidung von einer Unionsrechtswidrigkeit des § 24 UrhG für die vorliegende Konstellation ausgehen und vor diesem Hintergrund eine Anwendung auf den Sachverhalt des Samplings nicht für zulässig erachten, wäre dieses Ergebnis auch für einfache Lichtbilder zu berücksichtigen.

Die Auswirkungen des Urteils des EuGH auf das generelle Schicksal sind unklar. Der EuGH hat in der Beantwortung der ihm vorgelegten Frage, die auf § 24 UrhG als schutzbereichsimmante Begrenzung ausgerichtet war, eine Antwort gegeben, in der § 24 UrhG als Schrankenbestimmung angesehen wurde. Die Möglichkeiten der Bewertung in der Praxis sind vielseitig:

Zum einen könnte § 24 UrhG als unionsrechtswidrig bewertet werden und eine weitere Anwendung des § 24 UrhG versagt werden.[516] Dann wäre zum Schutz von Karikaturen, Parodien oder Pastiches, zu deren Gunsten Art. 5 Abs. 3 k InfoSoc-RL eine Schrankenregelung zulässt, der Erlass einer Schrankenbestimmung für Karikaturen, Parodien oder Pastiches unumgänglich. Die Notwendigkeit einer solchen Schrankenbestimmung folgt außerdem aus der in Art. 17 Abs. 7, 2 b DSM-Richtlinie niedergelegten Verpflichtung der Mitgliedsstaaten, sicherzustellen, dass sich Nutzer im Geltungsbereich der DSM-Richtlinie auf entsprechende Ausnahme- oder

---

516 So *Leistner*, GRUR 2019, 1008 (1004 f.); *Ungern-Sternberg*, GRUR 2020, 113 (119).

Schrankenregelungen zum Zwecke von Karikaturen, Parodien oder Pastiches berufen können.

Zum anderen kommt eine geltungserhaltende Reduktion dergestalt in Betracht, dass § 24 UrhG künftig nur noch als Schrankenregelung i.S.v. Art. 5 Abs. 3 k InfoSoc-RL für Karikaturen, Parodien und Pastiches Anwendung findet[517], wobei angesichts der in § 24 Abs. 1 UrhG normierten Voraussetzungen eines selbstständigen Werkes in § 24 UrhG im Wege einer richtlinienkonformen Auslegung auf diese Voraussetzung zu verzichten[518] wäre.

Daneben könnten die Grundsätze des § 24 UrhG, soweit eine den Schutzbereich betreffende Abgrenzung vorgenommen wird, weiterhin angewendet oder aber eine vergleichbare Abgrenzung im Rahmen des § 23 UrhG erfolgen. Denn der Schutzbereich ist bislang nicht vollharmonisiert, es obliegt den Mitgliedsstaaten, die Grenzen des Schutzbereichs zu bestimmen.[519]

Schulze[520] befürwortet die Aufrechterhaltung und Auslegung des § 24 UrhG als allgemeine Grundrechtsschranke. Von der Zulässigkeit einer solchen übergeordneten Schranke – auch wenn diesem Lösungsweg ein gewisser Charme nicht abgesprochen werden kann – außerhalb des Art. 5 InfoSoc-RL dürfte der EuGH aber wohl kaum ausgehen. Ginge der EuGH von der Existenz einer solchen übergeordneten Schrankenregelung aus, hätte es der dogmatisch fragwürdigen Verortung der Sampling-Problematik bei der Prüfung der Vervielfältigungshandlung nicht bedurft.

Insgesamt erscheint es angesichts der klar dargelegten Sichtweise des EuGH riskant, sich dauerhaft auf die fortdauernde Anwendbarkeit des § 24 UrhG auf Karikaturen, Parodien und Pastiches zu verlassen und gleichzeitig weiterhin von einer Schutzbereichsbegrenzung durch § 24 UrhG auszugehen.[521] Hier sollte eine Klarstellung durch den Gesetzgeber erfolgen, um ein Signal auf europäischer Ebene zu senden. Der Hybrid-Stellung der Vorschrift wurde in dem Urteil des EuGH bereits keine Rechnung getragen, dies hat zu einer undifferenzierten Betrachtung des

---

517 *Wagner*, MMR 2019, 727 (729 f.); *Apel*, MMR 2019, 601 (603).

518 BGH, Urt. v. 28.07.2016 – I ZR 9/15, GRUR 2016, 1157 (1160), *auf fett getrimmt*.

519 *Ohly, Gutachten F zum 70. Deutschen Juristentag; Urheberrecht in der digitalen Welt – Brauchen wir neue Regelungen zum Urheberrecht und dessen Durchsetzung?*, S. F 88; *Apel*, MMR 2019, 97 (98 m.w.N.); *Schulze*, in: Dreier/Schulze/Specht, 6. Auflage, 2018, *§ 24 UrhG*, Rn. 1a; *Apel*, MMR 2019, 601 (602).

520 *Schulze*, NJW 2019, 2918; *Schulze*, GRUR 2020, 128 (130 f., 133); *Schulze*, in: Dreier/Schulze/Specht, 6. Auflage, 2018, *§ 24 UrhG*, Rn. 1.

521 Vgl. hierzu auch *Ohly*, GRUR 2017, 964 (967 f.).

EuGH geführt. Zur Schaffung von Rechtsklarheit und zum Schutz der Rechtsinhaber sollte der Gesetzgeber aktiv werden. Es sollte eine neue Schrankenregelung erlassen werden, die gem. Art. 5 Abs. 3k InfoSoc-RL Karikaturen, Parodien und Pastiches privilegiert.[522] Diese sollte systematisch bei den weiteren Schrankenbestimmungen des UrhG verankert werden. Hierdurch würde der Charakter des § 24 UrhG als Schrankenregelung[523] beseitigt, der Weg der Behandlung von § 24 UrhG als reine Schutzbereichsabgrenzung wäre frei. Alternativ könnte, um den Makel der Unionsrechtswidrigkeit, der § 24 UrhG in seiner Gesamtheit nun anhaftet, eine Schutzbereichsabgrenzung im Rahmen des § 23 UrhG erfolgen, die bisher unter § 24 UrhG gefasste Fallgruppen behandelt. Bis zur Normierung einer solchen Schranke sollte § 24 UrhG jedoch richtlinienkonform auf Karikaturen, Parodien und Pastiches angewendet werden. In jedem Fall ist davon auszugehen, dass die Grundsätze der freien Benutzung, soweit es sich um eine Schutzbereichsabgrenzung handelt, weiter angewendet werden können, ungeachtet dessen, ob diese Grundsätze über eine Anwendung von § 24 UrhG, über eine Abgrenzung im Rahmen des § 23 UrhG oder im Rahmen einer neu geschaffenen Regelung Beachtung finden.

Insgesamt sollten auch die Lichtbildner für die zukünftige Rechtspraxis im Auge behalten, wie der BGH am 09.04.2020[524] entscheiden und welche Maßnahmen der Gesetzgeber ergreifen wird. Zum heutigen Zeitpunkt ist in jedem Fall davon auszugehen, dass bei fehlender Wiedererkennbarkeit, also insbesondere bei der Übernahme einzelner Pixel, eine erlaubnisfreie Übernahme möglich ist, die Rechtsprechung des EuGH ist hierauf übertragbar. Handelt es sich hingegen um einen wiedererkennbaren Teil eines Lichtbildes, der übernommen wird, ist zu differenzieren: Jedenfalls übergangsweise könnte die Übernahme eines wiedererkennbaren Lichtbildteiles weiterhin unter Anwendung von § 24 UrhG als zulässig erachtet werden, soweit es sich bei dem Ergebnis um eine Ausnahme gem. Art. 5 Abs. 3k InfoSoc-RL handelt, der Lichtbildteil z.B. im Rahmen einer Par-

---

522 Vgl. zur Notwendigkeit einer solchen Schrankenbestimmung auch *Ohly*, GRUR 2017, 964 (969) bereits vor Erlass des Urteils *Pelham/Hütter u.a.* sowie im Anschluss an das Urteil des EuGH *Leistner*, GRUR 2019, 1008 (1015); *Dreier*, GRUR 2019, 1003 (1005).

523 Vgl. hierzu auch BGH, EuGH-Vorlage v. 01.06.2017 – I ZR 115/16, GRUR 2017, 895 (899), *Metall auf Metall III*.

524 Verkündungstermin, Az. I ZR 115/16, vgl. Pressemitteilung des BGH, abrufbar unter https://www.bundesgerichtshof.de/SharedDocs/Termine/DE/Termine/IZR115-16.html, zuletzt abgerufen am 09.02.2020.

odie eingesetzt wird. Bei Verwendung eines wiedererkennbaren Lichtbildteils außerhalb des Art. 5 Abs. 3k InfoSoc-RL kann, soweit die künstlerischen Zwecke oder sonstige grundrechtlich geschützte Positionen des Übernehmenden überwiegen, von einer schutzbereichsimmanenten Beschränkung ausgegangen werden, wobei zur Signalwirkung gegenüber dem EuGH eine klarstellende Regelung erlassen werden sollte, durch die insbesondere die Hybridstellung des § 24 UrhG aufgehoben würde.

III) Zugang zu Werkstücken, § 25 UrhG, und Folgerecht, § 26 UrhG

Ferner ist allgemein anerkannt, dass einem Lichtbildner gem. § 72 Abs. 2 i.V.m. § 25 UrhG auch das Zugangsrecht zu Werk- bzw. Lichtbildstücken zusteht, das ihn befugt, vom Besitzer des Lichtbildes zu verlangen, das er ihm dieses zugänglich macht, soweit dies zur Herstellung von Vervielfältigungsstücken oder Bearbeitungen des Werkes erforderlich ist und nicht berechtigte Interessen des Besitzers entgegenstehen, §§ 72 Abs. 1, 25 UrhG.[525]

Anderes gilt hingegen für das Folgerecht gem. § 26 UrhG. Dieses ermöglicht es dem Urheber eines Werkes der bildenden Künste oder eines Lichtbildwerkes, am Veräußerungserlös seines Werkes auch bei Folgeveräußerungen teilzuhaben. Hintergrund der Regelung ist, dass der Urheber eines solchen Werkes an der Wertsteigerung seines Werkes beteiligt werden soll. Bei Werken der bildenden Künste und bei Lichtbildwerken handelt es sich nämlich üblicherweise um Unikate oder limitierte Kleinserien. In der Regel verhält es sich aus diesem Grund bei Urhebern von Werken der bildenden Künste und von Lichtbildwerken anders als z.B. bei Schriftstellern, die z.B. über steigende Verlagshonorare beteiligt werden können. Bei Werken der bildenden Künste und Lichtbildwerken soll durch das Folgerecht ein

---

525 *Erdmann*, in: Büscher, Festschrift für Joachim Bornkamm zum 65. Geburtstag, *Der urheberrechtliche Schutz von Lichtbildwerken und Lichtbildern*, 2014, S. 761 (770); OLG München, Urt. v. 22.04.1993 – 6 U 4067/92, MDR 1993, 1194; *Vogel*, in: Schricker/Loewenheim, 5. Auflage, 2017, *§ 72 UrhG*, Rn. 42; *Thum*, in: Wandtke/Bullinger, 5. Auflage, 2019, *§ 72 UrhG*, Rn. 99; *Müller/Werner*, GRUR 2018, 1202; *Vogel*, in: Loewenheim, Handbuch des Urheberrechts, *§ 37 Schutz von Lichtbildern*, 2010, Rn. 18.

Ausgleich hergestellt werden.[526] Nach einhelliger Auffassung[527] sollen diese Wertungen nicht auf einfache Lichtbilder übertragen werden können, sodass dem Lichtbildner eines einfachen Lichtbildes das Folgerecht nicht zukommen soll. Dieses Ergebnis mag zwar überwiegend bei einfachen Lichtbildern, die ohne weitere Überlegungen im Internet verbreitet werden, zutreffen. Gleichwohl kann dieses Ergebnis insbesondere bei aufwändigen Reproduktionsfotografien und solchen Lichtbildern, die aufgrund ihres Inhalts, z.B. bei zeitgeschichtlich relevanten Lichtbildern, nicht überzeugen. Auch hier kann der Lichtbildner sich entscheiden, diese z.B. als Kleinserie zu verwerten. Dann aber sind seine Interessen nicht von denjenigen des Urhebers eines Lichtbildwerkes zu unterscheiden.

IV) Zusammenfassung

1) Gleichlauf des Schutzes von einfachen Lichtbildern und Lichtbildwerken

Das Leistungsschutzrecht des Lichtbildners gem. § 72 Abs. 1 UrhG ist nicht in Gänze übertragbar, es bedarf vielmehr, wie bei den Urheberrechten an Werken gem. § 2 Abs. 1 UrhG der Einräumung von Nutzungs- und Verwertungsrechten an Dritte.

Ferner sind das Veröffentlichungsrecht gem. § 72 Abs. 1 i.V.m. § 12 UrhG und das Verbreitungsrecht gem. § 72 Abs. 1 i.V.m. § 17 UrhG ist uneingeschränkt auf einfache Lichtbilder anzuwenden. Daneben stehen dem Lichtbildner auch das Recht auf Anerkennung der Lichtbildnerschaft sowie das Namensnennungsrecht gem. § 72 Abs. 1 i.V.m. § 13 UrhG zu. Es handelt sich hierbei um unverzichtbare Rechte, ein Anspruch auf Anonymisierung kann jedoch dann bestehen, wenn ein solches ausdrücklich ausgeübt wird.

---

526 Referentenentwurf vom 23.03.1962, BTDrucks. IV/270, 52; Erwägungsgrund Nr. 3 der Richtlinie 2001/84/EG des Europäischen Parlaments und des Rates vom 27. September 2001 über das Folgerecht des Urhebers des Originals eines Kunstwerks (Folgerechtsrichtlinie).

527 *Katzenberger/Schierholz*, in: Schricker/Loewenheim, 5. Auflage, 2017, *§ 26 UrhG*, Rn. 20; *Freudenberg*, in: BeckOK UrhG, 25. Edition (Stand 15.07.2019), 2019, *§ 26 UrhG*, Rn. 21; *Thum*, in: Wandtke/Bullinger, 5. Auflage, 2019, *§ 72 UrhG*, Rn. 86; *Schulze*, in: Dreier/Schulze/Specht, 6. Auflage, 2018, *§ 26 UrhG*, Rn. 9; *Apel*, in: Götz von Olenhusen/Gergen, Kreativität und Charakter, *Überlegungen zu einer Reform des Lichtbildschutzrechts (§ 72 UrhG)*, 2017, S. 205 (211).

Außerdem steht dem Lichtbildner das Recht der öffentlichen Zugänglichmachung gem. § 19a UrhG, Art. 3 Abs. 1 InfoSoc-RL zu sowie das Recht zur öffentlichen Wiedergabe gem. § 15 Abs. 2 UrhG, Art. 3 Abs. 1 InfoSoc-RL, das z.B. durch den Upload eines Lichtbildes in das Internet betroffen sein kann. Ein Eingriff in das Recht der öffentlichen Wiedergabe liegt hingegen nicht vor, wenn lediglich Verlinkungen eines uneingeschränkt zugänglichen, vom Rechtsinhaber in das Internet eingestellten Inhaltes vorgenommen werden oder solche Inhalte Gegenstand eines Frames werden. Werden hingegen Zugangsbeschränkungen oder Schutzmaßnahmen gegen Verlinkungen oder Framing umgangen, liegt eine öffentliche Widergabe vor.

2) Abweichungen und Modifikationen

Ein Entstellungsschutz nach § 14 UrhG kann dem Lichtbildner gem. § 72 Abs 1 i.V.m. § 14 UrhG nur ausnahmsweise gewährt werden, soweit das allgemeine Persönlichkeitsrecht beeinträchtigt ist.

Auch das Vervielfältigungsrecht gem. § 16 UrhG, Art. 2 InfoSoc-RL steht dem Lichtbildner i.S.v. § 72 UrhG grundsätzlich zu. Gegenüber Lichtbildwerken werden bei einfachen Lichtbildern jedoch kleine Veränderungen gegenüber der Vorlage leichter zur Ablehnung einer i.S.v. § 16 UrhG führen. Der Schutz kleinster Teile eines Lichtbildwerkes erforderte anders als der Schutz von Teilen eines einfachen Lichtbildes die Werkqualität des Lichtbildteiles. Auf diese Anforderung kann jedoch aufgrund des tatbestandlichen Schutzes kleinster Teile eines einfachen Lichtbildes verzichtet werden, da jedes Lichtbildwerk zugleich die Anforderungen des einfachen Lichtbildes erfüllt. In diesem Zusammenhang wird in der Praxis die Rechtsprechung des EuGH zum Sampling zu berücksichtigen sein, sodass aufgrund dieser Rechtsprechung nur bei Wiedererkennbarkeit des Lichtbildausschnittes eine Vervielfältigungshandlung des Lichtbildteils gem. § 16 UrhG anzunehmen sein wird.

Gleichermaßen wie dem Urheber eines Lichtbildwerkes stehen dem Lichtbildner gem. § 72 Abs. 1 UrhG das Bearbeitungs- und Umgestaltungsrecht gem. § 23 UrhG zu. Insoweit sind jedoch die (weiterhin anzuwendenden) Grundsätze der freien Benutzung § 24 UrhG als Schutzbereichsbestimmung zu beachten. Hierbei ist zu berücksichtigen, dass mangels Individualität der einfachen Lichtbilder eine freie Benutzung früher anzunehmen ist als dies bei der Benutzung von Lichtbildwerken der Fall ist. Solange nicht klarstellend eine neue Regelung geschaffen wird, die Karikaturen,

Parodien und Pastiches erfasst, ist § 24 UrhG zur Vermeidung von Schutzlücken außerdem weiter als Schrankenregelung anzuwenden.

Während der Lichtbildner i.S.v. § 72 UrhG sich außerdem auf das Zugangsrecht gem. § 25 UrhG berufen können soll, ist ihm nach allgemeiner Auffassung das Folgerecht gem. § 26 UrhG verwehrt. Letzteres sollte nach hier vertretener Auffassung jedenfalls für aufwändig hergestellte und dokumentarisch wertvolle Lichtbilder überdacht werden.

C) Rechtsfolgen bei und Verfolgung von Rechtsverletzungen[528]

Die Verletzung von Rechten des Lichtbildners kann sowohl zivilrechtliche als auch strafrechtliche Konsequenzen nach sich ziehen. Im Folgenden sollen die diesbezüglichen Grundsätze dargestellt werden, wobei ein Schwerpunkt auf die praktisch relevanten Aspekte gelegt wird, die im Rahmen dieser Arbeit Berücksichtigung finden sollen.

I) Zivilrechtliche Rechtsfolgen und Aspekte der Rechtsdurchsetzung

1) Beseitigung, Unterlassung, Schadensersatz, § 97 UrhG

a) Allgemeines

Liegt eine widerrechtliche Verletzung der Rechte des Lichtbildners i.S.v. § 72 UrhG vor, stehen dem Lichtbildner gem. § 97 UrhG Ansprüche auf Beseitigung der Beeinträchtigung, Unterlassung und Schadensersatz zu. Der Beseitigung- und Unterlassungsanspruch setzt gem. § 97 Abs. 1 UrhG lediglich die widerrechtliche Rechtsverletzung voraus, für die Entstehung

528 Die Rechtsfolgen bei Verletzungen der Rechte des Lichtbildners werden hier nur in hier gebotener Kürze dargestellt, um in Kapitel 4 der Darstellung gerecht zu werden, wann der Schutz einfacher Lichtbilder gem. § 72 UrhG zu Problemen führt. Auf generell bestehende Einzelheiten bei der Aktivlegitimation, der Passivlegitimation sowie des Schutzumfangs kommt es für die dort vorzunehmende Bewertung nicht an, sodass diese Aspekte hier außer Betracht bleiben. Für weitere Einzelheiten wird stattdessen verwiesen auf *Specht*, in: Dreier/Schulze/Specht, 6. Auflage, 2018, *§ 97 UrhG*; *Leistner*, in: Schricker/Loewenheim, 5. Auflage, 2017, *§ 97 UrhG*; *Wolff*, in: Wandtke/Bullinger, 5. Auflage, 2019, *§ 97 UrhG*.

eines Anspruches auf Schadensersatz ist gem. § 97 Abs. 2 Satz 1 UrhG zusätzlich ein Verschulden erforderlich.

Zur Ermittlung des Schadens kann die dreifache Schadensberechnung[529] herangezogen werden:

Zum einen ist die Schadensermittlung nach den allgemeinen Grundsätzen der §§ 249 ff. BGB möglich, hierbei ist der Ersatz der erlittenen Vermögenseinbuße einschließlich des entgangenen Gewinns (§ 252 BGB) erstattungsfähig. Ferner kommt die Schadensermittlung dergestalt in Betracht, dass der Lichtbildner die Zahlung einer angemessenen Lizenzgebühr verlangen kann, § 97 Abs. 2 Satz 1 UrhG (sog. Lizenzanalogie). Eine weitere Möglichkeit der Schadensberechnung bietet § 97 Abs. 2 Satz 2 UrhG, wonach der Lichtbildner die Herausgabe das Verletzergewinns verlangen kann.

Ein allgemeiner Verletzerzuschlag auf die fiktive Lizenzgebühr aufgrund einer Rechtsverletzung wird nicht gewährt.[530] Allerdings kommt ein pauschaler Verletzerzuschlag in der Rechtsprechung dann zum Zuge, wenn die gem. § 13 UrhG gebotene Namensnennung unterbleibt.[531] In diesem Fall wird im Rahmen der Schadensschätzung gem. § 287 UrhG regelmäßig ein pauschaler Verletzerzuschlag gewährt, um den, z.B. durch entgangene Folgeaufträge, entstandenen Vermögensschaden auszugleichen.[532] Es wird üblicherweise ein Verletzerzuschlag i.H.v. 100 % auf die fiktive Lizenzgebühr für die jeweilige Nutzung angesetzt.[533] Bei unterbliebener Namensnennung kommt außerdem die Geltendmachung eines im-

---

529 Ausführlich hierzu *Specht,* in: Dreier/Schulze/Specht, 6. Auflage, 2018, *§ 97 UrhG,* Rn. 79 ff.; *Wolff,* in: Wandtke/Bullinger, 5. Auflage, 2019, *§ 97 UrhG,* Rn. 58 ff.; *Leistner,* in: Schricker/Loewenheim, 5. Auflage, 2017, *§ 97 UrhG,* Rn. 259 ff.

530 *Entwurf eines Gesetzes zur Verbesserung der Durchsetzung von Rechten des geistigen Eigentums* vom 20.04.2007, BT-Drs. 16/5048, S. 61 f.; Die Gewährung eines solchen wäre jedoch nach Art. 13 Abs. 1 b RL 2004/48/EG (Enforcement-RL) möglich und wird in der Lit. überwiegend befürwortet, vgl. *Specht,* in: Dreier/Schulze/Specht, 6. Auflage, 2018, *§ 97 UrhG,* Rn. 79 m.w.N.; vgl. außerdem zur Ausnahme zugunsten der GEMA ausführlich *Specht,* in: Dreier/Schulze/Specht, 6. Auflage, 2018, *§ 97 UrhG,* Rn. 93 f.

531 Ständige Rspr., vgl. z.B. BGH, Urt. v. 13.09.2018 – I ZR 187/17, GRUR 2019, 292 (294), *Foto eines Sportwagens*; Urt. v. 15.01.2015 – I ZR 148/13, GRUR 2015, 780 (783 f.), *Motorradteile.*

532 BGH, Urt. v. 15.01.2015 – I ZR 148/13, GRUR 2015, 780 (784), *Motorradteile.*

533 BGH, Urt. v. 15.01.2015 – I ZR 148/13, GRUR 2015, 780 (784), *Motorradteile*; Urt. v. 13.09.2018 – I ZR 187/17, GRUR 2019, 292 (294), *Foto eines Sportwagens*; weitere Nachweise aus der Rechtsprechung (auch für wenige Gerichte, die einen Verletzerzuschlag i.H.v. 50 % gewähren) vgl. *Dietz/Peukert,* in: Schricker/

materiellen Schadens gem. § 97 Abs. 2 Satz 4 UrhG in Betracht. Hierfür ist jedoch ein schwerwiegender Eingriff in das Urheberpersönlichkeitsrecht bzw. in vergleichbarer Eingriff hinsichtlich des einfachen Lichtbildners (allgemeines Persönlichkeitsrecht) erforderlich, der bei einem einfachen Lichtbild gem. § 72 UrhG in der Regel nicht vorliegen wird.[534]

Daneben kann der Lichtbildner wegen des Schadens, der nicht Vermögensschaden ist, gem. § 97 Abs. 2 Satz 4 UrhG eine Entschädigung in Geld verlangen, wenn und soweit dies der Billigkeit entspricht.

Als Hilfsansprüche zum Schadenersatzanspruch stehen dem Verletzten außerdem Ansprüche auf Auskunftserteilung und Rechnungslegung zu.[535]

b) Schadensermittlung im Wege der Lizenzanalogie

Bei der Schadensermittlung im Wege der Lizenzanalogie handelt es sich um die in der Praxis üblichste Berechnungsmethode bei Urheberrechtsverletzungen:

aa) Vorgehensweise

Bei der Bewertung der Höhe des zu leistenden Schadensersatzes im Wege der Lizenzanalogie ist grundsätzlich darauf abzustellen, was vernünftige Vertragspartner als Vergütung für die vom Verletzer vorgenommenen Benutzungshandlungen vereinbart hätten, zu ermitteln ist deshalb der objek-

---

Loewenheim, 5. Auflage, 2017, *§ 13 UrhG*, Rn. 20, Fn. 57. Gegen die Annahme eines prozentualen Aufschlages vgl. *Schneider*, CR 2016, 37 (42).

534 *Wimmers*, in: Schricker/Loewenheim, 5. Auflage, 2017, *§ 97 UrhG*, Rn. 303; OLG München, Urt. v. 05.12.2013 – 6 U 1448/13, ZUM-RD 2014, 165 (166), *Lizenzanalogie bei Stadtplänen*; vgl. auch BGH, Urt. v. 15.01.2015 – I ZR 148/13, GRUR 2015, 780 (784), *Motorradteile*, allerdings ohne Klarstellung, ob es sich um einfache Lichtbilder oder Lichtbildwerke handelte. Das OLG Braunschweig geht davon aus, dass bei der fehlenden Namensnennung bei einfachen Lichtbildern im Rahmen von Privatverkäufen bei eBay die für § 97 Abs. 2 Satz 4 UrhG erforderliche Billgkeitsvoraussetzung nicht erfüllt sei. Hiergegen spreche bereits die die gesetzgeberische Entscheidung, die Abmahnkosten in solchen Fällen der Höhe nach zu beschränken, OLG Braunschweig, Urt. v. 08.02.2012 – 2 U 7/11, GRUR 2012, 920 (924 f.), *MFM-Honorarempfehlungen*.

535 *Leistner*, in: Schricker/Loewenheim, 5. Auflage, 2017, *§ 97 UrhG*, Rn. 307 ff., zur gewohnheitsrechtlichen Anerkennung der Ansprüche Rn. 308.

tive Wert der Benutzungsberechtigung.[536] Zur Ermittlung ist wie folgt vorzugehen[537]:

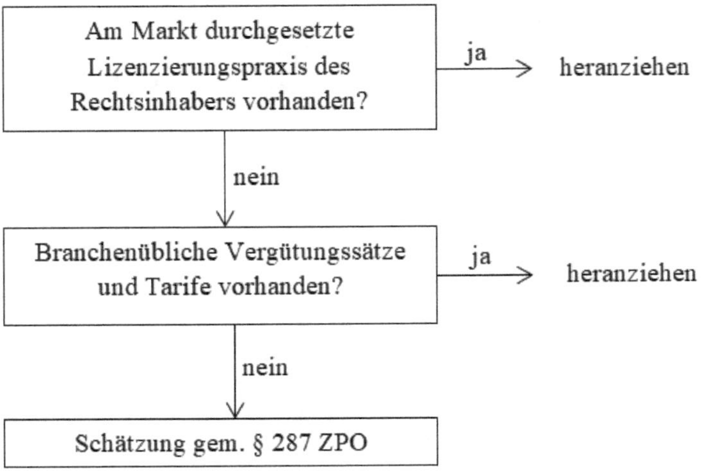

Abbildung 8: Schematische Darstellung zur Bewertung der Höhe des zu leistenden Schadensersatzes im Wege der Lizenzanalogie

Bei einfachen Lichtbildern im Sinne von § 72 UrhG liegt eine am Markt durchgesetzte Lizenzierungspraxis[538] des Rechtsinhabers nur in Ausnah-

536 BGH, Urt. v. 13.09.2018 – I ZR 187/17, GRUR 2019, 292 (293 m. w. N.), *Foto eines Sportwagens*; OLG München, Urt. v. 11.04.2019 – 29 U 3773/17, GRUR 2019, 828 (829 f.).

537 BGH, Urt. v. 13.09.2018 – I ZR 187/17, GRUR 2019, 292 (293), *Foto eines Sportwagens*; Urt. v. 16.08.2012 – I ZR 96/09, GRUR-RS 2013, 3085 (Rn. 30), *Einzelbild*; Urt. v. 11.06.2015 – I ZR 19/14, GRUR 2016, 176 (182), *Tauschbörse I*; Urt. v. 11.06.2015 – I ZR 7/14, GRUR 2016, 184 (188), *Tauschbörse II*; Urt. v. 11.06.2015 – I ZR 75/14, GRUR 2016, 191 (195 f.), *Tauschbörse III*.

538 Erforderlich ist eine Lizenzierungspraxis, die sich tatsächlich am Markt durchgesetzt hat. Das OLG Braunschweig hat zutreffend ausgeführt, dass es nicht genüge, wenn ein Mediengestalter zwar Bilder in der Absicht in das Internet einstelle, Lizenzierungen zu vermarkten, ohne dass hierbei tatsächlich eine relevante Anzahl von Lizenzierungen erfolgt. Dies sei dann jedenfalls nicht der Fall, wenn lediglich drei bis vier Anfragen hinsichtlich der Fotonutzung erfolgt seien, von denen das angefragte Lichtbild einer Person kostenlos zur Verfügung gestellt wurde und die Lizenzierung an drei weitere Personen abgelehnt worden sei und es zu einer einzigen tatsächlichen Lizenzierung gekommen sei. Vgl. hierzu OLG Braunschweig, Urt. v. 08.02.2012 – 2 U 7/11, GRUR 2012, 920 (923), *MFM-Honorarempfehlungen*.

mefällen vor. Eine solche wird in der Regel nur bei Berufsfotografen anzunehmen sein, deren am Markt gehandelte Lichtbilder oftmals auch die Anforderungen an ein Lichtbildwerk gem. § 72 Abs. 1 Nr. 5 UrhG erfüllen. Steht ein einfaches Lichtbild in Rede, wird mangels Vergleichbarkeit von einfachem Lichtbild und Lichtbildwerk eine Übertragung der am Markt bestehenden Lizenzierungspraxis für Lichtbildwerke von Berufsfotografen nicht möglich sein. Denkbar ist allerdings, dass eine am Markt durchgesetzte Lizenzierungspraxis z.B. für Reproduktionsfotografien oder Pressefotografien besteht, auch wenn diese im jeweiligen Fall ausschließlich nach § 72 UrhG schutzfähig sind. In diesen Fällen ist, soweit eine solche besteht, die Lizenzierungspraxis des Reproduktions- bzw. Pressefotografen heranzuziehen. Bei nicht professionellen Marktteilnehmern liegt hingegen keine Lizenzierungspraxis vor.

Besteht im konkreten Fall eine am Markt durchgesetzte Lizenzierungspraxis des Lichtbildners nicht, die herangezogen werden kann, können sonstige branchenübliche Vergütungssätze und Tarife zugrunde gelegt werden. Hierbei kann es sich z.B. um die Tarife der VG Bild-Kunst handeln[539], wobei im Einzelfall zu prüfen ist, ob die in Streit stehende Nutzung hiervon erfasst wird[540] und ob die Anwendung der Tarife der VG Bild-Kunst gerechtfertigt ist. Bei professionellen Reproduktionsfotografien von Werken der bildenden Künste dürften diese Tarife heranzuziehen sein[541], insoweit ergeben sich z.B. Werte für den Abdruck von Werken der bildenden Kunst und für Fotografien (inklusive der einfachen Lichtbilder im Sinne von § 72 UrhG) in Zeitungen, Werbebroschüren, Werbeanzeigen, Merchandisingprodukten (Textilien, Leder, Keramik, Uhren, Schmuck etc.).[542]

Eine Rechtfertigung der Heranziehung dieser Tarife kann bei alltäglichen Knipsbildern einer Privatperson infrage stehen. So hat der *BGH*[543]

---

539 *Reber*, in: BeckOK UrhG, 26. Edition (Stand 20.04.2018), 2019, *§ 97 UrhG*, Rn. 124; Tarife 2017–2019 der VG Bild-Kunst, abrufbar unter https://www.bildkunst.de/fileadmin/_migrated/content_uploads/2018_10_22_Tarife_2017-2019.pdf, zuletzt abgerufen am 31.01.2020.

540 So wird etwa die öffentliche Zugänglichmachung im Internet nicht in den Tarifen abgebildet.

541 A.A., ohne Begründung die Anwendbarkeit einschränkend auf Lichtbildwerke AG Düsseldorf, Urt. v. 06.10.2010 – 57 C 4889/10, ZUM-RD 2011, 318 (320); *Thum*, in: Wandtke/Bullinger, 5. Auflage, 2019, *§ 72 UrhG*, Rn. 159.

542 Näher hierzu vgl. Tarife 2017–2019 der VG Bild-Kunst, a.a.O..

543 BGH, Urt. v. 13.09.2018 – I ZR 187/17, GRUR 2019, 292 (293), *Foto eines Sportwagens*. Ebenso OLG Braunschweig, Urt. v. 08.02.2012 – 2 U 7/11, GRUR 2012, 920 (923), *MFM-Honorarempfehlungen* für privaten eBay-Verkauf.

jüngst die Heranziehung der sog. MFM-Bildhonorartabellen der Mittelstandsvereinigung Fotomarketing, einer Interessenvertretung der Anbieterseite – deren Heranziehung zur Feststellung einer angemessenen Lizenzgebühr ohnehin umstritten ist, da es sich um einseitig festgelegte Werte handelt und es daher an einer Branchenüblichkeit zur Bewertung marktüblicher Vergütungen fehlen könnte[544] – auf nicht professionelle Lichtbildner abgelehnt, da nicht festzustellen sei, dass diese

> „üblicherweise zur Bestimmung der Vergütung für eine Nutzung von Fotografien im Internet Anwendung finden, die nicht von professionellen Marktteilnehmern erstellt worden sind".

Im Bereich professioneller Fotografien werden die MFM-Empfehlungen jedoch vielfach als aufgrund einer Verkehrssitte angenommene verlässliche Schätzungsgrundlage zur Festlegung der fiktiven Lizenzgebühr[545] oder jedenfalls als ein Kriterium bzw. Anhaltspunkt für die Schätzung einer angemessenen Lizenzgebühr im Rahmen einer Prüfung nach § 287 ZPO[546] herangezogen.

Die Angemessenheit einer tariflich angesetzten Lizenzgebühr ist in jedem Fall voll gerichtlich überprüfbar und kann durch das Gericht im Einzelfall angepasst werden.[547]

---

544 Kritisch: BGH, Urt. v. 13.09.2018 – I ZR 187/17, GRUR 2019, 292 (293), *Foto eines Sportwagens*; Urt. v. 29.04.2010 – I ZR 68/08, GRUR 2010, 623 (626), *Restwertbörse* m.w.N.. Vgl. zur umfassenden Judikatur betreffend die MFM-Empfehlungen *Specht*, in: Dreier/Schulze/Specht, 6. Auflage, 2018, § 97 *UrhG*, Rn. 85; *Wimmers*, in: Schricker/Loewenheim, 5. Auflage, 2017, § 97 *UrhG*, Rn. 277.

545 OLG Düsseldorf, Urt. v. 11.11.1997 – 20 U 31/97, NJW-RR 1999, 194 (194 f.); Urt. v. 09.05.2006 – I-20 U 138/05, 20 U 138/05, GRUR-RR 2006, 393 (394).

546 OLG Hamburg, Urt. v. 02.09.2009 – 5 U 8/08, BeckRS 2009, 87819, *FOOD-Fotografie*; OLG Köln, Urt. v. 11.01.2019 – 6 U 10/16, GRUR 2019, 393 (398), *Palast der Republik* mit weiteren Einschränkungen. Urt. v. 01.03.2013 – 6 U 168/12, juris, 17 ff.; LG Köln, Urt. v. 27.05.2014 – 14 S 38/13, ZUM 2014, 973 (975); OLG Brandenburg, Urt. v. 15.05.2009 – 6 U 37/08, GRUR-RR 2009, 413 (413 f.); OLG Hamm, Urt. v. 13.02.2014 – I-22 U 98/13, 22 U 98/13, ZUM 2014, 410, *LPG-Antrieb*.

547 BGH, Urt. v. 29.01.2004 – I ZR 135/00, GRUR 2004, 669 (670 ff.), *Musikmehrkanaldienst*.

Liegen keine branchenüblichen Vergütungssätze oder einschlägigen Tarife vor, hat eine Schätzung nach § 287 ZPO zu erfolgen. Hierbei sind sämtliche Umstände des Einzelfalls zu berücksichtigen. Berücksichtigung finden können z.B. folgende Aspekte:

- Qualität des Lichtbildes (inkl. der konkreten Gestaltung des Lichtbildes)[548]
- Aufwand der Lichtbildherstellung[549]
- Umfang der Nutzung[550] (privat/gewerblich[551]; ganz oder teilweise[552])
- Art und Intensität der Nutzung[553] (Auflagenstärke und Verbreitung[554])
- Dauer der Nutzung[555]
- Bekanntheitsgrad und der Sympathie-/Imagewert/Marktwert einer abgebildeten Person[556]

548 BGH, Urt. v. 13.09.2018 – I ZR 187/17, GRUR 2019, 292 (294), *Foto eines Sportwagens*; *Forch*, GRURPrax 2016, 142 (143); OLG Braunschweig, Urt. v. 08.02.2012 – 2 U 7/11, GRUR 2012, 920 (924), *MFM-Honorarempfehlungen*.

549 AG Düsseldorf, Urt. v. 13.07.2011 – 57 C 1701/11, BeckRS 2012, 14861; OLG Braunschweig, Urt. v. 08.02.2012 – 2 U 7/11, GRUR 2012, 920 (924), *MFM-Honorarempfehlungen*.

550 OLG Frankfurt, Urt. v. 16.12.2014 – 11 U 27/14, GRUR-RR 2015, 233 (234).

551 BGH, Urt. v. 13.09.2018 – I ZR 187/17, GRUR 2019, 292 (294), *Foto eines Sportwagens* (öffentliche Zugänglichmachung).

552 BGH, Urt. v. 24.01.1975 – I ZR 106/73, GRUR 1975, 323 (325), *Geflügelte Melodien*.

553 BGH, Urt. v. 13.09.2018 – I ZR 187/17, GRUR 2019, 292 (294), *Foto eines Sportwagens*; Urt. v. 15.01.2015 – I ZR 148/13, GRUR 2015, 780 (784), *Motorradteile*; OLG Frankfurt, Urt. v. 16.12.2014 – 11 U 27/14, GRUR-RR 2015, 233 (234).

554 OLG Köln, Urt. v. 28.05.2019 – 15 U 160/18, GRUR-RR 2019, 396 (403), hier ging es zwar um eine fiktive Lizenz zugunsten des Abgebildeten (gem. § 812 BGB Absatz 1 Satz 1, Var. 2 BGB bzw. § 823 BGB iVm §§ 22, 23 KUG), allerdings sind diese Grundsätze übertragbar auf die Bewertung der fiktiven Lizenzgebühr, die an den Lichtbildner zu zahlen ist.

555 *Forch*, GRURPrax 2016, 142 (143); AG Düsseldorf, Urt. v. 13.07.2011 – 57 C 1701/11, BeckRS 2012, 14861; OLG Frankfurt, Urt. v. 16.12.2014 – 11 U 27/14, GRUR-RR 2015, 233 (234).

556 OLG Köln, Urt. v. 28.05.2019 – 15 U 160/18, GRUR-RR 2019, 396 (403), hier ging es zwar um eine fiktive Lizenz zugunsten des Abgebildeten (gem. § 812 BGB Absatz 1 Satz 1, Var. 2 BGB bzw. § 823 BGB iVm §§ 22, 23 KUG), allerdings sind diese Grundsätze übertragbar auf die Bewertung der fiktiven Lizenzgebühr, die an den Lichtbildner zu zahlen ist. Gerade bei Pressefotografien kann der Wert des Lichtbildes auf dieser Basis erheblich variieren.

- Werbewirkung und Aufmerksamkeitswert[557]
- u.v.m.[558]

bb) Beispiele nach § 287 ZPO ermittelter Schadenshöhen bei der unberechtigten Nutzung einfacher Lichtbilder

Für den Fall der unberechtigten Nutzung eines als einfaches Lichtbild zu bewertenden Schnappschusses, bei dem keine besondere kompositorische Inszenierung festgestellt werden konnte, sondern vielmehr die Gestaltung des Lichtbildes gegen eine professionelle Gestaltung sprach, hergestellt durch einen nicht professionellen Marktteilnehmer, hat der *BGH*[559] in jüngerer Rechtsprechung eine Lizenzgebühr in Höhe von 100,00 EUR für die unberechtigte gewerbliche Nutzung des Lichtbildes[560] für angemessen erachtet. Der Lichtbildner hatte die Fotografie bei Facebook eingestellt, der Beklagte hatte das Lichtbild bearbeitet und zu einem gewerblichen Zweck für eine Veranstaltung auf seiner Website wiedergegeben (Vervielfältigung und öffentliche Zugänglichmachung, §§ 16, 19a UrhG).

Das *AG Düsseldorf*[561] hat – ausgehend von MFM-Empfehlungen als Obergrenze eines nach § 287 ZPO zu bestimmenden Schadens – angenommen, dass für die Übernahme eher einfacher Produktfotos, die keine Merkmale aufwiesen, die auf eine besonders professionelle Leistung der Fotografin oder einen großen Erstellungsaufwand hindeuteten in ein Ebay-Angebot (Vervielfältigung und öffentliche Zugänglichmachung, §§ 16, 19a UrhG) bei einer Nutzungsdauer von einer Woche bis einem Monat eine fiktive Lizenzgebühr in Höhe von jedenfalls nicht mehr als 57,69 EUR pro Bild anzusetzen sei.

---

557 OLG Köln, Urt. v. 28.05.2019 – 15 U 160/18, GRUR-RR 2019, 396 (403);, hier ging es zwar um eine fiktive Lizenz zugunsten des Abgebildeten (gem. § 812 BGB Absatz 1 Satz 1, Var. 2 BGB bzw. § 823 BGB iVm §§ 22, 23 KUG), allerdings sind diese Grundsätze übertragbar auf die Bewertung der fiktiven Lizenzgebühr, die an den Lichtbildner zu zahlen ist. Auch können erhöhte Werbewirkung und ein hoher Aufmerksamkeitswert hinsichtlich des Lichtbildes werterhöhend sein.

558 Siehe nur *Wimmers*, in: Schricker/Loewenheim, 5. Auflage, 2017, *§ 97 UrhG*, Rn. 278; *Reber*, in: BeckOK UrhG, 25. Edition (Stand 15.07.2019), 2019, *§ 97 UrhG*, Rn. 125.

559 BGH, Urt. v. 13.09.2018 – I ZR 187/17, GRUR 2019, 292 (294), *Foto eines Sportwagens*.

560 Zzgl. eines Aufschlages i.H.v. 100 % wegen der fehlenden Nennung des Lichtbildners.

561 AG Düsseldorf, Urt. v. 13.07.2011 – 57 C 1701/11, BeckRS 2012, 14861.

In einem weiteren Verfahren, in dem ein Verkäufer bei eBay Lichtbilder eines Dritten zur Bebilderung seines Angebotes verwendete, legte das *OLG Braunschweig*[562] eine fiktive Lizenzgebühr in Höhe von 20,00 EUR[563] pro Lichtbild zugrunde. Kein vernünftiger Privatverkäufer bei eBay werde für den Verkauf einer Sache mehr Geld ausgeben, als er durch den Verkauf realisieren könne, ein Privatverkäufer wolle vielmehr den Restwert einer Sache realisieren bzw. den Schaden aus einem Fehlkauf minimal halten. Auch dies sei bei der Bewertung einer angemessenen Lizenzgebühr zu berücksichtigen.

Daneben können jedenfalls im Bereich der gewerblichen Nutzung oder der Nutzung von Lichtbildern professioneller Marktteilnehmer, bei denen vielfach von der Anwendbarkeit der MFM-Bildhonorare bzw. des Ansatzes derselben als Ausgangspunkt für die Schadensschätzung ausgegangen werden kann[564], noch deutlich höhere fiktive Lizenzsätze angesetzt werden.

2) Abmahnung, § 97a UrhG

In prozessualer Hinsicht ist zu beachten, dass § 97a UrhG dem Verletzten aufgibt, zunächst eine Abmahnung auszusprechen und dem Verletzer so die Gelegenheit zu geben, die Angelegenheit außergerichtlich durch Abgabe einer strafbewehrten Unterlassungserklärung beizulegen. Kommt der Verletzte dem nicht nach, führt dies zwar nicht zur Unzulässigkeit eines angestrengten Klageverfahrens, allerdings kann das Unterlassen der Aussprache einer vorgerichtlichen Abmahnung zu einer negativen Kostenfolge führen, wenn der Verletzer die geltend gemachten Ansprüche sofort anerkennt, vgl. § 93 ZPO.

Ist die ausgesprochene Abmahnung berechtigt, kann der Verletzte Ersatz der hierfür erforderlichen Aufwendungen verlangen. Dies betrifft ins-

---

562 OLG Braunschweig, Urt. v. 08.02.2012 – 2 U 7/11, GRUR 2012, 920 (924), *MFM-Honorarempfehlungen*.

563 Zzgl. eines Aufschlages i.H.v. 100 % wegen der unterbliebenen Urhebernennung, OLG Braunschweig, Urt. v. 08.02.2012 – 2 U 7/11, GRUR 2012, 920 (924), *MFM-Honorarempfehlungen*.

564 Vgl. z.B. LG Düsseldorf, Urt. v. 24.10.2012 – 23 S 66/12, ZUM-RD 2013, 204 (205); OLG Hamburg, Urt. v. 02.09.2009 – 5 U 8/08, BeckRS 2009, 87819, *FOOD-Fotografie*; LG Köln, Urt. v. 27.05.2014 – 14 S 38/13, ZUM 2014, 973 (975).

besondere Aufwendungen für den mit der Abmahnung beauftragten Rechtsanwalt.[565]

Handelt es sich um eine unberechtigte oder unwirksame Abmahnung, steht umgekehrt dem zu Unrecht Abgemahnten ein Anspruch auf Ersatz der für die Rechtsverteidigung erforderlichen Aufwendungen zu, soweit keine Unerkennbarkeit der mangelnden Berechtigung beim Abmahnenden festzustellen ist, § 97a Abs. 4 UrhG.

3) Anspruchsinhaber

Aktivlegitimiert ist gem. §§ 97, 97a UrhG der „Verletzte". Dies ist grundsätzlich der Lichtbildner als Rechtsinhaber selbst. Ob daneben oder anstelle des Rechtsinhabers weitere Personen als „Verletzte" in Betracht kommen, hängt vom Anspruchsinhalt ab.

Die Ansprüchen aus der Verletzung von Urheberpersönlichkeitsrechten können ausschließlich dem Urheber oder dem Inhaber des verwandten Schutzrechtes (z.B. dem Lichtbildner) selbst bzw. dessen Erben zustehen.[566] Mit Blick auf einfache Lichtbilder i.S.v. § 72 UrhG, denen es an einer schöpferischen Leistung fehlt, ist im Einzelfall zu beurteilen, ob hier ausnahmsweise Persönlichkeitsrechte des Lichtbildners betroffen sein können (vgl. hierzu z.B. unter Kapitel 3), B), I), 3)). Ist dies der Fall, ist der Lichtbildner aktivlegitimiert.

Soweit die Verwertungs- und Nutzungsrechte gem. §§ 15 ff. UrhG den Streitgegenstand bilden, kommen neben dem Schutzrechtsinhaber auch andere Nutzungsberechtigte in Betracht. Hat der Lichtbildner die Verwertungs- und Nutzungsrechte einem Dritten zur ausschließlichen Nutzung übertragen, ist in der Regel der ausschließliche Nutzungsberechtigte alleiniger Rechtsinhaber und damit alleine aktivlegitimiert, die Aktivlegitimation des Lichtbildners entfällt im Falle der vollständigen Rechtsübertragung.[567] Anderes gilt, wenn die ausschließlichen Nutzungsrechte nur bezüglich bestimmter Rechte erteilt oder zeitlich bzw. räumlich beschränkt erteilt wurden, in diesem Fall bleibt der Lichtbildner für die verbliebenen Rechte aktivlegitimiert, der ausschließlich Nutzungsberechtigte erhält eine

565 Gesetzentwurf vom 20.04.2007, BTDrucks 16/5048, S. 48.

566 *Wolff*, in: Wandtke/Bullinger, 5. Auflage, 2019, *§ 97 UrhG*, Rn. 7.

567 *Specht*, in: Dreier/Schulze/Specht, 6. Auflage, 2018, *§ 97 UrhG*, Rn. 19 mit Hinweis auf existierende Ausnahmen, in denen die Rechte des Urhebers bzw. des Lichtbildners in einem gewissen Umfang bestehen bleiben.

Aktivlegitimation nur in dem Umfang, in dem er die ausschließlichen Nutzungsrechte erworben hat.[568]

Wurde demgegenüber einem Dritten nur ein einfaches Nutzungsrecht eingeräumt, mangelt es dem einfachen Lizenznehmer an einer Aktivlegitimation.[569] Die Geltendmachung der Ansprüche erfolgt in diesem Fall regelmäßig weiterhin durch den Lichtbildner oder den ausschließlich Nutzungsberechtigten, die regelmäßig aufgrund bestehender vertraglicher Vereinbarungen verpflichtet sind, die Rechte auszuüben.[570] Alternativ kommt bei Vorliegen der Voraussetzungen die Geltendmachung der Ansprüche des Lichtbildners bzw. des ausschließlich Nutzungsberechtigten durch den einfachen Lizenznehmer im Wege der gewillkürten Prozessstandschaft in Betracht, das hierfür erforderliche berechtigte Interesse liegt im Falle der Einräumung eines einfachen Nutzungsrechts üblicherweise vor.[571]

4) Kosten

Ein wesentlicher Aspekt, der im Zusammenhang mit den zivilrechtlichen Ansprüchen der Erörterung bedarf, sind die für die Geltendmachung von Ansprüchen sowie für die Rechtsdurchsetzung anfallenden Anwalts- und Gerichtskosten. Diese richten sich grundsätzlich nach dem Gegenstands- bzw. Streitwert, § 2 Abs. 1 RVG, § 3 Ab. 1 GKG. Es bestehen jedoch Ausnahmen, sodass in bestimmten Fällen eine Differenzierung zwischen der vorgerichtlichen Abmahnung und der gerichtlichen Geltendmachung der Ansprüche sowie zwischen Unterlassungs- und Beseitigungsansprüchen einerseits sowie sonstigen Ansprüchen (Auskunft, Schadensersatz) andererseits erforderlich ist:

---

568 *Leistner,* in: Schricker/Loewenheim, 5. Auflage, 2017, *§ 97 UrhG,* Rn. 43.

569 *Wolff,* in: Wandtke/Bullinger, 5. Auflage, 2019, *§ 97 UrhG,* Rn. 11; *Specht,* in: Dreier/Schulze/Specht, 6. Auflage, 2018, *§ 97 UrhG,* Rn. 20; *Rojahn,* in: Loewenheim, Handbuch des Urheberrechts, *§ 94 UrhG,* 2010, (14).

570 *Specht,* in: Dreier/Schulze/Specht, 6. Auflage, 2018, *§ 97 UrhG,* Rn. 20; *Leistner,* in: Schricker/Loewenheim, 5. Auflage, 2017, *§ 97 UrhG,* Rn. 46; *Wolff,* in: Wandtke/Bullinger, 5. Auflage, 2019, *§ 97 UrhG,* Rn. 11; BGH, Urt. v. 29.04.1965 – Ia ZR 260/63, GRUR 1965, 591 (595), *Wellplatten.*

571 *Wolff,* in: Wandtke/Bullinger, 5. Auflage, 2019, *§ 97 UrhG,* Rn. 11 m.w.N. sowie zu weiteren Beispielen, in denen eine gewillkürte Prozessstandschaft in Betracht kommt *Specht,* in: Dreier/Schulze/Specht, 6. Auflage, 2018, *§ 97 UrhG,* Rn. 21.

a) Außergerichtliche Geltendmachung der Ansprüche

aa) Ausnahmefall: § 97 a Abs. 3 UrhG

Durch das Gesetz gegen unseriöse Geschäftspraktiken vom 01.10.2013[572] wurde der Erstattungsanspruch für Abmahnkosten in bestimmten Fällen dahingehend begrenzt, dass der Gegenstandswert, der für die gesetzlichen Gebühren, die für die anwaltliche Tätigkeit entstehen, maßgeblich ist, § 2 Abs. 1 RVG, für den Unterlassungs- und Beseitigungsanspruch auf 1.000,00 EUR begrenzt wurde, soweit nicht ausnahmsweise Ansetzung dieses Wertes unbillig ist, § 97a Abs. 3 UrhG.[573] Namentlich sind hiervon die Fälle betroffen, in denen es sich bei dem Abgemahnten um eine natürliche Person handelt, die den Schutzgegenstand nicht für ihre gewerbliche oder selbständige berufliche Tätigkeit verwendet, soweit diese Person nicht bereits einer vertraglichen oder gerichtlichen Unterlassungsverpflichtung gegenüber dem Abmahnenden unterworfen ist, § 97a Abs. 3 Satz 2 UrhG.

Der Gesetzgeber hat diese Begrenzung des Gegenstandswertes für außergerichtlich geltend gemachte Unterlassungs- und Beseitigungsansprüche vorgenommen, um anwaltlichen Geschäftsmodellen Einhalt zu gebieten, die darauf basierten, Kostenerstattungsansprüche zu generieren, die auf dem Ausspruch weitgehend automatisierter Massenabmahnungen aufgrund von Urheberrechtverstößen im Internet basierten.[574]

---

572 BGBl. I 2013, 3714 (3717).

573 Daneben wurde durch die Einführung des § 104a UrhG der sog. "fliegende Gerichtsstand“ für urheberrechtliche Klagen gegen natürliche Personen, die nach dem UrhG geschützte Werke oder andere nach dem UrhG geschützte Schutzgegenstände nicht für ihre gewerbliche oder selbständige berufliche Tätigkeit verwenden, abgeschafft. Der Verletzte ist darauf verwiesen, die Klage am Gericht des Wohnsitzes bzw. des gewöhnlichen Aufenthaltsort des Verletzers zu erheben.

574 *Entwurf eines Gesetzes gegen unseriöse Geschäftspraktiken* vom 22.03.2013, BR-Drs. 219/13, 13 f.; *Bericht des Rechtsausschusses zu dem Gesetzentwurf der Bundesregierung, Drucksachen 17/13057, 17/13429, Entwurf eines Gesetzes gegen unseriöse Geschäftspraktiken u.a.* vom 26.06.2013, BT-Drs. 17/14216, 7; *Entwurf eines Gesetzes gegen unseriöse Geschäftspraktiken* vom 15.04.2013, BT-Drs. 17/13057, 10 f.; In diesem Rahmen wurde darauf hingewiesen, dass nach den statistischen Erhebungen des Vereins gegen den Abmahnwahn e.V. im Jahr 2011 über 218.000 Abmahnungen mit einem Gesamtforderungsvolumen von über 165 Millionen EUR versandt worden seien bei einer durchschnittlichen Zahlerquote von knapp 40 %, vgl. *Entwurf eines Gesetzes gegen unseriöse Geschäftspraktiken* vom 22.03.2013, BR-Drs. 219/13, 13 f.; *Entwurf eines Gesetzes gegen unseriöse Geschäftspraktiken* vom 15.04.2013, BT-Drs. 17/13057, 10 f.

bb) Gegenstandswert der anwaltlichen Geltendmachung möglicher Ansprüche außerhalb des Anwendungsbereiches des § 97a Abs. 3 UrhG

Nicht erfasst von der Begrenzung des Gegenstandwertes gem. § 97a Abs. 3 UrhG ist die außergerichtliche Geltendmachung von Schadensersatz- und Auskunftsansprüchen. Der Gegenstandswert ist hier nach allgemeinen Grundsätzen zu bestimmen, der Gegenstandswert für den Schadensersatzanspruch folgt aus dem festgestellten Schaden.

Der Gegenstandswert des Unterlassungsanspruches und damit der Abmahnung bestimmt sich in den Fällen, in denen § 97a Abs. 3 UrhG nicht einschlägig ist, gem. § 23 Abs. 3 Satz 2 RVG nach billigem Ermessen.[575] Hierbei ist auf das Interesse des Rechtsinhabers an der Abwehr künftiger Verletzungshandlungen abzustellen, das anhand einer Einzelfallabwägung festzustellen ist, wobei die Art des Verstoßes, insbesondere seine Gefährlichkeit und Schädlichkeit für den Verletzten, zu berücksichtigen ist.[576]

Für den Fall der gewerblichen Nutzung eines einfachen Lichtbildes auf der Internetseite des Verletzers zu Werbezwecken hat der *BGH*[577] einen Gegenstandswert in Höhe von 6.000,00 EUR für angemessen erachtet. Dies deckt sich mit der Rechtsprechung anderer Gerichte, z.B. des AG Leipzig[578] oder des OLG Köln.[579] Bei der unberechtigten Nutzung einfa-

575 BGH, Urt. v. 12.05.2016 – I ZR 272/14, ZUM 2016, 1037 (1040); OLG Köln, Urt. v. 05.12.2014 – I-6 U 57/14, 6 U 57/14, ZUM 2015, 404 (407).

576 BGH, Urt. v. 12.05.2016 – I ZR 272/14, ZUM 2016, 1037 (1040); a.A.: Grundlage für die Streitwertbemessung eines Unterlassungsbegehrens sei der Lizenzschaden, um dessen Abwehr es gehe, wobei der Lizenzsatz zu verdoppeln sei, da mit dem Unterlassungsanspruch gleichgerichtete weitere Verletzungen verhindert werden sollen, z.B. OLG Brandenburg, Beschluss v. 22.08.2013 – 6 W 31/13, ZUM-RD 2014, 347 (349 f.); OLG Braunschweig, Beschluss v. 14.10.2011 – 2 W 92/11, GRUR-RR 2012, 93 (94); OLG Hamm, Beschluss v. 13.09.2012 – I-22 W 58/12, 22 W 58/12, GRUR-RR 2013, 39.

577 BGH, Urt. v. 13.09.2018 – I ZR 187/17, GRUR 2019, 292 (294), *Foto eines Sportwagens*.

578 AG Leipzig, v. 30.12.2016 – 108 C 6092/16, BeckRS 2016, 134737 (= Eingangsinstanz des zuvor zitierten Verfahrens vor dem BGH).

579 OLG Köln, Beschluss v. 25.08.2014 – I-6 W 123/14, 6 W 123/14, WRP 2014, 1236; Daneben kommen weitere Streitwerte in Betracht, z.B. 3.000,00 EUR (OLG Hamburg, Beschluss v. 14.07.2015 – 5 W 46/15, GRUR-RS 2015, 20255), 4.000,00 EUR (OLG Celle, Beschluss v. 13.05.2016 – 13 W 36/16, ZUM-RD 2016, 518 (519)); 6.000 EUR für das einstweilige Verfügungsverfahren = 2/3 des mit 9.000 zu bewertenden Hauptsachestreitwerts (aber wohl Lichtbildwerk, KG Berlin, Beschluss v. 30.12.2010 – 24 W 100/10, ZUM-RD 2011, 543); umfassende

cher Lichtbilder durch privat oder kleingewerblich tätige Dritte, die ohne Kopierschutz und Rechtevorbehalt eingestellt wurden, geht das OLG Köln bei einfachen Lichtbildern unter Berücksichtigung der neueren, technischen und wirtschaftlichen Entwicklung der Nutzung des Internets als Kommunikationsforum von einem Gegenstandswert in Höhe von 3.000,00 EUR aus.[580] Das OLG Hamburg setzt für Lichtbilder, die in einem Privatverkauf bei eBay verwendet werden, 2.000,00 EUR an.[581] In diesem Bereich bewegt sich die allgemeine Tendenz der Gerichte bei unerlaubten Nutzungen im privaten Bereich.[582]

b) Gerichtliche Geltendmachung von Ansprüchen

Im Rahmen einer gerichtlichen Geltendmachung findet die Deckelung des Gegenstandswertes für Unterlassungs- und Beseitigungsansprüche gem. § 97a Abs. 3 UrhG keine Anwendung, insoweit verbleibt es bei der Bemessung des Gegenstandswertes im gerichtlichen Verfahren nach freiem Ermessen des Gerichtes gem. § 3 ZPO.[583] Es ergeben sich gegenüber der üblichen Ermittlung des Gegenstandswertes bei der außergerichtlichen Geltendmachung keine Besonderheiten, es kann auf die vorangegangenen Ausführungen verwiesen werden.

II) Strafrechtliche Rechtsfolgen

Neben der zivilrechtlichen Haftung kommen auch strafrechtliche Konsequenzen in Betracht.

§ 108 Abs. 1 Nr. 3 UrhG sieht für die unzulässige Vervielfältigung, Verbreitung und öffentliche Wiedergabe eines einfachen Lichtbildes, sowie

---

Darstellung von Streitwerten (sortiert nach Verfahrensarten, Bundesländern und Gerichten) bei *Lütke*, GRUR-RR 2017, 129 (131 ff.).

580 OLG Köln, Beschluss v. 22.11.2011 – 6 W 256/11, juris, Rn. 3.

581 OLG Hamburg, Beschluss v. 22.01.2013 – 5 W 5/13, ZUM-RD 2014, 90.

582 Vgl. Darstellung der Streitwerte (inkl. der a.A., die den Streitwert anhand der fiktiven Lizenzgebühr bemisst, vgl. Fn. 576) bei privaten Nutzungen bei *Lütke*, GRUR-RR 2017, 129 (133).

583 *Bericht des Rechtsausschusses zu dem Gesetzentwurf der Bundesregierung, Drucksachen 17/13057, 17/13429, Entwurf eines Gesetzes gegen unseriöse Geschäftspraktiken u.a.* vom 26.06.2013, BT-Drs. 17/14216, 7; LG Köln, Beschluss v. 03.12.2013 – 28 T 9/13, MMR 2014, 194 (195).

dessen Bearbeitung oder Umgestaltung eine Strafandrohung von einer Freiheitsstrafe bis zu drei Jahren oder Geldstrafe vor. Die gleiche Strafandrohung ist in § 106 Abs. 1 UrhG vorgesehen, falls ein Lichtbildwerk betroffen ist. Für beide Fälle ist die Versuchsstrafbarkeit angeordnet, §§ 106 Abs. 2, 108 Abs. 2 UrhG.

Insoweit ist zu beachten, dass gem. § 109 UrhG die strafrechtliche Verfolgung solcher Rechtsverletzungen einen Strafantrag voraussetzt, es sei denn die Strafverfolgung ist aufgrund eines besonderen öffentlichen Interesses geboten. Ein solches besonderes öffentliches Interesse an der Strafverfolgung im Sinne von § 109 UrhG liegt gem. Ziff. 261a RiStBV insbesondere dann vor, wenn der Täter einschlägig vorbestraft ist, ein erheblicher Schaden droht oder eingetreten ist, die Tat den Verletzten in seiner wirtschaftlichen Existenz bedroht oder die öffentliche Sicherheit oder die Gesundheit der Verbraucher gefährdet. In den weit überwiegenden Fällen betreffend einfache Lichtbilder, z.B. bei der Übernahme eines einfachen Lichtbildes in sozialen Medien oder im Rahmen von Verkaufsangeboten auf Plattformen wie eBay, wird ein besonderes öffentliches Interesse in der Regel nicht anzunehmen sein, da die Anforderungen hieran nur selten erfüllt sein werden.

Ferner ist die strafrechtliche Verfolgung der Straftaten gem. §§ 106, 108 UrhG im Wege der Privatklage gem. § 374 Abs. 1 Nr. 8 StPO möglich.

III) Zwischenergebnis

Die Gewährung des Leistungsschutzrechts aus § 72 UrhG begründet im Falle der Rechtsverletzung zivilrechtliche Ansprüche sowie strafrechtliche Konsequenzen. Insbesondere die zivilrechtlichen Ansprüche sind mit nicht nur unerheblichen Kostenrisiken verbunden, da neben der eigenen Rechtsverteidigung bei berechtigter Inanspruchnahme auch die Kosten der Rechtsverfolgung des Rechtsinhabers zu tragen sind.

Soweit die Digitalisierung steigende Möglichkeiten der Aufspürung von Rechtsverstößen beschwor sowie die Generierung und Bearbeitung überörtlicher Massenmandate ermöglichte, sodass die technische Entwicklung – um auf das eingangs wedergegebene Zitat zurückzukommen – als „Triebkraft […] für kommerzielle Gefährdungen und auch neue Geschäftsmodelle“[584] ihre Wirkung entfalten konnte, konnte der Gesetzgeber derge-

584 *Dreier*, in: Weller, Kunst im Markt – Kunst im Recht, *Fotografie im rechtlichen Diskurs – Kunst oder Ware?*, 2010, S. 31 (55).

stalt heilend eingreifen, dass er zur Eindämmung unseriöser Geschäftsmodelle die Ansprüche des Lichtbildners im Rahmen von § 97 a Abs. 3 UrhG dahingehend beschränkte, seine durch den Abgemahnten i.S.d. § 97 a Abs. 3 UrhG außergerichtlichen Rechtsverfolgungskosten betragsmäßig zu begrenzen. Hier zeigt sich der Zusammenhang zwischen technischer Entwicklung, praktischem Diskurs und Überführung der Überlegungen in die rechtlichen Regelwerke.

Gleichwohl lässt sich nicht leugnen, dass nach wie vor nicht nur unerhebliche Rechtsverfolgungskosten sowie strafrechtliche Rechtsfolgen entstehen können.

Kapitel 4: (Mangelnde) Rechtfertigung des Lichtbildschutzes

A) Der Ruf nach Veränderung

In der jüngeren Vergangenheit sind zahlreiche Stimmen laut geworden, die den einfachen Lichtbildschutz unter Berücksichtigung der technischen und gesellschaftlichen Entwicklungen als überholt bewerten und deshalb eine Abschaffung oder Beschränkung des einfachen Lichtbildschutzes fordern:

Schack[585] ruft z.B. zur vollständigen Abschaffung des einfachen Lichtbildschutzes gem. § 72 UrhG auf. Der Aufwand für die Schaffung und Verbreitung von Lichtbildern sinke durch das Medium des Internets, während das Risiko, fremde Persönlichkeits- und Immaterialgüterrechte zu verletzen, exponentiell steige. Es bestehe ein erhebliches Missverhältnis zwischen Schutzbedürftigkeit und Störpotenzial. Nach Auffassung *Schacks* sei es ein schwerer Fehler gewesen, einfachen Lichtbildern den eingeräumten Schutz zu gewähren. Im Übrigen sei auch die Herabsenkung der Anforderungen an die Schutzschwelle des § 2 Abs. 2 UrhG nicht gerechtfertigt, sodass nicht nur der einfache Lichtbildschutz abgeschafft werden, vielmehr solle auch der Schutz von Lichtbildwerken gem. § 2 Abs. 1 Nr. 5 UrhG an höhere Voraussetzungen geknüpft werden müsse. Im Übrigen seien diese Schritte zwingend erforderlich, um in der Öffentlichkeit für das Urheberrecht den Respekt zurückzugewinnen, der diesem gebühre. Eine Reform dürfe sich nicht auf „Schrankenkosmetik" oder das „Abschneiden einzelner äußerer Zweige" beschränken, erforderlich sei die Entfernung ganzer Äste.[586]

Auf dem 70. Deutschen Juristentag im Jahr 2014 forderte auch *Ohly*[587] die Abschaffung des Leistungsschutzes für Lichtbilder gem. § 72 UrhG.

---

585 *Schack*, in: Wöhrn/Bullinger/Grunert/Ohst, Festschrift für Artur-Axel Wandtke zum 70. Geburtstag am 26. März 2013, *Weniger Urheberrecht ist mehr*, 2013, S. 9 (9 ff.); *Schack, Urheber- und Urhebervertragsrecht*, 9. Auflage, 2019, Rn. 720.

586 *Schack*, in: Wöhrn/Bullinger/Grunert/Ohst, Festschrift für Artur-Axel Wandtke zum 70. Geburtstag am 26. März 2013, *Weniger Urheberrecht ist mehr*, 2013, S. 9 (10).

587 *Ohly, Gutachten F zum 70. Deutschen Juristentag; Urheberrecht in der digitalen Welt – Brauchen wir neue Regelungen zum Urheberrecht und dessen Durchsetzung?*, S. F36 ff., F 126; *Ohly*, NJW Beilage 2014, 47 (48).

Diese Forderung begründete er damit, dass es aus Unkenntnis häufig zu Rechtsverletzungen komme, die auf der Verwendung von nicht schöpferischen Lichtbildern im Internet basieren. Hierdurch würden Privatpersonen in die Lage versetzt, Abmahnungen auszusprechen, ohne dass tatsächlich schützenswerte Interessen des Lichtbildners bestünden, die derartige Risiken rechtfertigten.

Auch *Lerach*[588] wirft die Frage auf, ob eine Legitimation für den Schutz einfacher Lichtbilder tatsächlich noch zeitgemäß sei und ob ihm die ursprünglich vom Gesetzgeber zugemessene Bedeutung noch zukomme. Der technische Aufwand und die damit verbundene Leistung, die durch die Einräumung des Leistungsschutzes beabsichtigt gewesen sei, sei in der Regel nicht mehr erforderlich, da in der Praxis ohne besonderen Aufwand gefertigte Lichtbilder im Vordergrund stünden.

Gleichermaßen stellt *Koreng*[589] die Erforderlichkeit des einfachen Lichtbildschutzes angesichts der „Millionen von Handyfotos", die täglich aufgenommen würden einerseits und der Absenkung der Anforderungen an die für den Schutz nach § 2 Abs. 1 Nr. 5, Abs. 2 UrhG erforderliche Schöpfungshöhe andererseits in Frage.

Auch *Ziegler*[590] appelliert unter Bezugnahme auf die bestehende „Rechtsunsicherheit bei der Interaktion in sozialen Netzwerken"[591] und zur Wiederherstellung des Gleichgewichtes der aufeinandertreffenden Interessen an die kritische Hinterfragung und Neubewertung der Angemessenheit eines Lichtbildschutzes für einfache Lichtbilder.

Apel[592] befürwortet ebenfalls die (teilweise) Abschaffung des Leistungsschutzrechtes aus § 72 UrhG unter Beibehaltung eines „Rumpfrechtes" zugunsten kostenintensiver Aufnahmen und/oder zugunsten bestimmter Lichtbildner (Fotojournalisten, Kriegsberichterstatter) zur Vermeidung von Schutzlücken. Unter Bezugnahme auf das Leistungsschutzrecht des Datenbankherstellers gem. § 87a Abs. 1 UrhG plädiert *Apel* für die Einfüh-

---

588 *Lerach*, in: Taeger, IT und Internet – mit Recht gestalten, *Lichtbildschutz im Internet*, 2012, S. 175 (190); *Lerach*, jurisPR-WettbR 2016.

589 *Koreng*, in: Weller/Kemle/Dreier/Michl, Kulturgüterrecht – Reproduktionsfotografie – StreetPhotography, *Der rechtliche Status von Reproduktionsfotografien – Fotografien zweidimensionaler Vorlagen zwischen Vervielfältigung und Lichtbildschutz*, 2018, S. 87 (103).

590 *Ziegler*, *Urheberrechtsverletzungen durch Social Sharing*, 2016, S. 250 f.

591 *Ziegler*, *Urheberrechtsverletzungen durch Social Sharing*, 2016, S. 249.

592 *Apel*, ZUM 2015, 522 (525); *Apel*, in: Götz von Olenhusen/Gergen, Kreativität und Charakter, *Überlegungen zu einer Reform des Lichtbildschutzrechts (§ 72 UrhG)*, 2017, S. 205 (221 ff.).

rung der Schutzvoraussetzung einer wesentlichen Investition, die in Geld, Zeit oder auch Mühe bestehen könne und sich nicht auf Anschaffung des Aufnahmegerätes sondern in die Herstellung des konkreten Lichtbildes beziehen müsse.[593]

Auch *Zech*[594] regt an,

> „den urheberrechtlichen ′Ballast′ der Gesetzesbegründung von 1965 (′unüberwindliche Schwierigkeiten′ bei der Abgrenzung zwischen Lichtbildwerken und Lichtbildern, BT-Drs. IV/270, 89) über Bord zu werfen und den Lichtbildschutz als echtes Leistungsschutzrecht zu begreifen".

Deutlich über die bereits aufgezeigten Begründungsansätze für die Abschaffung oder tatbestandliche Einschränkung des Schutzbereiches geht *Overbeck*[595] hinaus, die das Leistungsschutzrecht des § 72 UrhG als verfassungswidrig einstuft. Dieses Ergebnis stützt sie im Wesentlichen darauf, dass mit der Gewährung eines Leistungsschutzrechtes für den Lichtbildner eine Beschränkung der Grundrechte Dritter einhergehe, die im Lichte der Digitalfotografie bei Beachtung der wiederstreitenden Interessen eine erhebliche Unverhältnismäßigkeit des Eingriffs darstelle, die nicht gerechtfertigt sei. Die Schutzinteressen, die der Gesetzgeber ursprünglich verfolgt habe, seien aufgrund tatsächlicher wie auch rechtlicher Entwicklungen entfallen, für den Schutz einfacher Lichtbilder gem. § 72 UrhG bestehe keine Notwendigkeit mehr.[596]

Ullrich[597] demgegenüber befürwortet nicht eine Abschaffung des Lichtbildschutzes per se, sondern schlägt eine generelle, bereichsspezifische Abschaffung des Urheberrechtschutzes – nicht nur für einfache Lichtbilder – in sozialen Medien vor. In sozialen Medien stünde die Kommunikation im Vordergrund, sodass die jeweiligen Werke oder sonst urheberrechtlich geschützten Elemente als Medium der Kommunikation eingesetzt würden.

---

593 *Apel*, in: Götz von Olenhusen/Gergen, Kreativität und Charakter, *Überlegungen zu einer Reform des Lichtbildschutzrechts (§ 72 UrhG)*, 2017, S. 205 (222).

594 *Zech*, GRUR 2019, 291.

595 *Overbeck, Der Lichtbildschutz gem. § 72 UrhG im Lichte der Digitalfotografie*, 2018, S. 127 ff, 161 f.

596 *Overbeck, Der Lichtbildschutz gem. § 72 UrhG im Lichte der Digitalfotografie*, 2018, S. 161.

597 *Steinhau, Wolfgang Ullrich: "Urheberrechte für die sozialen Netzwerke gänzlich suspendieren" (Interview)*, abrufbar unter *irights.info/artikel/wolfgang-ullrich-urheberrechte-fuer-die-sozialen-netzwerke-gaenzlich-suspendieren/25429*, zuletzt abgerufen am 13.02.2020.

Als solches sei jedoch auch die Schnelligkeit der Verbreitung und der Reaktion auf aktuelle Geschehnisse maßgeblich, sodass es absurd sei, zunächst die urheberrechtlichen Rahmen zu klären und ggf. erforderliche Nutzungserlaubnisse einzuholen.

Dreier[598] hält die Gewährung von Ausschließlichkeitsrechten für die heute „millionenfach erzeugten Bilder[n] und ihrer gewandelten, vielfältig ausdifferenzierten kommunikativen Verwendung“ nicht mehr für angemessen. Er schlägt u.a. vor, eine Schranke für solche Handlungen aufzunehmen, die der „Geste des Zeigens“ im Analogen entsprechen.

Lauber-Rönsberg[599] begrüßt die Diskussion um die Abschaffung bzw. Einschränkung des einfachen Lichtbildschutzes, weist in diesem Zusammenhang jedoch kritisch darauf hin, dass in praktischer Hinsicht hierdurch nicht jegliche Schwierigkeiten gelöst werden könnten, die in der Literatur zur Begründung einer Abschaffung des Lichtbildschutzes herangezogen werden. Ferner weist sie auf Aspekte hin, die bei einer Abschaffung des einfachen Lichtbildschutzes neue Schwierigkeiten (entstehende Schutzlücken; notwendige Übergangsregelungen) bereiten könnten.

Alle diese Auffassungen haben gemein, dass sie aufgrund der tatsächlichen Entwicklungen Schwierigkeiten darin sehen, den derzeit geltenden Lichtbildschutz noch als gerechtfertigt zu betrachten. Es wird daran gezweifelt, ob in Zeiten, in denen ein jeder mit dem Smartphone oder dem Tablet-PC eine Fotografie machen kann, ohne weiter hierüber nachzudenken, solchen Lichtbildern, die keine schöpferische Leistung darstellen, tatsächlich ein Leistungsschutz gewährt werden muss bzw. sollte. Diese Hinterfragungen erscheinen insbesondere als angebracht, als mit Verletzungen des Lichtbildschutzrechts die Entstehung zivilrechtlicher Ansprüche und/oder strafrechtlicher Sanktionen einhergehen. Nicht zuletzt ist hierbei die Problematik der Verbreitung urheberrechtlich geschützter Lichtbilder in sozialen Netzwerken zu berücksichtigen, die aufgrund der Verwendung von Lichtbildern zu Kommunikationszwecken zu unzähligen Rechtsverletzungen führt. Hinzu kommen die vereinfachten Verfolgungsmöglichkeiten von Rechtsverletzungen durch den Rechtsinhaber auf Basis sich fortentwickelnder technischer Lösungen wie die rückwärts gerichtete Google Bildersuche.

Im Folgenden gilt es daher, zu untersuchen, ob diese Auffassungen eine Berechtigung haben und der Leistungsschutz für einfache Lichtbilder

598 *Dreier*, ZGE 2017, 135 (139 f., 145 ff.).

599 *Lauber-Rönsberg*, in: BeckOK UrhG, 26. Edition (Stand 15.10.2019), 2019, *§ 72 UrhG*, Rn. 3a.

einer Rechtfertigung entbehrt. Hierbei gilt es insbesondere, die einander gegenüberstehenden Interessen zu betrachten und diese mit einer etwaigen Lösung in Einklang zu bringen.

B) In welchen Fällen bereitet der einfache Lichtbildschutz (keine) Schwierigkeiten?

I) Soziale Medien

1) Bedeutung von Lichtbildern in den sozialen Medien

Lichtbilder sind, wie *Ullrich*[600] zutreffend ausführt, zu einem wesentlichen Kommunikationsmedium und Kommunikationsbestandteil geworden. Durch das Einstellen von Lichtbildern in die sozialen Medien geben die Nutzer wesentliche Informationen über aktuelle Betätigungen, Stimmungsbilder, Urlaubsabwesenheiten und Ähnliches preis. Im Rahmen der alltäglichen Kommunikation bedienen sich Nutzer der Verwendung von Lichtbildern, um aus ihrer Sicht unnötige Beschreibungen und Umschreibungen von Tatsachen in verbaler Form zu vermeiden:

So beschreibt eine Mutter ihrer Tochter das Kleid, das sie zur Hochzeit der Tochter tragen möchte, nicht mehr in verbaler Form.[601] Sie nimmt in kürzester Zeit mit dem Smartphone ein Foto desselben auf und schickt es über einen Messenger-Dienst an ihre Tochter, damit diese sich mittels des Lichtbildes einen visuellen Eindruck von dem Kleid verschaffen kann. Die Uneinigkeit der Tochter und ihres Mannes auf Empfängerseite über die Farbe des Kleides führte sodann zu einer weltweiten Verbreitung des Lichtbildes über die sozialen Medien.

Auch der Urlauber begnügt sich nicht mehr damit, seinem Umfeld die erlebten Eindrücke verbal zu schildern, er teilt sich vielmehr mit, indem er Lichtbilder des Erlebten übermittelt. Ein persönliches Treffen oder ein Telefonat zum Austausch über die Erlebnisse erübrigen sich hierdurch gänzlich, wenn dies nicht aufgrund des hieran bestehenden sonstigen Interesses

600 *Steinhau, Wolfgang Ullrich: "Urheberrechte für die sozialen Netzwerke gänzlich suspendieren" (Interview)*, abrufbar unter *irights.info/artikel/wolfgang-ullrich-urheberrechte-fuer-die-sozialen-netzwerke-gaenzlich-suspendieren/25429*, zuletzt abgerufen am 13.02.2020.

601 Hierzu bereits unter zum Beispiel des #thedress, vgl. Kapitel 2, B), II), 3), b), bb), (1).

oder des Interesses an einer vertieften mündlichen Erzählung der Erfahrungen zusätzlich stattfindet.

Das digitale Zeitalter hat an der Schnittstelle von Visualität und Kommunikation sogar neue Berufsfelder etabliert, die sich der Nutzung von Lichtbildern und ggf. weiterer Medien, z.B. Laufbildern gem. § 95 UrhG[602] zur Verbreitung von Content bedienen (sogenannte Influencer bzw. Content Creator).

In all den genannten Fällen erlangt das aufgenommene Lichtbild ungeachtet der Umstände, unter denen es aufgenommen wurde oder des Inhaltes, den das Lichtbild aufweist, jedenfalls den Schutz des § 72 UrhG. Gerade die Funktion der Lichtbilder als Kommunikationsmedium sowie die Funktion der sozialen Medien als Kommunikationsplattform beschwören regelrecht die Begehung urheberrechtlicher Rechtsverletzungen im Netz. Bilder werden kopiert und zum Gegenstand eigener Mitteilungen gemacht. Im Falle einer Beachtung ggf. bestehender Rechte führt diese zur Behinderung einer schnellen Kommunikation und eines dynamischen Austausches.[603] Gleiches gilt für weitere Nutzungsformen, in denen Lichtbilder, die sich im Internet befinden, als kostenfreie Vorlagen erachtet werden, z.B. die Nutzung vorhandener, fremder Lichtbilder für eigene Angebote bei Ebay oder die werbliche Nutzung fremder Lichtbilder.

Im Folgenden wird näher beleuchtet, welche Verletzungshandlungen im Umfeld der sozialen Netzwerke denkbar sind.[604] Kern der vorliegenden Arbeit ist die Frage der Reichweite und der Rechtfertigung des Schutzes einfacher Lichtbilder nach § 72 UrhG. Vor diesem Hintergrund erfolgen die weiteren Erläuterungen unter der Prämisse, dass ein von einem Dritten aufgenommenes Lichtbild bereits existiert, an dem sodann mögliche Verletzungshandlungen vorgenommen werden. Außer Betracht bleiben indes Konstellationen, in denen z.B. Urheberrechte an einem Gemälde oder

602 Diese entfalten z.B. hinsichtlich sog. „Stories“ bei Instagram Relevanz. Hier kann die Erstellung von Screenshots zum Lichtbildschutz führen, da hier ein Einzelbild aus einem Laufbild entnommen wird. Allgemein zum Schutz von Einzelbildern aus Laufbildern vgl. *Thum,* in: Wandtke/Bullinger, 5. Auflage, 2019, *§ 72 UrhG,* Rn. 48; *Schulze,* in: Dreier/Schulze/Specht, 6. Auflage, 2018, *§ 72 UrhG,* Rn. 5; BGH, Urt. v. 06.02.2014 – I ZR 86/12, GRUR 2014, 363, *Peter Fechter.*

603 So auch *Steinhau, Wolfgang Ullrich: "Urheberrechte für die sozialen Netzwerke gänzlich suspendieren" (Interview),* abrufbar unter *irights.info/artikel/wolfgang-ullrich-urheberrechte-fuer-die-sozialen-netzwerke-gaenzlich-suspendieren/25429,* zuletzt abgerufen am 13.02.2020.

604 Jeweils unterstellt, das deutsche Recht sei anwendbar; hierzu vgl. *Ziegler, Urheberrechtsverletzungen durch Social Sharing,* 2016, S. 74 ff.

einer Skulptur durch das Hochladen von Lichtbildern, die diese Gegenstände abbilden, verletzt werden. Diese Fragen sind im Rahmen der vorliegenden Arbeit lediglich hinsichtlich des Schutzbereiches des § 72 UrhG bei der Frage der Schutzfähigkeit von Reproduktionsfotografien von Bedeutung.[605]

2) Eigenständiger Upload von Lichtbildern in ein soziales Netzwerk

Das eigenständige Hochladen von Lichtbildern eines Dritten auf die Plattform eines sozialen Netzwerkes kann Urheber- oder Leistungsschutzrechte Dritter verletzen:

a) Vervielfältigung, § 16 UrhG

Bei dem Upload eines Lichtbildes auf den Server eines sozialen Netzwerks erfolgt dort eine körperliche Festlegung des Lichtbildes, die geeignet ist, das Lichtbild den menschlichen Sinnen wahrnehmbar zu machen. Es handelt es sich bei dem Einstellen eines Lichtbildes in ein soziales Netzwerk damit um eine dem Lichtbildner vorbehaltene Vervielfältigung gem. § 16 Abs. 1 UrhG.[606]

b) Öffentliche Zugänglichmachung gem. § 19a UrhG, öffentliche Wiedergabe gem. § 15 Abs. 2 UrhG

Der Upload von Lichtbildern in soziale Netzwerke ist außerdem als öffentliche Zugänglichmachung gem. § 19a UrhG und öffentliche Wiedergabe i.S.v. § 15 Abs. 2 UrhG zu qualifizieren, soweit die Anforderungen an die Öffentlichkeit i. S. d. Art. 3 Abs. 1 InfoSoc-RL erfüllt sind. Hierbei kommt

605 vgl. hierzu unter Kapitel 2, B), IV)

606 BGH, Urt. v. 18.09.2014 – I ZR 76/13, GRUR 2015, 258 (260), *CT-Paradies*; *Ernst*, in: Hoeren/Sieber/Holznagel, Handbuch Multimedia-Recht, *Teil 7.1 Grundlagen des Multimedia-Urheberrechts*, 2019, (Rn. 55) (allgemein für Uploads); BGH, EuGH-Vorlage v. 03.02.2011 – I ZR 129/08, GRUR 2011, 418 (419), *Used-Soft* (für Computerprogramme); Urt. v. 06.10.2016 – I ZR 25/15, GRUR 2017, 266 (269), *World of Warcraft I* (für den vorübergehenden Upload eines Computerprogramms und der Spieldaten in den Arbeitsspeicher und Grafikspeicher eines PCs).

es insbesondere nicht darauf an, ob sich die Inhalte bereits mit Zustimmung des Rechtsinhabers im World Wide Web befinden.[607]

Bei den anderen Nutzern eines sozialen Netzwerks handelt es sich oftmals um eine solche Öffentlichkeit, soweit der jeweilige Nutzer nicht einen auffällig geringen Personenkreis anspricht.[608] Das Merkmal der Öffentlichkeit fordert nämlich das Ansprechen einer unbestimmten Zahl potenzieller Adressaten und die Implikation einer ziemlich großen Zahl von Personen.[609] Je nachdem, welchem Personenkreis der Nutzer den Zugriff auf von ihm hochgeladene Inhalte eröffnet, variiert die Einordnung bzw. Nicht-Einordnung eines solchen Uploads als öffentliche Zugänglichmachung. Der Nutzer kann eine Einordnung als öffentliche Zugänglichmachung verhindern, indem er den Zugriff Dritter auf das Lichtbild ausschließt oder den Zugriff nur einem ganz kleinen Personenkreis gestattet.

Eine solche Einstellungsmöglichkeit sieht z.B. *Facebook* vor. Hier können Uploads dahingehend kontrolliert werden, ob die Inhalte „öffentlich" (also somit grundsätzlich für jedermann), nur den vernetzten Freunden oder bestimmten, vom Nutzer festgelegten Personen oder Personengruppen zur Verfügung gestellt werden.[610] Daneben kann der Nutzer die Sichtbarkeit hochgeladener Inhalte auf seine eigene Person beschränken. Auch ist es Nutzern der Plattform *Facebook* möglich, geschlossene Gruppen zu bilden, innerhalb derer Inhalte hochgeladen werden können. Diese sind dann nur für die Gruppenmitglieder zugänglich, deren Kreis durch den Administrator bestimmt wird. Die Plattform *Instagram* ermöglicht es dem Nutzer, ein privates Profil zu führen, bei dem nur solchen Dritten die Uploads zugänglich gemacht werden, die der Nutzer zu seinem privaten Profil zugelassen hat (sog. „bestätigte Follower").[611] *Twitter* stellt ebenfalls die Möglichkeit zur Verfügung, eine Begrenzung des Nutzerkreises vorzu-

607 EuGH, Urt. v. 07.08.2018 – C-161/17 2018, 911, *Land Nordrhein-Westfalen./.Dirk Renckhoff [Cordoba]* Vgl. hierzu unter Kapitel 3, B) II) 2) c) aa).

608 *Ziegler*, *Urheberrechtsverletzungen durch Social Sharing*, 2016, S. 99.

609 EuGH, Urt. v. 13.02.2014 – C-466/12, GRUR 2014, 360 (361), *Nils Svensson ua/ Retriever Sverige*.

610 *Facebook Ireland Limited, Wie lege ich beim Posten eines Beitrags auf Facebook fest, wer ihn sehen kann?*, abrufbar unter *de-de.facebook.com/help/120939471321735?helpref=uf_permalink*, zuletzt abgerufen am 14.02.2020.

611 *Facebook Ireland Limited, Deine Sichtbarkeit kontrollieren | Instagram-Hilfebereich*, abrufbar unter https://help.instagram.com/116024195217477/?helpref=hc_fnav&bc[0]=368390626577968&bc[1]=285881641526716, zuletzt abgerufen am 14.02.2020.

nehmen, der auf die sog. Tweets zugreifen kann.[612] Je nach Größe der jeweiligen Adressatengruppe kann in diesen Fällen eine öffentliche Zugänglichmachung bzw. öffentliche Wiedergabe ausgeschlossen werden.

Eine Öffentlichkeit i. S. d. Art. 3 Abs. 1 InfoSoc-RL liegt jedenfalls in den Fällen nicht vor, in denen der Nutzer den Zugriff auf die geschützten Lichtbilder, die er auf den Server hochgeladen hat, auf seine eigene Person begrenzt. Ebenso wird es bei einer Facebook-Gruppe mit einer sehr geringen Personenzahl oder mit Mitgliedern, die in besonderer Weise privat verbunden sind (z.B. Gruppe von Familienmitgliedern zur Planung einer Geburtstagsfeier) und damit als private Gruppe bewertet werden können, an einer hinreichenden Öffentlichkeit fehlen. Hingegen verfügt der durchschnittliche Nutzer eines sozialen Netzwerks über einen so großen Kreis von „Freunden“[613] bzw. „Followern“, dass eine Beschränkung des Zugangs auf diesen Kreis in der Regel nicht ausreichen wird, um die Annahme einer Öffentlichkeit i. S. d. Vorschrift auszuschließen.[614] Denn die „Freunde“ und „Follower“ sind üblicherweise nicht auf einen privat verbundenen Kreis beschränkt, der nach dem üblichen Sprachgebrauch als Freundeskreis zu verstehen wäre. Vielmehr handelt es sich hierbei um locker verbundene Personenkreise bis hin zu einander in persona gänzlich unbekannten Verbindungen. *Beck*[615] bezeichnet die Freundschaftsbekundungen in sozialen Netzwerken als „kalkuliertes Produkt digitaler Geschäftsmodelle“. Diese Bewertung ist zwar sicherlich nicht auf jede Verbindung in sozialen Netzwerken übertragbar, dürfte jedoch im Kern für die weit

---

612 Sog. "geschützte Tweets", vgl. *Twitter, Inc.*, *Über öffentliche und geschützte Tweets*, abrufbar unter *help.twitter.com/de/safety-and-security/public-and-protected-tweets*, zuletzt abgerufen am 14.02.2020; voreingestellt ist jedoch die Nutzung öffentlicher Tweets.

613 Eine Studie des *PEW Research Centers* für den Beobachtungszeitraum 07.08.-16.09.2013 geht von durchschnittlich 338 Freunden unter erwachsenen Facebook-Nutzern aus, 27 % der Nutzer zwischen 18 und 29 Jahre haben nach dieser Studie mehr als 500 Freunde in ihrem Netzwerk, abrufbar unter https://www.pewresearch.org/fact-tank/2014/02/03/what-people-like-dislike-about-facebook/, zuletzt abgerufen am 14.02.2020. Eine weitere Studie, veröffentlicht von *Stephen Wolfram* am 24.04.2013 geht von durchschnittlich 342 Nutzern aus, abrufbar unter https://writings.stephenwolfram.com/2013/04/data-science-of-the-facebook-world/, zuletzt abgerufen am 14.02.2020.

614 Hierzu ausführlich zu „Freundschaften“ bei Facebook *Ziegler*, *Urheberrechtsverletzungen durch Social Sharing*, 2016, S. 97 ff.

615 Zum Begriff der Freundschaft in sozialen Netzwerken vgl. insbesondere *Beck*, ZRP 2019, 112.

überwiegenden Social-Media-Verbindungen, insbesondere bei *Facebook*, *Twitter* und *Instagram*, zutreffend sein.

Im Regelfall ist damit bei dem Upload von Lichtbildern in soziale Netzwerke davon auszugehen, dass der Upload sich an eine Öffentlichkeit richtet, die eine erlaubnispflichtige öffentliche Zugänglichmachung bzw. öffentliche Wiedergabe begründet.

c) Eingriff in das Veröffentlichungsrecht gem. §§ 72 Abs. 1, 12 UrhG

Der Upload eines Lichtbildes in ein soziales Netzwerk kann außerdem einen Eingriff in das Veröffentlichungsrecht des Lichtbildners darstellen, soweit das Lichtbild, das hochgeladen wird, noch nicht Gegenstand einer Veröffentlichung durch den Rechtsinhaber gewesen ist.[616] Dies kann insbesondere dann der Fall sein, wenn das Lichtbild von dem Lichtbildner einem Dritten als körperliches, d.h. ausgedrucktes Lichtbild überlassen wurde oder das Lichtbild in einem privaten Messenger oder per E-Mail dem Dritten übermittelt wurde und dieser das Lichtbild sodann (ggf. nach vorangegangener Digitalisierung) in ein soziales Netzwerk einstellt.

Gleichermaßen stellen Verbreitungshandlungen des ohne Zustimmung des Rechtsinhabers vorveröffentlichten Lichtbildes durch einen Dritten einen Verstoß gegen das Veröffentlichungsrecht dar. Lädt also ein Nutzer ein solches Lichtbild hoch, das er zuvor an anderer Stelle gefunden hatte, verletzt er das Veröffentlichungsrecht des Lichtbildners.

Da das Veröffentlichungsrecht aus dem Urheberpersönlichkeitsrecht fließt und dem Urheber eines Werkes eine absolute Rechtsposition gewährt[617], kann ein Verstoß gegen § 12 UrhG auch nicht auf die Fälle begrenzt werden, in denen der Nutzer die Rechtswidrigkeit der Vorveröffentlichung kannte oder kennen musste. Zur Herstellung des Gleichlaufes mit Lichtbildwerken muss dies gleichermaßen für einfache Lichtbilder gelten.

Auch bei der Frage des Vorliegens eines Eingriffes in das Veröffentlichungsrecht kommt es mithin darauf an, ob eine Öffentlichkeit i.S.v. Art. 3 Abs. 1 InfoSoc-RL erreicht worden ist. Dies mit Blick auf zwei Anknüpfungspunkte: Zum einen erlischt das Veröffentlichungsrecht des Lichtbildners mit erstmaliger Veröffentlichung durch seine eigene Person, zum anderen liegt ein Eingriff in das Veröffentlichungsrecht nur dann vor,

---

616 *Ziegler, Urheberrechtsverletzungen durch Social Sharing*, 2016, S. 135.

617 *Kroitzsch/Götting*, in: BeckOK UrhG, 26. Edition (Stand 15.10.2019), 2019, *§ 12 UrhG*, Rn. 14.

wenn der Dritte eine Handlung gegenüber einer hinreichenden Öffentlichkeit vornimmt. Nach der Rechtsprechung des EuGH ist für eine Öffentlichkeit im Sinne von Art. 3 Abs. 1 InfoSoc-RL erforderlich, dass „recht viele Personen" erreicht werden, eine allzu kleine oder gar unbedeutende Mehrzahl betroffener Personen genügt nicht.[618] Damit ist es bei Anwendung des weiten europarechtlichen Öffentlichkeitsbegriffes nicht mehr erforderlich, bei der Bestimmung des Veröffentlichungsbegriffes i.S.d. § 12 UrhG auf die Interessenlage des Urhebers bzw. Lichtbildners abzustellen, der mit der Erstveröffentlichung sein Veröffentlichungsrecht verbraucht.[619] Die Bewertung der Zugänglichmachung des Lichtbildes in kleinen Kreisen als Erstveröffentlichung im Interesse des Lichtbildners kann bereits unter Heranziehung dieses europarechtlichen Öffentlichkeitsbegriffes verhindert werden.[620] Hat der Lichtbildner mithin das Lichtbild bereits gegenüber einem besonders kleinen Personenkreis wiedergegeben, z.B. indem er ein in ein soziales Netzwerk eingestelltes Lichtbild durch entsprechende Einschränkung der Sichtbarkeitsvoraussetzungen nur wenigen Personen zugänglich gemacht hat, liegt hierin keine Erstveröffentlichung durch den Lichtbildner, die zu einem Erlöschen seines Veröffentlichungsrechts führte.

d) Eingriff in das Recht auf Anerkennung der Lichtbildnerschaft und das Namensnennungsrecht gem. §§ 72 Abs. 1, 13 UrhG

Der Upload eines fremden Lichtbildes ohne Nennung des Lichtbildners verletzt das Namensnennungsrecht des Lichtbildners gem. §§ 72 Abs. 1, 13 S. 2 UrhG. Daneben liegt hierin jedoch auch eine konkludente Leugnung der fremden Lichtbildnerschaft[621] sowie eine Anmaßung der Lichtbildnerschaft und damit eine Verletzung des Rechts auf Anerkennung der Licht-

---

618 EuGH, Urt. v. 15.03.2012 – C-135/10, juris, Rn. 84, 86, *SCF ./. Del Corso*; Urt. v. 08.09.2016 – C-160/15, GRUR 2016, 1152 (1154), *GS-Media* Rn. 36.

619 Vgl. zu dem engen Verständnis des Öffentlichkeitsbegriffes im Rahmen von § 12 UrhG *Schulze*, in: Dreier/Schulze/Specht, 6. Auflage, 2018, *§ 72 UrhG*, Rn. 5; *Kroitzsch/Götting*, in: BeckOK UrhG, 26. Edition (Stand 15.10.2019), 2019, *§ 12 UrhG*, Rn. 9.

620 Dieses Ergebnis andeutend bereits *Ziegler*, *Urheberrechtsverletzungen durch Social Sharing*, 2016, S. 135.

621 *Dietz/Peukert*, in: Schricker/Loewenheim, 5. Auflage, 2017, *§ 13 UrhG*, Rn. 11.

bildnerschaft gem. §§ 72 Abs. 1, 13 S. 1 UrhG[622], da ohne Benennung des wahren Lichtbildners der angesprochene Verkehrskreis (die anderen Nutzer der Plattform) davon ausgeht, dass derjenige der Lichtbildner sei, der das Lichtbild eingestellt hat.[623] Insbesondere kann aus dem Umstand, dass solche Rechtsverletzungen in den sozialen Medien regelmäßig auftreten, nicht geschlossen werden, dass es sich um eine Branchenübung handelte, die die Angabe des Urhebers bzw. Lichtbildners entbehrlich machte[624]. Gerade der Umstand, dass Rechtsverletzungen im Internet aufgrund einer möglicherweise eintretenden Viralität und einer damit einhergehenden, unkontrollierbaren Streubreite der Rechtsverletzung von besonderem Ausmaß und aufgrund des regelmäßigen Kontrollverlustes von besonderer Qualität sind, haben zahlreiche Lichtbildner, insbesondere Berufsfotografen, ein besonderes Interesse an der Anerkennung ihrer Urheberschaft bzw. Lichtbildnerschaft. Für die Annahme einer Branchenübung, die zu einer Entbehrlichkeit der Namensnennung führte, ist mithin kein Raum.

Anderes kann ausnahmsweise dann gelten, wenn aus dem Lichtbild oder dem Kontext heraus ersichtlich ist, dass der Einstellende nicht der Lichtbildner sein kann. Wird das Lichtbild in Verbindung mit einem Text eingestellt, aus dem sich klar ergibt, dass er selbst nicht der Lichtbildner ist (z.B: „Dieses Bild habe ich gerade im Internet entdeckt."), kommt nur eine Verletzung des Namensnennungsrechts in Betracht, eine Anmaßung der Lichtbildnerschaft liegt dann nicht vor. Aus dem Bild heraus wird nur selten erkenntlich sein, dass der Einstellende nicht der Lichtbildner ist. Denn auch bei Lichtbildern, auf denen er selbst abgebildet ist, kann es sich um Lichtbilder handeln, die mittels Selbstauslöser aufgenommen wurden. Dann aber kann der Abgebildete selbst Lichtbildner sein, wenn er die Einstellungen vorgenommen hat.[625]

---

622 Das Recht auf Anerkennung der Urheberschaft bewertet auch der BGH als verletzt, soweit ein Lichtbild bei Facebook hochgeladen wird, ohne den Lichtbildner zu benennen, vgl. BGH, Urt. v. 13.09.2018 – I ZR 187/17, GRUR 2019, 292 (294, Rn. 28), *Foto eines Sportwagens*.

623 *Ziegler*, *Urheberrechtsverletzungen durch Social Sharing*, 2016, S. 138.

624 ebenso *Bullinger*, in: Wandtke/Bullinger, 5. Auflage, 2019, *§ 13 UrhG*, Rn. 24; *Schneider*, CR 2016, 37 (41).

625 *Schulze*, in: Dreier/Schulze/Specht, 6. Auflage, 2018, *§ 72 UrhG*, Rn. 33.

3) Verlinken von Lichtbildern und fremden Websites („Linking“)

Neben dem Upload von Lichtbildern kommt die Linksetzung zu Lichtbildern sowie die Verlinkung anderer Websites in Betracht:

Dies ist z.B. bei *Facebook* und *Twitter*[626] möglich, indem der Nutzer den Link zu einer fremden Internetseite kopiert und den Link als Beitrag teilt. *Facebook* und *Twitter* generieren in diesem Fall automatisch eine Vorschau zu diesem Beitrag, der auch ein auf der Zielwebsite wiedergegebenes Lichtbild enthalten kann, jedenfalls aber durch Anklicken zur Zielwebsite zu einem ggf. dort wiedergegebenen Lichtbild führt.

In diesen Fällen ist unter Zugrundelegung der zuvor dargestellten Grundsätze zum Setzen von Hyperlinks und zu der Anzeige von Vorschaubildern davon auszugehen, dass eine urheberrechtlich relevante Handlung im Setzen der Hyperlinks nicht vorliegt und die Verwendung der Vorschaubilder jedenfalls aufgrund des konkludent erteilten Einverständnisses des Einstellenden zulässig ist.[627] Beides gilt unter der Einschränkung, dass das Lichtbild, das in der Vorschau und/oder auf der Ziel-URL wiedergegeben wird, durch den Rechtsinhaber oder mit dessen Zustimmung eingestellt wurde. Wurden die Inhalte demgegenüber widerrechtlich durch einen Dritten eingestellt oder die Verlinkung unter Umgehung technischer Schutzmaßnahmen, die zur Verhinderung einer solchen Verlinkung ergriffen wurden, vorgenommen, liegt ein Fall der erlaubnispflichtigen öffentlichen Wiedergabe vor, soweit der Linksetzende die Widerrechtlichkeit kannte oder hätte kennen müssen. Wird ein Vorschaubild erzeugt, ist auch eine Angabe des Lichtbildners gem. §§ 72 Abs. 1, 13 UrhG nicht erforderlich.[628]

Allerdings kann die Verlinkung eines rechtswidrig vorveröffentlichten Lichtbildes einen Eingriff in das Veröffentlichungsrecht gem. § 12 UrhG darstellen.[629]

---

626 Bei Instagram hingegen wird die übernommene URL lediglich als Text wiedergegeben.

627 Vgl. unter Kapitel 3, B) II) 2) b) bb) und dd); Im Ergebnis ebenso bzgl. Vorschaubildern bei Nutzung der „Teilen“-Funktion *Schneider*, CR 2016, 37 (41).

628 Vgl. hierzu ausführlich *Bullinger*, in: Wandtke/Bullinger, 5. Auflage, 2019, *§ 13 UrhG*, Rn. 24 m.w.N.

629 *Ziegler*, *Urheberrechtsverletzungen durch Social Sharing*, 2016, S. 135 f.

4) „Teilen“ von Lichtbildern (Social Sharing)

a) Grundsätzliches

Auf den ersten Blick erscheint das „Teilen“ bzw. „Social Sharing“ von Lichtbildern oder sonstigen digitalen Inhalts, der Lichtbilder enthält, die bzw. der von anderen Nutzern in die sozialen Netzwerke hochgeladen wurden, als geringerer Eingriff in die Rechte des Lichtbildners als der Upload eines fremden Lichtbildes. Ob dies auch der rechtlichen Bewertung entspricht, gilt es im Folgenden herauszuarbeiten:

Zunächst ist hierbei zu klären, was unter dem Teilen eines digitalen Inhaltes bzw. unter dem sog. Social Sharing in tatsächlicher Hinsicht überhaupt zu verstehen ist, bevor diese tatsächlichen Vorgänge sodann einer rechtlichen Bewertung unterzogen werden können.

Das Teilen digitaler Inhalte stellt eine Form der Kommunikation dar, bei der ein Dritter fremden Content durch einen oder wenige Klicks weiterverbreiten kann. Auf diesem Weg kann fremdem Content Zuspruch verliehen werden, indem dieser mit einer positiven Headline oder einem zustimmenden Text versehen wird. Gleichermaßen ist eine Verbreitung des fremden Contents ohne jegliche Kommentierung möglich, auch dies dürfte in der Regel (einen zustimmungsfähigen Inhalt vorausgesetzt) als konkludente Zustimmung verstanden werden. Gleichermaßen ist auch die Wiedergabe fremden Contents in Verbindung mit diesbezüglicher Kritik möglich.

Die rechtliche Einordung differenziert je nach Ausgestaltung des jeweiligen Sharing-Vorganges:

b) Teilen von user-generated content innerhalb einer Plattform (z.B. „Teilen“ und „Retweeten“)

Zunächst kann eine solche Kommunikation auf den Content anderer Nutzer derselben Plattform gestützt werden. Hierbei handelt es sich um user-generated content, der über Nutzung der plattformseitig zur Verfügung gestellten Funktionen in das eigene Profil eingebunden wird, sog. „Embedding“.[630] Solche Kommunikationsmöglichkeiten sehen insbesondere die Plattformen *Facebook* („Teilen“) und *Twitter* („Reteweeten“) vor, dane-

630 Vgl. auch *Gerecke*, GRUR 2019, 1120 (1121).

ben existieren weitere Plattformen, die gleichartige Handlungen ermöglichen, z.B. die Plattformen *Linkedin* und *Xing*.

In technischer Hinsicht liegt diesen Handlungen eine Verlinkung durch Hyperlinks, verkleinerte Vorschaubilder und/oder Framing zugrunde.[631]

c) Teilen über sonstige „Umwege“

Ein Teilen des Beitrages durch Dritte (inklusive etwaiger eingebundener Lichtbilder) über die plattformintegrierte Funktion „Teilen“ oder „Retweeten“ ist allerdings nicht immer möglich. Teilweise, so z.B. bei *Facebook*, kann der Einstellende nämlich durch die Vornahme entsprechender Einstellungen auch die Funktion des Teilens seines Beitrages verhindern. *Facebook* lässt ein Teilen z.B. nur zu, wenn der Einstellende den Beitrag an die Zielgruppe „Öffentlich“ gerichtet hat und er keine Begrenzung auf seine oder jedenfalls bestimmte „Freunde“ vornimmt. Bei *Twitter* kann der Nutzer die jeweiligen Tweets „geschützt“ statt „öffentlich“ einstellen, geschützte Tweets sind nur für die Follower des einstellenden Nutzers sichtbar, die Nutzung der Retweet-Funktion ist nicht möglich.[632] Allerdings, hierauf weist *Twitter* in diesem Zusammenhang ausdrücklich hin[633], ist es Dritten unbenommen, Bilder bzw. Screenshots der Beiträge aufzunehmen und den jeweiligen Content damit auf Umwegen in einen Beitrag einzubinden. Gleiches gilt für *Facebook* und andere Plattformen, die entsprechende Beschränkungsmöglichkeiten vorhalten, eine Umgehung der Beschränkungen durch Dritte bleibt mithin möglich. Diese Möglichkeit, Content auf Umwegen zu veröffentlichen, besteht selbstverständlich auch dann, wenn

631 *Lauber-Rönsberg*, NJW 2016, 744 (745).

632 *Twitter, Inc., Über öffentliche und geschützte Tweets*, abrufbar unter *help.twitter.com/de/safety-and-security/public-and-protected-tweets*, zuletzt abgerufen am 14.02.2020. Wäre eine Wiedergabe eines solchen geschützten Beitrages gegenüber allen Nutzern des sozialen Netzwerks oder gegenüber sämtlichen eigenen Freunden möglich, handelte es sich um ein neues Publikum, das ursprünglich nicht die adressiert worden war. In diesem Fall läge eine unzulässige öffentliche Wiedergabe vor, ebenso *Gerecke*, GRUR 2019, 1120 (1123).

633 *„Wenn deine Tweets geschützt sind, können nur deine Follower die Medien in deinen Tweets sehen. Hinweis: Deine Follower können Medien, die du in geschützten Tweets teilst, herunterladen oder Links darauf anderswo teilen. Links zu Medien, die auf Twitter geteilt werden, sind nicht geschützt. Alle, die über den Link verfügen, können den Inhalt anzeigen.“, Twitter, Inc., Über öffentliche und geschützte Tweets, abrufbar unter help.twitter.com/de/safety-and-security/public-and-protected-tweets, zuletzt abgerufen am 14.02.2020.*

keine Beschränkung des Personenkreises erfolgt ist und grundsätzlich auch ein Teilen bzw. Retweeten möglich wäre. Erforderlich ist jeweils die Herstellung einer Kopie, die sodann erneut in das eigene Profil eingestellt wird.

Zwingend erforderlich ist die Nutzung eines solchen Umweges, wenn der Nutzer der Plattform *Instagram* das Lichtbild eines anderen Nutzers teilen möchte. *Instagram* hält nämlich innerhalb der Plattform keine entsprechende Funktion vor. Der jeweilige Nutzer ist darauf angewiesen, entweder Screenshots der jeweiligen Beiträge anzufertigen (und ggf. zuzuschneiden) oder auf weitere Apps[634] zurückzugreifen, mittels derer er Daten von *Instagram* herunterladen und sodann auf *Instagram* (oder anderweitig) weiterverwenden kann. Unabhängig davon, ob eine App verwendet wird oder Screenshots erzeugt werden, in allen Fällen wird (ggf. vorübergehend) eine Kopie des Lichtbildes an eine anderen Ort bzw. auf einem anderen Server hergestellt, um einen Repost des auf *Instagram* veröffentlichten Contents erzeugen zu können.

d) Social Plugins

Daneben integrieren zahlreiche Websitebetreiber in ihre Websites sog. Social Plugins, um das Teilen ihres Inhaltes zu vereinfachen. Der Nutzer kann durch Anwendung der Plugins ohne Weiteres den fremden Content in seinem Beitrag auf einem sozialen Netzwerk verbreiten, wobei jeweils eine Verlinkung erzeugt und ein Vorschaubild erstellt wird. Eine solche Möglichkeit sieht z.B. der Nachrichtendienst *Spiegel* vor, der seine Beiträge auf www.spiegel.de mit Social Plugins u.a. zu *Facebook, Twitter, Tumblr, Linkedin* und *Pinterest* versieht. Daneben wird die Möglichkeit eingeräumt, den jeweils ausgewählten Beitrag im Rahmen einer E-Mail zu verbreiten. Auch hierfür wird eine Verlinkung nebst Vorschaubild generiert. Bei einer Nutzung der zugehörigen App *Spiegel Online* kann darüber hinausgehend der jeweilige Inhalt auch per SMS oder *WhatsApp* geteilt werden. Auch in diesem Fall wird eine Verlinkung generiert, die mit einem Vorschaubild verbunden wird.

---

634 Z.B. die Apps Repost for Instagram, InstaRepost, DownloadGram, eingehend beschrieben in folgendem Beitrag: *Wergen, So reposten Sie auf Instagram: 4 Methoden zum erneuten Teilen von Content*, abrufbar unter *blog.hubspot.de/marketing/reposten-auf-instagram*, zuletzt abgerufen am 14.02.2020.

e) Rechtliche Bewertung

Das „Teilen“ oder „Retweeten“ von uneingeschränkt öffentlich wiedergegebenem user-generated content sowie das Teilen von Inhalten Dritter über von diesen vorgehaltene Social Plugins sind ebenso zu behandeln, wie das sonstige Verlinken von Lichtbildern bzw. fremdem Content. Es handelt sich jeweils um Verlinkungen, die zum ursprünglichen Beitrag führen und die sich an das Publikum richten, das der Rechtsinhaber bei Veröffentlichung des Beitrages adressieren wollte, er entscheidet auch darüber, ob der Beitrag weiterhin abrufbar bleibt. Damit handelt es sich um urheberrechtlich grundsätzlich zulässige Handlungen, weder der Tatbestand der Vervielfältigung, noch der einer öffentlichen Zugänglichmachung bzw. einer unbenannten Form der öffentlichen Wiedergabe ist erfüllt.[635] In diesen Fällen überzeugte auch die Annahme eines konkludenten Einverständnisses hinsichtlich der erzeugten Vorschaubilder, die BGH-Rechtsprechung zu Vorschaubildern[636] kann auf diejenigen Vorschaubilder übertragen werden, die beim Teilen von Inhalten in sozialen Netzwerken erzeugt werden.

Eine andere Bewertung würde auch der Rolle der sozialen Netzwerke als Kommunikationsmedium nicht gerecht. Diesen neuen Kommunikationsmedien liegt gerade die Idee zugrunde, Zustimmung oder Ablehnung durch das Teilen fremden Inhaltes, ggf. verbunden mit einem Kommentar, zu äußern.[637] Die Zulässigkeit derartiger Handlungen ist damit für die Funktionsfähigkeit dieser Kommunikationswege zwingend erforderlich.

Aus diesem Grund wird teilweise[638] hinsichtlich des Teilens von Inhalten innerhalb sozialer Netzwerke unter Zuhilfenahme dort vorgesehener Verbreitungsmechanismen generell vom Vorliegen einer konkludenten Einwilligung des einstellenden Rechteinhabers ausgegangen. Unter dieser Annahme wäre erst Recht bei der Verwendung von Social Plugins, die

---

635 Ebenso *Gerecke*, GRUR 2019, 1120 (1121 f.).

636 BGH, Urt. v. 29.04.2010 – I ZR 69/08, GRUR 2010, 628 (629), *Vorschaubilder*; Urt. v. 19.10.2011 – I ZR 140/10, GRUR 2012, 602 (604), *Vorschaubilder II*.

637 Vgl. zutreffend *Lauber-Rönsberg*, NJW 2016, 744 (745 m.w.N.): *„Die „kommunikative Architektur“ von sozialen Medien basiert ganz wesentlich darauf, dass die Nutzerinnen und Nutzer nicht nur eigene Beiträge „posten“, sondern auch fremde Inhalte, beispielsweise Beiträge von anderen Internetseiten, „teilen“ und so zum Beispiel eine journalistische Berichterstattung in ihre „persönlichen Öffentlichkeiten“ tragen“*. Auf die Auslegung von Tweets auf Weiterverbreitungshandlungen hinweisend *Reinemann/Remmertz*, ZUM 2012, 216 (224).

638 *Gerecke*, GRUR 2019, 1120 (1124).

vom Rechtsinhaber zur Verfügung gestellt werden, von einem konkludenten Einverständnis des Rechtsinhabers durch das Vorhalten derselben auszugehen. Nach hier vertretener Auffassung kommt es auf ein solches Einverständnis jedoch bei der Nutzung websiteintegrierter Teilungsfunktionen sowie bei der Nutzung von Social Plug-Ins nicht an, da es bereits an einer erlaubnispflichtigen Handlung fehlt.

Hingegen kann auf das Vorliegen eines konkludenten Einverständnisses abgestellt werden, wenn websiteexterne Handlungen erforderlich sind, um den Content zu verbreiten, z.B. bei der Nutzung externer Apps zum Reposten von Inhalt, z.B. zur Wiedergabe des Contents Dritter auf *Instagram*. In diesem Fällen überzeugt die Annahme eines konkludenten Einverständnisses, da die sozialen Plattformen darauf aufbauen, dass Inhalt geteilt und weiterverbreitet wird, auch wenn hierzu externe Funktionen genutzt werden. Auch die externe Verbreitung dient der Kommunikation im digitalen Zeitalter. Gerade bei der Nutzung von Instagram ist eine Weiterverbreitung in der Regel von den jeweiligen Nutzern gewollt, da ihren Beiträgen hierdurch mehr Aufmerksamkeit zuteilwird. Eine konkludente Einwilligung kann aber nur dann angenommen werden, wenn es sich um eine Verbreitung des Inhalts handelt, die nicht durch Einstellungen des Rechtsinhabers verhindert werden sollte. Es liegt mithin ein Fall der unzulässigen öffentlichen Zugänglichmachung bzw. öffentlichen Wiedergabe (§§ 15 Abs. 2, 19a UrhG; Art. 3 Abs. 1 InfoSoc-RL) vor, wenn der Ursprungsbeitrag nur einem begrenzten Personenkreis (z.B. nur an *Facebook*-Freunde oder nur als sog. geschützter Tweet gegenüber den Followern bei *Twitter*) zugänglich gemacht wurde und über Umwege der Beitrag auch einer anderen Öffentlichkeit zugänglich gemacht wird. Denn in diesen Fällen wird ein neues Publikum erreicht, das vom Rechtsinhaber ursprünglich nicht adressiert worden war, außerdem erfolgt die Wiedergabe dann in einer Weise, die keine Kontrolle des Rechtsinhabers über die Veröffentlichung mehr zulässt. Erfolgt die öffentliche Wiedergabe z.B. auf dem Weg, dass der Beitrag bzw. das Lichtbild per Screenshot oder sonstiges Lichtbild durch einen Dritten zunächst abgebildet oder eine Kopie des Lichtbildes in einer anderen App oder auf einem anderen Datenträger erzeugt wird, um diese Abbildung dann in einen eigenen Beitrag zu kopieren und zu integrieren, liegt außerdem eine erlaubnisbedürftige Vervielfältigung gem. § 16 UrhG vor, da eine neue körperliche Festlegung erfolgt. Der Schutz des Beitrages durch von dem sozialen Netzwerk gebotene Schutzmechanismen steht der Annahme einer konkludenten Einwilligung in die Weiterverbreitung entgegen.

Eine weitere Grenze muss dort gezogen werden, wo der teilende Nutzer Kenntnis davon hat, dass der jeweilige Content ohne Erlaubnis des Rechtsinhabers durch einen Dritten eingestellt wurde. In diesem Fall ist er nicht schutzwürdig. Im Falle einer erfolgten Integration von Social Plugins dürften allerdings erhöhte Anforderungen an eine etwaige Kenntnis bzw. fahrlässige Unkenntnis des Teilenden zu stellen sein. Denn derjenige, der einen Inhalt zur Verfügung stellt und die Möglichkeit vorsieht, diesen durch Nutzung eines Social Plugins zu verbreiten, geriert sich in besonderem Maße als Rechtsinhaber. In diesen Fällen sollte die Vermutung einer solchen Kenntnis deshalb auch gewerblich Handelnden nicht zur Last gelegt werden.

Während darüber hinaus bei einem Teilen bzw. Retweeten der ursprünglich einstellende Nutzer bzw. dessen Nutzername als Creator kenntlich gemacht wird, kann eine solche Nennung bei einem Teilen auf Umwegen fehlen, z.B. wenn der Teilende sich einer Abbildung in Form eines Screenshots des jeweiligen Contents bedient, dem der ursprüngliche Creator nicht entnommen werden kann, oder er das jeweilige Lichtbild zunächst herunterlädt und dann neu einstellt. Veröffentlicht ein Nutzer ein von einem Dritten eingestelltes Lichtbild unter seinem eigenen Namen, liegt damit neben der Vervielfältigung und öffentlichen Zugänglichmachung außerdem ein Eingriff in das Recht auf Anerkennung der Urheberschaft gem. § 13 UrhG vor. Gleichermaßen wie der erstmalige Upload kann außerdem auch hier ein Eingriff in das Veröffentlichungsrechte gem. § 12 UrhG vorliegen, wenn die Vorveröffentlichung nur gegenüber einem kleinen Personenkreis erfolgte und der neue Beitrag eine Öffentlichkeit erreicht (vgl. hierzu unter Kapitel 3, B) I) 1)).

f) Zusammenfassung

Urheberrechtlich unbedenklich sind diejenigen Handlungen des Teilens, bei denen sich der Nutzer der jeweils durch die Plattform zur Verfügung gestellten Möglichkeiten bedient, die das soziale Netzwerk bereithält. Soweit ersichtlich, erfolgen die in den sozialen Netzwerken integrierten Formen der Verbreitung medialen Contents über einzelne, urheberrechtlich zulässige Form des Linkings bzw. Framings. Selbst wenn andere Formen der Verbreitung genutzt werden, ist jeweils von einem konkludenten Einverständnis desjenigen auszugehen, der das Lichtbild ursprünglich zum Inhalt seines Beitrages gemacht hat. Gleiches gilt bei der Vornahme externer Vervielfältigungshandlungen, soweit nicht Schutzeinstellungen in Anspruch genommen wurden, die eine weitere Verbreitung verhindern sollten. Werden solche Einstellungen übergangen bzw. missachtet, ist von einer unzulässigen Vervielfältigung, öffentlichen Zugänglichmachung bzw. öffentlichen Wiedergabe auszugehen, ferner gehen letztgenannte Handlungen regelmäßig mit einem Verstoß gegen § 72 Abs. 1 i.V.m. §§ 12, 13 UrhG einher.[639]

5) Bearbeitungs- und Umgestaltungsrecht gem. § 23 UrhG, Entstellung von Lichtbildern gem. § 14 UrhG und freie Benutzung gem. § 24 UrhG

In sozialen Netzwerken gehört es ferner zur alltäglichen Form der Kommunikation, Lichtbilder zu verändern und so des eigenen Kommunikationsinhaltes dienlich zu machen. Hierbei sind unterschiedliche Formen zu unterscheiden:

Zum einen kommt die reine Bearbeitung oder Umgestaltung in Betracht, der kein weiterer Inhalt beigemessen werden kann. Dies ist z.B. bei rein ästhetischen Anpassungen (Farbveränderungen, Zuschnitten, Begradigungen etc.) der Fall. Gleiches gilt für andere Veränderungen, wie z.B. die Anbringung eines Werbeslogans oder -banners zum Zwecke der Werbung. In diesen Fällen handelt es sich um Handlungen, die dem in § 23 UrhG enthaltenen Bearbeitungs- und Umgestaltungsrecht des Lichtbildners unterfallen. Es handelt sich damit um grundsätzlich zustimmungsbedürftige Nutzungen. Für Umgestaltungen und Bearbeitungen kann auch keine Einwilligung des Lichtbildners unterstellt werden. Anders als bei dem sog. Social Sharing innerhalb eines sozialen Netzwerkes werden durch die Plattformen keine Werkzeuge vorgehalten, den Content Dritter im Zuge des „Teilens“ nicht nur zu verbreiten sondern auch zu verändern.

Zum anderen werden durch sog. Memes Lichtbilder abgeändert und ihnen eine Witzfunktion zugesprochen. In der Regel sind diese als (unter § 24 UrhG weiterhin zulässige) Parodien zu bewerten, soweit eine solche Witzfunktion vorliegt und die nach der Rechtsprechung des EuGH erfor-

639 Demnach wirkt es aus urheberrechtlicher Sicht geradezu bizarr, dass die Methoden zur Extraktion fremden Contents aus dem Netzwerk Instagram (spezielle Apps bzw. Anfertigung eines Screenshots) von *Wergen* beschrieben werden wie folgt: *„Andererseits fehlt dem Benutzer jedoch die Möglichkeit, den Content anderer Benutzer zu teilen. Doch keine Sorge: Das Internet hat für jedes Problem eine Lösung.“*, vgl. *Wergen, So reposten Sie auf Instagram: 4 Methoden zum erneuten Teilen von Content*, abrufbar unter *blog.hubspot.de/marketing/reposten-auf-instagram*, zuletzt abgerufen am 14.02.2020.

derliche nachgelagerte Interessenabwägung[640] nicht zulasten desjenigen ausfällt, der das Meme erstellt hat.[641] Vor diesem Hintergrund ist die Herstellung von Memes in der Regel zulässig. In diesem Zusammenhang kommt es gleichwohl regelmäßig zu Urheberrechtsverletzungen durch Dritte, die wiederum die Memes herunterladen und über weitere Kanäle, z.B. Messengerdienste, weitervertreiben. Denn dem Hersteller des Memes steht, soweit das Meme die erforderliche Schöpfungshöhe gem. § 2 Abs. 2 UrhG aufweist, ein eigenständiges Bearbeiterurheberrecht gem. § 3 Satz 1 UrhG zu. *Dreier*[642] sucht hierfür die Lösung darüber, das Meme wie einen Witz in der analogen Welt vom Urheberrechtsschutz freizustellen. Insoweit lässt er aber offen, wie dieses Ziel erreicht werden soll. Zwar erfüllen Witze in der Regel nicht die Anforderungen an ein Sprachwerk i.S.d. § 2 Abs. 1 Nr. 1 UrhG, ein Meme erfüllt jedoch derzeit den Tatbestand des § 72 UrhG.

Sowohl bei Memes als auch bei sonstigen Bearbeitungen und Umgestaltungen kann je nach Grad und Intensität der Veränderungen auch eine Entstellung gem. § 14 UrhG vorliegen, die bei einfachen Lichtbildern jedoch nur dann eintritt, wenn das allgemeine Persönlichkeitsrecht des Lichtbildners beeinträchtigt wird (vgl. Kapitel 3, B) I) 3)). In diesem Fall dürfte es sich bei Memes auch nicht um zulässige Parodien handeln, da hier eine nachgelagerte Interessenabwägung zulasten des Meme-Herstellers ginge.

6) Fehlende Namensnennung

Bei Nutzungen fremder Lichtbilder in sozialen Medien wird außerdem regelmäßig gegen § 13 UrhG verstoßen. Werden Lichtbilder kopiert und neu eingestellt, liegt ein Verstoß gegen das Recht auf Anerkennung der Lichtbildnerschaft sowie ein Verstoß gegen das Namensnennungsrecht vor. Gleiches gilt bei der Bearbeitung ohne Benennung des ursprünglichen Lichtbildners, z.B. bei der Erstellung von Memes.[643] Die zahlreichen Verstöße gegen das Recht auf Anerkennung der Lichtbildnerschaft in sozialen Medien führen ebenso wie die zahlreichen Verstöße gegen das Namens-

---

640 Kritisch hierzu *Haedicke*, GRUR Int 2015, 664 (669 f.).

641 *Maier*, GRUR-Prax 2016, 397 (398) mit Hinweis auf EuGH, Urt. v. 03.09.2014 – C-201/13, GRUR Int. 2014, 969, *Johan Deckmyn/Helena Vandersteen*.

642 *Dreier*, ZGE 2017, 135 (147).

643 *Reinemann/Remmertz*, ZUM 2012, 216 (221).

nennungsrecht durch die Angabe juristischer Personen nicht zur Annahme einer Branchenübung, die eine Namensnennung entbehrlich machte.[644]

Ein Verstoß ist demgegenüber nicht anzunehmen, wenn der Nutzer sich einer plattformintegrierten Funktion des Teilens bedient und ein Inhalt geteilt wird, der sich auf der Seite des Rechtsinhabers befindet. Denn bei einem solchen Social Sharing wird der Rechtsinhaber automatisch kenntlich gemacht.

7) Zwischenergebnis

Die sozialen Medien bieten zahlreiche Möglichkeiten zur Begehung von Rechtsverletzungen.

Der eigenständige Upload eines fremden Lichtbildes in ein soziales Netzwerk sowie das Teilen von Inhalten, die bereits in soziale Netzwerke eingebunden sind, über Funktionen, die durch das konkrete soziale Netzwerk nicht vorgesehen sind, sind grundsätzlich erlaubnispflichtig. Ferner greifen auch Verlinkungen und Sharing-Vorgänge in die Rechte des Lichtbildners ein, soweit der verlinkte bzw. geteilte Inhalt ohne Zustimmung des Rechtsinhabers oder unter Umgehung von Zugangsbeschränkungen veröffentlich wurde und der Verlinkende bzw. Teilende diesen Umstand kannte oder hätte kennen müssen.[645]

Darüber hinaus werden tagtäglich Bearbeitungen und Umgestaltungen an fremden Lichtbildern vorgenommen, die nicht von der erforderlichen Erlaubnis des Rechtsinhabers gedeckt sind. Auch Verletzungen der Rechte des Lichtbildners aus § 13 UrhG gehören zu den alltäglichen Urheberrechtsverletzungen im Netz.

II) Zitatrecht

Ferner war in der Vergangenheit die Auseinandersetzung mit durch Lichtbilder und Lichtbildwerke abgebildeten Elementen in Form eines Zitates

644 So auch *Bullinger*, in: Wandtke/Bullinger, 5. Auflage, 2019, *§ 13 UrhG*, Rn. 24.
645 Insoweit kann auf die Ausführungen in Kapitel 3, B) II) 2) b) bb) (2) verwiesen werden.

unter Verwendung fremder Lichtbilder problematisch.[646] Die Wiedergabe „zum Zweck des Zitats“ erfordert nämlich, dass das fremde Werk auch als solches kenntlich gemacht wird und mit diesem eine inhaltliche Auseinandersetzung stattfindet.[647] Denn der Zweck der Schrankenregelung des § 51 UrhG ist die Ermöglichung der geistigen Auseinandersetzung mit fremden Gedanken im Interesse des allgemeinen kulturellen und wissenschaftlichen Fortschritts.[648] Insoweit bewertete der Gesetzgeber die Förderung des allgemeinen kulturellen und wissenschaftlichen Fortschritts durch Zitation bestehender Werke gegenüber den Interessen des jeweiligen Rechtsinhabers als vorrangig und normierte die Schrankenregelung des Zitatrechtes.[649]

§ 51 UrhG a.F.[650] lautete:

> „[1]Zulässig ist die Vervielfältigung, Verbreitung und öffentliche Wiedergabe eines veröffentlichten Werkes zum Zweck des Zitats, sofern die Nutzung in ihrem Umfang durch den besonderen Zweck gerechtfertigt ist. [2]Zulässig ist dies insbesondere, wenn
> 1. einzelne Werke nach der Veröffentlichung in ein selbständiges wissenschaftliches Werk zur Erläuterung des Inhalts aufgenommen werden,
> 2. Stellen eines Werkes nach der Veröffentlichung in einem selbständigen Sprachwerk angeführt werden,
> 3. einzelne Stellen eines erschienenen Werkes der Musik in einem selbständigen Werk der Musik angeführt werden.“

---

646 *Dreier*, ZGE 2017, 135 (140 ff.); *Apel*, in: Götz von Olenhusen/Gergen, Kreativität und Charakter, *Überlegungen zu einer Reform des Lichtbildschutzrechts (§ 72 UrhG)*, 2017, S. 205 (213 f.); explizit zu Reproduktionsfotografien vgl. *Schack*, in: Schierholz/Melichar, Kunst, Recht und Geld, *Bildzitate zu Lasten der Fotografen?*, 2012, S. 217 (210 ff.).

647 Zum Zitat und den einzelnen Voraussetzungen ausführlich *Spindler*, in: Schricker/Loewenheim, 5. Auflage, 2017, *§ 51 UrhG*, Rn. 14 ff.

648 Gesetzesbegründung vom 23.03.1962, BTDrucks IV/270, S. 31 (Beibehaltung der Zitierbefugnis für die Freiheit des geistigen Schaffens); BGH, Urt. v. 22.09.1972 – I ZR 6/71, GRUR 1973, 216 (217), *Handbuch moderner Zitate*; Urt. v. 23.05.1985 – I ZR 28/83, NJW 1986, 131, *Geistchristentum*; BGHZ 99, 162 (165), *Filmzitat*.

649 Diese Schrankenregelung war bereits vor dem Urheberrechtgesetz (1965) in den §§ 19, 21, 23 LUG und § 19 KUG normiert, vgl. auch Gesetzesbegründung vom 23.03.1962, BTDrucks IV/270, S. 67.

650 I.d.F. v. 26.10.2007, gültig ab 01.01.2008 bis 28.02.2018.

§ 51 UrhG a.F. in seiner unmittelbaren Anwendung erfasste damit zum einen – gleichermaßen wie die aktuelle Fassung – nur das Zitat von *Werken* i.S.v. § 2 Abs. 1 UrhG. Selbstverständlich war eine Anwendung der Vorschrift über § 72 Abs. 1 UrhG auch auf einfache Lichtbilder möglich, die dem Leistungsschutz unterliegen. Eine Vervielfältigung, Verbreitung und öffentliche Wiedergabe eines Lichtbildwerkes oder – in Anwendung des § 72 Abs. 1 UrhG – eines Lichtbildes war damit gem. § 51 UrhG a.F. lediglich „zum Zweck des Zitats" zulässig.

Zum anderen legte die Vorschrift als Zitationsobjekt das zitierte Werk selbst und nicht etwa sekundäre Wiedergabeformen desselben fest. Die Besonderheit betreffend Lichtbilder ist hierbei folgende: Regelmäßig wird bei der Wiedergabe von Lichtbildern und Lichtbildwerken in anderen Werken keine Auseinandersetzung mit dem Lichtbild oder Lichtbildwerk selbst sondern vielmehr mit dem mittels des Lichtbild(-werk)s wiedergegebenen Gegenstand und/oder den darin wiedergegebenen tatsächlichen Gegebenheiten, also mit der Abbildung, vorgenommen. So wird z.B. ein Schriftwerk betreffend die Architektur von Kirchengebäuden sich bei der Verwendung von Lichtbildern und/oder Lichtbildwerken mit den darauf abgebildeten architektonischen Werken befassen, nicht hingegen mit dem Lichtbild(-werk) selbst. Auch werden solche Schriftwerke, welche z.B. geschichtliche Darstellungen enthalten, sich mit den mittels Lichtbild(-werk)s wiedergegebenen Geschehnissen befassen, nicht jedoch mit den verwendeten Lichtbild(-werk)en in ihrer konkreten Gestaltung. Gleiches gilt für Reproduktionsfotografien – die Verwendung derselben erfolgt in der Regel zur Auseinandersetzung mit dem Abbildungsgegenstand und gerade nicht zur Auseinandersetzung mit der Reproduktionsfotografie selbst. In diesen Konstellationen wurde in der Vergangenheit unter Geltung des § 51 UrhG a.F. eine Lösung über eine verfassungskonforme Auslegung des § 51 UrhG gesucht.[651]

Durch das UrhWissG vom 01.09.2017[652] wurde § 51 UrhG ergänzt um § 51 S. 3 UrhG. Hiernach ist von der Zitierbefugnis nunmehr auch die Nutzung einer Abbildung oder sonstigen Vervielfältigung des zitierten Werkes erfasst, auch wenn diese selbst durch ein Urheberrecht oder ein verwandtes Schutzrecht geschützt ist. Der Gesetzgeber hat klargestellt, dass

651 Vgl. hierzu ausführlich *Schack*, in: Schierholz/Melichar, Kunst, Recht und Geld, *Bildzitate zu Lasten der Fotografen?*, 2012, S. 217 (212 f.). Hierzu außerdem *Apel*, in: Götz von Olenhusen/Gergen, Kreativität und Charakter, *Überlegungen zu einer Reform des Lichtbildschutzrechts (§ 72 UrhG)*, 2017, S. 205 (213 f.).

652 UrhWissG v. 01.09.2017, BGBl. I 2017, 3346, 3347.

es nicht darauf ankomme ob in dem zitierenden Werk nur eine Auseinandersetzung mit dem abgebildeten Gemälde oder auch mit dem Lichtbild bzw. Lichtbildwerk an sich erfolge. Eine Auseinandersetzung mit dem Inhalt des Lichtbildes genügt mithin, um sich gegenüber dem Lichtbildner auf die Zitierbefugnis gem. § 51 UrhG zu berufen.

Durch Einführung des § 51 S. 3 UrhG hat der Gesetzgeber dem Zweck der Schrankenregelung der Zitierbefugnis, der geistigen Auseinandersetzung mit fremden Gedanken im Interesse des allgemeinen kulturellen und wissenschaftlichen Fortschritts, den Vorrang gegenüber den Interessen des Lichtbildners eingeräumt. Die Erstreckung der Zitierbefugnis auf die Leistung der Lichtbildner des beschriebenen Inhaltes ohne weitere Auseinandersetzung mit dem Lichtbild selbst, führt im Ergebnis zu einer Abwertung des Umstandes, dass es sich bei dem Lichtbild um eine gegenüber der Abbildung eigenständige Leistung des Lichtbildners handelt, jedenfalls aber zu einer Minderbewertung des Lichtbildes bzw. Lichtbildwerkes gegenüber anderen Schutzgegenständen. Insbesondere ist zu berücksichtigen, dass dem Grunde nach die Rechtfertigung der urheberrechtlichen Zulässigkeit eines Zitates und der damit einhergehenden Vervielfältigung ohne Einwilligung des Urhebers darin liegt, dass eine inhaltliche Auseinandersetzung mit der zitierten Leistung und damit auch eine Würdigung oder Anerkennung der fremden Leistung als solche erfolgt. Erfolgt hingegen eine Auseinandersetzung z.B. mit einem historischen Ereignis und wird hierfür ein von einem Dritten erstelltes Lichtbild verwendet, liegt darin keine Würdigung der Lichtbildnerschaft des Lichtbildners. Insoweit hat der Gesetzgeber die Interessen des Lichtbildners bei Einführung des § 51 S. 3 UrhG gegenüber dem Interesse der Allgemeinheit an der Förderung des allgemeinen kulturellen und wissenschaftlichen Fortschritts zurückgestellt. Dies ist angesichts der üblich gewordenen Kommunikation durch Lichtbilder zu begrüßen.

III) Reproduktionsfotografien

Wie in Kapitel 2 dargestellt, kann es sich auch bei Reproduktionsfotografien um geschützte Lichtbilder i.S.d. § 72 UrhG handeln, obgleich die Reproduktionsfotografie zu einer Vervielfältigung der Vorlage führt. Dies bedeutet, dass bei der Nutzung und Verwertung der Reproduktionsfotografien stets die Erlaubnis des Lichtbildners einzuholen ist, dies ggf. zusätzlich zu der Erlaubnis des Urhebers eines abgelichteten Werkes. Teilweise wird dies für falsch befunden und versucht, die Reproduktionsfotografien (insbesondere flacher Vorlagen) mit der Begründung, es handele sich lediglich um eine Vervielfältigung der Vorlage, welche die Mindestvoraussetzungen des § 72 UrhG nicht erfüllte, aus dem Schutzbereich des § 72 UrhG auszuschließen. Dem wurde bereits unter Kapitel 2, B) IV) entgegengetreten. Der nach hier vertretener Auffassung existierende Leistungsschutz für solche Reproduktionsfotografien, die keine Schöpfungshöhe nach § 2 Abs. 2 UrhG aufweisen, wird gleichwohl teilweise als Problem verstanden, es handele sich um eine bloße Vervielfältigung der Vorlage, ein Schutzgrund liege demnach nicht vor. Der Schutz solcher Reproduktionsfotografien steht außerdem der freien Kommunizierbarkeit der Vorlage entgegen, die Verbreitung einer Reproduktionsfotografie bedarf unter dem geltenden Recht der Zustimmung – sogar der doppelten Zustimmung. Denn es ist nicht nur die Zustimmung des Urhebers der Vorlage erforderlich, auch die des Lichtbildners wird benötigt. Da letztlich die Reproduktionsfotografie der Vermittlung der Vorlage dient, scheint dieses Ergebnis von denjenigen, die einer Schutzfähigkeit der Reproduktionsfotografie entgegentreten, als fehlerhaft bewertet zu werden. Durch die dahinlautende Argumentation, es liege eine bloße Vervielfältigung vor[653], bringen die Kritiker einer Erfassung der Reproduktionsfotografie unter § 72 UrhG zum Ausdruck, dass ein Recht betroffen ist, das gem. § 16 UrhG dem Urheber der Vorlage vorbehalten sei, sodass dessen Zustimmung zur Verbreitung der Reproduktionsfotografien genügen müsse.

Auch soweit von Teilen der Literatur und der Rechtsprechung eine teleologische Reduktion bei der originalgetreuen Abbildung gemeinfreier Werke und damit auch bei der Reproduktionsfotografie gemeinfreier Werke gefordert wird, wurde dem unter Kapitel 2, B) IV) 3) entgegengetreten. Zutreffend hatte der BGH dieser Auffassung in seiner viel beachteten Entscheidung *Museumsfotos*[654] für die Praxis einen Riegel vorgeschoben und zutreffend differenziert zwischen den unterschiedlichen Schutzgegenständen des Lichtbildes einerseits und des abgebildeten Werkes andererseits. Nun wurden jedoch die Mitgliedsstaaten der Europäischen Union dazu verpflichtet, Maßnahmen zu treffen, die solchen Reproduktionsfotografien gemeinfreier Werke den Schutz versagen, soweit nicht die Reproduktionsfotografie selbst Werkcharakter aufweist, Art. 14 DSM-Richtlinie. Künftig wird deshalb eine Differenzierung nach der Gemeinfreiheit der Vorlage er-

---

653 *Yang*, ZUM 2017, 951–955 (952); *Ohly*, in: Beier/Schricker, Urhebervertragsrecht – Festgabe für Gerhard Schricker zum 60. Geburtstag, *Verwertungsverträge im Bereich der bildenden Kunst*, 1995, (455).

654 BGH, Urt. v. 20.12.2018 – I ZR 104/17, GRUR 2019, 284, *Museumsfotos*.

forderlich sein. Während Lichtbildern gemeinfreier Werke damit, soweit die Reproduktionsfotografie selbst nicht die Schöpfungshöhe des § 2 Abs. 2 UrhG erreicht, der Schutz versagt werden wird, wird die aufgezeigte Problematik für nicht gemeinfreie Werke voraussichtlich bestehen bleiben. Der einfache Lichtbildschutz ist damit aus Sicht derjenigen, die bei Reproduktionsfotografien eine Schutzfähigkeit bzw. Schutzwürdigkeit in Frage stellen, auch in Zukunft problematisch. Dies jedenfalls, soweit die konkrete Verwendungsform nicht durch andere Schrankenregelungen abgedeckt wird, es sich z.B. nicht um ein zulässiges Zitat handelt.

Die Umsetzung des Art. 14 DSM-Richtlinie wird außerdem zu einer Ungleichbehandlung von Reproduktionsfotografien führen, abhängig davon, ob eine Werkqualität erreicht wird und/oder eine gemeinfreie Vorlage abgebildet wurde.

IV) Einfache Produktbilder

Dem bestehenden Leistungsschutzrecht für einfache Lichtbilder unterfallen auch zahlreiche einfache Produktbilder.

Bei Produktbildern, die diese Produkte lediglich originalgetreu wiedergeben, z.B. Bilder von Buchcovern, Wanderkarten, Postern, gebrauchten Kleidungsstücken, gebrauchten Möbeln, elektronischen Geräten, oder sonstigen Gegenständen, die in Online-Portalen, z.B. bei eBay zum Verkauf angeboten werden, handelt es sich üblicherweise um schutzfähige Lichtbilder im Sinne des § 72 UrhG. Je nach Ausgestaltung der jeweiligen Aufnahme kann es sich um eine schutzfähige Reproduktionsfotografie[655] oder um ein sonstiges einfaches Lichtbild handeln. Bei Erreichen der erforderlichen Schöpfungshöhe kann, soweit es sich nicht um eine Reproduktionsfotografie einer flachen Vorlage handelt, auch ein Lichtbildwerk vorliegen. Solche Lichtbildwerke liegen üblicherweise dann vor, wenn es sich um Produktbilder eines Herstellers handelt, der Wert darauf legt, seine Produkte kreativ in Szene zu setzen. So dürfte es sich bei Bildern aus der Automobil- oder Uhrenbranche, bei denen die Produkte besonders in Szene gesetzt werden, regelmäßig um Lichtbildwerke handeln. Hingegen mangelt es vielfach an einer solchen Schöpfungshöhe bei einfachen Produktbildern, die von Verbrauchern verwendet werden, z.B. um ihre gebrauchten Waren auf eBay anzubieten.

---

655 Zur Schutzfähigkeit solcher Reproduktionsfotografien vgl. unter Kapitel 2, B) IV.

Übernimmt ein Dritter derartige Produktbilder – in der Regel, da ihm dies leichter erscheint als selbst ein Lichtbild für sein Angebot anzufertigen – führt dies aufgrund des bestehenden Leistungsschutzrechtes für Lichtbilder zu einer Rechtsverletzung. Derartige Fälle häufen sich in der Praxis, insbesondere auf digitalen Verkaufsplattformen bereits existierende Lichtbilder werden vermehrt in eigene digitale Angebote eingepflegt.[656] War es bei Printmedien noch mit Aufwand verbunden, fremde, auf das eigene Angebot passende Lichtbilder in anderen Anzeigen aufzuspüren, sodass die Übernahme fremder Lichtbilder für eigene Angebote kaum denkbar war, können heute über digitale Suchfunktionen der jeweiligen Plattformen, Google-Bildersuche u.ä. in kürzester Zeit auf das eigene Angebot passende Lichtbilder gefunden und durch wenige Klicks kopiert und in ein eigenes Angebot eingefügt werden. Insbesondere aus Sicht derjenigen, die privat motivierte Übernahmen solcher Laien-Fotografien für nicht gewerbliche Veräußerungshandlungen beabsichtigen, dürfte der Lichtbildschutz nach § 72 UrhG deshalb als Problem verstanden werden. Lichtbilder, die vom Laien ohne jeglichen technischen oder sonstigen Aufwand hergestellt werden, sind jedoch durch das umfassende Leistungsschutzrecht des § 72 UrhG für einen langen Zeitraum geschützt. Dies, obgleich bei Herstellung eines solchen Lichtbildes üblicherweise nur geringe Interessen des Lichtbildners eines einfachen, ohne Aufwand aufgenommenen Lichtbildes den Interessen anderer Internetnutzer an einer unkomplizierten Nutzung des entstandenen Lichtbildes zur Vermeidung der Herstellung eines neuen Lichtbildes gegenüberstehen. Zu den Interessen anderer Internetnutzer zählt im Zusammenhang mit Online-Angeboten insbesondere auch die schnelle, nicht aufwändige Erstellung von Angeboten, einer solchen wäre die freie Nutzbarkeit vorbestehender Lichtbilder förderlich.

V) „Risiko" der Rechtsdurchsetzung durch den Rechtsinhaber

Die Gewährung eines Leistungsschutzrechtes führt dazu, dass dem Rechtsinhaber ein Ausschließlichkeitsrecht eingeräumt wird, das ihn berechtigt,

---

656 Vgl. z.B. AG Düsseldorf, Urt. v. 13.07.2011 – 57 C 1701/11, BeckRS 2012, 14861 zur Übernahme von einfachen Lichtbildern aus einem eBay-Angebot betreffend einen Schal sowie OLG Braunschweig, Urt. v. 08.02.2012 – 2 U 7/11, GRUR 2012, 920, *MFM-Honorarempfehlungen* zur Übernahme einfacher Lichtbilder eines Apple-Monitors aus einem eBay-Angebot. *Lerach*, in: Taeger, IT und Internet – mit Recht gestalten, *Lichtbildschutz im Internet*, 2012, S. 175 (190).

Dritte von der Leistung auszuschließen. Die Nutzung des Schutzgegenstandes ist dem Rechtsinhaber bzw. dessen Lizenznehmern vorbehalten. Nur im Rahmen der geltenden Schrankenbestimmungen ist es einem Dritten möglich, den Schutzgegenstand ohne Erlaubnis des Rechtsinhabers zu nutzen.

Diese Rechtsposition, die dem Lichtbildner eingeräumt wird, ist selbstverständlich auch rechtlich durchsetzbar, wobei in der Regel zunächst eine außergerichtliche Abmahnung ausgesprochen wird (vgl. hierzu unter Kapitel 3, C) I) 2)), doch auch eine unmittelbare gerichtliche Geltendmachung ist – dann verbunden mit einem Kostenrisiko des § 93 ZPO – möglich.

In Deutschland hat sich die Verfolgung solcher Rechtsverletzungen von Urheber- und Leistungsschutzrechten regelrecht zu einem Geschäftsmodell entwickelt, dessen Grundlage es ist, Abmahnkosten zu generieren.[657] Vor diesem Hintergrund hat der Gesetzgeber mit dem *Gesetz gegen unseriöse Geschäftspraktiken* reagiert und den Gegenstandswert für den mit einer Abmahnung geltend gemachten Unterlassungs- und Beseitigungsanspruch auf 1.000,00 EUR begrenzt, soweit es sich bei dem Abgemahnten um eine natürliche Person handelt, die nicht in Ausübung ihrer gewerblichen oder selbstständigen beruflichen Tätigkeit handelt und die gegenüber dem Abmahnenden nicht bereits aufgrund eines Vertrages oder eines abgeschlossenen Rechtsstreites zur Unterlassung verpflichtet ist. Doch auch in diesen Fällen kann ein Kostenerstattungsanspruch für die Abmahnkosten in Höhe insgesamt 147,56 EUR entstehen.[658] Hinzu kommen etwaige Schadens-

657 Dieses Abmahnwesen war Hintergrund für das Gesetz gegen unseriöse Geschäftspraktiken vom 01.10.2013:
Entwurf eines Gesetzes gegen unseriöse Geschäftspraktiken vom 22.03.2013, BR-Drs. 219/13, 13 f.; *Bericht des Rechtsausschusses zu dem Gesetzentwurf der Bundesregierung, Drucksachen 17/13057, 17/13429, Entwurf eines Gesetzes gegen unseriöse Geschäftspraktiken u.a.* vom 26.06.2013, BT-Drs. 17/14216, 7; *Entwurf eines Gesetzes gegen unseriöse Geschäftspraktiken* vom 15.04.2013, BT-Drs. 17/13057, 10 f.; In diesem Rahmen wurde darauf hingewiesen, dass nach den statistischen Erhebungen des Vereins gegen den Abmahnwahn e.V. im Jahr 2011 über 218.000 Abmahnungen mit einem Gesamtforderungsvolumen von über 165 Millionen EUR versandt worden seien bei einer durchschnittlichen Zahlerquote von knapp 40 %, vgl. *Entwurf eines Gesetzes gegen unseriöse Geschäftspraktiken* vom 22.03.2013, BR-Drs. 219/13, 13 f.; *Entwurf eines Gesetzes gegen unseriöse Geschäftspraktiken* vom 15.04.2013, BT-Drs. 17/13057, 10 f.

658 = Summe aus: 104,00 EUR (1,3 Geschäftsgebühr Nr. 2300, 1008 VV RVG) + 20,00 EUR (Auslagenpauschale Nr. 7001, 7002 VV RVG) + 23,56 EUR (Mehrwertsteuer).

ersatzansprüche, hinsichtlich derer der Gegenstandswert keiner Begrenzung unterliegt. Schadensersatzansprüche werden üblicherweise im Wege der Lizenzanalogie geltend gemacht[659], wobei insbesondere bei der Verwendung fremder Lichtbilder in sozialen Medien oder auf anderen Plattformen wie eBay regelmäßig zusätzlich eine Verletzung des Namensnennungsrechtes gerügt wird, sodass eine Verdopplung der fiktiven Lizenzgebühr erfolgt.[660]

Handelt derjenige, der das Lichtbild unbefugt verwendet, in Ausübung seiner gewerblichen oder selbstständigen beruflichen Tätigkeit, kann bereits außergerichtlich ein höherer Streitwert angesetzt werden. Jüngst hat der BGH den Ansatz eines Streitwertes in Höhe von 6000 EUR bei der gewerblichen Nutzung eines einfachen Lichtbildes zu Werbezwecken für angemessen erachtet.[661] Der Kostenerstattungsanspruch beim Ansatz eines solchen Gegenstandswertes beläuft sich für die außergerichtliche Tätigkeit auf insgesamt 571,44 EUR.[662] Auch hier wären Streitwerterhöhungen bei der Verfolgung etwaiger Schadensersatzansprüche zu berücksichtigen.

In einem gerichtlichen Verfahren, in dem keine Deckelung gem. § 97 Abs. 2 zu erfolgen hat, beliefe sich das Prozesskostenrisiko für die 1. Instanz bei einem Streitwert in Höhe von 6000,00 EUR auf insgesamt 2648,90 EUR brutto.[663] Bei einem Streitwert in Höhe von 2000,00 EUR, wie er teilweise für die unberechtigte Nutzung eines einfachen Lichtbildes im Rahmen von Privatverkäufen auf eBay zugrunde gelegt wird[664], beläuft

659 Vgl. hierzu unter Kapitel 3, C) I) 1) b).

660 Vgl. hierzu unter Kapitel 3, C) I) 1) a).

661 BGH, Urt. v. 13.09.2018 – I ZR 187/17, GRUR 2019, 292 (294), *Foto eines Sportwagens*.

662 = Summe aus: 460,20 EUR (1,3 Geschäftsgebühr Nr. 2300, 1008 VV RVG) + 20,00 EUR (Auslagenpauschale Nr. 7001, 7002 VV RVG) + 91,24 EUR (Mehrwertsteuer).

663 = Summe aus:
1.) Eigene Anwaltskosten: 460,20 EUR (1,3 Geschäftsgebühr Nr. 2300, 1008 VV RVG) + 424,80 (1,2 Terminsgebühr Nr. 3104 VV RVG) + 20,00 EUR (Auslagenpauschale Nr. 7001, 7002 VV RVG) + 171,95 EUR (Mehrwertsteuer).
2.) Gegnerische Anwaltskosten: 460,20 EUR (1,3 Geschäftsgebühr Nr. 2300, 1008 VV RVG) + 424,80 (1,2 Terminsgebühr Nr. 3104 VV RVG) + 20,00 EUR (Auslagenpauschale Nr. 7001, 7002 VV RVG) + 171,95 EUR (Mehrwertsteuer).
3.) Gerichtskosten: 495,00 EUR (3,0 KV GKG).

664 Vgl. z.B. OLG Hamburg, Beschluss v. 22.01.2013 – 5 W 5/13, ZUM-RD 2014, 90.

sich das Prozesskostenrisiko auf immerhin 1207,10 EUR brutto[665]. In beiden Fällen wäre eine etwaige außergerichtliche Tätigkeit durch hälftige Anrechnung der Geschäftsgebühr auf die Verfahrensgebühr[666] (Abzug in Höhe von 230,10 EUR bei einem Streitwert von 6.000,00 EUR bzw. 97,50 EUR bei einem Streitwert von 2.000,00 EUR) zu berücksichtigen.[667] Auch hier handelt es sich lediglich um beispielhafte Streitwerte für den Unterlassungs- und Beseitigungsanspruch, etwaige Schadensersatzansprüche wirkten streitwerterhöhend und führten demnach zu einem höheren Prozesskostenrisiko. Darüber hinaus führt nach überwiegender Auffassung die unberechtigte Nutzung mehrerer Lichtbilder ebenfalls zu einer Streitwerterhöhung.

Dies zeigt, dass die mit der unberechtigten Nutzung eines einfachen Lichtbildes verbundenen Kosten den Verletzer nicht nur unerheblich finanziell belasten können.

Hinzukommend hat die Digitalisierung neben einer Häufung von Rechtsverletzungen auch zu einer Vereinfachung der Verfolgung solcher Verstöße geführt. Es bestehen technische Möglichkeiten für den Lichtbildner, etwaige Rechtsverletzungen aufzuspüren und ausfindig zu machen. So ermöglicht es etwa die Google Bildersuche[668], durch die Suche nach einem bestimmten Bild unberechtigten Bildernutzungen ausfindig zu machen. Hierzu kann derjenige, der eine Rechtsverletzung aufspüren will, entweder das Bild zur Bildersuche hochladen oder, soweit er dieses bereits in einer Internetseite eingefügt hat, anhand der Bild-URL eine Suche beginnen. Die Suche über die Google-Bildersuche ist kostenlos und mit sehr geringem Aufwand verbunden. Sie ermöglicht es jedem Privaten oder Gewerbetreibenden oder einen Anwalt innerhalb weniger Sekunden unzulässige Nutzungen von ihm gefertigter Lichtbilder zu recherchieren. Darüber hinaus streiten auch im digitalen Zeitalter gem. § 10 UrhG Vermutungen

---

665 = Summe aus:
1.) Eigene Anwaltskosten: 195,00 EUR (1,3 Geschäftsgebühr Nr. 2300, 1008 VV RVG) + 180,00 (1,2 Terminsgebühr Nr. 3104 VV RVG) + 20,00 EUR (Auslagenpauschale Nr. 7001, 7002 VV RVG) + 75,05 EUR (Mehrwertsteuer).
2.) Gegnerische Anwaltskosten: 195,00 EUR (1,3 Geschäftsgebühr Nr. 2300, 1008 VV RVG) + 180,00 (1,2 Terminsgebühr Nr. 3104 VV RVG) + 20,00 EUR (Auslagenpauschale Nr. 7001, 7002 VV RVG) + 75,05 EUR (Mehrwertsteuer).
3.) Gerichtskosten: 267,00 EUR (3,0 KV GKG).

666 Oder vice versa.

667 Vgl. Vorbemerkung 3 (4) Satz 1 VV RVG.

668 *Google Ireland Limited, Google Bildersuche*, abrufbar unter *www.google.de/imghp?hl=de*, zuletzt abgerufen am 14.02.2020.

für den Lichtbildner, z.B. wenn er im Besitz der Lichtbilder in höherer Auflösung ist.[669]

Daneben existieren weitere, nicht einmal auf Bildersuchen spezialisierte technische Lösungen, die ein einfaches Auffinden solcher Verstöße ermöglichen. Beispielsweise hat sich ein Lichtbildner in einem Verfahren vor dem OLG Braunschweig[670], bei dem Rechtsverletzungen an Lichtbildern aus einem Privatverkauf bei eBay den Streitgegenstand bildeten, mit der Software „Garage Buy", die es ermöglicht, die Website eBay nach voreingestellte Sucheinstellungen nach Angeboten zu filtern[671], die Rechtsverletzungen ausfindig gemacht.

Insgesamt besteht damit ein hohes Risiko für den Verletzer, Adressat einer entsprechenden Abmahnung oder eines gerichtlichen Verfahrens zu werden und hierdurch den entstehenden Kosten ausgesetzt zu werden.

C) Berechtigung der Forderungen vs. Berechtigung des Lichtbildschutzes

Es hat sich gezeigt, dass die Digitalisierung erhebliche Auswirkungen auf den Umgang mit Lichtbildern und das Interesse Dritter an der Nutzung fremder Lichtbilder begründet hat. Zur Bewertung, ob die Forderungen zur Abschaffung oder Einschränkung des Lichtbildschutzes berechtigt sind und ob die jeweils vorgebrachten Argumente überzeugen können, ist zu prüfen, ob der Lichtbildschutz im heutigen rechtlichen Kontext und unter den heutigen tatsächlichen Gegebenheiten noch als gerechtfertigt eingestuft werden kann.

Dies bedeutet, dass die tatsächlichen Entwicklungen und deren rechtliche Auswirkungen mit dem Gesetzeszweck in Relation gesetzt werden müssen. Außerdem ist zu untersuchen, welche Konsequenzen etwaige Alternativlösungen, wie z. B. die (teilweise) Abschaffung des Schutzes einfacher Lichtbilder mit sich brächten.

---

669 Vgl. unter Kapitel 3, A) III).

670 OLG Braunschweig, Urt. v. 08.02.2012 – 2 U 7/11, GRUR 2012, 920, *MFM-Honorarempfehlungen*.

671 *iwascoding GmbH, Garage Buy*, abrufbar unter *www.iwascoding.com/GarageBuy/index.de.html*, zuletzt abgerufen am 14.02.2020.

I) Veränderungen der tatsächlichen Gegebenheiten seit Einführung des Lichtbildschutzes und Auswirkungen

Die Einführung des Leistungsschutzrechtes für einfache Lichtbilder gründete in dem Gedanken, dass eine Abgrenzung zwischen unbestritten schützenswerten Lichtbildwerken im Sinne von § 2 Abs. 1 Nr. 5 UrhG, die einen schöpferischen Charakter aufweisen, einerseits und sonstiger einfacher Lichtbilder im Sinne von § 72 UrhG andererseits unüberbrückbare Schwierigkeiten mit sich bringe. Vor diesem Hintergrund entschied sich der historische Gesetzgeber des UrhG (1965), auch einfachen Lichtbildern einen Leistungsschutz unter dem UrhG einzuräumen, sodass die Abgrenzungsfrage sich erübrigte.

Jene Entscheidung des Gesetzgebers war geprägt von einer Zeit, in der Lichtbilder mit analogen Kameras aufgenommen wurden. Nicht jeder Einzelne konnte sich eine Kamera leisten, das Entwickeln der Fotografien durch die Herstellung von Abzügen der Negative nahm noch einige Zeit in Anspruch. Die Verbreitung von Lichtbildern im beruflichen wie im privaten Leben erfolgte bei persönlichen Treffen oder durch die Versendung von Abzügen per Post. Die Nutzung fremder Lichtbilder für eigene Verkaufsangebote war, wie bereits gezeigt, kaum denkbar bzw. pragmatisch. Insgesamt bestanden nicht diejenigen Gefahren durch die Gewährung eines Ausschließlichkeitsrechtes für einfache Lichtbilder und auch nicht die Nutzungsinteressen für fremde Lichtbilder, die heute gegeben sind. Auch die Qualität von Eingriffen ist heute durch den höheren Verbreitungsgrad und die im Internet unbegrenzte Dauer der Abrufbarkeit von Inhalten[672] höher. Die Einräumung des Leistungsschutzrechts für einfache Lichtbilder wie auch die Reform 1985 stammen aus einer analogen Zeit, in der die digitale Fotografie, Smartphones sowie die private Nutzung des Mediums Internet, wie wir es heute kennen, noch nicht denkbar waren. Im heutigen Alltag stehen zahlreiche Möglichkeiten zur Verfügung, in Sekundenschnelle Lichtbilder herzustellen und sofort verfügbar zu machen. Wie *Ohly*[673] und *Lerach*[674] zutreffend ausführen, ist angesichts der heutzutage bestehenden technischen Möglichkeiten, mit einem kurzen Betätigen des

---

672 Vgl. zu diesen Kriterien im Rahmen der Schadensschätzung nach § 287 ZPO unter Kapitel 3, C) I) b) aa).

673 *Ohly*, *Gutachten F zum 70. Deutschen Juristentag; Urheberrecht in der digitalen Welt – Brauchen wir neue Regelungen zum Urheberrecht und dessen Durchsetzung?*, S. F 37.

674 *Lerach*, in: Taeger, IT und Internet – mit Recht gestalten, *Lichtbildschutz im Internet*, 2012, S. 175 (190); *Lerach*, jurisPR-WettbR 2016; angedeutet ebenfalls von

stets verfügbaren Smartphones ein Lichtbild zu erstellen, die teilweise vorgebrachte Begründung des bestehenden Leistungsschutzrechtes aufgrund getätigter Investitionen bzw. die Erbringung technischen Aufwandes vielfach verfehlt. Mit nur einem Mausklick oder einem Tippen auf dem immer verfügbaren Smartphone oder Tablet-PC können außerdem Urheber- oder Leistungsschutzrechte Dritter verletzt, wie auch derartige Rechtsverletzungen ermittelt und verfolgt werden. Für die Zukunft ist nicht zu prognostizieren, welche technischen Raffinessen z.B. durch die sog. Künstliche Intelligenz zu erwarten sind. Komplementär zum Anstieg der technischen Möglichkeiten der Herstellung und Nutzung von Lichtbildern sind für die weit überwiegenden einfachen Lichtbilder die Interessen der Lichtbildner an den ihnen zustehenden Rechten gesunken. Angesichts des Umstandes, dass es täglich in mehreren tausenden Fällen dazu kommen dürfte, dass Screenshots von user-generated Content Dritter angefertigt und anderweitig hochgeladen werden oder Lichtbilder aus anderen eBay-Angeboten kopiert und in eigene ebay-Angebote eingefügt werden, dürfte es sich bei dem Anteil, der tatsächlich Gegenstand urheberrechtlicher Abmahnungen oder gerichtlicher Streitigkeiten wird, allenfalls um einen Bruchteil der tatsächlich begangenen Rechtsverletzungen handeln. Insbesondere dürfte in der Gesellschaft, die in einem Teilen und Retweeten von Lichtbildern – zu Recht[675]– keine Rechtsverletzung befürchtet, kein Verständnis dafür vorliegen, dass ihre Rechte an einem Lichtbild jedoch dann verletzt werden, wenn die Weiterverbreitung in dem sozialen Netzwerk „auf Umwegen" erfolgt. Nehmen allerdings die Lichtbildner überwiegend Rechtsverletzungen nicht als solche wahr, da sie selbst die Verbreitungs- und Übernahmehandlungen als üblich und sozialadäquat wahrnehmen, kann zu Recht die Frage aufgeworfen werden, weshalb ihnen die Schutzrechte überhaupt zugestanden werden und andere Personen zivilrechtlichen und strafrechtlichen Konsequenzen ausgesetzt werden sollten.

Die Google-Bildsuche und die Existenz von Rechtsanwaltskanzleien, die darauf spezialisiert sind, urheberrechtliche Abmahnungen auszusprechen, sind nur einige der Aspekte, die infrage stellen, ob heutzutage eine Interessenabwägung, wie sie bei Einführung des einfachen Lichtbildschutzes durch den Gesetzgeber getroffen wurde, in gleichen Maße vertretbar ist,

---

Koreng, in: Weller/Kemle/Dreier/Michl, Kulturgüterrecht – Reproduktionsfotografie – StreetPhotography, *Der rechtliche Status von Reproduktionsfotografien – Fotografien zweidimensionaler Vorlagen zwischen Vervielfältigung und Lichtbildschutz,* 2018, S. 87 (103).

675 Vgl. unter Kapitel 4, B) I) 4).

obwohl das Interesse des Lichtbildners in der Regel nicht vorhanden oder jedenfalls nur als gering zu bewerten ist. Diese Bewertung setzt voraus, mögliche Veränderungen des Rechtsrahmens zu beleuchten und bei einer abschließenden Überprüfung des Ergebnisses die Beseitigung bestehender Schwierigkeiten mit der Begründung des Schutzrechtes in seinem bisherigen Umfang in Relation zu setzen.

II) Reformoptionen

Insgesamt hat sich gezeigt, dass der umfassende und weitreichende Schutz einfacher Lichtbilder im digitalen Zeitalter der Rolle der Lichtbilder in der heutigen Gesellschaft zu Schwierigkeiten führt, die ohne Veränderung der rechtlichen Rahmenbedingungen nicht aufzulösen sind. Im Folgenden sollen zunächst die verschiedenen Möglichkeiten dargestellt und geprüft werden, inwiefern sie geeignet sind, Abhilfe zu schaffen.

1) Überblick

Als mögliche gesetzgeberische Maßnahmen kommen insbesondere folgende Maßnahmen in Betracht:

- vollständige Abschaffung des § 72 UrhG;
- teilweise Abschaffung des § 72 UrhG für Lichtbilder, die nicht berufsmäßig und/oder wissenschaftlich hergestellt werden;
- Begrenzung des Lichtbildschutzes auf bestimmte, namentlich benannte Fälle, in denen eine besondere Rechtfertigung für die Gewährung des Schutzrechts vorliegt;
- Einführung einer Schrankenbestimmung für den Bereich der sozialen Medien;
- Wandlung des § 72 ÚrhG in ein Investitionsschutzrecht
- Kombination aus Abschaffung bzw. Einschränkung des § 72 UrhG und Einführung einer Schrankenbestimmung für den Bereich der sozialen Medien.

Daneben kommt die Anhebung der Schutzschwelle des § 2 Abs. 2 UrhG in Betracht, die durch die Rechtsprechung erfolgen könnte.

Die Bewertung der verschiedenen Lösungsansätze bedarf einer Beleuchtung der damit einhergehenden Unterschiede betreffend den Schutz von Lichtbildern und der jeweiligen Konsequenzen.

2) Abschaffung des einfachen Lichtbildschutzes

Zunächst liegt die vollständige Abschaffung des einfachen Lichtbildschutzes gem. § 72 UrhG, wie z.B. von *Schack*[676] und *Ohly*[677] vorgeschlagen, als mögliche Veränderung des Rechtsrahmens auf der Hand. Damit einher ginge selbstverständlich die (in diesen Umfang notwendige) Abschaffung zugehöriger Vorschriften, z.B. des § 108 Abs. 1 Nr. 3 UrhG. Die vollständige Abschaffung des § 72 UrhG führte in der Regel zur Schutzlosstellung des Lichtbildners gegen Nutzungen seines Lichtbildes, soweit nicht ausnahmsweise andere Schutzmechanismen zu Verfügung stehen, aufgrund derer ihm Ausschluss- und Verbietungsrechte zustehen (hierzu näher unter Kapitel 4, III) 2) j) cc) (2)).

Im Folgenden soll zunächst darauf eingegangen werden, ob der Schutzgrund des einfachen Lichtbildschutzes, die Vermeidung von Abgrenzungsschwierigkeiten bereits einer Abschaffung des Lichtbildschutzes gem. § 72 UrhG entgegenstünde (hierzu unter a)), bevor sodann die wesentlichen Folgen der Abschaffung des einfachen Lichtbildschutzes beleuchtet werden (hierzu unter b)-i)). Im Anschluss werden die Ergebnisse zusammengefasst und diese Reformoption einer Bewertung unterzogen.

a) Beseitigung des Auffangschutzes an der Untergrenze des Schutzbereichs von Lichtbildwerken gem. § 2 Abs. 1 Nr. 5 UrhG

aa) Bedeutung

Im Falle der Abschaffung des einfachen Lichtbildschutzes gem. § 72 UrhG träte letztlich, wie vom historischen Gesetzgeber befürchtet, der Fall ein, dass nunmehr eine Abgrenzung zwischen einfachem Lichtbild und Lichtbildwerk stets erforderlich würde.

676 *Schack*, in: Wöhrn/Bullinger/Grunert/Ohst, Festschrift für Artur-Axel Wandtke zum 70. Geburtstag am 26. März 2013, *Weniger Urheberrecht ist mehr*, 2013, S. 9 (9 ff.); *Schack*, *Urheber- und Urhebervertragsrecht*, 9. Auflage, 2019, Rn. 729.

677 *Ohly*, *Gutachten F zum 70. Deutschen Juristentag: Urheberrecht in der digitalen Welt – Brauchen wir neue Regelungen zum Urheberrecht und dessen Durchsetzung?*, S. F 36 ff., F 126; *Ohly*, NJW Beilage 2014, 47 (48).

Bisher war eine solche Abgrenzung nur dann erforderlich, wenn aufgrund der unterschiedlichen Ausgestaltung des Schutzes die Entscheidung von der Kategorisierung abhing. Dies betrifft insbesondere[678] die Fälle

- der bereits abgelaufenen Schutzfrist des § 72 Abs. 3 UrhG bei noch nicht abgelaufener Schutzfrist des § 64 UrhG;
- der Notwendigkeit einer Differenzierung aufgrund eines grenzüberschreitenden Sachverhaltes und dem Fehlen des Schutzes einfacher Lichtbilder nach dem anwendbaren Recht;
- der Geltendmachung des Entstellungsschutzes;
- der Geltendmachung eines Folgerechtes.

Die Funktion des einfachen Lichtbildschutzes als Auffangschutzrecht außerhalb der genannten Fälle entfiele durch die Abschaffung desselben. Während es bislang außer in den genannten Fällen genügte, festzuhalten, dass jedenfalls ein Lichtbild i. S. d. § 72 UrhG vorliege, wäre dies nach Abschaffung des einfachen Lichtbildschutzes nicht mehr möglich. Sowohl bei der Lizenzierung als auch bei der außergerichtlichen wie gerichtlichen Geltendmachung und Durchsetzung von Ansprüchen müsste bewertet werden, ob es sich um ein schutzfähiges Lichtbildwerk handelt oder lediglich ein einfaches, dann nicht mehr schutzfähiges Lichtbild vorliege.

Mit diesem Schritt einher ginge außerdem der Wegfall der Auffangfunktion des einfachen Lichtbildschutzes für unerkannte Lichtbildwerke.

Durch die vollständige Abschaffung des einfachen Lichtbildschutzes könnten außerdem im Rechtsverkehr Unsicherheiten hinsichtlich der (fehlenden) Erforderlichkeit einer Lizenzierung auftreten. Potentielle Nutzer könnten in dem Glauben, es handele sich um ein einfaches Lichtbild, Verletzungshandlungen begehen und sich damit aus Unwissenheit den Ansprüchen Dritter ausgesetzt sehen. Lichtbildner würden andererseits versuchen, auch einfache Lichtbilder als Lichtbildwerke zu vermarkten, um Erlöse durch Lizenzierungen oder die falsche Behauptung des Bestehens eines Schutzrechtes und damit verbundene Abmahnungen zu erzielen. Außerdem gingen solche Unsicherheiten ggf. zu Lasten des Lichtbildners eines unerkannten Lichtbildwerkes. Insbesondere im Rahmen einer rechtlichen Auseinandersetzung über die unbefugte Nutzung eines Lichtbildwer-

678 Vgl. hierzu Kapitel 3, B) IV). Darüber hinaus kann die Unterscheidung bei der Bewertung relevant werden, ob das erreichte Maß einer vorgenommenen Veränderung der Annahme einer Vervielfältigung i.S.d. § 16 UrhG entgegensteht oder ob ein hinreichender Abstand geschaffen wurde, der eine freie Benutzung i.S.v. § 24 UrhG begründet. Hierbei handelt es sich jedoch um fließende Bewertungskriterien, sodass keine zwingende Differenzierung erforderlich ist.

kes führte dies dazu, dass der Lichtbildner des verkannten Lichtbildwerkes gem. § 97 Abs. 3 und 4 UrhG sowohl die Kosten der unberechtigten Abmahnung zu tragen hätte, die er im Glauben an das Bestehen eines Lichtbildwerkes aussprechen ließ, als auch die Kosten der Rechtsverteidigung des Abgemahnten.

Insgesamt bedeutete mithin die Abschaffung des einfachen Lichtbildschutzes die Minderung der aktuell bestehenden Rechtsicherheit, die der historische Gesetzgeber gewährleisten wollte.

bb) Angemessenheit der Aufgabe der Rechtssicherheit durch Abschaffung des generellen Auffangtatbestandes

Es stellt sich daher die Frage, inwiefern die Aufgabe dieses Maßes an Rechtssicherheit überzeugen kann. Zu diesem Zweck sind die durch eine etwaige Abschaffung des Schutzrechtes eintretenden Folgen, mit dem ursprünglichen Gesetzeszweck, der Vermeidung von Abgrenzungsschwierigkeiten zur Schaffung von Rechtssicherheit in Relation zu setzen, bzw. zu untersuchen, ob die Aufgabe der Rechtsicherheit gerechtfertigt ist. Es stellt sich demnach die Frage, ob der ursprüngliche Gesetzeszweck im Zeitalter der Digitalisierung noch die Gewährung eines solchen Schutzrechts rechtfertigen kann. In diesem Zusammenhang ist außerdem zu erörtern, ob dieser Gesetzeszweck überhaupt jemals eine Berechtigung fand. Nur wenn die Inkaufnahme von Abgrenzungsschwierigkeiten in Betracht kommt, besteht eine tragfähige Ausgangssituation für die etwaige Abschaffung des einfachen Lichtbildschutzes.

Bereits bei der Erörterung des Schutzgegenstands i.S.d § 72 UrhG (Kapitel 2, B)) wurde aufgezeigt, dass der einfache Lichtbildschutz zusätzliche Abgrenzungsschwierigkeiten hervorruft. Dies betrifft namentlich zum einen die Frage, welche Mindestanforderungen an einfache Lichtbilder zu stellen sind, zum anderen die Frage, ob Reproduktionsfotografien (flacher und/oder nicht flacher; zweidimensionaler/oder dreidimensionaler Vorlagen) dem Schutzbereich des § 72 UrhG unterfallen. Die Grenze des einfachen Lichtbildschutzes nach unten ist nicht abschließend geklärt, die angewendeten Kriterien von Rechtsprechung und Literatur führen nicht zu einer eindeutigen, trennscharfen Abgrenzbarkeit. Insoweit kann festgestellt werden, dass das gesetzgeberische Ziel von Beginn an nicht vollständig erreicht werden konnte.

Doch auch im Übrigen kann und konnte die Vermeidung von Abgrenzungsschwierigkeiten nicht die Einräumung des Leistungsschutzrechtes für einfache Lichtbilder rechtfertigen, die mit der Beschränkung Dritter einhergeht, die daran gehindert sind, die entstandenen Lichtbilder erlaubnisfrei zu nutzen:

Es existieren zahlreiche Rechtsbereiche, in denen sich vergleichbare Schwierigkeiten stellen, denen nicht durch entsprechende gesetzgeberische Entscheidungen und umfassende Rechtseinräumungen abgeholfen wird: Dies ist bereits bei anderen Werkkategorien des UrhG der Fall. Auch Sprachwerke oder Musikwerke erfordern eine Beurteilung, ob die Schöpfungshöhe gem. § 2 Abs. 2 UrhG erreicht wurde oder nicht. Ein Leistungsschutzrecht in Form eines Auffangtatbestandes besteht für solche Sprach- und Musikleistungen, die diese Schöpfungshöhe nicht erreichen, nicht. In weiteren Fällen ist sogar zu beurteilen, ob eine grundrechtlich geschützte Position vorliegt oder nicht. So bedarf es einer umfassenden Einzelfallprüfung mit nicht nur unerheblichen Unwägbarkeiten und Unsicherheiten, ob etwa eine Äußerung unter die Meinungsfreiheit gem. Art. 5 Abs. 1 Satz 1 GG oder eine Handlung, ein Bildnis oder ein sonstiger Gegenstand unter die Kunstfreiheit gem. Art. 5 Abs. 3 Satz 1 GG fällt. Es ist nicht ersichtlich, weshalb die Abgrenzung zwischen einfachem Lichtbild und Lichtbildwerk überhaupt anders bewertet werden sollte als die genannten Konstellationen. Wird ein urheberrechtlich geschütztes Werk einer anderen Werkkategorie verwertet, in der fehlerhaften Annahme, die Schöpfungshöhe gem. § 2 Abs. 2 sei nicht erreicht, führt dies zu den gleichen zivil- und strafrechtlichen Konsequenzen, die bei der fehlerhaften Annahme der Werkeigenschaft eines Lichtbildes einträten, soweit ein einfacher Lichtbildschutz nicht existierte. Mit Blick auf Abgrenzungsschwierigkeiten im Rahmen der Meinungsfreiheit oder Kunstfreiheit stellen sich darüber hinaus ähnliche, schwerwiegende Konflikte dar. So kann eine Äußerung, die nicht unter die Meinungs- oder Kunstfreiheit zu fassen ist, z.B. den Straftatbestand der Beleidigung gem. § 185 StGB[679] verwirklichen oder ein Happening, das nicht als solches gewürdigt wird, den Straftatbestand dass § 86a StGB[680] erfüllen.

Hinzu kommt, dass Abgrenzungen zwischen Lichtbild und Lichtbildwerk auch heute notwendig sein können und auch dies zum Teil auf eine bewusste Entscheidung des historischen Gesetzgebers zurückzuführen ist:

679 OLG Hamburg, Urt. v. 15.05.2018 – 7 U 34/17, ZUM 2018, 484, *Böhmermann*.

680 Vgl. hierzu die Entscheidung des AG Kassel, den Hitlergruß Jonathan Meeses im Rahmen einer Veranstaltung bewertend als nicht strafbare Kunstperformance, AG Kassel, Urt. v. 14.08.2013 – 240 Cs – 1614 Js 30173/12, NJW 2014, 801 (802 f.).

Spätestens mit der Reform des Urheberrechtsgesetzes im Jahre 1985 hat der historische Gesetzgeber den Gleichlauf von einfachen Lichtbildern und Lichtbildwerken endgültig aufgegeben. Die beiden Kategorien wurden unterschiedlichen Schutzfristen unterworfen, sodass bei Ablauf der Schutzfrist einfacher Lichtbilder seither eine Abgrenzung erforderlich werden kann.[681] Dies hat der Gesetzgeber selbst erkannt und unter dem Verweis darauf hingenommen, dass, wie soeben dargestellt – auch bei anderen Werkarten Zweifel darüber aufkommen könnten, ob die Schöpfungshöhe gem. § 2 Abs. 2 UrhG erreicht sei.[682] Der Gesetzgeber hat damit zu erkennen gegeben, die Notwendigkeit einer Abgrenzung zugunsten der Anerkennung der Fotografie als Kunstform und der Gleichstellung von Lichtbildwerken mit anderen Werkkategorien in gewissem Umfang hinnehmen zu wollen. Daneben kann der Inhalt des Schutzes auch abseits der Schutzdauer abweichen, vgl. hierzu die Zusammenfassung unter Kapitel 4, II) 2) a). Insbesondere kann es bei grenzüberschreitenden Sachverhalten ebenfalls erforderlich werden, eine Differenzierung vorzunehmen, da das einfache Lichtbild in anderen Rechtsordnungen nicht geschützt ist oder auch anderen Schutzfristen unterworfen ist, vgl. unter Kapitel 1, D) IV) 3).[683] Auch diesem Umstand ist in Zeiten, in denen grenzüberschreitende Handlungen durch die zunehmende Internationalisierung und Globalisierung sowie die digitale Verfügbarkeit von Daten üblich sind, Rechnung getragen werden.

Angesichts der insgesamt bereits unter dem geltenden Recht festzustellenden Unterschiede ist die Festlegung der Vermeidung von Abgrenzungsschwierigkeiten als legitimes Ziel für die mit der Gewährung des Lichtbildschutzes verbundene Einschränkung Dritter nicht (mehr) überzeugend.

Dass sich im Umkehrschluss die Abschaffung des Schutzes einfacher Lichtbilder zulasten der Urheber von Lichtbildwerken auswirken könnte, da im Einzelfall das Vorliegen einer hinreichenden Schöpfungshöhe von einem erkennenden Gericht fälschlicherweise nicht erkannt würde, ist hinzunehmen. Insoweit verbleibt es bei den allgemeinen, auch für andere Schutzrechte geltenden Grundsätzen, dass derjenige, der sich auf ein sol-

---

681 *Schack*, *Urheber- und Urhebervertragsrecht*, 9. Auflage, 2019, Rn. 720.

682 Gesetzesbegründung vom 22.12.1983, BTDrucks 10/837, S. 11.

683 So auch *Schack*, *Urheber- und Urhebervertragsrecht*, 9. Auflage, 2019, Rn. 720; *Schack*, in: Wöhrn/Bullinger/Grunert/Ohst, Festschrift für Artur-Axel Wandtke zum 70. Geburtstag am 26. März 2013, *Weniger Urheberrecht ist mehr*, 2013, S. 9 (10).

ches Schutzrecht beruft, die Beweislast für das Vorliegen desselben trägt. Gelingt es dem Lichtbildner nicht, das erkennende Gericht vom Vorliegen eines Lichtbildwerkes zu überzeugen, indem er Tatsachen vorträgt und unter Beweis stellt, die diese Bewertung zulassen, führt dies zu einer Entscheidung nach Beweislastgrundsätzen zulasten des Urhebers, wie dies auch bei anderen Schutzrechten der Fall wäre. Dass dies nicht unbillig ist, ergibt sich bereits daraus, dass diese bei anderen Schutzrechten anerkannt ist.

Im Ergebnis kann festgestellt werden, dass allein die Vermeidung von Abgrenzungsschwierigkeiten bereits in der Vergangenheit die Entscheidung zur Einführung des Auffangschutzrechtes nicht rechtfertigte, dies jedenfalls heute nicht mehr tut.

b) Reproduktionsfotografien

Im Falle einer Abschaffung des einfachen Lichtbildschutzes entfiele z.B. der Schutz derjenigen Reproduktionsfotografien, die nicht die Werkqualität der Lichtbildwerke gem. § 2 Abs. 1 Nr. 5 UrhG erreichen.

Hierdurch würden auch ausgerechnet solche Fotografien vom Schutz ausgenommen, die aufgrund ihres vielfachen hohen tatsächlichen wie technischen Aufwandes besonders schutzwürdig sind. Insbesondere entfiele damit der Schutz für Reproduktionsfotografien flacher Vorlagen, da hier die Erreichung der Schöpfungshöhe gem. § 2 Abs. 2 UrhG nicht möglich ist, vgl. Kapitel 2 B) IV) 2) b). Konsequenz hieraus wäre, dass der Leistungsschutz für einen Teilbereich der Fotografie, der vielfach durch Berufsfotografen wahrgenommen wird und der einen erheblichen technischen wie auch zeitlichen Aufwand erfordert, kein Schutzrecht mehr bestünde.

Dieses Ergebnis wäre für die Praxis weitreichend: Die Lichtbildner solcher Fotografien haben ein besonderes Interesse daran, dass ihre technisch und handwerklich aufwändigen Leistungen einem Urheberrechtsschutz oder jedenfalls einem Leistungsschutzrecht unterworfen sind, ein wettbewerbsrechtlicher Schutz vor Übernahmen besteht nur im Wettbewerbsverhältnis und nur bei Hinzutreten unlauterer Umstände, die reine Vervielfältigung eines nicht geschützten Lichtbildes begründet ohne Hinzutreten unlauterer Umstände deshalb keine wettbewerbsrechtlichen Ansprüche.[684]

684 In Betracht kommt insoweit z.B. die Übernahme der Reproduktionsfotografie und Bewerbung oder Abgabe an Dritte als eigene Leistung, § 4 Nr. 3a UWG.

Der Schutz des Berufsfotografen ist damit bei Streichung des Leistungsschutzrechts aus § 72 UrhG nur in Ausnahmefällen gegeben.

Reproduktionsfotografien werden häufig von Lichtbildnern hergestellt, die der Fertigung von Reproduktionsfotografien beruflich nachgehen. Es kann sich hierbei z.B. um angestellte Fotografen eines Museums handeln oder um freiberufliche Fotografen, die die Reproduktionsfotografien im Rahmen einer Auftragsarbeit anfertigen, handeln. In beiden Fällen hängt der Wert ihrer Tätigkeit für den Arbeitgeber oder Auftraggeber oftmals davon ab, in welcher Form die Reproduktionsfotografie weiterverwertet werden kann. Genießt ein Lichtbild keinen urheberrechtlichen oder leistungsschutzrechtlichen Schutz, kann dieses – vorbehaltlich entgegenstehender Rechte Dritter – beliebig genutzt und verwertet werden. Es bestehen keine Rechte an dem Lichtbild mehr, die Dritten zur Nutzung eingeräumt werden könnten. Damit entfielen auch Sekundärnutzungen durch Museen, die deren Refinanzierung dienen.

Die einzige Möglichkeit des Lichtbildners oder desjenigen, das Lichtbild gewinnbringend zu vermarkten, bestünde darin, das Negativ, den Datenträger oder das Vervielfältigungsstück unter der Zusicherung, dass das Lichtbild bisher keinem Dritten zugänglich gemacht wurde, dem Abnehmer zu übertragen. Die Zusicherung einer solchen Alleinstellung wäre erforderlich, um so eine Alleinstellung, jedenfalls aber einen zeitlichen Vorsprung gegenüber anderen zu erhalten. Denn bereits das Entlassen des Lichtbildes aus dem Herrschaftsbereich des Lichtbildners kann z.B. durch eine einzige Veröffentlichung durch einen Abnehmer dazu führen, dass jeder Dritte auf das Lichtbild beliebig zugreifen und dieses nutzen könnte. Das Lichtbild wäre quasi erschöpft. Für einen Dritten bestünde dann kein Grund mehr, das Lichtbild bzw. den Datenträger, auf dem das Lichtbild gespeichert ist, entgeltlich zu erwerben. Dass es dem Lichtbild selbst also an einer Ausschließlichkeit mangelte, sodass nach einmaliger Veröffentlichung Dritte dieses ungehindert vervielfältigen und nutzen könnten, wirkte sich erheblich auf den Wert des Lichtbildes aus, der Markt erzielt werden könnte. Auch wird es dem Lichtbildner regelmäßig nicht mehr gelingen, einzelne Vervielfältigungsstücke an unterschiedliche Abnehmer (vergleichbar nebeneinander bestehender, nicht ausschließlicher Lizenzen) zu vertreiben. Es liegt auf der Hand, dass eine ausschließliche Lizenz an einem geschützten Rechtsgut umfassender ist als die Einräumung einer solchen vorübergehenden Alleinstellung, bei der aufgrund der technischen

Vergleichbar hierzu OLG Stuttgart, Urt. v. 31.03.1995 – 2 U 208/94, NJW-RR 1995, 935.

Möglichkeiten des digitalen Zeitalters in Sekundenschnelle nach der Erstveröffentlichung mit Sekundärnutzung zu rechnen sein kann, da das Lichtbild keinem Schutzrecht unterworfen wäre. Der Arbeitgeber oder sonstige Auftraggeber des Lichtbildners zieht zur Wertbemessung der Reproduktionsfotografie selbstverständlich den Umfang ihm zukommender Nutzungs- und Verwertungsrechte heran. Die aufgrund des Fehlens eines Leistungsschutzrechtes bestehende Möglichkeit Dritter, die Lichtbilder ungehindert nutzen und verbreiten zu können, wirkt sich damit wertmindernd auf die Leistung des Reproduktionsfotografen aus.

Der freiberuflich tätige Lichtbildner ist aufgrund der soeben dargestellten Aspekte darauf verwiesen, einen entsprechend höheren Preis für die erstmalige Verwertung seines Lichtbildes zu erzielen, um sein Einkommen zu sichern. Bei angestellten Reproduktionsfotografen kann dies langfristig zur Minderung von Gehältern sowie zur Kürzung von Stellen führen. In der Praxis wäre dann mit der Vornahme einer Mischkalkulation zu rechnen, um den angestellten Lichtbildner angemessen vergüten zu können bzw. um als freiberuflich tätiger Lichtbildner das erforderliche Einkommen abzusichern. Dies führte perspektivisch zu einer Anhebung der Lizenzgebühren für Reproduktionsfotografien, bei denen die Annahme eines Lichtbildwerkes in Betracht kommt. Auch hieraus könnte sich dann die Folge ergeben, dass weniger Rechte an solchen Reproduktionsfotografien erworben werden und stattdessen genauer erwogen wird, ob der Erwerb einer solchen Reproduktionsfotografie im konkreten Fall erforderlich ist oder ob jedenfalls die selbstständige, kostengünstigere Anfertigung einer solchen in Betracht kommt. Die Anzahl der entgeltlichen Herstellung und des Vertriebs von Reproduktionsfotografien könnte zurückgehen.

Ferner könnte befürchtet werden, dass Werke gegenüber der Allgemeinheit zurückgehalten würden, um eine Monopolstellung und Exklusivität des Abbildungsgegenstandes zu bewahren.

Ungeachtet der Abschaffung des einfachen Lichtbildschutzes wären weiterhin geschützt diejenigen Reproduktionsfotografien, die selbst Lichtbildwerke darstellen. Dies gilt auch nach Umsetzung des Art. 14 DSM-Richtlinie. Hieraus resultierte aber im Ergebnis auch eine Ungleichbehandlung von Reproduktionsfotografien flacher und nicht flacher Vorlagen, genauer gesagt eine Diskriminierung der Reproduktionsfotografien flacher Vorlagen. Während bei nicht flachen Vorlagen jedenfalls die Möglichkeit besteht, ein Lichtbildwerk zu schaffen, ist dies bei flachen Vorlagen per se ausgeschlossen.

c) Pressebilder

Gleichermaßen wie bei Reproduktionsfotografen führte die Abschaffung des § 72 UrhG zu einem enormen Rechtsverlust für Pressefotografen, die Tagesgeschehnisse, Kriegsgeschehnisse, Prominente u.ä. fotografieren, ohne hierbei die Schutzschwelle des § 2 Abs. 2 UrhG zu erreichen. Die Schnappschüsse, die Pressefotografen z.B. von Prominenten fertigen und diese bei bestimmten Handlungen zeigen (sog. „Paparazzi-Bilder"), stellen regelmäßig bloße Knipsbilder dar, die nicht als Lichtbildwerke eingeordnet werden können. Beispielhaft sei verwiesen auf Lichtbilder, die Paparazzi in der Nacht des Todes von Prinzessin Diana beim Verlassen des Hotel Ritz in Paris von ihr bzw. von ihr und Dodi Al Fayed gefertigt haben.[685]

Gleichermaßen wie Reproduktionsfotografen sind die Pressefotografen zur Erzielung eines angemessenen Wertes ihrer Arbeit darauf angewiesen, die Lichtbilder gewinnbringend vermarkten zu können. Bestehen an dem Lichtbild jedoch keine Ausschließlichkeitsrechte, mindert dies den Wert der Lichtbilder und damit der Arbeit der Pressefotografen erheblich. Der jeweilige Herausgeber einer Tageszeitung wird genauer erwägen, ob er bereit ist, für die Ermöglichung einer Erstveröffentlichung des Lichtbildes, der durch das digitale Umfeld binnen weniger Sekunden eine Zweitverwertung durch ein Konkurrenzunternehmen folgen kann, hohe Beträge an den Lichtbildner zu bezahlen. Darüber hinaus wäre in der Praxis damit zu rechnen, dass Überlegungen dahingehend angestellt würden, ein solches Lichtbild nicht bereits in einer Online-Veröffentlichung einsetzen, bevor nicht bei Konkurrenten Redaktionsschluss für die Print-Auflage des Folgetages eingetreten ist. Nur auf diese Weise könnte nämlich abgesichert werden, dass nicht z.B. eine andere Zeitung das identische Lichtbild abdruckt, weil der Herausgeber der anderen Zeitung dieses aus einer Online-Veröffentlichung entnommen hatte. Mit dieser Praxis einher ginge dann die verzögerte Bildberichterstattung im Internet, die sich letztlich zulasten der Allgemeinheit auswirkte.

---

685 Z.B. abrufbar unter https://rp-online.de/panorama/prinzessin-diana-fotos-aus-der-todesnacht-1997-veroeffentlicht_bid-8729503, zuletzt abgerufen am 14.02.2020).

d) Einzelbilder aus Laufbildern und Filmwerken

Die Abschaffung des Leistungsschutzrechts aus § 72 UrhG führte außerdem zum Entfallen des Schutzes für Einzelbilder aus Filmwerken (soweit nicht das Einzelbild selbst Werkqualität aufweist) und Laufbildern.

e) Einfache Produktbilder

Ferner entfiel der Schutz einfacher Produktbilder, welche keine Werkqualität aufweisen.

Die Abschaffung des Leistungsschutzrechts für einfache Lichtbilder führt zu einem vollständigen Entfallen des Schutzes für solche Produktbilder, welche nicht die Schöpfungshöhe gem. § 2 Abs. 2 UrhG erreichen, unabhängig davon, von wem diese für welchen Zweck geschaffen wurden. Damit könnte der Lichtbildner bei nicht erlaubter Nutzung des Lichtbildes, z.B. in einem Angebot bei eBay, weder Untersagungs- noch Auskunft- oder Schadensersatzansprüche geltend machen. Das unter Kapitel 3, C) I) 4) geschilderte Kostenrisiko für die Nutzer einfacher Produktbilder entfiele. Auch eine strafrechtliche Ahndung, vgl. Kapitel 3 C) II) wäre mangels Rechtsverstoßes nicht mehr möglich.

Angesichts des fehlenden Auffangschutzes ist angesichts des möglichen Kostenrisikos im Falle einer Versagung des Schutzes als Lichtbildwerk damit zu rechnen, dass auch die korrespondierende Geltendmachung von Ansprüchen, die vielfach nicht in dem Interesse an dem Lichtbild sondern dem Interesse an der Gebührenerzielung liegt, zurückginge.

g) Social Media

Mit der Abschaffung des einfachen Lichtbildschutzes ginge die Anzahl begangener Schutzrechtsverletzungen in den sozialen Medien erheblich zurück. Lichtbilder, die auf Plattformen sozialer Netzwerke hochgeladen, in diesen Netzwerken geteilt und von dort heruntergeladen werden, erfüllen vielfach nicht die Anforderungen des § 2 Abs. 2 UrhG.

Die bislang unter dem UrhG relevanten Nutzungen dieser Lichtbilder durch Dritte stellten beim Entfallen des § 72 UrhG keine Rechtsverletzung mehr dar, da es an der Gewährung eines Leistungsschutzrechtes und damit an einem Schutzgut, auf das sich der Lichtbildner stützen könnte, fehlte.

Auch hier entfiele die Möglichkeit der zivil- oder strafrechtlichen Verfolgung der unerlaubten Nutzung des Lichtbildes.

Darüber hinaus wäre davon auszugehen, dass sich der fehlende Auffangschutz auf die Anzahl der Geltendmachung von Ansprüchen auswirkte, die vorwiegend der Gebührenerzielung dienen.

Gleichwohl würden nicht sämtliche Rechtsverletzungen im Bereich der sozialen Medien beseitigt.[686] Angesichts der niedrigen Anforderungen an die Schöpfungshöhe eines Lichtbildwerkes wird in zahlreichen Fällen auch die Abschaffung des einfachen Lichtbildschutzes Rechtsverletzungen in den sozialen Medien nicht verhindern können. Dies betrifft insbesondere Lichtbilder, die auf der Plattform *Instagram* gepostet werden. Dort hochgeladene Lichtbilder, z.B., aber nicht nur von sog. Influencern, erfüllen nicht selten die Anforderungen, die an ein Lichtbildwerk zu stellen sind.

h) Nachträglich erfolgreiche einfache Lichtbilder – #thedress, Prince, Zusammenstellungen einfacher Lichtbilder

Im Falle einer Abschaffung des einfachen Lichtbildschutzes gem. § 72 UrhG wären darüber hinaus einfache Lichtbilder, die nachträglich besondere Aufmerksamkeit erfahren, nicht mehr schutzfähig.

Unter Kapitel 2, B) II) 3) b) wurde bereits erörtert, dass eine nachträgliche Aufmerksamkeit, die einem einfachen Lichtbild widerfährt, wie im Falle von #thedress, Fällen vergleichbar zu den Werken der Ausstellung „Neue Portraits“ von Richard Prince, oder im Falle der Zusammenstellung neuer Werke auf Basis einfacher Lichtbilder Dritter, keine Bewertung des Lichtbildes als Lichtbildwerk zulässt. Damit führte die Abschaffung des einfachen Lichtbildschutzes zu einem Entfallen des Schutzes für solche einfache Lichtbilder, die letztlich medial erfolgreich sind und ggf. als Grundlage für ein neues Wirtschaftsgut dienen. Der Lichtbildner würde dann an dem Erfolg seines Lichtbildes nicht mehr beteiligt werden, da ihm die Geltendmachung etwaiger Schadensersatzansprüche (z.B. in Form einer Lizenzanalogie) sowie die Erteilung von Lizenzen nicht möglich wäre.

---

686 Hierzu näher sogleich unter j) cc).

i) Lichtbilder aus Wissenschaft[687] und Technik

Auch Lichtbilder aus Wissenschaft und Technik, deren Herstellung üblicherweise mit einem hohen Aufwand verbunden ist[688], wären aufgrund des üblicherweise fehlenden schöpferischen Charakters nicht mehr unter dem UrhG geschützt. Gleiches gilt für Röntgenbilder, CTs u.ä.[689], deren wirtschaftlicher Wert sich jedoch in der Regel auf wissenschaftliche Zwecke beschränkt.

Dies führte dazu, dass sich Dritte dieser aufwändigen Lichtbilder bedienen könnten, ohne entsprechende Lizenzen zu erwerben. Ein möglicherweise erheblicher Aufwand, den der Lichtbildner aufwenden musste, um das Lichtbild herzustellen, z.B. weil die mehrfache Unterbrechung eines Forschungsvorganges zu Dokumentationszwecken zur Herstellung der Lichtbilder erforderlich war, ggf. verbunden mit dem Erfordernis, den Versuch jedes Mal von Beginn an neu auszuführen, würde durch kein Schutzrecht kompensiert. Gleiches gilt für Lichtbilder aus dem Bereich der Technik, hier kann es sich z.B. um die Darstellung technischer Details, vorzunehmender Schritte bei der Bedienung einer Maschine, handeln. In diesem Zusammenhang kann es erforderlich sein, technische Handlungen verlangsamt vorzunehmen, um die erforderliche Dokumentation zu erstellen. Insbesondere bei erstmaligen Testserien kann durch notwendige Wiederholungen und Korrekturen die zeitintensive Anfertigung immer neuer Lichtbilder ein erheblicher Aufwand entstehen.

---

687 Soweit hier in dieser Arbeit Lichtbilder aus Wissenschaft Gegenstand der Darstellung sind, sind in Abweichung zur grundrechtlichen Differenzierung zwischen Wissenschaft und Forschung, vgl. Art. 5 Abs. 3 Satz 1 GG, Lichtbilder aus Wissenschaft und Forschung erfasst.

688 *Vogel*, in: Loewenheim, Handbuch des Urheberrechts, *§ 37 Schutz von Lichtbildern*, 2010, Rn. 2.

689 Üblicherweise dürfte ein Arzt außerhalb der Forschung kein schutzwürdiges Interesse am Schutz der Röntgenbilder seiner Patienten haben. Ein solches ist jedenfalls nicht ersichtlich.

j) Zusammenfassung und Bewertung

Die Abschaffung des einheitlichen Lichtbildschutzes, wie z.B. von *Schack*[690] *und Ohly*[691] befürwortet, sowie von anderen Autoren[692] jedenfalls angeregt, brächte sowohl Vor- als auch Nachteile. Neben den entstandenen Vor- und Nachteilen führte eine Abschaffung des Leistungsschutzrechts nicht zu einer umfassenden Lösung der aufgeworfenen Fragen:

aa) Vorteile der Abschaffung des § 72 UrhG

Ein erheblicher Vorteil entstünde insbesondere für die Nutzer sozialer Netzwerke sowie sonstiger Plattformen, auf denen einfache Lichtbilder typischerweise verwendet werden, z.B. bei Verkaufsportalen wie eBay[693]:

Rechtsverletzende Handlungen in sozialen Medien, die ohnehin bereits tagtäglich stattfinden, wären bei einer Streichung des Leistungsschutzrechts für einfache Lichtbilder gem. § 72 UrhG zulässig, die von Nutzern ohnehin als rechtlich zulässig bewerteten Handlungen des Teilens auf Umwegen würden legalisiert. Einfache Knipsbilder, die zum Zwecke der Kommunikation oder zur sonstigen Mitteilung eingesetzt werden, sei es zur Mitteilung des aktuellen Aufenthaltsortes, der aktuellen Aktivität oder der Mitteilung, mit welcher Gruppe von Menschen gerade die Zeit verbracht wird würden freigestellt. Fälle, in denen Nutzer aus reiner Unwis-

---

690 *Schack*, in: Wöhrn/Bullinger/Grunert/Ohst, Festschrift für Artur-Axel Wandtke zum 70. Geburtstag am 26. März 2013, *Weniger Urheberrecht ist mehr*, 2013, S. 9 (9 ff.); *Schack, Urheber- und Urhebervertragsrecht*, 9. Auflage, 2019, Rn. 720.

691 *Ohly, Gutachten F zum 70. Deutschen Juristentag; Urheberrecht in der digitalen Welt – Brauchen wir neue Regelungen zum Urheberrecht und dessen Durchsetzung?*, S. F 36 ff., F 126; *Ohly*, NJW Beilage 2014, 47 (48).

692 *Lerach*, in: Taeger, IT und Internet – mit Recht gestalten, *Lichtbildschutz im Internet*, 2012, S. 175 (190); *Lerach*, jurisPR-WettbR 2016; *Koreng*, in: Weller/Kemle/Dreier/Michl, Kulturgüterrecht – Reproduktionsfotografie – StreetPhotography, *Der rechtliche Status von Reproduktionsfotografien – Fotografien zweidimensionaler Vorlagen zwischen Vervielfältigung und Lichtbildschutz*, 2018, S. 87 (103); *Lauber-Rönsberg*, in: BeckOK UrhG, 26. Edition (Stand 15.10.2019), 2019, *§ 72 UrhG*, Rn. 3a; *Ziegler*, *Urheberrechtsverletzungen durch Social Sharing*, 2016, S. 249 ff.

693 *Ohly, Gutachten F zum 70. Deutschen Juristentag; Urheberrecht in der digitalen Welt – Brauchen wir neue Regelungen zum Urheberrecht und dessen Durchsetzung?*, S. F 36; *Schack*, in: Wöhrn/Bullinger/Grunert/Ohst, Festschrift für Artur-Axel Wandtke zum 70. Geburtstag am 26. März 2013, *Weniger Urheberrecht ist mehr*, 2013, S. 9 (11).

senheit bestehende Leistungsschutzrechte verletzen, entfielen, Nutzer würden folglich nur noch dann mit Abmahnkosten und nicht unerheblichen Prozesskostenrisiken belastet, wenn es sich um Lichtbildwerke handelte, denen jedoch aufgrund der erreichten Schöpfungshöhe ein anderer, insbesondere immaterieller Wert beizumessen ist. Gleiches gilt für die Übernahme einfacher Produktbilder. Letztlich würde eine weitergehende Kongruenz geschaffen zwischen den Handlungen, die Nutzer alltäglich selbstverständlich vornehmen, einerseits und der rechtlichen Zulässigkeit derselben andererseits. Damit würde der Entwicklung Rechnung getragen, dass zunehmend Lichtbilder als Medium der Kommunikation und Verbreitung verbildlichter Informationen eingesetzt werden – eine Entwicklung, deren Bedeutung der Gesetzgeber in einem ersten Schritt durch Änderung des § 51 S. 3 UrhG bereits berücksichtigt hat. Die gegenüberstehenden Interessen der Lichtbildner, die in der weit überwiegenden Anzahl der Fälle überhaupt nicht wahrgenommen und wertgeschätzt werden[694] oder sich in einem unseriösen Geschäftsinteresse erschöpfen, sowie das Interesse der Judikative an dem Bestehen eines Auffangschutzrechtes sind diesem Interesse der Allgemeinheit unterzuordnen.

Auch der aus der Abschaffung des § 72 UrhG resultierende Entzug der Schutzrechte für einfache Produktfotos, die insbesondere auf Internetplattformen wie eBay und Co. genutzt werden, ohne dass die jeweiligen Lichtbildner ein tatsächlich schützenswertes Interesse an deren Schutz hätten, verdient Zustimmung. Bei der Übernahme einfacher Produktbilder ist nicht ersichtlich, weshalb der Lichtbildner eines einfachen Produktbildes zwingend eines Leistungsschutzrechts bedürfte, Interessen des Lichtbildners, die gegenüber dem Interesse der Allgemeinheit an einer schnellen Verfügbarkeit und Nutzbarkeit entsprechender Lichtbilder überwiegen, sind nicht ersichtlich.

Gleiches gilt für Einzelbilder aus Laufbildern oder Filmwerken von Laien, die nicht die Qualität eines Lichtbildwerkes erreichen. Auch hier ist kein schutzwürdiges Interesse erkennbar. Soweit ein Filmwerk die Schöpfungshöhe des § 2 Abs. 2 UrhG erreicht, genügt dies nach allgemeinen Grundsätzen zum Teileschutz bei Werken[695] nicht, um auch den Schutz des Werkteiles zu begründen, der selbst nicht die Anforderungen des § 2

694 Insoweit führt *Apel* zutreffend aus, dass der weit überwiegende Teil einfacher Lichtbilder nie zu urheberrechtlichen Auseinandersetzungen führen wird, vgl. *Apel*, in: Götz von Olenhusen/Gergen, Kreativität und Charakter, *Überlegungen zu einer Reform des Lichtbildschutzrechts (§ 72 UrhG)*, 2017, S. 205 (217).

695 Vgl. unter Kapitel 2, C) II).

Abs. 2 UrhG erfüllt. Es ist nicht ersichtlich, weshalb anderes für Einzelbilder aus Filmwerken gelten sollte.

Soweit außerdem einfachen Reproduktionsfotografien der Schutz entzogen würde führte dies zur Vermeidung sich anbahnender Wertungswidersprüche: Die Anfertigung von Reproduktionsfotografien bedarf stets eines gewissen tatsächlichen und technischen Aufwandes. Der Fotograf muss sich mit den Rahmenbedingungen der Aufnahme bewusst auseinandersetzen, um ein bestmögliches Resultat zu erzielen. Durch Art. 14 DSM-Richtlinie soll nun solchen Reproduktionsfotografien der Schutz entzogen werden, die gemeinfreie Werke der bildenden Künste abbilden, soweit diese Reproduktionsfotografien selbst nicht die Qualität eines Lichtbildwerkes aufweisen. Durch die Umsetzung des Art. 14 DSM-Richtlinie wird der dadurch entstehende Wertungswiderspruch zwischen dem dann nicht mehr existenten Schutz einfacher Reproduktionsfotografien gemeinfreier Vorlagen, der teilweise bereits versucht wurde, im Wege einer teleologischen Reduktion des § 72 UrhG zu erzielen, und dem Schutz einfacher Reproduktionsfotografien sonstiger Vorlagen gesetzlich verankert, soweit es bei einer Aufrechterhaltung des einfachen Lichtbildschutzes bliebe. Der entstehende Wertungswiderspruch tritt noch stärker zu Tage bei dem Vergleich eines schutzfähigen sonstigen Knipsbildes mit der dann fehlenden Schutzfähigkeit der aufwändigen Reproduktionsfotografie einer gemeinfreien Vorlage. Auch dieser Wertungswiderspruch würde durch die Abschaffung des § 2 UrhG aufgelöst. Dass sich dieser Wertungswiderspruch bei Beibehaltung des Schutzrechts aus § 72 UrhG nicht durch die Gemeinfreiheit der Vorlage begründen lässt, da insoweit zwischen dem Lichtbild und der abgebildeten Vorlage zu differenzieren ist, wurde bereits unter Kapitel 2, B) IV) 3) e) erörtert. Wird zu Zwecken des erleichterten Zuganges zu Kulturgut den aufwändigen Reproduktionsfotografien der Schutz abgesprochen, ist nicht mehr nachvollziehbar, weshalb einem einfachen Lichtbild, das zu Kommunikationszwecken oder zur Vereinfachung des Angebotes von Waren im Internet eingesetzt wird, ein solcher Schutz zukommen soll. Auch die bevorstehende Umsetzung des Art. 14 der DSM-Richtlinie spricht deshalb zur Vermeidung bevorstehender Wertungswidersprüche für die Abschaffung des einfachen Lichtbildschutzes.

bb) Nachteile der Abschaffung des § 72 UrhG

Die vollständige Abschaffung des einfachen Lichtbildschutzes führte insbesondere zur Beseitigung des bestehenden Maßes an Rechtssicherheit im

Grenzbereich zwischen einfachem Lichtbild und Lichtbildwerk. Die Abschaffung wirkte sich in vielfältiger Weise auf den Umgang mit Lichtbildern aus, beginnend bei Schwierigkeiten einer etwaigen Lizenzierung bis hin zur gerichtlichen Auseinandersetzung und den damit verbundenen Kosten der Rechtsverfolgung. Auf allen Ebenen müsste differenziert werden zwischen schutzfähigem Lichtbildwerk und einfachem Lichtbild. Mangels einer klaren Trennbarkeit der Kategorien führte dies zu Unsicherheiten. Fehlerhafte Entscheidungen könnten nicht ausgeschlossen werden und gingen dann ggf. zulasten des Urhebers eines Lichtbildwerkes.

Letztlich folgten aus der Abschaffung des einfachen Lichtbildschutzes auch Veränderungen von Bedeutung. Namentlich betroffen hiervon ist vor allem die Abschaffung des Leistungsschutzrechts für einfache Lichtbilder von Berufsfotografen, die ein hohes Interesse daran haben, ihre Lichtbilder gewinnbringend vermarkten zu können. Sowohl Reproduktionsfotografen als auch Pressefotografen hätten durch die Abschaffung des einfachen Lichtbildschutzes erhebliche Folgen für den Wert ihrer Arbeit hinzunehmen. Das Entfallen des Schutzes für diese Lichtbilder könnte außerdem dazu führen, dass zulasten der Allgemeinheit weniger Lichtbilder angefertigt, die Verbreitung der Lichtbilder verzögert, Kulturgüter zurückgehalten und allgemein die Herstellung von Lichtbildwerken sowie die Lizenzierung derselben teurer würde. Ob diese gravierenden Belastungen des Rechtsverkehrs sowie existentiellen Veränderungen für Berufslichtbildner und daraus resultierende Konsequenzen für den relevanten Markt gegenüber den genannten Vorteilen geringer zu gewichten wären, ist fraglich. Auch Wissenschaftlicher sowie Techniker, die erheblich in die Dokumentation ihrer Arbeit oder technischer Details investieren, wären nachteilig von der Abschaffung des Lichtbildschutzes betroffen.

Bereits aus dem Umstand, dass hier nicht nur unerhebliche Nachteile der Abschaffung festgestellt werden können, ist der Bewertung *Overbecks*[696] entgegenzutreten, die das Leistungsschutzrecht aus § 72 UrhG als verfassungswidrig bewertet und annimmt, dass der Eingriff in die allgemeine Handlungsfreiheit gem. Art. 2 Abs. 1 GG potentieller Nutzer nicht verfassungsgemäß sei, da das Ausmaß in keinem Verhältnis zu dem geschützten Rechtsgut aus Art. 14 Abs. 1 GG stehe. Wie sich gezeigt hat, bestehen durchaus erhebliche Interessen an dem Schutz einfacher Lichtbilder, die zudem grundrechtlich geschützten Rechtspositionen unterliegen

696 *Overbeck, Der Lichtbildschutz gem. § 72 UrhG im Lichte der Digitalfotografie*, 2018, S. 127 ff., 161 f.

(Art. 5 Abs. 3 Satz 1 GG und Art. 12 Abs. 1 GG). Eine Abwägung mit diesen Belangen ist in der Bewertung *Overbecks* nicht vorgenommen worden.

Ferner entfiele auch der Schutz solcher einfacher Lichtbilder, die der Konstellation des nachträglichen Erfolges unterfallen. Eine Partizipation an dem Erfolg bzw. eine Verteidigung gegen unerlaubte Nutzungen solcher zufällig erfolgreicher Lichtbilder stünden dem jeweiligen Lichtbildner nicht mehr zu. Diesbezüglich ergibt sich folgende Bewertung:

Die Leistung des einfachen Lichtbildners in diesen Fällen liegt in der Betätigung des Aufnahmegerätes und geht damit nicht über die Leistung des Lichtbildners eines sonstigen Knipsbildes hinaus. Damit aber kann beim Vergleich zu anderen Tätigkeiten, die zu einer Leistung führen, die ebenfalls keinem Schutzrecht unterworfen sind, kein Mehrwert festgestellt werden, der bei Abschaffung des § 72 UrhG den privilegierten Schutz solcher Lichtbilder rechtfertigte. So werden etwa Werbeslogans, die aufgrund der erforderlichen Werbewirkung wohlüberlegt gewählt werden, vielfach die Schöpfungshöhe im Sinne des § 2 Abs. 2 UrhG nicht erreichen, da die Kürze der Werbeslogans der Annahme der Entfaltung einer besonderen Individualität entgegensteht.[697] Ebenfalls sind nicht sämtliche Tonfolgen als Musikwerke schutzfähig. So kann eine aufsteigende Terz nicht als schutzfähiges Werk bewertet werden, vielmehr handelt es sich um musikalisches Allgemeingut, das die erforderliche Individualität nicht aufweist.[698] Dies gilt auch, wenn es sich um sogenannte Werbejingles handelt.[699] Nichts anderes ergibt sich aus dem nachträglich feststellbaren Erfolg derartiger Leistungen. Während bei der Auswahl und der Kreation von Werbeslogans sowie bei der Komposition von Werbejingles immerhin vielfach intensive Überlegungen angestellt werden in der Hoffnung, etwas zu kreieren, das wirtschaftlichen Erfolg erzielt, wird bei einem einfachen Lichtbild oftmals lediglich spontan und ohne weitere Überlegungen der Auslöser gedrückt. Gleichwohl sind Werbeslogans und -jingles sowie kurze Tonfolgen eines Musikwerkes, die selbst nicht die Anforderungen des § 2 Abs. 2 UrhG erfüllen, keinem Schutzrecht unterworfen. Streitet jedoch für die Hersteller dieser Leistungen kein Schutzrecht des UrhG, ist nicht ersichtlich, weshalb der Lichtbildner eines einfachen Lichtbildes zwingend an dem wirtschaftlichen Erfolg seines einfachen Lichtbildes beteiligt werden müsste. Weder liegt in einfachen Lichtbildern ein besonderer Aus-

697 OLG Frankfurt, Beschluss v. 04.08.1986 – 6 W 134/86, GRUR 1987, 44; *Loewenheim*, in: Schricker/Loewenheim, 5. Auflage, 2017, *§ 2 UrhG*, Rn. 140 m.w.N.

698 BGH, Urt. v. 03.02.1988 – I ZR 143/86, GRUR 1988, 810, *Fantasy*.

699 OLG München, Urt. v. 18.08.2011 – 6 U 4362/10, ZUM 2011, 928 (929).

druck der Persönlichkeit des Lichtbildners, noch erfordert die Herstellung solcher Lichtbilder zwingend ein besonderes Maß an tatsächlichem oder technischen Aufwand und/oder handwerklichen Können. Eine Leistung, die über die Anfertigung alltäglicher Knipsbilder hinausgeht, liegt nicht vor, der nachträgliche Erfolg beruht hier vielmehr auf einem Zufall, der nicht dem Lichtbildner zugerechnet werden kann. Auch ein Vergleich zum Markenrecht zeigt, dass ein Schutz aufgrund eines Bekanntheitsgrades bei gleichzeitiger Nicht-Erfüllung sonstiger Voraussetzungen nur in Ausnahmefällen gewährt werden kann: § 8 Abs. 2 Nr. 2 MarkenG bestimmt absolute Schutzhindernisse für solche Marken, denen jegliche Unterscheidungskraft fehlt (Nr. 1), die lediglich beschreibenden Charakter haben, sodass ein Freihaltebedürfnis besteht[700] (Nr. 2), sowie Marken, bei denen es sich um Gattungsbezeichnungen handelt (Nr. 3). Marken, die unter die genannten Voraussetzungen fallen, werden grundsätzlich nicht als schutzfähig und damit auch nicht als schutzwürdig erachtet. Wurde demgegenüber eine solche Marke im Rechtsverkehr benutzt und hat sie sich in den beteiligten Verkehrskreisen durchgesetzt, bestimmt § 8 Abs. 3 MarkenG eine Ausnahme. Liegt eine solche Verkehrsdurchsetzung vor, wird die Eintragungsfähigkeit hiernach ausnahmsweise begründet. Die erlangte Verkehrsdurchsetzung im Sinne von § 8 Abs. 3 MarkenG ist jedoch in der Regel der Aktivität des Markeninhabers am Markt und damit dessen intensiven und umfassenden Leistungen zuzuschreiben. Beim einfachen Lichtbildschutz sind vielmehr solche Fälle betroffen, in denen eine einfache Leistung, die keiner besonderen Begabung, keines Aufwandes, ja nicht einmal der expliziten Aufmerksamkeit oder Beachtung des Lichtbildners bedarf, nachträglich durch einen Zufall bzw. durch die Handlung eines Dritten Bedeutung erlangt. Die Regelung des § 8 Abs. 3 MarkenG findet damit ihre Berechtigung in der Leistung des Markeninhabers selbst. Dies trifft auf die hier beschriebenen Fäll des einfachen Lichtbildschutzes nicht zu.

Kein anderes Ergebnis ergibt sich daraus, dass der Gesetzgeber bereits in der Vergangenheit eine Sonderstellung solcher Lichtbilder, die als »Dokumente der Zeitgeschichte“ zu bewerten waren, gesetzlich normiert hatte und damit den nachträglich gewonnenen Wert bestimmter Lichtbilder honorierte. Denn diesen Ausnahmeschutz für Dokumente der Zeitgeschichte hat der Gesetzgeber nur wenige Jahre später wieder abgeschafft, da die Handhabung in der Praxis Schwierigkeiten begründete, insbesondere die nachträgliche Schutzeinräumung nicht für praktikabel gehalten wurde,

700 Vgl. BTDrucks. 12/6581 S. 70.

vgl. unter Kapitel 1, D) IV) 1). Diese Bewertung trifft auch auf die hier in Rede stehenden Lichtbilder zu. Anhand welcher Kriterien sollte entschieden, werden, ob nachträglich ein hinreichender Erfolg erzielt wurde?

Die Abschaffung des einfachen Lichtbildschutzes führte mithin zu einer Abschaffung des Schutzes nachträglich erfolgreicher einfacher Lichtbilder. Dieses Ergebnis wäre jedoch zu verkraften, insoweit streitet kein zwingend anzuerkennendes Interesse des jeweiligen Lichtbildners für die Beibehaltung des Schutzes.

cc) Offene Fragen

Ferner ist bei der Bewertung, ob der einfache Lichtbildschutz abgeschafft werden sollte, zu beachten, dass auch bei Abschaffung eines einfachen Lichtbildschutzes nicht sämtliche genannten Risiken ausgeräumt würden, vielmehr einige Aspekte ungeklärt blieben. Insoweit ist *Lauber-Rönsberg*[701] dahingehend zuzustimmen, dass die Abschaffung des einfachen Lichtbildschutzes keine umfassende Lösung bietet. Insbesondere verblieben folgende Schwierigkeiten:

- Niedrige Schutzschwelle des § 2 Abs. 2 UrhG
- Fortbestehen von Rechten Dritter
- Notwendigkeit von Übergangsregelungen

(1) Niedrige Schutzschwelle des § 2 Abs. 2 UrhG

Aufgrund der niedrigen Schutzschwelle des § 2 Abs. 2 UrhG können auch zahlreiche Produktfotografien oder z.B. Landschaftsfotografien, die in den sozialen Netzwerken eingestellt werden, bereits die für ein Lichtbildwerk erforderliche Schöpfungshöhe erreichen. Eine Lösung hierfür führt die Abschaffung des Leistungsschutzrechtes aus § 72 UrhG nicht herbei.

Konsequenz hieraus wäre, dass der Laie, der sich des Lichtbildes bedient, danach differenzieren müsste, ob die notwendige Schöpfungshöhe erreicht wurde oder nicht. Vielfach wird ihm dies jedoch gar nicht möglich sein. Dies zum einen deshalb, weil eine Abgrenzung allgemein mit Schwierigkeiten verbunden ist, zum anderen aber auch, da ihm – anders als z.B. einem Gericht im laufenden Prozess, in dem üblicherweise entspre-

---

701 *Lauber-Rönsberg*, in: BeckOK UrhG, 26. Edition (Stand 15.10.2019), 2019, *§ 72 UrhG*, Rn. 3a.

chender Tatsachenvortrag durch den Lichtbildner erfolgt – die Einzelheiten der Lichtbildherstellung gar nicht bekannt sind. Damit kann er aber auch nicht beurteilen, welche Überlegungen der Lichtbildner ggf. angestellt hat, die zu einer etwaigen Bewertung des Lichtbildes als Lichtbildwerk führen könnten. Hinzu kommen die ohnehin bestehenden Abgrenzungsschwierigkeiten zwischen den beiden Kategorien, die eine rechtssichere Abgrenzung ohnehin nur in wenigen Fällen zulassen.

Doch auch wenn insoweit keine vollumfassende Rechtssicherheit für den Nutzer des fremden Lichtbildes durch die Abschaffung des § 72 UrhG erreicht würde, minimierte die Abschaffung des Schutzrechts das Risiko, der Geltendmachung von Schutzrechten ausgesetzt zu werden, erheblich.[702] Dies zum einen dadurch, dass für einfache Lichtbilder ein Schutzrecht nicht mehr bestünde und sich der Lichtbildner nicht mehr auf ein ihm zustehendes Leistungsschutzrecht berufen könnte. Zum anderen dadurch, dass insbesondere Privatpersonen, die sich nicht mehr auf ein jedenfalls bestehendes Leistungsschutzrecht berufen könnten, von einer kostenauslösenden Rechtsverfolgung aufgrund des bestehenden Kostenrisikos vermehrt absehen würden. Insoweit wäre damit zu rechnen, dass Privatpersonen, die ein Interesse daran haben, dass ihre Lichtbilder nicht durch Dritte genutzt werden und die der Auffassung sind, ein Lichtbildwerk geschaffen zu haben, zunächst eigenständig Kontakt zum jeweiligen Nutzer aufnehmen und diesen zur Unterlassung auffordern, ohne unmittelbar einen Rechtsanwalt einzuschalten, dessen Gebühren – im Rahmen einer etwaigen Deckelung nach § 97a Abs. 3 UrhG – bei Bestehen eines Leistungsschutzrechtes zu erstatten wären. Hiermit einher ginge zwar das Risiko, dass Inhaber eines Urheberrechts gem. § 2 Abs. 1 Nr. 5 UrhG zur Vermeidung etwaiger Risiken auf die Durchsetzung ihrer Rechte gänzlich verzichteten, dieses Risiko dürfte jedoch angesichts der Vorteile, insbesondere der Ermöglichung einer dem digitalen Zeitalter angemessenen Würdigung der Kommunikation zu vernachlässigen sein.

Die niedrige Schutzschwelle des § 2 Abs. 2 UrhG steht damit nicht der Effektivität einer Abschaffung des einfachen Lichtbildschutzes entgegen, da gleichwohl damit zu rechnen ist, dass jedenfalls diejenigen Rechtsverfolgungen zurückgingen, denen faktisch außer der Gebührenerzielung

702 Im Ergebnis ebenso *Ohly*, *Gutachten F zum 70. Deutschen Juristentag; Urheberrecht in der digitalen Welt – Brauchen wir neue Regelungen zum Urheberrecht und dessen Durchsetzung?*, S. F 37 f.; *Schack*, in: Wöhrn/Bullinger/Grunert/Ohst, Festschrift für Artur-Axel Wandtke zum 70. Geburtstag am 26. März 2013, *Weniger Urheberrecht ist mehr*, 2013, S. 9 (19).

kein Interesse an dem Schutz des Lichtbildes zugrunde liegt, und auch im Übrigen genauer abgewogen würde, ob ein bestehendes Schutzrecht geltend gemacht werde, mit dem Risiko der Ablehnung der Werkqualität und einer hieraus resultierenden Kostentragung.

(2) Fortbestehen von Rechten bzw. Rechtspositionen Dritter

Ferner führte die Abschaffung des Leistungsschutzrechts für einfache Lichtbilder dort nicht zu einer abschließenden Lösung, wo Rechte Dritter betroffen sind, die die Untersagung der nicht erlaubten Nutzung des Lichtbildes ermöglichen und bei Verletzung seiner Rechte insbesondere ihm zustehende Unterlassungs-, Schadensersatz- und Auskunftsansprüche geltend machen. In Betracht kommen insoweit

- Urheberrechte oder Leistungsschutzrechte an den Abbildungsgegenständen[703];
- das allgemeine Persönlichkeitsrecht gem. Art. 2 Abs. 1 i.Vm. Art. 1 Abs. 1 GG bzw. das Recht am eigenen Bild nach §§ 22 ff. KUG[704];
- das Eigentumsrecht an dem Abbildungsgegenstand und/oder dem Grundstück, auf dem sich der Abbildungsgegenstand befindet und/oder Hausrecht[705]

703 Vgl. hierzu z.B. *Thum*, in: Wandtke/Bullinger, 5. Auflage, 2019, § 72 UrhG, Rn. 201.

704 Zum Recht am eigenen Bild im Einzelnen die Kommentierug bei *Specht* in: Dreier/Schulze/Specht, 6. Auflage, 2018, § §§ 22–24 KUG.

705 Es ist stark umstritten, ob das Eigentum an einer Sache der Anfertigung oder der Verwertung einer Fotografie entgegengehalten werden kann, vgl. z.B. BGH, Urt. v. 13.10.1965 – Ib ZR 111/63, GRUR 1966, 503 (505), *Apfel-Madonna*; Urt. v. 20.09.1974 – I ZR 99/73, GRUR 1975, 500 (501 f.), *Schloß Tegel*; Urt. v. 09.03.1989 – I ZR 54/87, GRUR 1990, 390, *Friesenhaus*; Urt. v. 17.12.2010 – V ZR 45/10, GRUR 2011, 323 (324 ff.), *Preußische Gärten und Parkanlagen*; Urt. v. 01.03.2013 – V ZR 14/12, GRUR 2013, 623 (624 f.), *Preußische Gärten und Parkanlagen II*; Urt. v. 20.12.2018 – I ZR 104/17, GRUR 2019, 284 (287), *Museumsfotos*; OLG Stuttgart, Urt. v. 31.05.2017 – 4 U 204/16, GRUR 2017, 905 (909 f.), *Reiss-Engelhorn*; OLG München, Urt. v. 13.06.2013 – 6 U 4422/12, ZUM 2014, 150 (152); *Grüning*, Die Eigentumsfreiheitsklage gegen Fotografieren und die gewerbliche Verwertung dieser Fotografien, 1980; *Bittner*, Das Fotografieren fremder Sachen – zivilrechtliche Ansprüche des Eigentümers?, 1986, S. 22 ff. (Nutzung des Eigentums als Motiv als Einwirkung tatsächlicher Art und Gebrauchmachen), 30 ff. (zur Ablehnung des Erfordernisses der körperlichen Fühlungnahme); *Dreier*, in: Ganea, Urheberrecht, Sachfotografie, Urheberrecht und Eigentum, 2001, S. 235; *Lehment*, Das Fotografieren von Kunstgegenständen,

- ein aufgrund vertraglicher Bestimmungen bzw. AGB bestehendes Fotografierverbot sowie
- das Wettbewerbsrecht.

Diese Aspekte als Konturierung des einfachen Lichtbildschutzes im Gesamtgefüge des Rechts bleiben jedoch einer weiteren Arbeit vorbehalten. Gegenstand dieser Arbeit ist das Immaterialgüterrecht des § 72 UrhG und dessen Rechtfertigung. Die Frage nach der Rechtfertigung eines bestehenden Schutzrechtes ist von der Frage, ob die Abschaffung desselben durch andere Rechte konterkariert würde, die zudem vielfach Dritten und nicht dem Lichtbildner zustehen werden[706], unabhängig. Aus der Existenz anderer Ausschließlichkeitsrechte wie z.B. Urheberrechten am Schutzgegenstand oder dem Recht am eigenen Bild der abgebildeten Person kann nicht im Umkehrschluss der etwaigen Abschaffung eines nicht mehr gerechtfertigten Leistungsschutzrechtes der Weg versperrt werden.

(3) Notwendigkeit von Übergangsregelungen

Art. 14 Abs. 1 Satz 2 GG lässt die inhaltliche Umformung durch das einfache Recht nur zu, soweit die bisherigen Zuordnungsverhältnisse aufrechterhalten bleiben.[707] Die ersatzlose Streichung des Leistungsrechts für be-

---

1. Aufl., 2008, S. 99 ff.; *Bullinger/Schmalfuß/Bretzel*, Urheberrechte in Museen und Archiven, 1. Auflage, 2010, S. 82, 84; *Lehment*, GRUR 2011, 327; *Stieper*, ZUM 2011, 331; *Schack* JZ 2011, 375; *Dreier*, in: Schierholz/Melichar, Kunst, Recht und Geld, Lässt sich das Spiel in der Nachspielzeit noch drehen?, 2012, S. 15; *Elmenhorst*, GRUR-Prax 2013, 94; *Kianfar*, Sachfotografie und Hausrecht, 1. Aufl., 2015, S. 66, 117 ff.; *Althammer*, in: Staudinger, §§ 903–924 BGB, Neubearb. 2016, 2016, § 903, Rn. 11 m.w.N.; *Lutzi*, GRUR 2017, 878; *Weller*, ZUM 2018, 484; *Schulze*, in: Weller/Kemle/Dreier/Michl, Kulturgüterrecht – Reproduktionsfotografie – StreetPhotography, Museale Reproduktionsfotografie und Bildrecht an der eigenen Sache, 2018, S. 104 (110 ff.); *Thum*, in: Wandtke/Bullinger, 5. Auflage, 2019, § 72 UrhG, Rn. 202 ff.. Würde ein Recht am Bild der eigenen Sache anerkannt, hätte dies Konsequenzen hinsichtlich der Umsetzung von Art. 14 DSM-Richtlinie. Das Eigentumsrecht wird von dieser Vorschrift nicht erfasst, sodass Rechte des Eigentümers eines gemeinfreien Werkes weiterhin der Nutzung der diese abbildenden Lichtbilder entgegengehalten werden könnten. Vgl. hierzu *Schulze*, GRUR 2019, 779 (783).

706 So kann z.B. das Recht am eigenen Bild dem Lichtbildner nur zustehen, wenn es sich um ein Selfie handelt oder ein Selbstauslösemechanismus verwendet wurde.

707 BVerfG, Beschluss v. 08.07.1971 – 1 BvR 766/66, NJW 1972, 145 (146, 148).

reits bestehende Leistungsschutzrechte wäre mithin verfassungswidrig,[708] der Schutz für einfache Lichtbilder, die vor Abschaffung des einfachen Lichtbildschutzes entstanden sind, deshalb aufrechtzuerhalten.[709]

Im Ergebnis stünden jedoch auch solche Übergangsregelungen der Zweckmäßigkeit einer Abschaffung des einfachen Lichtbildschutzes nicht entgegen. Gerade der Einsatz von Lichtbildern zum Zwecke der Kommunikation sowie der sonstige Einsatz von Lichtbildern in sozialen Medien ist geprägt von schneller und lebendiger Interaktion und einem hohen Maß an Aktualität. Vor diesem Hintergrund sind es überwiegend aktuelle Lichtbilder, die Gegenstand alltäglicher Nutzungen sind, die durch eine Abschaffung des einfachen Lichtbildschutzes legalisiert werden könnten. Darüber hinaus würde auch absolut die Zahl von Rechtsverletzungen reduziert. Der fortwährende Schutz für bestehende einfache Lichtbilder wäre als geringes Übel hinnehmbar.

k) Zwischenergebnis

Die vollständige Abschaffung des einfachen Lichtbildschutzes weist relevante Vorteile auf, erhebliche Nachteile können jedoch nicht geleugnet werden. Die Konsequenzen für Berufslichtbildner sind existenzbedrohend und sind geeignet, erhebliche negative Auswirkungen für den Informationsumfang und den -fluss sowie den Rechtsverkehr mit Lichtbildern insgesamt zu bewirken. Um insoweit auf *Schacks*[710] Metapher zurückzugreifen, der das Absägen ganzer Äste für erforderlich hielt, könnte die Abschaffung des einfachen Lichtbildschutzes nicht nur das Absägen ganzer Äste darstellen sondern der Axt im Walde gleichkommen.

---

708 Insoweit ist die Bewertung des BVerfG, Beschluss v. 08.07.1971 – 1 BvR 766/66, NJW 1972, 145 (148) übertragbar.

709 Auf diese Problematik zutreffend hinweisend *Lauber-Rönsberg*, in: BeckOK UrhG, 26. Edition (Stand 15.10.2019), 2019, *§ 72 UrhG*, Rn. 3a.

710 *Schack*, in: Wöhrn/Bullinger/Grunert/Ohst, Festschrift für Artur-Axel Wandtke zum 70. Geburtstag am 26. März 2013, *Weniger Urheberrecht ist mehr*, 2013, S. 9 (10).

3) Teilweise Abschaffung des § 72 UrhG für Lichtbilder, die nicht berufsmäßig hergestellt werden

a) Folgen der Beschränkung des Schutzbereichs[711]

Der zuvor aufgezeigten Problematik der Beeinträchtigung von Berufsfotografen könnte dadurch begegnet werden, dass das Schutzrecht des § 72 UrhG auf solche Lichtbilder beschränkt wird, die von Berufslichtbildnern hergestellt werden. Der Schutzbereich des § 72 UrhG würde hierdurch auf solche Fälle begrenzt, in denen § 72 UrhG eine nicht nur unerhebliche wirtschaftliche Bedeutung aufweist und in denen in der Regel ein besonderes Interesse, nämlich die Sicherung der Erwerbsgrundlage besteht. Das schützenswerte Interesse an der Verfolgung von Rechtsverletzungen liegt in diesen Konstellationen vor, es sind handelt sich um grundrechtlich geschützte Rechtspositionen (Art. 12 Abs. 1 GG). Hierdurch könnte auch verhindert werden, dass letztlich zulasten der Allgemeinheit Lichtbilder vorübergehend zurückgehalten würden (z.B. bis zum Redaktionsschluss des Konkurrenten) oder weniger Lichtbilder überhaupt angefertigt würden, da mehr abgewogen würde, ob der Aufwand zur Herstellung eines nicht geschützten Lichtbildes überhaupt gerechtfertigt wäre.

Bei teilweiser Abschaffung des Lichtbildschutzes und Beschränkung des Schutzbereiches auf berufsmäßig hergestellte Lichtbilder träten die vorgenannten positiven wie negativen Konsequenzen der Abschaffung des einfachen Lichtbildschutzes ein, mit Ausnahme der Schutzlosstellung der Berufsfotografen. Demnach kann im Übrigen auf die vorherigen Ausführungen verwiesen werden.

b) Inhaltliche Ausgestaltung

Zu klären wäre in diesem Fall, ob eine solche Begrenzung nur auf solche Lichtbilder erstreckt werden sollte, die von Berufsfotografen in Ausübung ihrer beruflichen Tätigkeit hergestellt wurden, oder auch auf „Zufallstref-

711 Eine Vermutungsregelung zugunsten der Berufslichtbildner dahingehend, dass vermutet werde, die Anforderungen gem. § 2 Abs. 2 UrhG seien erfüllt, wäre zwar denkbar, gleichwohl nicht überzeugend. Gerade bei Kriegsfotografien, Pressefotografien und Reproduktionsfotografien flacher Vorlagen wird es ohne weiteres möglich sein, den Nachweis für das Nichtvorliegen der erforderlichen Werkqualität zu führen.

fer", also solche Lichtbilder, die der Berufsfotograf in seiner Freizeit herstellt, die aber z.B. eine Qualität oder einen Inhalt aufweisen, der diese für eine Verwertung im Rahmen der beruflichen Tätigkeit prädestiniert.

Es spricht viel dafür, den Berufsfotografen einen möglichst umfassenden Schutz zu gewähren, um keine weiteren Abgrenzungsschwierigkeiten hervorzurufen und dem Grundrecht des Fotografen aus Art. 12 Abs. 1 GG gerecht zu werden. Bei Berufsfotografen wird sich nämlich häufig Privates von Beruflichem nicht zu 100 % trennen lassen. Dies gilt jedenfalls, soweit ein Fotograf nicht ausschließlich auf eine bestimmte Tätigkeit, z.B. die Herstellung von Porträts oder Reproduktionsfotografien von Werken der bildenden Künste, ggf. sogar als Arbeitnehmer, spezialisiert ist. Doch auch im Falle einer solchen Spezialisierung oder Angestelltentätigkeit steht es dem Berufslichtbildner – vorbehaltlich einer anderen arbeitsvertraglichen Regelung – frei, sich anderweitig mit der Fotografie zu betätigen und entstandene Lichtbilder zu verwerten.

Allerdings könnte als Schutzvoraussetzung für ein Lichtbild, das zugunsten eines Berufsfotografen geschützt wäre, die Verpflichtung begründet werden, das Lichtbild durch ein entsprechendes Zeichen zu kennzeichnen. Ein solcher Vermerk war z.B. in den USA bis zum Beitritt der USA zur RBÜ im Jahr 1989 zur Entstehung des Urheberrechts an dem jeweiligen Werk erforderlich.[712] Eine solche Kennzeichnungspflicht führte in der hier vorliegenden Konstellation zum einen dazu, dass der Berufslichtbildner mit Anbringen des Vermerks zum Ausdruck bringt, dass dieses Lichtbild, anders als einfache Lichtbilder anderer Lichtbildner, einem Leistungsschutzrecht unterworfen ist und er von dem Schutzrecht Gebrauch machen möchte.[713] Zum anderen führte dies zu einer Rechtssicherheit im Rechtsverkehr, da für Dritte ersichtlich würde, dass sie für die Nutzung des Lichtbildes eine Erlaubnis des Rechtsinhabers benötigten. Zur Vermeidung des Missbrauchs dieser Kennzeichnung sollte die unberechtigte Nutzung des Kennzeichens sowie das Entfernen der Kennzeichnung als Ordnungswidrigkeit und die gewerbsmäßige unberechtigte Nutzung in der

712 *Ulmer-Eilfort*, in: Ulmer-Eilfort/Obergfell/Kübler, 2013, *§ 14 VerlG*, Rn. 13.

713 Es könnte erwogen werden, diese Kennzeichnungspflicht auch auf berufsmäßig hergestellte Lichtbildwerke auszudehnen. Dies wäre jedoch angesichts der klaren Regelung des Art. 6 Satz 2 Schutzdauer-RL unionsrechtswidrig. Im Übrigen dürfte davon auszugehen sein, dass die Berufslichtbilder in der Praxis zur Vermeidung von Nachteilen im Falle der fehlerhaften Nichtanerkennung der Werkqualität ohnehin flächendeckend ihre Lichtbilder mit entsprechenden Kennzeichnungen ausstatteten, soweit einfache Lichtbildner die Kennzeichnung als konstitutive Schutzvoraussetzung erforderten.

Absicht der Erzielung von Einnahmen durch die unberechtigte Aussprache von Abmahnungen als Straftat (nebst Versuchsstrafbarkeit) ausgestaltet werden.

Um auch neuen Berufsbildern – z.B. Influencern und sonstigen Creators – gerecht zu werden, sollte der Begriff des Berufsfotografen entsprechend weit gefasst werden.

c) Formulierungsvorschlag

§ 72 Abs. 1 UrhG könnte z.B. geändert werden wie folgt (Ergänzung hervorgehoben):

> „Lichtbilder und Erzeugnisse, die ähnlich wie Lichtbilder hergestellt werden, werden in entsprechender Anwendung der für Lichtbildwerke geltenden Vorschriften des Teils 1 geschützt, *soweit diese von einem Berufslichtbildner hergestellt werden und dieser die Lichtbilder vor der erstmaligen Veröffentlichung, Verwertung und/oder öffentlichen Wiedergabe mit einer sichtbaren Kennzeichnung versieht, die zum Ausdruck bringt, dass das Lichtbild dem Schutz dieser Vorschrift unterliegen soll. Berufslichtbildner ist, wer seinen Lebensunterhalt dauerhaft ganz oder teilweise aus der Herstellung von Lichtbildern im Rahmen seiner abhängigen oder selbstständigen Tätigkeit bezieht. Eine Kennzeichnung gem. Satz 1 erfolgt durch die Kennzeichnung mit (B).*“

d) Bewertung

Eine solche Regelung sorgte für den hinreichenden Schutz der Lichtbilder von Berufsfotografen und damit regelmäßig auch für den Schutz musealer Reproduktionsfotografien, Pressefotografien und professionelle Produktbilder. Außerdem sorgte eine solche Lösung gegenüber der vollständigen Abschaffung des einfachen Lichtbildschutzes für erhebliche Erleichterung im Rechtsverkehr, da für einen weiten Bereich der Lichtbilder, die üblicherweise Gegentand von Lizenzierungen sind, Rechtssicherheit über die Notwendigkeit sowie über die Möglichkeit der Einräumung von Nutzungsrechten geschaffen würde. Hingegen würde denjenigen Lichtbildern, bei denen eine Rechtfertigung für die Gewährung eines Schutzrechts nicht vorliegt, der Schutz entzogen. Insbesondere würde hierdurch den typischen Knipsbildern von Privatpersonen, die in den sozialen Medien verbreitet werden, sowie auf Verkaufsplattformen und ähnlichen Medien eingestellten einfachen Produktbildern die Gewährung eines Schutzrechtes versagt werden. Im Übrigen bliebe es bei den zuvor unter 2) genannten Ergebnissen. So blieben die Lichtbilder, die im Zusammenhang mit Wissenschaft und Technik hergestellt werden, ungeschützt, soweit nicht ein Berufslichtbildner anstelle des jeweiligen Wissenschaftlers, Technikers o.ä. die Aufnahme herstellte.

Eine solche Reformierung wäre etwa mit den Erwägungen von *Lerach*[714], *Koreng*[715] *und Ziegler*[716] in Einklang zu bringen, die jeweils die Legitimation des Schutzrechts aus § 72 UrhG deshalb in Frage stellen, weil die Anzahl der ohne besonderen Aufwand gefertigte Lichtbilder überwiegt bzw. den Unsicherheiten der Interaktion in sozialen Netzwerken, die üblicherweise ebenfalls Knipsbilder von Privaten betrifft, begegnet werden soll. Diesen Reformierungsüberlegungen kann kein Grund entnommen werden, den Schutz berufsmäßig hergestellter Lichtbilder gleichermaßen zu streichen.

4) Schutz von Lichtbildern aus Wissenschaft und Technik

Fraglich ist, ob ein singulärer oder ein mit der Beschränkung des Lichtbildschutzes auf durch Berufslichtbildner hergestellte Lichtbilder kombinierter Lichtbildschutz für Lichtbilder aus Wissenschaft und Technik erforderlich wäre. So verweist z.B. *Vogel*[717] darauf, dass der einfache Lichtbildschutz in seiner heutigen Ausgestaltung seine Rechtfertigung aus der häufig mit erheblichem finanziellem Aufwand verbundenen Leistung, z.B. in Naturwissenschaft und Technik, erziele.

Insoweit ist anzuerkennen, dass es sich auch in diesem Bereich um Lichtbilder handelt, die üblicherweise mit nicht unerheblichem Aufwand verbunden sind (vgl. unter Kapitel 4, c) II) 2) i)).

Gegenüber den Berufsfotografen besteht hier der Unterschied darin, dass die Lichtbilder nicht primärer Inhalt der beruflichen Tätigkeit und

---

714 *Lerach*, in: Taeger, IT und Internet – mit Recht gestalten, *Lichtbildschutz im Internet*, 2012, S. 175 (190); *Lerach*, jurisPR-WettbR 2016.

715 *Koreng*, in: Weller/Kemle/Dreier/Michl, Kulturgüterrecht – Reproduktionsfotografie – StreetPhotography, *Der rechtliche Status von Reproduktionsfotografien – Fotografien zweidimensionaler Vorlagen zwischen Vervielfältigung und Lichtbildschutz*, 2018, S. 87 (103).

716 *Ziegler*, *Urheberrechtsverletzungen durch Social Sharing*, 2016, S. 250 f.

717 *Vogel*, in: Loewenheim, Handbuch des Urheberrechts, *§ 37 Schutz von Lichtbildern*, 2010, Rn. 2.

der Schaffung der Lebensgrundlage sind. Bei Lichtbildern aus Wissenschaft und Technik sind die Interessen, die der jeweiligen Investition und dem erbrachten Aufwand zu Grunde liegen, gänzlich andere als bei Berufslichtbildnern. Der erbrachte Aufwand in diesen Bereichen soll insbesondere nicht von Mitbewerbern übernommen werden können, um eigene Investitionen zu ersparen. Gleichwohl ist ein schutzwürdiges Interesse der jeweiligen Lichtbildner am Schutz der Abbildungen angesichts des regelmäßig mit den Aufnahmen verbundenen Aufwandes anzuerkennen.

Bei Wissenschaftlern, Technikern u.ä. wäre allerdings eine Ausdehnung auf private Fotografien nicht gerechtfertigt. Denn hier kann durchaus differenziert werden, ob eine Fotografie zu Forschungszwecken aufgenommen wird oder ob es sich um eine rein private Aufnahme handelt. Der Virologe oder Maschinenbauer wird im Rahmen seiner Tätigkeit keine Landschaftsaufnahmen oder Portraits anfertigen. Sollte es ausnahmsweise zu Überschneidungen kommen, erscheint es angemessen, dem Lichtbildner nach allgemeinen Grundsätzen die Beweislast für die Entstehung des Lichtbildes im Rahmen seiner wissenschaftlichen Tätigkeit aufzuerlegen. Andernfalls würde bestimmten Berufsgruppen, die der Fotografie nicht zur Erzielung ihrer Lebensgrundlage nachgehen, ein einfacher Lichtbildschutz gewährt werden, ohne dass hierfür ein anerkennenswertes Interesse bestünde. Diese Bewertung würde auch dem Schutzgrund solcher Lichtbilder gerecht.

Wie bei Berufslichtbildnern erscheint auch hier zur Schaffung der erforderlichen Rechtssicherheit eine Kennzeichnung angemessen.

Der Schutz von Lichtbildern aus Wissenschaft und Technik sollte jedoch nicht singulär sondern kumulativ mit dem Schutz von Lichtbildern von Berufsfotografen abgesichert werden. Angesichts der Schutzinteressen besteht kein Grund, Lichtbilder aus Wissenschaft und Technik zu schützten, nicht hingegen Lichtbilder, die von Berufslichtbildnern hergestellt werden. Bei alleinigem Schutz von Lichtbildern, die berufsmäßig hergestellt werden, könnte zu Unterschieden hinsichtlich des Schutzes von Lichtbildern aus Wissenschaft und Technik kommen, je nachdem, ob diese von Berufslichtbildnern hergestellt werden oder es sich um Aufnahmen der Wissenschaftler, Techniker o.ä. selbst handelt, sodass dies nicht ausreichend wäre. Der zuvor wiedergegebene Formulierungsvorschlag könnte zum ergänzenden Schutz von Lichtbildern aus Wissenschaft und Technik ergänzt werden wie folgt:

> „Lichtbilder und Erzeugnisse, die ähnlich wie Lichtbilder hergestellt werden, werden in entsprechender Anwendung der für Lichtbildwerke geltenden Vorschriften des Teils 1 geschützt, *soweit diese von einem*

> *Berufslichtbildner hergestellt werden und dieser die Lichtbilder vor der erstmaligen Veröffentlichung, Verwertung und/oder öffentlichen Wiedergabe mit einer sichtbaren Kennzeichnung versieht, die zum Ausdruck bringt, dass das Lichtbild dem Schutz dieser Vorschrift unterliegen soll. Berufslichtbildner ist, wer seinen Lebensunterhalt dauerhaft ganz oder teilweise aus der Herstellung von Lichtbildern im Rahmen seiner abhängigen oder selbstständigen Tätigkeit bezieht. Eine Kennzeichnung gem. Satz 1 erfolgt durch die Kennzeichnung mit (B). Gleichermaßen geschützt werden außerdem solche Lichtbilder, und Erzeugnisse, die ähnlich wie Lichtbilder hergestellt werden, die im Rahmen einer wissenschaftlichen Tätigkeit hergestellt werden sowie solche, die im Rahmen einer technischen Tätigkeit zur Dokumentation oder Darstellung technischer Details und/oder Abläufe hergestellt werden; auch für diese Lichtbilder und Erzeugnisse, die ähnlich wie Lichtbilder hergestellt werden, ist eine Kennzeichnung gem. Satz 1 und 3 erforderlich.*"

Auch eine solche Lösung stünde im Einklang mit den Reformierungserwägungen von *Lerach*[718], *Koreng*[719] *und Ziegler.*[720]

5) Wandlung in ein investitionsschützendes Leistungsschutzrecht bzw. Begreifen des § 72 UrhG als „echtes" Leistungsschutzrecht

Denkbar wäre es außerdem, entsprechend der Forderungen von *Zech*[721] und *Apel*[722] das Schutzrecht aus § 72 UrhG auf ein „Rumpfrecht" zugunsten investitionsintensiver Aufnahmen zu begrenzen.

Die Wandlung des § 72 UrhG in ein rein investitionsschützendes Leistungsschutzrecht, bedeutete, dass im Einzelfall geprüft werden müsste, ob das erforderliche Maß des erbrachten Aufwandes erreicht werde und worin der Anknüpfungspunkt hierfür liege. Genügte es bereits, eine hochwertige Kameraausrüstung, eine Drohne o.ä. zu verwenden? Wären dann Bilder, die mit ausgeliehener Ausrüstung zustande kommen, anders zu be-

718 *Lerach*, in: Taeger, IT und Internet – mit Recht gestalten, *Lichtbildschutz im Internet*, 2012, S. 175 (190); *Lerach*, jurisPR-WettbR 2016.

719 *Koreng*, in: Weller/Kemle/Dreier/Michl, Kulturgüterrecht – Reproduktionsfotografie – StreetPhotography, *Der rechtliche Status von Reproduktionsfotografien – Fotografien zweidimensionaler Vorlagen zwischen Vervielfältigung und Lichtbildschutz*, 2018, S. 87 (103).

720 *Ziegler*, *Urheberrechtsverletzungen durch Social Sharing*, 2016, S. 250 f.

721 *Zech*, GRUR 2019, 291.

722 *Apel*, in: Götz von Olenhusen/Gergen, Kreativität und Charakter, *Überlegungen zu einer Reform des Lichtbildschutzrechts (§ 72 UrhG)*, 2017, S. 205 (222).

werten als solche, die mit der eigens angeschafften Ausrüstung aufgenommen werden? Genügte es für die Erfüllung der Anforderungen bereits, ein hochwertiges Smartphone zu verwenden, in dem eine besonders gute Kamera integriert ist? Oder wäre das Investitionserfordernis dahingehend zu verstehen, dass nicht die Ausrüstung sondern der Aufwand, so z.B. *Apel*[723] unter Bezugnahme auf das Leistungsschutzrecht des Datenbankherstellers gem. § 87a Abs. 1 UrhG, für das konkrete Lichtbild, z.B. das Aufsuchen des Ortes, die Buchung von Models etc. entscheidend sei?

Eine solche Lösung könnte insbesondere Reproduktionsfotografien, Lichtbilder aus Wissenschaft und Technik sowie Produktbilder, deren Herstellung einen gewissen Aufwand erfordert hat, erfassen. Der Schutz von Spontanbildern von Berufsfotografen, insbesondere Kriegsberichterstattern u.ä. Fotografen, deren Tätigkeit unter dem geltenden Recht wertvolle Lichtbilder gerade eine Spontaneität voraussetzen, hinge davon ab, ob die Tätigkeit als Berufsfotograf per se oder die bestehende Ausrüstung als hinreichende Investition behandelt würde. Die Heranziehung der Eigenschaft als Berufslichtbildner als außerhalb der konkreten Aufnahme liegenden Umstand führte jedoch zu Unsicherheiten. Denn in diesem Fall könnte auch eine Privatperson, die z.B. auf einer Reise in den frühen Morgenstunden im Rahmen einer Gruppenexkursion einen Berg besteigt, und hierbei Lichtbilder aufnimmt, die nicht die Schöpfungshöhe des § 2 Abs. 2 UrhG aufweisen, dahingehend argumentieren, dass sie entsprechende Investitionen getätigt habe. Mit der Ablehnung des erforderlichen Investitionsaufwandes für Kriegsberichterstatter u.ä. entfiele andererseits der Schutz für weite Bereiche der von Berufslichtbildern erzeugten Lichtbilder.

Die vorherigen Ausführungen zeigen, dass die Forderung nach einer Wandlung des Lichtbildschutzes in ein investitionsschützendes Leistungsschutzrecht zwar eine Berechtigung hat, da insbesondere aufwändige Lichtbilder einen Schutz erfahren sollen. Gleichwohl zeigt sich die Schwierigkeit, ein solches Recht sinnvoll abzugrenzen, ohne entweder einen ausufernden Schutz zu bewirken oder wesentliche Schutzlücken entstehen zu lassen. Gerade der Vorschlag *Apels*[724], an eine Investition anzuknüpfen, die in Geld, Zeit oder auch Mühe bestehen könne und sich nicht auf die Anschaffung des Aufnahmegerätes sondern in die Herstellung des

723 *Apel*, in: Götz von Olenhusen/Gergen, Kreativität und Charakter, *Überlegungen zu einer Reform des Lichtbildschutzrechts (§ 72 UrhG)*, 2017, S. 205 (222).

724 *Apel*, in: Götz von Olenhusen/Gergen, Kreativität und Charakter, *Überlegungen zu einer Reform des Lichtbildschutzrechts (§ 72 UrhG)*, 2017, S. 205 (222).

konkreten Lichtbildes beziehen müsse, führte zu einem solch ausufernden Schutzrecht.

Gegen die Wandlung des Lichtbildschutzes in ein Investitionsschutzrecht spricht außerdem die entstehende Rechtsunsicherheit bei den Nutzern. In der Regel wird eine Entscheidung darüber, ob die Voraussetzung eines hinreichenden Aufwandes erfüllt ist, für den Nutzer ohne Kenntnis von Details der Herstellung unmöglich sein, dies auch, da neue Features (z.B. der Portraitmodus) und Bildbearbeitungsprogramme bei der Herstellung von Lichtbildern unter Zuhilfenahme von Smartphones immer bessere Qualitäten von Lichtbildern und deren Gestaltung ermöglichen.

6) Begrenzung des Lichtbildschutzes auf bestimmte, namentlich benannte Fälle oder Ausschluss bestimmte, namentlich benannte Fälle;

Des Weiteren käme es in Betracht, den einfachen Lichtbildschutz auf weitere bestimmte, namentlich benannte Fälle zu beschränken, bzw. bestimmte Fallgruppen vom Schutz auszunehmen. Art. 87 *Legge 22 aprile 1941, n. 633 sulla protezione del diritto d'autore e di altri diritti connessi al suo esercizio* sieht z.B. eine entsprechende Regelung für einfache Lichtbilder im italienischen Recht vor. Die englische Übersetzung lautet:

> „The images of persons or of aspects, elements or events of natural or social life, obtained by photographic or analogous processes, including reproductions of works of figurative art and stills of cinematographic film, shall be considered photographs for the purposes of this Chapter. This provision shall not apply to photographs of writings, documents, business papers, material objects, technical drawings and similar products."[725]

Im italienischen Recht wird mithin zunächst klargestellt, welche Fotografien grundsätzlich dem Leistungsschutzrecht unterfallen, bevor sodann insbesondere Fotografien von Schriftstücken, Dokumenten, Geschäftsdokumenten, materiellen Objekten, technischen Zeichnungen und ähnlichen Produkten vom Schutzbereich ausgeschlossen werden. Eine solche Katego-

725 Art. 87 Law for the Protection of Copyright and Neighboring Rights (Law No. 633 of April 22, 1941, as last amended by Decree Law No. 154 of May 26, 1997, abrufbar unter https://wipolex.wipo.int/en/text/128276 (englische Version; Stand 11.11.2019); Originaltext abrufbar unter https://wipolex.wipo.int/en/text/301483 (Stand: 04.10.2019).

risierung könnte dem Ausufern des Schutzes des § 72 UrhG entgegenwirken und der Schutz auf diejenigen Fallgruppen beschränkt werden, die für besonders schutzwürdig erachtet werden. Im gleichen Zuge könnten solche Fallgruppen ausgeschlossen werden, bei denen die Gewährung eines Schutzrechtes nicht überzeugt. Es könnten z.B. einfache Produktfotografien vom Schutzbereich ausgenommen werden.

Eine solche Regelung wird jedoch, ungeachtet ihrer konkreten Ausgestaltung, dem Umstand nicht gerecht, dass hierdurch ein Gros der Lichtbilder nicht vom Schutz ausgeschlossen werden könnte, die insbesondere in sozialen Medien zu Problemen führen können, ohne dass die Ausschlussregelung ausschweifenden Charakter erhielte. Denn neben dem Schutz einfacher Produktbildern von Kleidern, Mobiliar etc. ist auch der Schutz von Schnappschüssen von Landschaften, Personen, Dokumenten u. ä. im Kontext des Internets und der sozialen Medien mit Schwierigkeiten verbunden. Eine Auflistung namentlich benannter Fälle, in denen der Schutz versagt werden sollte, erscheint aus diesem Grund nicht zweckmäßig, da angesichts der Vielzahl von Lichtbildkategorien, die letztlich insbesondere in sozialen Medien verwendet werden, sich dann vielmehr die Frage stellt, welche einfachen Lichtbilder überhaupt noch geschützt sein sollen. Notwendig wäre dann, wie im italienischen Recht („and similar products“), ein Auffangtatbestand, der neue Abgrenzungsschwierigkeiten begründete.

Ferner ist eine solche Regelung nicht zweckmäßig, soweit keine Ausnahmeregelungen zugunsten der Berufslichtbildner, deren Erwerbsgrundlage gesichert werden soll, normiert werden. Dann aber erscheint es sachgerechter, die unter Kapitel 4 C) II) 3) vorgeschlagene Lösung der Beschränkung des Schutzes auf Lichtbilder von Berufslichtbildnern zu verfolgen.

7) Einführung einer Schrankenbestimmung für den Bereich der sozialen Medien

a) Hintergrund und Zweck einer solchen Schrankenbestimmung

Wie bereits dargelegt, hat sich die Kommunikationsweise seit Einführung des Leistungsschutzrechts für Lichtbilder verändert. Lichtbilder sind vermehrt zum Kommunikationsmedium geworden, wobei der Einsatz von Lichtbildern zum Zwecke der Kommunikation insbesondere in sozialen Netzwerken erfolgt und in diesen oftmals eine nicht nur unerhebliche Reichweite erzielt wird. Es handelt sich um eine Kommunikationsform, die – auch unter Verwendung fremder Lichtbilder – sozialüblich geworden ist und deren Rechtmäßigkeit von den Nutzern in der Regel nur selten hinterfragt wird. *Dreier*[726] bezeichnet diese in Übertragung analoger Kommunikationswege in die digitale Welt als „Gesten des Zeigens".

Um dem Lichtbild als Kommunikationsmedium im Internet Rechnung zu tragen, käme die Einführung einer Social-Media-Schranke in Betracht. Dies deckte sich mit dem Inhalt der Forderung einer „bereichsspezifischen Abschaffung"[727] des Lichtbildschutzes für soziale Medien, wie sie von dem Kulturwissenschaftler *Ullrich*[728] durch die Forderung der bereichsspezifischen Abschaffung des Lichtbildschutzes in sozialen Medien und auch von *Dreier*[729], der die Einführung einer Schrankenbestimmung, insoweit verweisend auf die Vorbilder der in § 44a und §§ 52a, b UrhG a.F. festgelegten Schranken, als Option zur Legalisierung medialer Gesten des Zeigens angeregt wird.[730]

---

726 *Dreier*, ZGE 2017, 135 (146 f.).

727 Eine tatbestandliche Abschaffung des Schutzrechts für Verwertungshandlungen in sozialen Medien käme aus juristischer Sicht nicht in Betracht, systematisch ist eine solche Lösung als Schrankenbestimmung umzusetzen.

728 *Steinhau, Wolfgang Ullrich: "Urheberrechte für die sozialen Netzwerke gänzlich suspendieren" (Interview)*, abrufbar unter *irights.info/artikel/wolfgang-ullrich-urheberrechte-fuer-die-sozialen-netzwerke-gaenzlich-suspendieren/25429*, zuletzt abgerufen am 13.02.2020.

729 *Dreier*, ZGE 2017, 135 (147).

730 Soweit *Dreier* (*Dreier*, ZGE 2017, 135 (147)) darüber hinaus anregt, eine Lösung darin zu suchen, das Posten, Retweeten und Erstellen von Memes in Analogie zur urheberrechtlichen Behandlung des Kerns eines Witzes urheberrechtlich freizustellen, den digitalen Datensatz des Lichtbildes als unwesentliches Beiwerk gegenüber der Geste des Zeigens einzuordnen oder Museums-Selfies nach § 24 UrhG freizustellen, kann hierin keine umfassende Lösung der Nutzung von Lichtbildern in sozialen Medien erreicht werden. Diese Lösungsvorschläge kommen nur dann in Betracht, wenn ein über die reine Darstellung hinausgehender Kommunikations- oder Mitteilungszweck, oder, wie *Dreier* es formuliert, eine Geste des Zeigens vorliegt. Wird lediglich ein Lichtbild gepostet zur Zurschaustellung der Abbildung, kann einem solchen Posting allenfalls die Mitteilung des Gefallens entnommen werden. Wird ein Lichtbild lediglich zum Ausdruck des Gefallens gepostet, liegt hierin kein Fall, der der Erzählung eines Witzes vergleichbar wäre. Der Datensatz stellte auch kein unwesentliches Beiwerk da, da kongruent mit der Mitteilung des Nutzers lediglich das Lichtbild transportiert würde. Und auch ein Abstand, der die Anwendung des § 24 UrhG rechtfertigte, wäre nicht ersichtlich. Angesichts der höheren Effizienz einer Social-Media-Schranke, die auch auf Handlungen ausgedehnt werden kann, die nicht ausschließlich Gesten des Zeigens erfassen, dazu sogleich, ist der Lösungsweg über eine solche Schrankenregelung zu bevorzugen. Dies gilt auch, da anzunehmen ist, dass in der Praxis die vorgeschlagenen Alternativen zunächst von

Bei der Einführung einer solchen Schrankenbestimmung könnte es sich um ein sinnvolles Instrument dazu handeln, einem weiten Teil derjenigen Rechtsverletzungen sowie entsprechenden Verfolgungshandlungen Einhalt zu gebieten, die zur Hinterfragung der Rechtfertigung des einfachen Lichtbildschutzes geführt haben – die millionenfachen Rechtsverletzungen die tagtäglich in den sozialen Medien begangen werden.

b) Ausgestaltung

aa) Erfasste Nutzungshandlungen

Eine solche Schrankenbestimmung könnte dahingehend formuliert werden, dass die Vervielfältigung, öffentliche Zugänglichmachung und sonstige öffentliche Wiedergabe eines einfachen Lichtbildes wie auch die Bearbeitung von Lichtbildern innerhalb sozialer Netzwerke zulässig sei. Da es sich insoweit um eine Schrankenbestimmung handelte, wäre eine unmittelbare Geltung auch für vorbestehende Lichtbilder möglich, ohne dass bestehende Leistungsschutzrechte anders zu behandeln wären.[731]

bb) Begrenzung der Schrankenbestimmung auf Handlungen innerhalb des sozialen Netzwerks?

Zu klären wäre darüber hinaus, ob auch solche Handlungen privilegiert werden sollten, die der Vervielfältigung und öffentlichen Wiedergabe oder Bearbeitung eines Lichtbildes innerhalb eines sozialen Netzwerkes vorausgehen, z.B. bei dem Weiterverbreiten von Inhalten, die bei Instagram eingestellt wurden oder dem Verbreiten externer Inhalte. Alternativ könnten lediglich solche Handlungen unter die Schrankenbestimmung fallen, die innerhalb eines sozialen Mediums mit den darin vorgesehenen technischen Möglichkeiten, z.B. dem Teilen bei Facebook oder dem Retweeten bei Twitter, erfolgen.

---

den Gerichten flächendeckend anerkannt werden müssten, um eine einer Schrankenregelung vergleichbare Rechtssicherheit herzustellen.

731 Es handelte sich um eine Schrankenbestimmung i.S.v. Art. 14 Abs. 1 Satz 2 GG, die eine inhaltliche Umformung unter Beibehaltung der bisherigen Zuordnungsverhältnisse ermöglicht, vgl. auch BVerfG, Beschluss v. 08.07.1971 – 1 BvR 766/66, NJW 1972, 145.

Ausgehend von der Idee, dass die Einführung einer Social-Media-Schranke der Erleichterung der Kommunikation dienen soll, ist es vorzugswürdig, die nach dieser Schrankenbestimmung zulässige Vervielfältigung und öffentliche Wiedergabe nicht davon abhängig zu machen, dass die jeweilige Plattform eine entsprechende technische Möglichkeit zur Vervielfältigung und öffentlichen Wiedergabe fremden Contents vorhält. Es sollten vielmehr jegliche Handlungen der Vervielfältigung, öffentlichen Zugänglichmachung und Wiedergabe sowie der Bearbeitung erfasst werden, inklusive solcher Handlungen, die der Vorbereitung des Einstellens in ein soziales Netzwerk dienen, z.B. das Kopieren eines Lichtbildes in den Zwischenspeicher, die Herstellung von Screenshots wie auch die Übernahme des Lichtbildes in eine andere App. Denn unabhängig von der Art und Weise, wie der jeweilige Content letztlich Eingang in einen Beitrag eines sozialen Netzwerkes findet, handelt es sich um einen Vorgang der Kommunikation, der von Anfang bis zum Ende einer entsprechenden Schrankenbestimmung zu unterwerfen ist. Es widerspräche dem Sinn und Zweck einer solchen Schrankenbestimmung, die Vervielfältigung und öffentliche Wiedergabe in einem sozialen Netzwerk zu privilegieren, hingegen die hierfür erforderliche Vervielfältigungshandlung als Urheberrechtsverletzung zu qualifizieren. Demnach sollten auch Vervielfältigungshandlungen, die der Vervielfältigung und öffentlichen Wiedergabe innerhalb eines sozialen Netzwerks dienen, jedoch außerhalb desselben zum Zwecke der Verwendung in dem sozialen Netzwerk vorgenommen werden, von der Schrankenbestimmung erfasst werden.

cc) Beschränkung auf Kommunikationszwecke?

Angesichts der genannten Hintergründe einer solchen Schrankenbestimmung (Lichtbilder als Kommunikationsmedium; daraus resultierendes Überwiegen des Allgemeininteresses an einer ungehinderten Kommunikation gegenüber den Interessen des Lichtbildners) könnte erwogen werden, eine tatbestandliche Begrenzung der Schrankenbestimmung auf die Zwecke der Kommunikation vorzunehmen. Eine solche trüge dem Gedanken der Vereinfachung der Kommunikation in besonderem Maße Rechnung.

Gleichwohl entstünden neue Schwierigkeiten: So müsste dann etwa beurteilt werden, ob das schlichte Teilen eines Beitrages ohne weitere Kommentierungen z.B. eine stillschweigende Form einer Zustimmung darstellte, die ebenfalls unter die Schrankenbestimmung zu subsumieren wäre. Dies dürfte jedenfalls in den Fällen nicht gegeben sein, in denen dem

Lichtbild kein Inhalt entnommen werden kann, der einer Zustimmung zugänglich wäre, z.B. bei Landschaftsfotografien. Der mit einem solchen Teilen verbundene Ausdruck des Gefallens dürfte nicht dem Kommunikationszweck unterliegen. Ferner wird in anderen Fällen vielleicht ein Lichtbild mit zustimmungsfähigem Inhalt geteilt, ohne dass jedoch die teilende Person eine solche Zustimmung ausdrücken möchte. Dies kann z.B. dann der Fall sein, wenn sich im Hintergrund eines Lichtbildes ein Wahlplakat einer Partei befindet. Ggf. hat der Nutzer dieses gar nicht wahrgenommen, sondern lediglich dem sonstigen, nicht zustimmungsfähigen Inhalt des Lichtbildes sein Gefallen ausdrücken wollen.

Dies zeigt, dass eine solche Begrenzung der Schrankenbestimmung auf Kommunikationszwecke dem Ziel der rechtssicheren Verwendung von Lichtbildern in sozialen Medien nicht gerecht würde. Aus diesem Grund sollte auf ein solches Erfordernis verzichtet und die genannten Handlungen im Raum der sozialen Netzwerke generell freigestellt werden.

dd) Ausschluss der Nutzung zu gewerblichen Zwecken?

Weiter könnte erwogen werden, die Nutzung fremder Lichtbilder zu gewerblichen Zwecken von der Privilegierung auszunehmen. Während Privatpersonen in der Regel Kommunikationszwecke mit ihren Beiträgen verfolgen, gilt dies nicht für Unternehmer, die in sozialen Netzwerken in Erscheinung treten. Deren Auftritte sind üblicherweise von gewerblichen Interessen geprägt und dienen vorrangig der Werbung für ihre Waren und Dienstleistungen. Soweit der Lichtbildschutz des § 72 UrhG aufrechterhalten bliebe, ist nicht ersichtlich, weshalb die Interessen des Lichtbildners aus § 72 UrhG hinter den Interessen des Unternehmers zurücktreten sollten. Wer in sozialen Netzwerken zu gewerblichen Zwecken handelt, ist sich darüber im Klaren, dass seinen Beiträgen kein reines Kommunikationsinteresse oder privates Mitteilungsinteresse zugrunde liegt. Dann aber kann von diesem auch verlangt werden, sich für die Nutzung von Lichtbildern vor deren Verwendung die Nutzungsrechte einräumen zu lassen oder, soweit eine Rechtseinräumung nicht erfolgt, eigene Lichtbilder herzustellen oder sich des Lichtbildes eines anderen Lichtbildners zu bedienen, der bereit ist, ihm die Nutzungsrechte einzuräumen. Die Normierung einer Social-Media-Schranke sollte jedenfalls nicht dem Zweck dienen, Unternehmern kostengünstige Werbemöglichkeiten einzuräumen.[732]

Es ist dem Urheberrecht auch nicht fremd, die Handlungen desjenigen, der zu gewerblichen Zwecken oder Erwerbszwecken tätig wird, an anderen Maßstäben zu messen als die Handlungen einer Privatperson. So ist z.B. gem. § 52 Abs. 1 UrhG die öffentliche Wiedergabe eines veröffentlichten Werkes nur dann ohne Erlaubnis des Rechtsinhabers möglich, wenn sie keinem Erwerbszweck des Veranstalters dient. § 53 UrhG gestattet die sog. Privatkopie. Ferner wird im Rahmen der Bewertung des Vorliegens einer öffentlichen Zugänglichmachung gem. § 19a UrhG ein bestehender Erwerbszweck als Indiz für eine bestehende Öffentlichkeit herangezogen.[733] Auch die Kenntnis bzw. grob fahrlässige Unkenntnis von der Umgehung zulassungsbeschränkender Maßnahmen durch den Linksetzenden oder des Umstandes, dass ein gesetzter Link zu einem geschützten Inhalt führt, der ohne Erlaubnis des Rechtsinhabers hochgeladen wurde, soll vermutet werden, soweit ein Linksetzender mit Gewinnerzielungsabsicht handelt, mit der Konsequenz, dass eine solche Verlinkung als öffentliche Zugänglichmachung zu qualifizieren ist.[734]

Die Nutzung fremder Lichtbilder in sozialen Netzwerken, die zu gewerblichen Zwecken erfolgt, sollte demnach von einer entsprechenden Schrankenregelung ausgenommen werden.

c) Systematik

Eine solche Schranke sollte in Abschnitt 6 des 1. Teils des Urheberrechtsgesetzes verortet werden. Daneben sollte abweichend von § 62 Abs. 1 UrhG die Zulässigkeit von Änderungen ausdrücklich zugelassen werden, da Änderungen ebenfalls im Zeitalter der sozialen Netzwerke wesentlicher Bestandteil der Kommunikation sind. Nur auf diese Weise kann dem Rechnung getragen werden. Beispielhaft sei insoweit auf die Rechtsprechung

---

732 So auch *Dreier*, ZGE 2017, 135 (147), hinweisend darauf, dass bei der Geste des Zeigens das Zeigen und nicht das Konsumieren des Abbildes im Vordergrund stehe.

733 EuGH, Urt. v. 07.12.2006 – C-306/05, GRUR 2007, 225 (227), *SGAE/Rafael Hoteles SL*; Urt. v. 04.10.2011 – C-403, 429/08, GRUR 2012, 156 (166), *Football Association Premier League Ltd. u.a./QC Leisure u.a.u. Karen Murphy/Media Protection Services Ltd., Football Association Premier League u. Murphy*; vgl. hierzu unter Kapitel 3, B) II) 2) a) cc).

734 EuGH, Urt. v. 08.09.2016 – C-160/15, GRUR 2016, 1152 (Rn. 1155), *GS-Media*.

des OLG Köln[735] verwiesen, die die Nutzung Farbfiltern, nachträglichen Retuschen und die Vornahme digitaler Bildbearbeitungen bei der Ablichtung von im öffentlichen Straßenraum befindlichen Werken (§ 59 UrhG) als unzulässige Änderungen gem. § 62 Abs. 1 UrhG bewertete.

Die Zulassung von Bearbeitungen sollte allerdings eine Einschränkung für diejenigen Fälle erfahren, in denen die Interessen des Lichtbildners wesentlich beeinträchtigt werden könnten. Hierbei sollten allerdings aus Gründen der Rechtssicherheit bestimmte Fallgruppen gebildet werden, in denen eine entsprechende Einschränkung erfolgt und dabei dem Ausnahmecharakter Rechnung getragen werden. Die Ausnahmen müssen auf besonders grobe Verstöße beschränkt sein, insbesondere dürfen solche Kommunikationsinhalte hierunter nicht erfasst werden, die zwar anstößlich oder verwerflich sind, jedoch der üblichen Kommunikationsweise entsprechen. Sinnvoll ist deshalb die Festlegung besonders gravierender Fallgruppen als Regelbeispiele, z.B. Fälle, in denen die Bearbeitung zur Herstellung diskriminierender, rassistischer, menschenverachtender oder strafrechtlich relevanter Inhalte führt. Bei diesem Fallgruppen ist kein Grund ersichtlich, aus dem bei Beibehaltung eines einfachen Lichtbildschutzes die Interessen des Lichtbildners zurücktreten sollten. In diesen Fällen kann das Interesse an der Unterstützung moderner Kommunikationsformen nicht als höherrangiger gegenüber den Interessen des Lichtbildners bewertet werden.

Um ferner dem Umstand Rechnung zu tragen, dass eine solche Schrankenbestimmung eingeführt werden sollte, gerade um häufig auftretende Rechtsverletzungen für den Bereich der sozialen Netzwerke auszuschließen, sollte außerdem darauf verzichtet werden, die Regelung in den Katalog des § 63 Abs. 1 UrhG aufzunehmen und die Handlungen hierdurch der Pflicht zur Quellenangabe zu unterwerfen.

d) Begrenzung der Schrankenbestimmung auf einfache Lichtbilder

Von einer solchen Schrankenbestimmung könnten allerdings keine Lichtbildwerke erfasst werden. Die Vervielfältigung, öffentliche Wiedergabe einschließlich der öffentlichen Zugänglichmachung sowie das Verbreitungsrecht an Werken unterliegen für Lichtbildwerke der Vollharmonisierung der Europäischen Union, Ausnahmen und Beschränkungen sind abschließend in Art. 5 InfoSoc-RL geregelt. Eine Schrankenbestimmung für

735 OLG Köln, Urt. v. 09.03.2012 – I-6 U 193/11, 6 U 193/11, ZUM-RD 2012, 593.

soziale Medien ginge über die dortige Regelung hinaus und wäre demnach als unionsrechtswidrig zu bewerten.

Um der Verwendung von Lichtbildern als Kommunikationsmedium in sozialen Medien umfassend gerecht zu werden, wäre eine entsprechende Schrankenbestimmung auf EU-Ebene zu erlassen. Andernfalls bestünde weiterhin eine Rechtsunsicherheit für die Nutzer, die von der jeweiligen judikativen Bewertung der Schöpfungshöhe des Lichtbildes abhängig wären. Auch kann nicht ausgeschlossen werden, dass Lichtbildner einfacher Lichtbildner – ggf. auch in der Auffassung, ihre Lichtbilder erfüllten die Anforderungen des § 2 Abs. 2 UrhG – jedenfalls versuchten, vorgebliche Rechte geltend zu machen und die angesprochenen Nutzerkreise sich zur Vermeidung etwaiger Rechtsstreitigkeiten deren Forderungen beugten. Insoweit sollte, um dem Lichtbild als Kommunikationsmedium weiter Rechnung zu tragen und entsprechenden Versuchen einzelner vorzubeugen, zusätzlich erwogen werden, den in § 97a UrhG angesetzten Gegenstandswert für Abmahnungen weiter (z.B. auf 500,00 €) herabzusetzen, soweit Nutzungsformen in den sozialen Medien Gegenstand vorgeblicher Verletzungshandlungen sind.

e) Formulierungsvorschlag

Eine solche Schrankenbestimmung könnte lauten wie folgt:

> „Zulässig ist die Vervielfältigung, öffentliche Zugänglichmachung und öffentliche Wiedergabe eines einfachen Lichtbildes gem. § 72 UrhG in sozialen Netzwerken sowie die Vervielfältigung oder Bearbeitung eines einfachen Lichtbildes gem. § 72 UrhG als Handlung zum Zwecke der Vervielfältigung und öffentlichen Wiedergabe in sozialen Netzwerken eines einfachen Lichtbildes gem. § 72 UrhG in ursprünglicher oder bearbeiteter Form, soweit die jeweilige Handlung keinem Erwerbszweck des Nutzers dient. Unzulässig ist eine Bearbeitung, die die Interessen des Lichtbildners in besonders hohem Maß beeinträchtigt, insbesondere indem sie dem Lichtbild einen diskriminierenden, rassistischen, menschenverachtenden oder strafrechtlich relevanten Inhalt zuweist."

f) Bewertung

Die Einführung einer Schrankenbestimmung für soziale Netzwerke trifft den Kern der Zeit und steht mit der weit überwiegenden Annahme der Sozialadäquanz der Nutzung fremder Lichtbilder im Einklang. Der Forderung *Ullrichs*[736] und *Dreiers*[737] kann eine Berechtigung nicht abgesprochen werden.

8) Anhebung der Schutzschwelle gem. § 2 Abs. 2 UrhG

a) Grundsätzliche Möglichkeit der Anhebung der Schutzschwelle gem. § 2 Abs. 2 UrhG

Als weitere Möglichkeit wird die Anhebung der Schutzschwelle des § 2 Abs. 2 erwogen. Insoweit führt *Schack*[738] aus, eine solche Anhebung könne durch die Rechtsprechung vorgenommen werden. Dies ist zutreffend, das Erreichen einer erforderlichen Schöpfungshöhe obliegt letztlich der Rechtsanwendung der Gerichte. Gleichermaßen weist jedoch *Schack* darauf hin, dass insoweit die Rolle des EuGH nicht zu unterschätzen sei. Die für Lichtbildwerke erforderliche Schöpfungshöhe ist nämlich im Rahmen des Art. 6 Schutzdauerrichtlinie dahingehend harmonisiert worden, dass diese erreicht sei, wenn die in Rede stehende Fotografie ein individuelles Werk in dem Sinne darstellt, dass sie das Ergebnis der eigenen geistigen Schöpfung ihres Urhebers ist. Weitere Kriterien seien zur Bestimmung der Schutzfähigkeit einer Fotografie nicht anzuwenden. Die Voraussetzungen an die Schutzfähigkeit eines Lichtbildwerkes sind hierdurch umfassend harmonisiert worden, die diesbezügliche Rechtsprechung des EuGH ist zu beachten. Der EuGH hat für die Prüfung des Vorliegens einer hinrei-

---

736 *Steinhau, Wolfgang Ullrich: "Urheberrechte für die sozialen Netzwerke gänzlich suspendieren" (Interview)*, abrufbar unter *irights.info/artikel/wolfgang-ullrich-urheberrechte-fuer-die-sozialen-netzwerke-gaenzlich-suspendieren/25429*, zuletzt abgerufen am 13.02.2020.

737 *Dreier*, ZGE 2017, 135 (147).

738 *Schack*, in: Wöhrn/Bullinger/Grunert/Ohst, Festschrift für Artur-Axel Wandtke zum 70. Geburtstag am 26. März 2013, *Weniger Urheberrecht ist mehr*, 2013, S. 9 (13 f.).

chenden Individualität Grundkriterien[739] aufgestellt, deren Vorliegen im Einzelfall er ausdrücklich den nationalen Gerichten überlassen hat.[740]

Insgesamt ist nicht zu erwarten, dass die nationalen Gerichte eine Anhebung der bislang niedrigen Schutzschwelle auf nationaler Ebene durchführen werden. Mit einer judikativen Umsetzung ist nicht ernsthaft zu rechnen.

b) Notwendige Kombination mit gesetzgeberischem Eingreifen

Ferner führte diese Lösung nur dann zum Erfolg, wenn sie gleichermaßen mit der Abschaffung des § 72 UrhG oder jedenfalls mit einer Begrenzung dessen auf Lichtbilder von Berufslichtbildnern einherginge. Andernfalls wären weiterhin sämtliche Lichtbilder, die die Schutzschwelle des § 2 Abs. 2 UrhG nicht erreichten, vom Schutzbereich des § 72 UrhG erfasst, lediglich die Grenze zwischen einfachem Lichtbild und Lichtbildwerk würde verschoben, was nur in denjenigen Fällen eine Auswirkung erzielte, in denen es auf die Differenzierung ankäme.

Kumulierte man jedoch die vollständige Abschaffung des § 72 UrhG mit der Anhebung der Schutzschwelle ohne eine gesonderten Schutz für Berufslichtbildner zu schaffen, führte dies zu denjenigen Schwierigkeiten, die jüngst in der Schweiz bestimmend zu der Einführung des Schutzes einfacher Lichtbilder[741] führten.

---

739 Es muss eine eigene geistige Schöpfung des Urhebers dergestalt vorliegen, dass in dem Werk seine Persönlichkeit zum Ausdruck kommt, was der Fall sein soll, wenn der Urheber bei der Herstellung des Werkes seine schöpferischen Fähigkeiten zum Ausdruck bringen konnte, indem er frei kreative Entscheidungen trifft, vgl. EuGH, Urt. v. 01.12.2011 – C-145/10, GRUR 2012, 166 (168), *Painer/ Standard*.

740 EuGH, Urt. v. 01.12.2011 – C-145/10, GRUR 2012, 166 (168 f.), *Painer/Standard*.; Vgl. außerdem zu den allgemein geringen Anforderungen an Werke im Rahmen der Harmonisierungsbestrebungen der EU *Schulze*, in: Dreier/Schulze/ Specht, 6. Auflage, 2018, *§ 2 UrhG*, Rn. 22 f.

741 Künftig gewährleitet durch Art. 2 Abs. 3bis URG, vgl. Vorlage der Redaktionskommission für die Schlussabstimmung, Bundesgesetzüber das Urheberrecht und verwandte Schutzrechte (Urheberrechtsgesetz, URG), Änderung vom 27. September 2019, abrufbar unter https://www.parlament.ch/centers/eparl/curia/2017/20170069/Schlussabstimmungstext%201 *%20NS%20D.pdf* (zuletzt abgerufen am 07.02.2020).

c) Exkurs: Lichtbildschutz in der Schweiz

In der Schweiz sind bislang gem. Art. 2 Abs. 2g URG nur fotografische Werke geschützt, Schutzvoraussetzung ist ein individueller Charakter der Fotografie, vgl. Art. 2 Abs. 1 URG. Die Berufsverbände der Fotografen, Bildagenturen uns Bildarchive in der Schweiz haben in lang andauernden Reformbestrebungen argumentiert, es sei ein Lichtbildschutz für sämtliche Lichtbilder erforderlich, wie er auch in Österreich und Deutschland gewährt werde.[742] Nach einem langjährigen Kampf wurde nun am 27.09.2019 durch den National- und Ständerat[743] einer URG-Revision und in diesem Zuge auch der Einführung eines Schutzrechtes für einfache Lichtbilder zugestimmt. Im Frühjahr 2020 soll die Umsetzung erfolgen.[744] Bei der Bewertung dieser Reformbestrebungen in der Schweiz sind jedoch Besonderheiten des in der Schweiz bislang geltenden Rechts zu berücksichtigen.[745] Während in der deutschen Rechtsprechung die Anforderungen an die schöpferische Leistung gem. § 2 Abs. 2 UrhG, die für die Annahme eines Lichtbildwerkes vorliegen muss, denkbar gering sind, stellt die schweizerische Rechtsprechung teilweise hohe Anforderungen an das Kriterium des individuellen Charakters. So hat das Appellationsgericht des Kantons Basel-Stadt[746] in seiner Entscheidung aus dem Jahr 2016 zur erforderlichen Individualität eines fotografischen Werkes folgendes ausgeführt:

> „Den Ausführungen der Beklagten kann vorbehaltlos gefolgt werden: Bildausschnitt und Proportionen der klägerischen Fotografie sind

742 Vgl. auch *SBF, USPP, vfg, impressum, SAB, syndicom, Positionspapier zur Einführung des Lichtbildschutzes in der Schweiz*, abrufbar unter https://www.news.admin.ch/NSBSubscriber/message/attachments/33019.pdf, *S. 191f.*, zuletzt abgerufen am 14.02.2020; *Arbeitsgruppe Lichtbildschutz, Das Ende des Bilderklaus in der Schweiz?*, abrufbar unter *fotografie-urheberrecht.com/Argumentarium_deutsch.pdf*, zuletzt abgerufen am 07.02.2020.

743 Vgl. zur Chronologie *Amtliches Bulletin*, https://www.parlament.ch/de/ratsbetrieb/amtliches-bulletin/amtliches-bulletin-die-verhandlungen?SubjectId=46139, zuletzt abgerufen am 07.02.2020.

744 Vgl. Berichterstattung unter *Urs Tillmanns, Parlament stimmt der URG-Revision und damit dem Lichtbildschutz definitiv zu*, abrufbar unter *www.fotointern.ch/archiv/2019/09/30/parlament-stimmt-der-urg-revision-und-damit-dem-lichtbildschutz-definitiv-zu/*, zuletzt abgerufen am 07.02.2020.

745 Zum urheberrechtlichen Schutz von Fotografien in der Schweiz im Rechtsvergleich zu Österreich vgl. *Pausa, Der urheberrechtliche Lichtbildschutz im Rechtsvergleich*, S. 132 ff.

746 Appellationsgericht des Kantons Basel-Stadt, Entscheid v. 20.05.2016 – ZK.2015.9.

> nicht originell oder individuell; es handelt sich bei der klägerischen Fotografie um ein Bild, das – vor allem mit den heute vorhandenen technischen Hilfsmitteln – auch andere in gleicher oder zumindest sehr ähnlicher Weise zustande bringen können (vgl. BGE 130 III 168 E. 4.3 und 4.5). Es hebt sich vom allgemein Üblichen nicht in relevanter Weise ab (siehe dazu insbesondere die von der Beklagten eingereichten Bilder in Klageantwort Beilagen 4–6 sowie 8, 9, 11 und 12; vgl. BGE 130 III 714 E. 2.3 in fine). Mit welcher Technik oder welchem Aufwand das Ergebnis erzielt wurde, ist nicht relevant. Dass sich die Stadt baulich verändert und damit auch die Ansicht auf das Kleinbasel, hat nichts mit der Bildkomposition und der statistischen Einmaligkeit beziehungsweise Originalität zu tun. Nicht das abgebildete Motiv muss originell sein und individuellen Charakter aufweisen, sondern das Werk; es geht um die statistische Einmaligkeit der Bildgestaltung (vgl. BGE 130 III 168 E. 4.5; BGE 130 III 714 E. 2.3)."
> (Hervorhebungen durch die Verfasserin)

Hier wird deutlich, dass die Anforderungen des § 2 Abs. 2 UrhG deutlich hinter den Anforderungen zurückbleiben, die in der Schweiz teilweise an den für den Schutz fotografischer Werke erforderlichen individuellen Charakter gestellt werden. Diese hohen Schutzanforderungen führen bei dem Fehlen eines Auffangschutzrechtes für sonstige Lichtbilder dazu, dass vor allem Berufslichtbildner dem Risiko ausgesetzt waren, keinen Schutz für ihre Lichtbilder zu erlangen. Insbesondere für journalistische und dokumentarische Lichtbilder schied ein Lichtbildschutz mangels individueller Gestaltung aus. Nach langjährigen Debatten unter besonderem Mitwirken der Berufsverbände der Fotografen wurde nunmehr ein Schutzrecht für einfache Lichtbilder beschlossen. Gerade aus dem Positionspapier zur Einführung des Lichtbildschutzes in der Schweiz, das die entsprechenden Berufsverbände zu Beginn der Diskussionen im Mai 2013 verfassten, wird deutlich, dass primär Lichtbilder von Berufslichtbildnern im Fokus standen und nicht etwa die Notwendigkeit eines einfachen Lichtbildschutzes zum Schutz privater Knipsbilder behauptet wurde.[747]

747 *SBF, USPP, vfg, impressum, SAB, syndicom, Positionspapier zur Einführung des Lichtbildschutzes in der Schweiz*, abrufbar unter https://www.news.admin.ch/NSBSubscriber/message/attachments/33019.pdf, *S. 191f.*, zuletzt abgerufen am 14.02.2020.

d) Bewertung

Die Anhebung der Schutzschwelle gem. § 2 Abs. 2 UrhG wäre auf judikativer Ebene möglich, jedoch kaum zu erwarten. Sollte eine Anhebung erfolgen, entfaltete diese ihre Wirkung jedoch erst in der Kombination mit der teilweisen oder vollständigen Abschaffung des einfachen Lichtbildschutzes. Die Kombination der Anhebung der Schutzschwelle gem. § 2 Abs. 2 UrhG mit der vollständigen Abschaffung des Lichtbildschutzes führte jedoch zu erheblichen Beeinträchtigungen der Berufslichtbildner. Diesen wäre dann nicht nur dann der Lichtbildschutz zu versagen, wenn sie nicht die Anforderungen der geltenden Grundsätze des Schutzes der kleinen Münze nicht erfüllten, sogar darüber hinausgehend würden die Anforderungen an den Schutz der Lichtbilder angehoben. Es entstünde dann eine solche Ausgangssituation, wie sie in der Schweiz jüngst zur Einführung des Schutzes einfacher Lichtbilder führte, eine Kombination dieser Lösungsansätze erscheint deshalb nicht gewinnbringend.

Dies gilt umso mehr als dem Positionspapier der Berufsverbände entnommen werden kann, dass die Forderungen zu einem Zeitpunkt aufgestellt wurden, zu dem jedenfalls in der Schweiz die Bildverwerter die Bezahlung eines Honorars nicht von der „Gestaltungshöhe“ einer Fotografie abhängig machten und vereinzelt die Schutzlosigkeit einfacher Fotografien zu kommerziellen Vorteilen ausgenützt worden sei.[748] Die Einführung des Lichtbildschutzes wurde durch die Berufsverbände jedoch als notwendig erachtet, um diejenigen in die Schranke zu weisen, die sich zunehmend über das Internet Fotografien beschafften und diese ohne Einholung etwaiger Erlaubnisse nutzten. In einem Rechtssystem, in dem wie in der Bundesrepublik Deutschland ein bestehender Schutz einfacher Lichtbilder abgeschafft würde, kann sich nicht darauf verlassen werden, dass zwischen dem Wert einfacher Lichtbilder und Lichtbildwerken (dann berechtigt[749]) nicht differenziert würde. Im Übrigen ist seit der Erstellung des Positionspapiers im Mai 2013 die Nutzung von Lichtbildern im Internet durch die fortwährend steigernde Digitalisierung noch einfacher und noch üblicher geworden, sodass das Bewusstsein für die etwaige Erforderlichkeit der Ein-

---

748 *SBF, USPP, vfg, impressum, SAB, syndicom, Positionspapier zur Einführung des Lichtbildschutzes in der Schweiz*, abrufbar unter https://www.news.admin.ch/NSBSubscriber/message/attachments/33019.pdf, *S. 191 f.*, zuletzt abgerufen am 14.02.2020.

749 Vgl. die diesbezügliche Ausführungen im Zusammenhang mit der Darstellung der Folgen einer vollständigen Abschaffung des Lichtbildschutzes unter Kapitel 4, C) II) 2).

holung von Erlaubnissen eher gesunken sein dürfte und spätestens bei einer aktiven Abschaffung des einfachen Lichtbildschutzes endgültig entfallen dürfte.

III) Zusammenfassung und Lösungsvorschlag

Die vorherigen Ausführungen zeigen, dass keine der aufgezeigten Lösungsmöglichkeiten für sich allein geeignet ist, sämtlichen Schwierigkeiten entgegenzutreten, die sich aus den tatsächlichen Veränderungen der Fotografie und deren Nutzungsmöglichkeiten ergeben. Angesichts der entstehenden Wertungswidersprüche und/oder Schutzlücken bei der Verfolgung der jeweiligen einzelnen Lösungsansätze erscheint es angemessener, die Berücksichtigung der Interessen des digitalen Zeitalters in einer Kombination der verschiedenen Lösungsansätze zu suchen. Die vollständige Abschaffung des Lichtbildschutzes führte zu erheblichen negativen Auswirkungen, die einen solch radikalen Schnitt als zu weitgehend erscheinen lassen. Nicht nur die Lebensgrundlage zahlreicher Berufsfotografen würde ins Wanken gebracht, auch könnte sich die Abschaffung dieses Schutzrechtes zum Nachteil der digitalen Gesellschaft negativ auf die Kommunikation und Berichterstattung mittels Lichtbildern auswirken, da insoweit erstmalige Zugänglichmachungen hinausgezögert würden. Es bestünde das Risiko eines Rückschrittes der Schnelligkeit des Informationszeitalters.

Auch die Wandlung des Leistungsschutzrechts in ein echtes investitionsschützendes Leistungsschutzrecht sowie die Lösung über eine Kategorisierung schutzwürdiger Lichtbilder durch Kategorisierung der Abbildungsgegenstände überzeugt aufgrund des möglichen Ausuferns eines solchen Schutzrechtes oder des Entstehens von Schutzlücken nicht.

Sinnvoll erscheint letztlich die Kombination aus

- der teilweisen Abschaffung des § 72 UrhG unter Aufrechterhaltung des Leistungsschutzrechts für Lichtbilder, die berufsmäßig hergestellt werden und Lichtbilder aus Wissenschaft und Technik;
- der Einführung einer Social-Media-Schranke für private Lichtbild-Nutzungen sowie
- ggf. der Anhebung der Schutzschwelle des § 2 Abs. 2 UrhG.

Die Einschränkung des Leistungsschutzrechtes auf Lichtbilder, die von Berufslichtbildnern hergestellt werden sowie auf Lichtbilder aus Wissenschaft und Technik ist zur Anpassung des Lichtbildschutzes an das digitale Zeitalter sachgerecht: Alltäglichen Knipsbildern sowie einfachen Produktbildern, denen weder eine besondere Leistung des Lichtbildners noch ein besonderes schutzwürdiges Interesse am Schutz der Lichtbilder zugesprochen werden kann, würde der Schutz versagt. Es würde ein Schutzrecht abgeschafft, in dem Umfang, in dem Privatpersonen ohnehin nur selten das Bestehen von Schutzrechten wahrnehmen, an dem begangene Rechtsverletzungen nur in den wenigsten Fällen wirklich verfolgt werden und gegen das im Alltag ständig verstoßen wird. Hingegen wird das anzuerkennende Interesse bei Berufslichtbildnern sowie bei der Herstellung von Lichtbildern aus Wissenschaft und Technik anerkannt. Dieses besteht bei Berufslichtbildnern in der Sicherung ihrer Erwerbsgrundlage, weshalb das Leistungsschutzrecht für diese Personengruppe beibehalten werden sollte. Dass die Interessen von Berufslichtbildnern seit jeher Berücksichtigung in Gesetzgebungsverfahren fanden, zeigen auch die Diskussionen zum Schutz von Lichtbildern im Vorfeld des UrhG 1965.[750]

Dieses Ergebnis wird auch gestützt durch die dargestellten Entwicklungen des Lichtbildschutzes in der Schweiz. Bei Lichtbildern aus Natur und Technik lässt sich der Schutz mit dem regelmäßig zur Herstellung derselben erforderlichen Aufwand rechtfertigen. Auch werden Reproduktionsfotografen oder Museen, die regelmäßig von Berufslichtbildnern abgeleitete Nutzungsrechte besitzen – soweit Art. 14 DSM-Richtlinie nicht entgegensteht – vor der gewerblichen Verwertung der unter nicht nur unerheblichem Aufwand hergestellten Lichtbilder durch Dritte geschützt. Die Verwertung derselben und die damit einhergehende Gewinnerzielung bleiben (außerhalb des Anwendungsbereiches des Art. 14 DSM-Richtlinie) ihnen mithin vorbehalten. Zur Vermeidung möglicherweise entstehender Rechtsunsicherheiten, welche Lichtbilder unter dieser Beschränkung des § 72 UrhG weiterhin geschützt sind, erscheint es angemessen, eine Kennzeichnungspflicht als konstitutive Schutzvoraussetzung zu normieren und missbräuchliche Entfernungen bzw. Nutzungen des Kennzeichens zu sanktionieren.

Die daneben zur Anpassung des Lichtbildschutzes an die geänderte Funktion von Lichtbildern im Zeitalter der vernetzten Kommunizierbarkeit[751] vorgeschlagene Einführung einer Social-Media-Schranke unter Ausnahme von Handlungen, die zu gewerblichen Zwecken vorgenommen

750 Vgl. hierzu unter Kapitel 1 D) I), insbesondere auch *Riedel*, GRUR 1951, 378 (378 f.) hinweisend auf das besondere Interesse der Berufslichtbildner an einem möglichst umfassenden und lang andauernden Schutz ihrer Lichtbilder.

751 Der zutreffende Begriff des Zeitalters der digitalen Kommunizierbarkeit geht zurück auf *Dreier*, ZGE 2017, 135; *Dreier*, *Bild und Recht*, 1. Auflage, 2019, S. 188 in Anlehnung an *Benjamin*, *Das Kunstwerk im Zeitalter seiner technischen Reproduzierbarkeit*, 1939.

werden, wird den inzwischen geänderten tatsächlichen Umständen und insbesondere veränderten Bedingungen der Herstellung und Verbreitung von Lichtbildern sowie der neuen Rolle des Lichtbildes als Kommunikations- und Informationsmedium ebenfalls gerecht. Die Einführung einer solchen Schranke ist auf nationaler Ebene umzusetzen, eine EU-weite Regelung, die auch Lichtbildwerke erfasste, sollte jedoch forciert werden. Soweit eine EU-weite Regelung nicht erreicht werden kann, kann sich die Schranke ausschließlich auf einfache Lichtbilder beziehen, die unter dem nationalen Recht geschützt sind. Dies bedeutet nach dem hier verfolgten Lösungsansatz, dass die Lichtbilder von Berufslichtbildnern der Schranke unterworfen wären, deren Vervielfältigung, öffentliche Zugänglichmachung, Wiedergabe und Bearbeitung in den sozialen Medien mithin zulässig wäre. Die hiermit einhergehende höhere Gewichtung der Interessen der Allgemeinheit gegenüber den Interessen des Lichtbildners überzeugt in diesem Kontext. Denn es wird einerseits dem Kommunikationszweck der Lichtbilder Rechnung getragen, andererseits wird der Berufslichtbildner nicht unbillig benachteiligt, da durch den Ausschluss gewerblicher Nutzungen seinen Interessen hinreichend Rechnung getragen wird.

Um auch die Gefahr der Abmahnung Dritter wegen der Nutzung einfacher Produktbilder, die aufgrund einzelner Gestaltungsmerkmale angesichts der geringen Schutzschwelle des § 2 Abs. 2 UrhG bereits als Lichtbildwerk zu erfassen wären, einzudämmen, wäre zusätzlich die Anhebung der Voraussetzungen für das Erreichen der erforderlichen Schöpfungshöhe wünschenswert, wenn auch nicht zwingend erforderlich. Denn hierdurch würde z.B. auch denjenigen Abmahnungen in „eBay-Fällen“ die Grundlage entzogen, bei denen Ansprüche auf Lichtbilder gestützt werden, die letztlich keinen anderen Zweck haben als ein Produkt zu präsentieren, jedoch gleichwohl Werkqualität aufweisen. Realistischer Weise ist jedoch eine solche nicht zu erwarten.

Die vorgeschlagene Lösung steht auch im Einklang mit der Gesamtentwicklung des Lichtbildschutzes. Seit 1965 hat der einfache Lichtbildschutz durch gesetzgeberische Maßnahmen immer stärker an seiner Position als dem Lichtbildwerk gleichgestelltes Schutzrecht eingebüßt. So wurde die Gleichstellung von einfachem Lichtbild und Lichtbildwerk durch die Reform 1985 aufgegeben, die Schutzrechte wurden hierdurch insbesondere unterschiedlichen Schutzfristen und Anknüpfungspunkten für den Beginn der Schutzfrist unterworfen. Sodann hat die Einführung des § 51 S. 3 UrhG durch das UrhWissG vom 01.09.2017, soweit man nicht davon ausgeht, dass dies bereits unter § 51 UrhG a.F. möglich war[752], das Schutzrecht dahingehend eingeschränkt, dass Lichtbilder auch zur Zitation des abgebildeten Gegenstandes zustimmungsfrei genutzt werden dürfen. Insoweit ist zwar festzustellen, dass dies gleichermaßen für Lichtbildwerke gilt, gleichwohl geht hiermit eine Einschränkung des einfachen Lichtbildschutzes als gegenüber dem abgebildeten Gegenstand eigenständiges Schutzrecht einher. Ferner wurden, was wiederum keine gesetzgeberische Maßnahme darstellt, die ausschließlich zulasten des einfachen Lichtbildschutzes getroffen wurde, durch die Einführung des § 97a Abs. 3 UrhG eine gesetzgeberische Maßnahme getroffen, die sich bei einfachen Lichtbildern, denen keine schöpferische und nur in – relativ betrachtet – wenigen Fällen eine sonstige Leistung zugrundliegt, deren Rechtsverfolgung vom Lichtbildner unbedingt verteidigt wird, in besonderem Maße auswirkt. Durch Umsetzung von Art. 14 DSM-Richtlinie wird der einfache Lichtbildschutz weiter gestutzt werden, indem die Differenzierung zwischen einfachem Lichtbild und Abbildungsgegenstand weiter aufgeweicht wird. In diesem Fall erfolgt auch eine Diskriminierung einfacher Lichtbilder gegenüber Lichtbildwerken, indem nur einfachen Lichtbildern der Schutz versagt wird, die gemeinfreie Werke abbilden, während Lichtbildwerken trotz Abbildung gemeinfreier Werke ein Schutzrecht zugestanden wird.

Die vorgeschlagene Lösung berücksichtigt die derzeit herrschenden Interessen und bringt diese in einen angemessenen Ausgleich. Sie ist zeitgemäß und könnte dem weiteren Verlust des Ansehens des Urheberrechts entgegenwirken, da in einem wesentlichen Bereich dafür Sorge getragen würde, dass ein Schutzrecht gewährt würde, das auf der einen Seite die Inhaber nicht interessiert und auf der anderen Seite ein erhebliches Missbrauchspotential aufweist.

---

752 Vgl. insoweit zur Lösung über eine verfassungskonforme Auslegung des § 51 UrhG: *Schack*, in: Schierholz/Melichar, Kunst, Recht und Geld, *Bildzitate zu Lasten der Fotografen?*, 2012, S. 217 (212 ff.); Hierzu außerdem *Apel*, in: Götz von Olenhusen/Gergen, Kreativität und Charakter, *Überlegungen zu einer Reform des Lichtbildschutzrechts (§ 72 UrhG)*, 2017, S. 205 (213 f.)

Zusammenfassung und Thesen

(1) Der Begriff des Lichtbildes i. S. d. § 72 UrhG und die damit einhergehende Festlegung der Mindestvoraussetzungen an ein solches sollten negativ bestimmt werden. Eine Definition sollte dahingehend erfolgen, dass ein Lichtbild ausschließlich dann nicht vorliegt, wenn die neue Abbildung dadurch geschaffen wird, dass ein technisches Vervielfältigungsverfahren zur Anwendung kommt, dessen Aufgabe gerade darin besteht, eine identische Nachbildung einer jeden Vorlage zu schaffen und eine solche identische Nachbildung dabei auch tatsächlich geschaffen wird.

(2) Es sollte sowohl in Rechtsprechung als auch in der Literatur eine begriffliche Harmonisierung des Begriffs der Reproduktionsfotografie stattfinden. Konsequent ist insoweit die Abgrenzung zwischen der fotografischen und der technischen Reproduktion. Nur die fotografische Reproduktion sollte als Reproduktionsfotografie Eingang in Abhandlungen des Schrifttums und in die Rechtsprechung finden. Nur unter Zugrundelegung gleicher Begrifflichkeiten kann eine wissenschaftliche Auseinandersetzung erfolgen, die aufeinander Bezug nimmt, ohne von unterschiedlichen Voraussetzungen auszugehen.

(3) Fotografische Reproduktionen sind stets schutzfähig unter § 72 UrhG. Im Einzelfall können Reproduktionsfotografien sogar als Lichtbildwerk i. S. d. § 2 Abs. 1 Nr. 5 UrhG schutzfähig sein, wenn sie die erforderlichen Schöpfungshöhe gem. § 2 Abs. 2 UrhG erreichen. Dies scheidet jedoch bei der fotografischen Reproduktion flacher Vorlagen aus.

(4) Eine teleologische Reduktion des Schutzbereiches des § 72 UrhG bei der Beurteilung von Reproduktionsfotografien gemeinfreier Vorlagen ist nicht geboten. Gleichwohl wird für die Fälle, in denen die Vorlage ein Werk der bildenden Künste darstellt, der Gesetzgeber zur Umsetzung des Art. 14 der DSM-Richtlinie sicherstellen müssen, dass ein Schutz von einfachen Lichtbildern derselben nicht gewährt werden wird.

(5) Auch Teile einfacher Lichtbilder sind tatbestandlich vollständig geschützt. Dies gilt auch dann, wenn es sich um kleinste Pixel eines Lichtbildes handelt. Da jedes Lichtbildwerk ebenfalls ein einfaches Lichtbild darstellt, führt dies auch zu einem tatbestandlichen Pixelschutz für Lichtbildwerke, obgleich bei Werken ein Teileschutz übli-

cherweise nur dann angenommen wird, wenn der Teil selbst die erforderliche Schöpfungshöhe aufweist. Eine Interessenabwägung mit grundrechtlichen Positionen sollte jedoch vorgenommen werden, die nicht die Wiedererkennbarkeit zum Abgrenzungskriterium zwischen zulässiger und unzulässiger Nutzung und Verwertung von Teilen erhebt. Überwiegen die Interessen desjenigen, der den Teil entnimmt, sollte eine teleologische Reduktion des jeweiligen betroffenen Verwertungsrechtes zugunsten des neu Schaffenden erfolgen. Auch die Nutzung wiedererkennbarer Elemente sollte, soweit nicht die Interessen des Lichtbildners des entlehnten Teiles entgegenstehen, als zulässig bewertet werden.

(6) Der Lichtbildschutz ist gleichermaßen wie der Urheberschutz an Lichtbildwerken nicht in Gänze übertragbar, der Lichtbildner ist darauf verwiesen, Dritten Rechte an dem Lichtbild einzuräumen. Dem Lichtbildner gem. § 72 Abs. 1 UrhG stehen
- das Veröffentlichungsrecht gem. § 12 UrhG,
- das Verbreitungsrecht gem. § 17 UrhG,
- das Namensnennungsrecht gem. § 13 UrhG,
- das Recht der öffentlichen Wiedergabe gem. § 15 Abs. 2 UrhG, Art. 3 Abs. 1 InfoSoc-RL
- das Zugangsrecht gem. § 25 UrhG

uneingeschränkt zu.

Besonderheiten bestehen gegenüber dem Schutz von Lichtbildwerken bei
- dem Entstellungsschutz gem. § 14 UrhG (nur bei Verletzung des allgemeinen Persönlichkeitsrechts),
- dem Vervielfältigungsrecht gem. § 16 UrhG, Art. 2 InfosSoc-RL (tatbestandlicher Pixelschutz; kleine Veränderungen können zur Ablehnung einer Vervielfältigung führen),
- An der Schnittstelle von § 23 UrhG und § 24 UrhG wird schneller ein Verblassen anzunehmen sein, das zur Annahme einer freien Benutzung führt (für Karikaturen, Parodien und Pastiches sollte außerdem eine neue Schrankenbestimmung geschaffen werden),
- Dem Folgerecht gem. § 26 UrhG (soll nach h.M. dem einfachen Lichtbildner nicht zustehen, diese Bewertung ist jedoch für aufwändig hergestellte und dokumentarisch wertvolle Lichtbilder abzulehnen).

(7) Die zivilrechtlichen und strafrechtlichen Rechtsfolgen weisen erhebliche Risiken für den durchschnittlichen Internetnutzer auf. Insbesondere in sozialen Netzwerken finden Vorgänge statt, die durch die Ge-

sellschaft als üblich bewertet werden, jedoch urheberrechtliche Relevanz aufweisen und Rechte Dritter verletzen können. Gleiches gilt für die Nutzung fremder einfacher Produktbilder. Vielfach handelt es sich um solche Lichtbilder, denen über § 72 UrhG ein umfassender, lange andauernder Schutz zukommt, obgleich in den weit überwiegenden Fällen gar kein korrespondierendes Interesse oder ein reines Gebührenerzielungsinteresse des Lichtbilder an dem eingeräumten Schutzrecht besteht. Entschärft wurde durch den Gesetzgeber in der Zwischenzeit die Nutzung von Lichtbildern im Zitatwege, Lichtbildner sind in der Zwischenzeit von der Zitierbefugnis erfasst, soweit sie zur Mittelung des transportierten Inhaltes dienen.

(8) Die Abschaffung des einfachen Lichtbildschutzes hinterließe solch gravierende Schutzlücken, die kaum hinzunehmen sind. Die Abschaffung führte zu nachteiligen Konsequenzen insbesondere für Berufslichtbildner, jedoch auch für die Allgemeinheit.

(9) Dem heutigen Zeitalter gerecht würde die Einschränkung des Lichtbildschutzes auf Berufslichtbildner sowie auf Lichtbilder, die zu Zwecken der Wissenschaft und Technik hergestellt würden. Ergänzt werden sollte diese Lösung mit der Einführung einer Social-Media-Schranke, um dem heutigen Verständnis des Lichtbildes als Kommunikations- und Mitteilungsmedium gerecht zu werden. Daneben wäre die Anhebung der Schutzschwelle des § 2 Abs. 2 UrhG durch die Rechtsprechung wünschenswert.

Anhang

Tabelle zum Schutz einfacher Lichtbilder in Europa

Land	Schutz einfacher Lichtbilder	Regelungsinhalt
Belgien	-	Gem. Art. XI 166, § 5 Loi du 19 avril 2014 portant insertion du Livre XI 'Propriété intellectuelle' dans le Code de droit économique, et portant insertion des dispositions propres au Livre XI dans les Livres I, XV et XVII du même Code, abrufbar unter https://wipolex.wipo.int/en/text/378056, zuletzt abgerufen am 04.10.2019, besteht Schutz nur für Fotographien, die originelle Werke in dem Sinne darstellen, dass sie das Ergebnis der eigenen geistigen Schöpfung ihres Urhebers sind ("photographies qui sont originales, en ce sens qu'elles sont une création intellectuelle propre à leur auteur"). Ein Schutz für einfache Lichtbilder ist nicht ersichtlich.
Bulgarien	-	Unter dem "Law on Copyright and Neighboring Rights (as amended up to 2011)", abrufbar unter https://wipolex.wipo.int/en/text/280106 (englische Version; zuletzt abgerufen am 04.10.2019) werden gem. § 3 Abs. 1 Nr. 7 nur "photographic works" geschützt. Ein Schutz für einfache Lichtbilder ist nicht ersichtlich. Originaltext abrufbar unter https://wipolex.wipo.int/en/text/237939, zuletzt abgerufen am 04.10.2019.

Land	Schutz einfacher Lichtbilder	Regelungsinhalt
Dänemark	50 Jahre ab dem Ende des Jahres, in dem die Aufnahme der Fotografie erfolgt ist	Für "photographic pictures" (fotografisk billede) in Abgrenzung zu "photographic works" (fotografisk værk), vgl. §§ 1, 70 The Consolidated Act on Copyright (Consolidated Act No. 1144 of October 23, 2014), abrufbar unter https://wipolex.wipo.int/en/text/363859 (englische Version; zuletzt abgerufen am 04.10.2019). Originaltext abrufbar unter https://wipolex.wipo.int/en/text/395079 zuletzt abgerufen am 04.10.2019.
Deutschland	50 Jahre nach dem Erscheinen des Lichtbildes oder, wenn seine erste erlaubte öffentliche Wiedergabe früher erfolgt ist, nach dieser, jedoch bereits fünfzig Jahre nach der Herstellung, wenn das Lichtbild innerhalb dieser Frist nicht erschienen oder erlaubterweise öffentlich wiedergegeben worden ist.	Gem. § 72 UrhG in Abgrenzung zu unter § 2 Abs. 1 Nr. 5 UrhG geschützten Lichtbildwerken.
Estland	-	Nur Schutz für "phototgraphic works" ("fotograafiateosed") gem. § 4 Abs. 17 Copyright act, abrufbar unter https://wipolex.wipo.int/en/text/510476 (englische Version; Stand: 04.10.2019). Ein Schutz für einfache Lichtbilder ist nicht ersichtlich. Originaltext abrufbar unter https://wipolex.wipo.int/en/text/510477, zuletzt abgerufen am 04.10.2019.

Land	Schutz einfacher Lichtbilder	Regelungsinhalt
Finnland	50 Jahre ab dem Ende des Jahres, in dem die Aufnahme der Fotografie erfolgt ist	S. 1 und s. 49a des Copyright Act(404/1961, amendments up to 608/2015), abrufbar unter https://www.finlex.fi/en/laki/kaannokset/1961/en19610404_20150608.pdf (englische Version; zuletzt abgerufen am 04.10.2019). Differenzierung zwischen "photographic works" ("valokuvateos" und "photographic pictures" ("valokuvasta"). Originaltext abrufbar unter https://wipolex.wipo.int/en/text/467066, zuletzt abgerufen am 04.10.2019.
Frankreich	-	Nur Schutz der "les oeuvres photographiques", vgl. Article L112–2 Code de la propriété intellectuelle – Dernière modification le 01 août 2019 – Document généré le 12 août 2019, abrufbar unter https://wipolex.wipo.int/en/text/526911 zuletzt abgerufen am 04.10.2019. Ein Schutz für einfache Lichtbilder ist nicht ersichtlich.
Griechenland	-	Schutz nur für "works of photographs" gem. Art. 2 Abs. 1 Copyright, Related Rights and Cultural Matters (Law No. 2121/1993 as last amended by Law No. 3057/2002 (article 81) and by Law 3207/2003 (article 10 par. 33), abrufbar unter https://wipolex.wipo.int/en/text/127665 (englische Version; zuletzt abgerufen am 04.10.2019); Aber Recht auf Nennung des Fotografen für sämtliche Lichtbilder, vgl. Art. 72 Abs. 5 i.V.m. 38 Abs. 4 des Gesetzes. Ein genereller Schutz für einfache Lichtbilder ist nicht ersichtlich. Originaltext abrufbar unter https://wipolex.wipo.int/en/text/480967, zuletzt abgerufen am 04.10.2019.

Land	Schutz einfacher Lichtbilder	Regelungsinhalt
Irland	70 Jahre p.m.a.	Keine Differenzierung zwischen Lichtbildern und Lichtbildwerken, sondern Schutz von "photographs" als Subkategorie der "artistic works" und zwar "irrespective of their artistic quality", vgl. Art. 2 Abs. 1 i.V.m. Art. 24 Abs. 1 Copyright and Related Rights Act (2000), abrufbar unter http://www.irishstatutebook.ie/eli/2000/act/28/enacted/en/pdf, zuletzt abgerufen am 04.10.2019.
Italien	20 Jahre ab Herstellung	Differenzierend zwischen "works of photographic art" und "simple photographs" ("le opere fotografiche [...] che non si tratti di semplice fotografia") in Art. 2 Abs. 7 und 87 ff. Law for the Protection of Copyright and Neighboring Rights (Law No. 633 of April 22, 1941, as last amended by Decree Law No. 154 of May 26, 1997, abrufbar unter https://wipolex.wipo.int/en/text/128276 (englische Version; zuletzt abgerufen am 04.10.2019); Das italienische Recht stellt sehr genaue Kriterien auf, welche Lichtbilder unter die "simple photographs" fallen und welche Rechte dem Fotografen in diesen Fällen zustehen sollen, vgl. Art. 87 ff.. Originaltext abrufbar unter https://wipolex.wipo.int/en/text/301483, zuletzt abgerufen am 04.10.2019.

Land	Schutz einfacher Lichtbilder	Regelungsinhalt
Kroatien	-	Nur Schutz von "photographic works" ("fotografska djela"), vgl. Art. 5 Abs. 2 Copyright and Related Rights Act and Acts on Amendments to the Copyright and Related Rights Act (OG Nos. 167/2003, 79/2007, 80/2011, 141/2013, 127/2014 and 62/2017), abrufbar unter https://wipolex.wipo.int/en/text/478412 (englische Version; zuletzt abgerufen 04.10.2019). Ein Schutz für einfache Lichtbilder ist nicht ersichtlich. Originaltext abrufbar unter https://wipolex.wipo.int/en/text/478414, zuletzt abgerufen am 04.10.2019.
Lettland	-	Schutz nur für "photographic works" ("fotogrāfiskie darbi") gem. Art. 4 Abs. 9 Copyright Law, abrufbar unter http://www.gencs.eu/uploads/european_patent_trademark_registration/latvia/Copyright%20Law%20Latvia.pdf (englische Version; Stand: 04.10.2019). Ein Schutz für einfache Lichtbilder ist nicht ersichtlich. Ein Schutz für einfache Lichtbilder ist nicht ersichtlich. Originaltext abrufbar unter https://wipolex.wipo.int/en/text/520008, zuletzt abgerufen am 04.10.2019.
Litauen	-	Schutz nur für "photographic works" ("fotografijos kūriniai") gem. Art. 4 Abs. 2 lit. 15 Law No. VIII-1185 of May 18, 1999, on Copyright and Related Rights (as amended up to Law No. XII-1183 of October 7, 2014), abrufbar unter https://wipolex.wipo.int/en/text/349855 (englische Version; zuletzt abgerufen am 04.10.2019). Ein Schutz für einfache Lichtbilder ist nicht ersichtlich. Originaltext abrufbar unter https://wipolex.wipo.int/en/text/349838, zuletzt abgerufen am 04.10.2019.

Land	Schutz einfacher Lichtbilder	Regelungsinhalt
Malta	70 Jahre p.m.a.	Keine Differenzierung zwischen Lichtbildern und Lichtbildwerken, sondern Schutz von "photographs" ("fotografiji") als Subkategorie der "artistic works" ("xogħol artistiku") und zwar "irrespective of artistic quality" ("irrispettivament mill-kwalità artistika"), vgl.Art. 2 Abs. 1 d i. V. m. Art. 4 Abs. 2 Copyright Act, 2000 (Chapter 415, as amended up to Act No. VIII of 2011), abrufbar unter https://wipolex.wipo.int/en/text/355524 (englische Version; zuletzt abgerufen am 04.10.2019). Originaltext abrufbar unter https://wipolex.wipo.int/en/text/447134 zuletzt abgerufen am 04.10.2019.
Niederlande	-	Schutz nur für "photographic works" ("fotografische werken") gem. Art. 10 Abs. 1 Nr. 9 Copyright Act of 23 September 1912, abrufbar unter https://www.ivir.nl/syscontent/pdfs/119.pdf (englische Version; zuletzt abgerufen am 04.10.2019). Ein Schutz für einfache Lichtbilder ist nicht ersichtlich. Originaltext abrufbar unter https://wipolex.wipo.int/en/text/468397, zuletzt abgerufen am 04.10.2020.
Österreich	50 Jahre nach der Aufnahme, bzw. bei Veröffentlichung vor dem Ablauf dieser Frist 50 Jahre nach der Veröffentlichung	§ 74 Abs. 6 des Bundesgesetzes über das Urheberrecht an Werken der Literatur und der Kunst und über verwandte Schutzrechte (Urheberrechtsgesetz 1936, zuletzt geändert durch das Bundesgesetz BGBl. I Nr. 105/2018), Differenzierung zwischen Lichtbildwerken und Lichtbildern, vgl. §§ 3, 73 f. Urheberrechtsgesetz.

Land	Schutz einfacher Lichtbilder	Regelungsinhalt
Polen	-	Schutz nur für "photographic works" ("utwory fotograficzne") gem. Art. 1 Abs. 2 Nr. 3 des Act of 4 February 1994 on copyright and related rights, abrufbar unter http://www.copyright.gov.pl/media/download_gallery/Act%20on%20Copyright%20and%20Related%20Rights.pdf (englische Version; zuletzt abgerufen am 04.10.2019). Ein Schutz für einfache Lichtbilder ist nicht ersichtlich. Originaltext abrufbar unter https://wipolex.wipo.int/en/text/408584, zuletzt abgerufen am 04.10.2019.
Portugal	-	Schutz nur von "obras fotográficas" (= fotografischen Werken), vgl. Art, 2 Abs. 1 h, Art. 164 ff. Código do Direito de Autor e dos Direitos Conexos (conforme alterado de acordo com DL n.º 100/2017, de 23/08), abrufbar unter https://wipolex.wipo.int/en/text/181388 (Originaltext; zuletzt abgerufen am 04.10.2019) und https://wipolex.wipo.int/en/text/451731 (englische Version; zuletzt abgerufen am 04.10.2019). Ein Schutz für einfache Lichtbilder ist nicht ersichtlich.
Rumänien	-	Schutz nur für "photographic works" ("operele fotografice") gem. Art. 7 lit. f, 85 ff. Law No. 8 of March 14, 1996 on Copyright and Neighboring Rights, abrufbar unter https://wipolex.wipo.int/en/text/160655 zuletzt abgerufen am 04.10.2019. Ein Schutz für einfache Lichtbilder ist nicht ersichtlich. Originaltext abrufbar unter https://wipolex.wipo.int/en/text/207344, zuletzt abgerufen am 04.10.2019.

Land	Schutz einfacher Lichtbilder	Regelungsinhalt
Slowakei	-	Schutz nur für "photographic works" ("fotografické dielo") gem. Art. 3 Abs. 4 und Abs. 5 Act No. 185/2015 Coll. on Copyright and Related Rights (as amended by Act No. 125/2016 Coll.), abrufbar unter https://wipolex.wipo.int/en/text/451097 (englische Version; zuletzt abgerufen am 04.10.2019). Ein Schutz für einfache Lichtbilder ist nicht ersichtlich. Originaltext abrufbar unter https://wipolex.wipo.int/en/text/412156, zuletzt abgerufen am 04.10.2019.
Slowenien	-	Schutz nur für "photographic works" ("fotografska dela ") gem. Art. 5 Abs. 2 Nr. 6 copyright and related rights act of 30 March 1995, abrufbar unter http://www.uil-sipo.si/fileadmin/upload_folder/zakonodaja/ZASP_EN_2007.pdf (englische Version; zuletzt abgerufen am 04.10.2019). Ein Schutz für einfache Lichtbilder ist nicht ersichtlich. Originaltext abrufbar unter https://wipolex.wipo.int/en/text/422516.
Spanien	25 Jahre ab dem 1. Januar des Jahres nach dem Datum der Aufnahme der Fotografie oder der Reproduktion	Art. 128 Ley de Propiedad Intelectual, regularizando, aclarando y armonizando las Disposiciones Legales Vigentes sobre la Materia (aprobado por el Real Decreto legislativo N° 1/1996 de 12 de abril de 1996, y modificado hasta el Real Decreto-ley N° 2/2019, de 1 de marzo), abrufbar unter https://wipolex.wipo.int/en/text/508311 (englische Version; zuletzt abgerufen am 04.10.2019) Differenzierung zwischen "obras fotográficas" (fotografische Werke) und "meras fotografías"(= einfache Fotografien), vgl. auch Art. 10 Abs. 1 lit. h des Gesetzes). Originaltext abrufbar unter https://wipolex.wipo.int/en/text/508311 (zuletzt abgerufen am 01.10.2019).

Land	Schutz einfacher Lichtbilder	Regelungsinhalt
Schweden	50 Jahre ab Ablauf des Jahres, in dem die Fotografie aufgenommen wurde	Art. 49a Act on Copyright in Literary and Artistic Works (1960:729) (as amended up to Act (2018:1099)), abrufbar unter https://wipolex.wipo.int/en/text/495845 (englische Version; zuletzt abgerufen am 04.10.2019). Differenzierung zwischen "photographic works" ("fotografiskt verk") und "photographic pictures" ("fotografisk bild"), vgl. Art. 49a und Art. 1 Nr. 5 des Gesetzes. Originaltext abrufbar unter https://wipolex.wipo.int/en/text/495846 (zuletzt abgerufen am 01.10.2019).
Ungarn	-	Schutz nur für "photographic works" ("fotóművészeti alkotás") gem. Art. 1 Abs. 2 lit. i Act LXXVI of 1999 on Copyright, abrufbar unter https://www.hipo.gov.hu/en/English/jogforras/hungarian_copyright_act.pdf (englische Version; zuletzt abgerufen am 04.10.2019). Ein Schutz für einfache Lichtbilder ist nicht ersichtlich. Originaltext abrufbar unter https://wipolex.wipo.int/en/text/484349 (zuletzt abgerufen am 04.10.2019).
UK	70 Jahre p.m.a.	Art. 12 Abs. 1 und 2 des Copyright, Designs and Patents Act 1988, abrufbar unter http://www.legislation.gov.uk/ukpga/1988/48 zuletzt abgerufen am 04.10.2020. Gem. Art. 4 Abs. 1a des Copyright, Designs and Patents Act 1988 ist Schutzgut das "photograph" als Teil des "artistic work", demnach voller Urheberechtsschutz für einfache Lichtbilder, vgl. hierzu kritisch *Arnold*, European Intellectual Property Review 2005, 303.

Literaturverzeichnis

Ahlberg, Hartwig/Götting, Horst-Peter (Hrsg.), *Beck'scher Online-Kommentar Urheberrecht*, 26. Aufl. 2018 [zitiert als: *Bearbeiter* in: BeckOK UrhG].

Ahlberg, Hartwig/Götting, Horst-Peter (Hrsg.), *Beck'scher Online Kommentar Urheberrecht*, 21. Aufl. München 2018 [zitiert als: *Bearbeiter*, in: BeckOK UrhG].

Ahlberg, Hartwig/Götting, Horst-Peter *(Hrsg.), Beck'scher Online Kommentar Urheberrecht*, 25. Aufl. München 2019 [zitiert als: *Bearbeiter*, in: BeckOK UrhG].

Ahlberg, Hartwig/Götting, Horst-Peter (Hrsg.), Beck'scher Online Kommentar Urheberrecht, 26. Aufl. München 2019 [zitiert als: *Bearbeiter*, in: BeckOK UrhG].

Arbeitsgruppe Lichtbildschutz, *Das Ende des Bilderklaus in der Schweiz?*, abrufbar unter fotografie-urheberrecht.com/Argumentarium_deutsch.pdf

Allfeld, Philipp, *Kommentar zu dem Gesetze betr. das Urheberrecht an Werken der bildenden Künste und der Photographie vom 9. Jan. 1907*. Nebst e. Anh., enth. d. Verträge d. Deutschen Reichs mit ausländ. Staaten z. Schutze d. Urheberrechts mit Erl., sowie Vollzugsbestimmungen von Dr. Philipp Allfeld. München 1908.

Apel, Simon, *Anmerkung zu einer Entscheidung des LG Berlin, Urteil vom 06.01.2015 (15 O 412/14) – Zu den Voraussetzungen des Leistungsschutzrechts des Presseverlegers gemäß § 87f Abs. 1 UrhG*, ZUM 2015, S. 522–525.

ders., *Überlegungen zu einer Reform des Lichtbildschutzrechts (§ 72 UrhG)*, in: Albrecht Götz von Olenhusen/Thomas Gergen (Hrsg.), Kreativität und Charakter. Recht, Geschichte und Kultur in schöpferischen Prozessen: Festschrift für Martin Vogel zum siebzigsten Geburtstag, Hamburg 2017, S. 205–226.

ders., *Anmerkung zu den Schlussanträgen im Verfahren Pelham u.a./Hütter u.a. vom 12.12.2018 vor dem EuGH (C-479/17) – Zur rechtlichen Beurteilung eines Tonträgersamplings*, MMR 2019, S. 97–99.

ders., *Anmerkung zu einer Entscheidung des EuGH, Urteil vom 29.7.2019 – C-476/17 – Pelham u.a.*, MMR 2019, S. 601–603.

Bappert/Wagner, *Urheberrechtsschutz oder Leistungsschutz für die Photographie?*, GRUR 1954, S. 104–107.

Beck, Wolfgang, *Freundschaft im Dienst sozialer Netzwerke*, ZRP 2019, S. 112–115.

Becker, Bernhard von, *Die entstellende Parodie*. Das EuGH-Urteil „Vrijheidsfonds/Vandersteen" und die Folge für das deutsche Recht, GRUR 2015, S. 336–339.

Benjamin, Walter, *Das Kunstwerk im Zeitalter seiner technischen Reproduzierbarkeit*. Neuss 1939.

Benz, Sebastian, *Der Teileschutz im Urheberrecht*. 1. Aufl. Tübingen 2018.

Bittner, Andreas R., *Das Fotografieren fremder Sachen – zivilrechtliche Ansprüche des Eigentümers?* 1986 (Zugl. Diss. Frankfurt a.M.).

Boor, Hans Otto de, *Die Entwicklung des Urheberrechts im Jahre 1939*, in: Hans Otto de Boor/Alexander Elster/Heymann/Katluhn/Lindenmaier/Plugge (Hrsg.), Archiv für Urheber- Film und Theaterrecht (UFITA) 1940, Baden-Baden 1940, S. 185–197.

Bowcock, Simon, *Photography is the most important visual art*, abrufbar unter https://www.redeye.org.uk/opinion/photography-most-important-visual-art.

Brauchitsch, Boris von, *Kleine Geschichte der Fotografie*. 3. Aufl. Ditzingen 2018.

Bullinger, Winfried/Schmalfuß, Jörg/Bretzel, Markus, *Urheberrechte in Museen und Archiven. 1. Aufl. Baden-Baden 2010.*

Bullinger, Winfried, *§ 1 Grundlagen des Urheberrechts*, in: Klaus Ebling/Winfried Bullinger (Hrsg.), Praxishandbuch Recht der Kunst, München 2017.

ders./Garbers-von Boehm, Katharina, *Der Blick ist frei; Nachgestellte Fotos aus urheberrechtlicher Sicht*, GRUR 2008, S. 24–30.

ders., Winfried/Garbers-von-Boehm, Katharina, *Google-Bildersuche: Schlichte Einwilligung des Urhebers als Lösung?*, GRURPrax 2010, S. 257–260.

Bundesrat, Der – *Das Portal der Schweizer Regierung, Berner Übereinkunft zum Schutze von Werken der Berner Übereinkunft zum Schutze von Werken der Literatur und der Kunst revidiert in Brüssel am 26. Juni 1948 16.02.2020*, abrufbar unter https://www.admin.ch/opc/de/classified-compilation/19480180/200605050000/0.231.13.pdf.

Czernik, Ilja, *Das Distanzierungsrecht des Kunstschaffenden*, Kunst und Recht 2016, S. 69–72.

Daily Mail, *'It's madness. I feel like I'm living in a dream': The 21-year-old musician who 'broke the internet' with picture of THAT dress*, abrufbar unter https://www.dailymail.co.uk/femail/article-2972495/It-s-madness-feel-like-m-living-dream-21-year-old-musician-broke-internet-picture-dress.html.

Define media group, *How Google´s Image Search Update Killed Imge SEO*, abrufbar unter http://www.definemg.com/how-googles-image-search-update-killed-image-seo/

Djordjevic Valie, *Mögliches Happy End dank neuem EU-Urheberrecht*, abrufbar unter https://irights.info/artikel/moegliches-happy-end-dank-neuem-eu-urheberrecht/29450

iwascoding GmbH, *Garage Buy*, abrufbar unter https://www.iwascoding.com/GarageBuy/index.de.html.

Dreier, Thomas, *Bildwerke und Multimedia*, in: Michael Lehmann (Hrsg.), Internet- und Multimediarecht (Cyberlaw), Stuttgart 1997, S. 119–147.

ders., *Sachfotografie, Urheberrecht und Eigentum*, in: Peter Ganea (Hrsg.), Urheberrecht. Gestern – heute – morgen; Festschrift für Adolf Dietz zum 65. Geburtstag, München 2001, S. 235–252.

ders., *Thumbnails als Zitate?* Zur Reichweite von § 51 UrhG in der Informationsgesellschaft, in: Uwe Blaurock/Joachim Bornkamm/Christian Kirchberg (Hrsg.), Festschrift für Achim Krämer zum 70. Geburtstag am 19. September 2009, 2009, S. 225–239.

ders., *Fotografie im rechtlichen Diskurs – Kunst oder Ware?*, in: Matthias Weller (Hrsg.), Kunst im Markt – Kunst im Recht. Tagungsband des Dritten Heidelberger Kunstrechtstags am 09. und 10. Oktober 2009, Baden-Baden 2010, S. 31–55.

ders., *Lässt sich das Spiel in der Nachspielzeit noch drehen?*, in: Anke Schierholz/Ferdinand Melichar (Hrsg.), Kunst, Recht und Geld. Festschrift für Gerhard Pfennig zum 65. Geburtstag, München 2012, S. 15–28.

ders., *Bilder im Zeitalter ihrer vernetzten Kommunizierbarkeit*, ZGE 2017, S. 135–148.

ders., *Bild und Recht*. Versuch einer programmatischen Grundlegung. 1. Aufl. Baden-Baden 2019.

ders., *Die Schlacht ist geschlagen – ein Überblick*, GRUR 2019, S. 771–779.

ders., *Grundrechte und die Schranken des Urheberrechts*, GRUR 2019, S. 1003–1008.

ders./Schulze, Gernot/Specht, Louisa (Hrsg.), *Urheberrechtsgesetz. Verwertungsgesellschaftengesetz, Kunsturhebergesetz*, 6. Aufl. München 2018 [zitiert als: Bearbeiter, in: Dreier/Schulze/Specht].

Duncker, Franz, *Zur Frage vom Rechtsschutz photographischer Erzeugnisse gegen unberechtigte Nachbildung und Vervielfältigung*, Börsenblatt No. 70 (03.06.1863), S. 1166–1170.

Elmenhorst, Lucas, *Anmerkung zu einer Entscheidung des KG: Keine Eigentumsverletzung trotz Verwertung ungenehmigter Filmaufnahmen*, GRUR-Prax 2013, S. 94.

Encyclopedia of art education, *Fine Art*, abrufbar unter http://www.visual-arts-cork.com/definitions/fine-art.htm.

Erdmann, Willi, *Der urheberrechtliche Schutz von Lichtbildwerken und Lichtbildern*, in: Wolfgang Büscher (Hrsg.), Festschrift für Joachim Bornkamm zum 65. Geburtstag, München 2014, S. 761–771.

Ernst, *Teil 7.1 Grundlagen des Multimedia-Urheberrechts. D. Urheberrechtliche Einordnung besonderer medialer Nutzungshandlungen*, in: Thomas Hoeren/Ulrich Sieber/Bernd Holznagel (Hrsg.), Handbuch Multimedia-Recht. Rechtsfragen des elektronischen Geschäftsverkehrs. 48. Aufl., München 2019.

Ettig, Diana, *"Öffentliche Wiedergabe" – das nächste Kapitel*, K&R 2018, S. 612–615.

Facebook Ireland Limited, *Deine Sichtbarkeit kontrollieren | Instagram-Hilfebereich*, abrufbar unter https://help.instagram.com/116024195217477/?helpref=hc_fnav&bc[0]=368390626577968&bc[1]=285881641526716.

dass., *Wie lege ich beim Posten eines Beitrags auf Facebook fest, wer ihn sehen kann?*, abrufbar unter https://de-de.facebook.com/help/120939471321735?helpref=uf_permalink.

FAZ, *Welche Farben hat dieses Kleid?*, abrufbar unter https://www.faz.net/aktuell/gesellschaft/ein-kleid-spaltet-das-internet-welche-farbe-hat-es-13454002/ein-kleid-von-unbestimmter-13454077.html.

Fischer, Veronika, *Digitale Kunst und freie Benutzung*. Systematisierung und Flexibilisierung. 1. Aufl. Baden-Baden 2018.

Flechsig, Norbert P., *Das Lichtbild als Dokument der Zeitgeschichte*, in: Manfred Rehbinder (Hrsg.), Archiv für Urheber- Film und Theaterrecht (UFITA) 1991 1991, S. 5–33.

Forch, Dana, *Unberechtigte Fotonutzung im Internet: Höhe des angemessenen Schadensersatzes*, GRURPrax 2016, S. 142–144.

Franzen, Jan Helmut/Ohlenhusen, Götz von, *Lichtbildwerke, Lichtbilder und Fotoimitate. Abhängige Benutzung oder freie Bearbeitung?*, in: Manfred Rehbinder (Hrsg.), Archiv für Urheber- Film und Theaterrecht (UFITA) 2007, Bern 2007, S. 435–480.

Fromm, Friedrich Karl/Nordemann, Wilhelm u.a. (Hrsg.), *Urheberrecht. Kommentar zum Urheberrechtsgesetz u. zum Urheberrechtswahrnehmungsgesetz; mit d. Texten Urheberrechtsgesetze d. DDR, Österreichs u.d. Schweiz.* 6. Aufl. Stuttgart, Berlin, Köln, Mainz, 1986 [zitiert als: Bearbeiter, in: Fromm/Nordemann].

Fromm, Friedrich Karl/Nordemann, Wilhelm u.a. (Hrsg.), *Urheberrecht. Kommentar zum Urheberrechtsgesetz, zum Verlagsgesetz und zum Urheberrechtswahrnehmungsgesetz*, 11. Aufl. Stuttgart 2014 [zitiert als: Bearbeiter, in: Fromm/Nordemann].

Gelke, Erik, *Mashups im Urheberrecht.* 1. Aufl. Baden-Baden 2013 (Zugl.: Freiburg i.B., Diss., Univ., 2012).

Gerecke, Martin, *Teilen, Retweeten und Reposten. Zur urheber- und persönlichkeitsrechtlichen Zulässigkeit der Nutzung digitaler Inhalte auf Social-Media-Kanälen*, GRUR 2019, S. 1120–1125.

Gersdorf, Hubertus/Paal, Boris P. (Hrsg.), *Beck'scher Online-Kommentar Informations- und Medienrecht*, 26. Aufl. München 2019 [zitiert als: *Bearbeiter* in: BeckOK Informations- und Medienrecht].

Google Ireland Limited, *Google Bildersuche*, abrufbar unter https://www.google.de/imghp?hl=de.

Grünberger, Michael, *Die Entwicklung des Urheberrechts im Jahr 2018*, ZUM 2019, S. 281–308.

ders., *Öffentliche Wiedergabe bei der Verlinkung (Framing) und der Einsatz von technischen Schutzmaßnahmen – Unsicherheiten in Karlsruhe*, ZUM 2019, S. 573–580.

Grüning, Christine, *Die Eigentumsfreiheitsklage gegen Fotografieren und die gewerbliche Verwertung dieser Fotografien.* Frankfurt am Main 1980.

GRUR-Fachausschuss für Urheber- und Verlagsrecht, *Stellungnahme des GRUR-Fachausschusses für Urheber- und Verlagsrecht zur Umsetzung der EU-RL im Urheberrecht (DSM-RL [EU] 2019/790 und Online-SatCab-RL [EU] 2019/789)*, GRUR 2019, S. 1140–1166.

Haedicke, Maximilian, *Beschränkung der Parodiefreiheit durch europäisches Urheberrecht?*, GRUR Int 2015, S. 664–670.

Heckmann/Paschke, *jurisPK-Internetrecht.* 6. Aufl. juris GmbH 2019.

Heermann, Peter W. (Hrsg.), *Münchener Kommentar zum Lauterkeitsrecht*, 3. Aufl. München 2020 [zitiert als: *Bearbeiter*, in: MüKo UWG].

Heitland, Horst, *Der Schutz der Fotografie im Urheberrecht Deutschlands, Frankreichs und der Vereinigten Staaten von Amerika* (Zugl.: München, Univ., Diss). München.

Heydemann, Ludwig Eduard/Dambach, Otto Wilhelm Rudolf, *Die preußische Nachdrucksgesetzgebung. Erläutert durch die Praxis des Königl. litterarischen Sachverständigen-Vereins.* Berlin 1863.

Hoenisch, Werner, *Fotografisches Urheberrecht und Urhebervertragsrecht.* Leipzig 1934 (Zugl.: Leipzig, Jur. Diss).

Hoeren, Thomas, *Anmerkung zu einer Entscheidung des BGH, Urt. v. 20.12.2019 (I ZR 104/17) – Zum urheberrechtlichen Schutz von Reproduktionsfotografien von in Museen ausgestellten gemeinfreien Werken*, MMR 2019, S. 246.

Hoffmann, Willy, *Die Verlängerung der Schutzfristen für das Urheberrecht an Lichtbildern*, in: Hans Otto de Boor/Alexander Elster/Heymann/Katluhn/Lindenmaier/Plugge (Hrsg.), Archiv für Urheber- Film und Theaterrecht (UFITA) 1940, Baden-Baden 1940, S. 120–122.

Hofmann, Franz, *Die Systematisierung des Interessenausgleichs im Urheberrecht am Beispiel des Rechts der öffentlichen Wiedergabe*, ZUM 2018, S. 641–649.

Höppner, Thomas/Schaper, Felicitas, *Frame sucht Einwilligung: Die neue Google-Bildersuche auf dem Prüfstand*, MMR 2017, S. 512–518.

Jani, Ole, *Anmerkung zu den Schlussanträgen des Generalanwaltes vom 25.04.2018, Az. C-161/17 – Dirk Renckhoff [Córdoba]*, GRUR-Prax 2018, S. 241.

Katzenberger, Paul, *Neue Urheberrechtsprobleme der Photographie – Reproduktionsphotographie, Luftbild- und Satellitenaufnahmen*, GRUR Int. 1989, S. 116–119.

Kianfar, Mina, *Sachfotografie und Hausrecht. Rechtliche Grenzen der Propertisierung.* 1. Aufl. Baden-Baden 2015.

Koch, Tobias, *Anmerkung zu einer Entscheidung des BGH, Urt. v. 18.09.214, I ZR 76/13 – CT-Paradies. Vermutung der Urheberschaft gilt auch im Internet*, jurisPR-ITR 4/2015 Anm. 6.

Koreng, Ansgar, *Der rechtliche Status von Reproduktionsfotografien – Fotografien zweidimensionaler Vorlagen zwischen Vervielfältigung und Lichtbildschutz*, in: Matthias Weller/Nicolai Kemle/Thomas Dreier/Felix M. Michl (Hrsg.), Kulturgüterrecht – Reproduktionsfotografie – StreetPhotography. Tagungsband des Elften Heidelberger Kunstrechtstags am 20. und 21. Oktober 2017, Baden-Baden, Zürich, Wien 2018, S. 87–103.

Lauber-Rönsberg, Anne, *Das Recht am eigenen Bild in sozialen Netzwerken*, NJW 2016, S. 744–750.

dies., *Anmerkung zu einer Entscheidung des BGH, Urt. v. 20.12.2018 (I ZR 104/17) – Zur urheberrechtlichen Schutzfähigkeit von Reproduktionsfotografien gemeinfreier Museumsexponate*, ZUM 2019, S. 341–344.

Lehment, Henrik, *Das Fotografieren von Kunstgegenständen.* 1. Aufl. Göttingen 2008.

ders., *Anmerkung zum Urteil des BGH v. 17.12.2010 (Az: V ZR 45/10; GRUR 2011, 323) – Zum ausschließlichen Recht zur Anfertigung und Verwertung von Fotografien einer Sache durch den Sacheigentümer*, GRUR 2011, S. 327–328.

Leistner, Matthias, *„Ende gut, alles gut“ … oder „Vorhang zu und alle Fragen offen“?*, GRUR 2019, S. 1008–1015.

Lerach, Mark, *Lichtbildschutz im Internet*, in: Jürgen Taeger (Hrsg.), IT und Internet – mit Recht gestalten. Tagungsband Herbstakademie 2012, Edewecht 2012, S. 175–190.

ders., *Lichtbildschutz für Reproduktionsfotografien gemeinfreier Gemälde. Anmerkung zu LG Berlin, Urteil v, 31.05.2016 – 15 O 428/15*, jurisPR-WettbR 2016.

Loewenheim, Ulrich (Hrsg.), *Handbuch des Urheberrechts*. 2. Aufl., München 2010

Loewenheim, Ulrich/Schricker, Gerhard (Hrsg.), *Urheberrecht. Kommentar*, 4. Aufl. München 2010 [zitiert als: *Bearbeiter*, in: Schricker/Loewenheim].

Loewenheim, Ulrich/Schricker, Gerhard (Hrsg.), *Urheberrecht. Kommentar*, 5. Aufl. München 2017 [zitiert als: *Bearbeiter*, in: Schricker/Loewenheim].

Loschelder, Michael, *Vervielfältigung oder Bearbeitung?*, GRUR 2011, S. 1078–1083.

Lüthge, Benedikt/Peters, Nils, *Der Status Quo der „öffentlichen Wiedergabe" nach dem Córdoba-Urteil des EuGH (Rs. C-161/17)*, GRUR Int 2019, S. 756–765.

Lütke, Hans Josef, *Der Streitwert des Unterlassungsanspruchs nach § 97 UrhG bei der Verletzung von Rechten an Lichtbildwerken*, GRUR-RR 2017, S. 129–135.

Lutzi, Tobias, *Digitalisate klassischer Gemälde – zwischen Lichtbildschutz, Eigentumseingriff und Gemeinfreiheit*, GRUR 2017, S. 878–881.

Maaßen, Wolfgang, *Plagiat, freie Benutzung oder Kunstzitat? Erscheinungsformen der urheberrechtlichen Leistungsübernahme in Fotografie und Kunst*, in: Anke Schierholz/Ferdinand Melichar (Hrsg.), Kunst, Recht und Geld. Festschrift für Gerhard Pfennig zum 65. Geburtstag, München 2012, S. 135–178.

ders., *Kapitel 5: Fotorecht*, in: Artur-Axel Wandtke/Ilja Czernik (Hrsg.), Praxishandbuch Medienrecht. Band 2, Schutz von Medienprodukten. 3. Aufl., Berlin 2014.

Maier, Henrike, *Meme und Urheberrecht*, GRUR-Prax 2016, S. 397–398.

Mandry, Gustav, *Das Urheberrecht an literarischen Erzeugnissen und Werken der Kunst: Ein Kommentar zu dem k. bayerischen Gesetze vom 28. Juni 1865* 1867.

Masuma Ahuja, C.N.N., https://edition.cnn.com/2015/12/11/us/the-dress-that-broke-the-internet-is-gone/index.htmlc, abrufbar unter https://edition.cnn.com/2015/12/11/us/the-dress-that-broke-the-internet-is-gone/index.html.

Melchiar, Ferdinand, *Erste Novellierungen*, in: Thomas Dreier/Reto M. Hilty (Hrsg.), Vom Magnettonband zu Social Media. Festschrift : 50 Jahre Urheberrechtsgesetz (UrhG), München 2015, S. 79–90.

Möhring, Philipp/Nicolini,Käte/Ahlberg (Hrsg.), Hartwig, *Urheberrechtsgesetz. Kommentar*, 2. Aufl. München 2000 [zitiert als: Bearbeiter, in: Möhring/Nicolini/Ahlberg].

Möller, Margret, *Die Urheberrechtsnovelle ,85*. Entstehungsgeschichte und verfassungsrechtliche Grundlagen. Heidelberg 1986.

Müller, Karsten/Werner, Julia, *„Macht hoch die Tür, die Tor macht weit" – Das Zugangsrecht nach § 25 UrhG*, GRUR 2018, S. 1202–1205.

Neumann, Max, *Beiträge zum deutschen Verlags- und Nachdrucksrechte bei Werken der bildenden Künste, im Anschluss an die Frage vom Rechtsschutze der Photographie gegen Nachdruck*. Berlin 1866.

Nolte, Georg, *Informationsmehrwertdienste und Urheberrecht*. 1. Aufl. Baden-Baden 2009.

Norddeutscher Bund, *Stenographische Berichte über die Verhandlungen des Reichstages des Norddeutschen Bundes*, I. Legislaturperiode – Session 1870. Zweiter Band. Berlin (1870).

Nordemann, Axel, *Die künstlerische Fotografie als urheberrechtlich geschütztes Werk.* Baden-Baden 1992 (Zugl.: Frankfurt (Main), Univ., Diss.: 1990/91 u.d.T.: Nordemann, Axel: Das Lichtbildwerk gem. § 2 I Nr. 5 UrhG unter besonderer Berücksichtigung der künstlerischen Fotografie).

ders./Mielke, Lothar, *Zum Schutz von Fotografien nach der Reform durch das dritte Urheberrechts-Änderungsgesetz*, ZUM 1996, S. 214–218.

ders./Nordemann, Jan Bernd/ Czychowski, Christian (Hrsg.), *Urheberrecht. Kommentar zum Urheberrechtsgesetz, Verlagsgesetz, Einigungsvertrag (Urheberrecht), neu: zur EU-Portabilitätsverordnung, 12. Aufl. Stuttgart 2018 [zitiert als: Bearbeiter, in: Fromm/Nordemann].*

Nordemann, Wilhelm, *Lichtbildschutz für fotografisch hergestellte Vervielfältigungen?*, GRUR 1987, S. 15–18.

ders., *Das dritte Urheberrechts-Änderungsgesetz*, NJW 1995, S. 2534–2536.

Oebbecke, Johannes S., *Der „Schutzgegenstand" der Verwandten Schutzrechte. Eine einheitliche Lösung für die Probleme des Teilschutzes, der Bearbeitung und der freien Benutzung unter dem Blickwinkel immaterialgüterrechtlicher Gemeinsamkeiten.* Frankfurt am Main 2011 (Zugl.: Köln, Univ., Diss., 2010).

Ohly, Ansgar, *Gutachten F zum 70. Deutschen Juristentag; Urheberrecht in der digitalen Welt – Brauchen wir neue Regelungen zum Urheberrecht und dessen Durchsetzung?*

ders., *Verwertungsverträge im Bereich der bildenden Kunst*, in: Friedrich-Karl Beier/ Gerhard Schricker (Hrsg.), Urhebervertragsrecht – Festgabe für Gerhard Schricker zum 60. Geburtstag, München 1995.

ders., *Urheberrecht in der digitalen Welt – Brauchen wir neue Regelungen zum Urheberrecht und zu dessen Durchsetzung?*, NJW Beilage 2014, S. 47–50.ders., *Anmerkung zu einer Entscheidung des EuGH, Urteil vom 08.09.2016 (C-160/15) – Zur Frage der Haftung des Linksetzenden für das Verlinken auf rechtswidrig öffentlich zugänglich gemachte Inhalte*, GRUR 2016, S. 1155–1157.

ders., *Hip Hop und die Zukunft der „freien Benutzung" im EU-Urheberrecht. Anmerkungen zum Vorlagebeschluss des BGH „Metall auf Metall III"*, GRUR 2017, S. 964–969.

ders., *Unmittelbare und mittelbare Verletzung des Rechts der öffentlichen Wiedergabe nach „Córdoba"-Urteil des EuGH*, GRUR 2018, S. 996–1004.

Oldekop, Axel, *Elektronische Bildbearbeitung im Urheberrecht.* Köln 2006 (Zugl.: Osnabrück, Univ., Diss., 2005 u.d.T.: Oldekop, Axel: Urheberrechtsfragen der Schutzfähigkeit und der elektronischen Bearbeitung digitaler Bilder).

Osterrieth, Albert, *Bemerkungen zum Entwurf eines Gesetzes betreffend das Urheberrecht an Werken der bildenden Künste und der Photographie*. Berlin 1904.

Ott, Stephan, *To link or not to link – This was (or still is?) the question – Anmerkung zum Urteil des BGH vom 17. 7. 2003 – I ZR 259/00 (Paperboy)*, WRP 2004, S. 52–58.

ders., *Zulässigkeit der Erstellung von Thumbnails durch Bilder- und Nachrichtensuchmaschinen?*, ZUM 2007, S. 119–128.

Overbeck, Melanie, *Der Lichtbildschutz gem. § 72 UrhG im Lichte der Digitalfotografie.* Berlin, Münster.

Papastefanou, Stefan, *Anmerkung zu EuGH: Urheberrechtliche Zulässigkeit von Sampling*, CR 2019, S. 600–602.

Pausa, Andrea, *Der urheberrechtliche Lichtbildschutz im Rechtsvergleich* (Dissertation). Wien 2010.

Peukert, Alexander, *Die Gemeinfreiheit*. Begriff, Funktion, Dogmatik. Tübingen 2012.

PEW Research Center, *What people like and dislike about Facebook*, abrufbar unter https://www.pewresearch.org/fact-tank/2014/02/03/what-people-like-dislike-abou t-facebook/.

Pfennig, G., *Die Begegnung von Fotografie und Kunst: Ein Konflikt ohne Ende*, KUR – Kunst und Recht 9 (2007), S. 1–5.

Platena, Thomas, *Das Lichtbild im Urheberrecht*. Gesetzliche Regelung und technische Weiterentwicklung. Frankfurt am Main, New York 1998.

Pötzlberger, Florian, *„Metall auf Metall" im Loop: Erneuter Wendepunkt im Sampling-Streit?*, ZUM 2019, S. 250–253.

Rauer, Nils, *K&R-Kommentar*. C-476/17, K&R 2019, S. 572–574.

ders./Ettig, Diana, *Creative Commons & Co*, WRP 2015, S. 153–157.

Rauer, Nils/Kaase, Lea, *Copy & Post versus Link & Frame*, WRP 2018, S. 1155–1160.

Regenstein, Moritz, *Der evolvierende Tatbestand der Öffentlichkeitsbegriffs i.S.v. Art. 3 InfoSoc-RL – Von »SGAE« über »GS Media« zu »The Pirate Bay« und der Brücke von Cordoba*, ZUM 2018, S. 649–660.

Reinemann, Susanne/Remmertz, Frank, *Urheberrechte an User-generated Content*, ZUM 2012, S. 216–227.

Reuter, Alexander, *Digitale Bild- und Filmbearbeitung im Licht des Urheberrechts*, GRUR 1997, S. 23–33.

Ricke, Stefan, *Entwicklung des rechtlichen Schutzes von Fotografien in Deutschland unter besonderer Berücksichtigung der preußischen Gesetzgebung*. Münster 1998 (Zugl.: Münster (Westfalen), Univ., Diss., 1998).

Riedel, H., *Schutz der Photographie im geltenden und zukünftigen Urheberrecht*, GRUR 1951, S. 378.

Riesenhuber, Karl, *Die »Öffentlichkeit« der Kabelweitersendung*, ZUM 2012, S. 433–444.

ders., *EuGH: Parodie als eigenständige Kategorie des Unionsrechts*, LMK 2014, S. 363019.

Riezler, Erwin, *Deutsches Urheber- und Erfinderrecht*. Eine systematische Darstellung. München 1909.

SBF, USPP, vfg, impressum, SAB, syndicom, *Positionspapier zur Einführung des Lichtbildschutzes in der Schweiz*, abrufbar unter https://www.news.admin.ch/NSB Subscriber/message/attachments/33019.pdf, *S. 191f.*

Schack, Haimo, *Anmerkung zu einer Entscheidung des BGH, Urteil vom 17.12.2010 (V ZR 45/10; JZ 2011,371) -Verwertungsrecht contra Grundstückseigentum*, JZ 2011, S. 375–376.

ders., *Bildzitate zu Lasten der Fotografen?*, in: Anke Schierholz/Ferdinand Melichar (Hrsg.), Kunst, Recht und Geld. Festschrift für Gerhard Pfennig zum 65. Geburtstag, München 2012, S. 217–236.

ders., *Weniger Urheberrecht ist mehr*, in: Kirsten-Inger Wöhrn/Winfried Bullinger/Eike W. Grunert/Claudia Ohst (Hrsg.), Festschrift für Artur-Axel Wandtke zum 70. Geburtstag am 26. März 2013, Berlin/Boston 2013, S. 9–20.dass., *Kunst und Recht. Bildende Kunst, Architektur, Design und Fotografie im deutschen und internationalen Recht.* 3. Aufl. Tübingen 2017.

dass., *Urheber- und Urhebervertragsrecht.* 9. Aufl. Tübingen 2019.

Schmidt-Gabain, Florian, *Kein umfassendes Recht des Urhebers auf Anonymität*, KUR – Kunst und Recht 18 (2016), S. 130–135.

Schneider, Inge, *Das Recht des Kunstverlags.* München 1991.

Schneider, Mathias, *Offene Fragen zur Urhebernennung nach Pixelio*, CR 2016, S. 37–43.

Schubert, Tobias, *Anmerkung zu einer Entscheidung des EuGH, Urteil vom 07.08.2018 (C-161/17)*, MMR 2018, S. 662–663.

Schulze, Gernot, *Urheberrecht und neue Musiktechnologien*, ZUM 1994, S. 15–24.

ders., *Museale Reproduktionsfotografie und Bildrecht an der eigenen Sache*, in: Matthias Weller/Nicolai Kemle/Thomas Dreier/Felix M. Michl (Hrsg.), Kulturgüterrecht – Reproduktionsfotografie – StreetPhotography. Tagungsband des Elften Heidelberger Kunstrechtstags am 20. und 21. Oktober 2017, Baden-Baden, Zürich, Wien 2018, S. 104–124.

ders., *Anmerkung zu EuGH, Urteil vom 29.7.2019 – C-476/17 (Pelham GmbH ua/Hütter ua)*, NJW 2019, S. 2918.

ders., *Fotos von gemeinfreien Werken der bildenden Kunst*, GRUR 2019, S. 779–783.

ders., *Die freie Benutzung im Lichte des EuGH-Urteils „Pelham“*, GRUR 2020, S. 128–133.

Schulze, Gernot/Bettinger, Torsten, *Wiederaufleben des Urheberrechtsschutzes bei gemeinfreien Fotografien*, GRUR 2000, S. 12–18.

Seiler, David, *Urheberrechtlicher Schutz von Reprofotos*, K&R 2019, S. 245–249.

Sosnitza, Olaf, *Das Internet im Gravitationsfeld des Rechts: Zur rechtlichen Beurteilung so genannter Deep Links*, CR 2001, S. 693–704.

SPIEGEL, Der, *„Reich mit fremden Instagram-Fotos“*, abrufbar unter https://www.spiegel.de/kultur/gesellschaft/der-kuenstler-richard-prince-verkauft-fremde-instagram-fotos-a-1035383.html.

Spindler, Gerald /Schuster, Fabian (Hrsg.), *Recht der elektronischen Medien.* 4. Aufl., München 2019.

Stang, Felix, *Freie Verwendung von Abbildungen gemeinfreier Werke? Zur urheberrechtlichen Bewertung von Angeboten gemeinfreier Bilder bei Wikipedia und Wikimedia Commons*, Zeitschrift für Geistiges Eigentum / Intellectual Property Journal 1 (2009), S. 167–219.

ders., *Art. 14 der neuen DSM-Richtlinie.* Das Ende des Schutzes von Reproduktionsfotografien, ZUM 2019, S. 668–674.

Stang, Felix Laurin, *Das urheberrechtliche Werk nach Ablauf der Schutzfrist. Negative Schutzrechtsüberschneidung, Remonopolisierung und der Grundsatz der Gemeinfreiheit.* Tübingen 2011 (Zugl.: Bonn, Univ., Diss., 2010).

Staudinger, Julis von (Hrsg.), *J. von Staudingers Kommentar zum Bürgerlichen Gesetzbuch. §§ 903–924, Eigentum 1 – Privates Nachbarrecht*, 2016, 15. Aufl. Saarbrücken, Berlin 2016 [zitiert als: *Bearbeiter*, in: Staudinger, §§ 903–924 BGB].

Steinhau, Henry, Wolfgang Ullrich, *„Urheberrechte für die sozialen Netzwerke gänzlich suspendieren" (Interview)* 2015, abrufbar unter https://irights.info/artikel/wolfgang-ullrich-urheberrechte-fuer-die-sozialen-netzwerke-gaenzlich-suspendieren/25429.

Stenzel, Uta, *Anmerkung zum OLG Stuttgart 4. Zivilsenat, Urteil vom 31.05.2017 – 4 U 204/16*, jurisPR-ITR 4/2018 Anm. 5.

Stieper, Malte, *Anmerkung zu einer Entscheidung des BGH, Urteil vom 17.12.2010 (V ZR 45/10; ZUM 2011, 327) – Zum Verbietungsrecht des Verwalters bezüglich der Anfertigung von gewerblichen Zwecken dienenden Fotos von verwalteten Gebäuden und Anlagen*, ZUM 2011, S. 331–333.

ders., *Die Richtlinie über das Urheberrecht im digitalen Binnenmarkt*, ZUM 2019, S. 211–217.

Talke, Armin, *Lichtbildschutz für digitale Bilder von zweidimensionalen Vorlagen*, ZUM 2010, S. 846–852.

Teplitzky, Otto (Hrsg.), *Wettbewerbsrechtliche Ansprüche und Verfahren. Unterlassung – Beseitigung – Auskunft – Schadensersatz.* 11. Aufl., Köln 2016.

Tillmanns, Urs, *Parlament stimmt der URG-Revision und damit dem Lichtbildschutz definitiv zu*, abrufbar unter *www.fotointern.ch/archiv/2019/09/30/parlament-stimmt-der-urg-revision-und-damit-dem-lichtbildschutz-definitiv-zu/*

Twitter, Inc., *Über öffentliche und geschützte Tweets*, abrufbar unter https://help.twitter.com/de/safety-and-security/public-and-protected-tweets.

o.A., *Über die Strafbare Nachbildung von Kunstwerken*, Archiv für preußisches Strafrecht 1864, S. 153–195.

Ulmer, Eugen, *Urheber- und Verlagsrecht.* 3. Aufl. Berlin, Heidelberg, New York 1980.

Ulmer-Eilfort, Constanze/Obergfell, Eva Inés/Kübler, Johanna (hrsg.) Verlagsrecht. Kommentar, München 2013 *[zitiert als: Bearbeiter, in: Ulmer-Eilfort/Obergfell/Kübler].*

Ungern-Sternberg, Joachim v., *Die Rechtsprechung des EuGH und des BGH zum Urheberrecht und zu den verwandten Schutzrechten im Jahr 2019*, GRUR 2020, S. 113–127.

Verwertungsgesellschaft Bild-Kunst, *Öffentliche Konsultation zur Umsetzung der EU-Richtlinien DSM (EU) 2019/790 und Online-SatCab(EU) 2019/789*, abrufbar unter https://www.bmjv.de/SharedDocs/Gesetzgebungsverfahren/Stellungnahmen/2019/Downloads/090419_Stellungnahme_VGBild_EU-Richtlinien_Urheberrecht.pdf*;jsessionid=8ABC915A797606F0BF32100C913C49E4.2_cid334?__blob=publicationFile&v=2.*

dies., *Wahrnehmungsvertrag*, abrufbar unter https://www.bildkunst.de/fileadmin/user_upload/downloads/wahrnehmungsvertrag/2019_10_11_MUSTER_Wahrnehmungsvertrag_BG_I_u_II.pdf

dies., *Bild-Kunst Tarife 2017–2019* https://www.bildkunst.de/fileadmin/_migrated/content_uploads/2018_10_22_Tarife_2017–2019.pdf.

ders., *Die Umsetzung der Richtlinie zur Harmonisierung der Schutzdauer des Urheberrechts und bestimmter verwandter Schutzrechte*, ZUM 1995, S. 451–458.

ders., Sächsisches Wochenblatt für Verwaltung und Polizei 29.07.1863, *Von der Königlichen Kreis-Direktion zu Leipzig berufene Kommission über die Anwendung des Gesetzes vom 22. Februar 1844 auf Erzeugnisse der Photographie*, *No. 30*

Wächter, Oscar, *Das Urheberrecht an Werken der bildenden Künste, Photographien und gewerblichen Mustern. Nach dem gemeinen deutschen Recht systematisch dargestellt.* Stuttgart 1877.

Wagner, Kristina, *Entstehung eines neuen Urheberrechtswerks am Beispiel des Musiksampling*, MMR 2019, S. 727–732.

Wandtke, Artur-Axel/Bullinger Winfried (Hrsg.), *Praxiskommentar zum Urheberrecht*, 4. Aufl. München 2014 *[zitiert als: Bearbeiter, in: Wandtke/Bullinger].*

Wandtke, Artur-Axel/Bullinger Winfried (Hrsg.), *Praxiskommentar zum Urheberrecht, 5. Aufl. München 2019 [zitiert als: Bearbeiter, in: Wandtke/Bullinger].*

Weigelt, Gert, *„Olaf Schmidt 1991"*, abrufbar unter https://gertweigelt.files.wordpress.com/2018/06/olafschmidt_1991.jpg.

Wergen, Sandra, *So reposten Sie auf Instagram: 4 Methoden zum erneuten Teilen von Content*, abrufbar unter https://blog.hubspot.de/marketing/reposten-auf-instagram.

Wiebe, Andreas, *Zur Frage der Zulässigkeit von Hyperlinks*, MMR 2003, S. 724–725.

Wikipedia contributors, *Visual arts*, abrufbar unter https://en.wikipedia.org/w/index.php?title=Visual_arts&oldid=938369864.

Wolfram, Stephen, *Data Science of the Facebook World*, abrufbar unter https://writings.stephenwolfram.com/2013/04/data-science-of-the-facebook-world/

World Intellectual Property Organization (WIPO), *Berne Convention for the Protection of Literary and Berne Convention for the Protection of Literary and Artistic Works – Brussels Act (1948)*, abrufbar unter https://wipolex.wipo.int/en/text/278722.

Wypchol, Markus, *Anmerkung zu einer Entscheidung des EuGH, Urteil vom 07.08.2018 (C-161/17). Zur Frage der Frage, ob das Hochladen einer Fotografie auf der Website einer Schule als „öffentliche Wiedergabe" gelte*, EuZW 2018, S. 822–823.

Yang, David, *Bilder von Bildern: Urheberrechtliche und eigentumsrechtliche Fragen der Kunstfotografie – Anmerkung zu OLG Stuttgart ZUM 2017, 940*, ZUM 2017, 951–955.

Zech, Herbert, *Anmerkung zu einer Entscheidung des BGH, Urt. v. 20.12.2018, I ZR 104/17 – Museumsfotos*, GRUR 2019, S. 291–292.

Ziegler, Katharina, *Urheberrechtsverletzungen durch Social Sharing* (Dissertation).

Zöller, Richard, *Zivilprozessordnung. Mit FamFG (§§ 1–185, 200–270, 433–484) und Gerichtsverfassungsgesetz, den Einführungsgesetzen, mit internationalem Zivilprozessrecht, EU-Verordnungen, Kostenanmerkungen: Kommentar*. 32. Aufl. Köln 2018 [zitiert als: *Bearbeiter*, in: Zöller].

FSC
www.fsc.org
MIX
Papier | Fördert gute Waldnutzung
FSC® C083411

Kolibri 360 GmbH
Ferdinand-Jühlke-Straße 7
99095 Erfurt, Deutschland
produktsicherheit@kolibri360.de